本书是国家社科基金教育学青年课题"开放环境下学习资源进化机制设计与应用研究"（课题批准号：CCA130134）的研究成果

互联网+教育丛书

互联网+教育
学习资源建设与发展

杨现民　王娟　魏雪峰　著

电子工业出版社
Publishing House of Electronics Industry
北京·BEIJING

内 容 简 介

本书从互联网+教育视角出发,积极回应学习资源领域的热门话题,探讨了网络学习资源的新内涵与新特征,重点介绍了开放课程、STEM 课程、创课、碎片化资源、生成性资源、移动课件、虚拟仿真资源等七种典型学习资源的创新设计思路与优秀案例,最后提出了我国互联网+资源战略及其实施路径。

本书融合了作者多年来在学习资源建设领域的研究成果,内容体系完整,观点新颖,具有一定的理论价值与较强的实践指导意义。面向的读者对象主要包括:电教系统从事课程设计开发、资源平台建设工作的相关人员;教育信息化领域的研究人员;高等院校教育技术学/教育学/图书情报学等专业的大学生、研究生;教育信息化企业中负责数字资源建设、运营与管理的相关人员。

未经许可,不得以任何方式复制或抄袭本书之部分或全部内容。
版权所有,侵权必究。

图书在版编目(CIP)数据

互联网+教育:学习资源建设与发展 / 杨现民,王娟,魏雪峰著. —北京:电子工业出版社,2017.12
(互联网+教育丛书)
ISBN 978-7-121-29002-2

Ⅰ.①互… Ⅱ.①杨… ②王… ③魏… Ⅲ.①互联网络—应用—教育—资源建设—研究 Ⅳ.①G4-39

中国版本图书馆 CIP 数据核字(2016)第 125930 号

策划编辑:董亚峰
责任编辑:董亚峰　　文字编辑:徐烨
印　　刷:北京虎彩文化传播有限公司
装　　订:北京虎彩文化传播有限公司
出版发行:电子工业出版社
　　　　　北京市海淀区万寿路 173 信箱　邮编 100036
开　　本:787×1 092　1/16　印张:22.75　字数:594 千字
版　　次:2017 年 12 月第 1 版
印　　次:2022 年 4 月第 3 次印刷
定　　价:91.00 元

凡所购买电子工业出版社图书有缺损问题,请向购买书店调换。若书店售缺,请与本社发行部联系,联系及邮购电话:(010) 88254888,88258888。
质量投诉请发邮件至 zlts@phei.com.cn,盗版侵权举报请发邮件至 dbqq@phei.com.cn。
本书咨询联系方式:(010) 88254694。

前言 / Foreword

互联网正在将人类带入一个全新的时代，未来的社会形态与教育模式具有无限的开放性和可重塑性。互联网+教育成为全球教育发展的新趋势，其宗旨是应用互联网思维、技术和模式改造传统教育生态，实现教育系统的结构性变革。而优质资源的建设与常态化、创新化应用，则是顺利推进互联网+教育战略落地的基础保障。

"互联网+"时代，学习资源的全互联网化，正在成为教育信息资源建设领域的一大发展趋势。网络学习资源的生产、消费、传递、共享与管理的所有业务都将依托互联网开展，呈现"高质生产、高速传递、高效管理、高端应用"的"四高"发展趋势，进而助推教育的全互联网化。新时代需要新思维，"互联网+"时代需要彻底打破传统学习资源观，应用互联网思维构建全新的学习资源观。

"互联网+"时代的到来在给教育的创新发展提供重要机遇的同时也带来了巨大挑战。互联网+教育究竟需要什么样的学习资源？其资源形态有何新的表征？如何进行创新设计才能满足教育变革需求？这些都是我国大力推进互联网+教育战略过程中亟需探讨和解决的重要问题。本书期望站在互联网+教育的时代背景，回应上述问题，运用互联网思维推进我国优质网络学习资源的建设与发展。

本书共9章。第1章从教育领域的互联网思维出发，审视网络学习资源的新内涵（四个拓展）、建设现状与问题，提出学习资源的六大发展趋势；第2~8章，分别对开放课程、STEM课程、创课、碎片化资源、生成性资源、移动课件及虚拟仿真资源七种典型网络学习资源的建设现状、应用情况、设计框架及实践案例，进行了探讨与分析；最后一章（第9章）介绍了美国、欧盟、日本及韩国等地区数字教育资源的建设进展与重要举措，提出适合我国国情的互联网+资源战略及六条实施路径。

本书编写团队的3名教育技术学博士，长期从事数字化学习资源建设与应用研究，已在国内外刊物发表30余篇有关开放课程、移动课件、泛在学习资源、生成性资源等方面的学术论文。本书融合了作者团队近八年在数字化学习资源建设领域的核心研究成果，观点新颖、思路清晰、案例丰富，具有一定的理论价值与较强的实践指导意义。

在本书付诸出版之际，非常感谢编写团队成员的集体努力，感谢郭晓珊、荣荣、李冀红、王怀波、李小杰、赵鑫硕、叶洋、刘雅馨、陈世超、潘青青等同学在图文美化、素材搜集以及文献调研方面做出的贡献。本书在编写过程中得到了《互联网+教育丛书》专家委员会成员、同行专家以及出版社编辑老师的大力指导和帮助，在此谨向他们表示衷心的感谢。由于作者经验所限，不妥或错漏之处在所难免，请各位同仁多提宝贵意见。

互联网+行动计划的大力实施，有望为数字教育资源的建设与应用带来新的希望、开创新的格局：人人平等享有高品质的学习资源服务，人人自愿、自由参与资源的创作与传播，优质学习资源实现全球化的无缝流通与共享，每份资源的知识版权都得到全面保护。互联网+资源美好愿景的实现，需要更多教育研究者与实践者的集体智慧与共同努力，期待更多的朋友加入互联网+资源研究、建设与应用中来，协同构建数字教育资源新生态。

杨现民

江苏师范大学

目录 / Contents

第1章
互联网+教育需要什么样的学习资源

01 教育领域的互联网思维 //003
02 应用互联网思维"探视"学习资源 //010
03 寻找互联网+教育"中意"的学习资源 //018

第2章
开放课程资源的建设与发展

01 "多变"的开放课程形态 //029
02 开放课程建设的"非理性"问题 //042
03 开放课程建设的"成功之道" //047
04 在线开放课程的实践路径 //054
05 在线开放课程建设新进展 //063

第3章
STEM课程资源的整合性设计

01 STEM教育重磅来袭 //069
02 STEM课程概况及实施困境 //077
03 整合性思维架构STEM课程 //084
04 STEM课程实践案例 //092

第4章
创课资源的设计与实践案例

01 中国需要创客教育 //109
02 用创客思维改造课程 //119
03 创课的通用设计框架 //128
04 创课的实践案例 //140

第5章
学习资源的碎片化与系统化

01 碎片化时代到来 //149
02 碎片化学习资源面面观 //157
03 碎片化资源的系统化设计 //162
04 碎片化资源的高效管理和应用 //187

第 6 章 用户能生成可靠的学习资源吗

- 01 预设的未必是好的 //195
- 02 用户生成内容渐成趋势 //198
- 03 生成性学习资源受到关注 //204
- 04 学习资源动态生成模式 //210
- 05 如何评价生成性资源 //229

第 7 章 设计更吸引"眼球"的移动课件

- 01 注意力与移动学习 //241
- 02 移动课件现状透视与趋势分析 //249
- 03 注意力视角下的移动课件设计 //255
- 04 移动学习注意力最新研究结果分析 //263

第 8 章 资源建设的新宠儿：虚拟仿真资源

- 01 虚拟仿真资源备受关注 //281
- 02 虚拟仿真资源发展现状 //293
- 03 虚拟仿真资源的设计 //304
- 04 职教领域的应用与发展 //323

第 9 章 学习资源的"互联网+"发展之路

- 01 描绘互联网+资源的美好愿景 //337
- 02 国际社会推进学习资源建设的新方向、新举措 //341
- 03 我国推进学习资源"互联网+"战略的实施路径 //349

第 1 章
Chapter 1

互联网+教育需要什么样的学习资源

互联网+教育的宗旨是指应用互联网思维、技术和模式改造传统教育生态，实现教育系统的结构性变革。网络学习资源在整个互联网+教育体系中占有重要地位。"互联网+"时代在网络学习资源的形态上发生改变，人们对网络学习资源的认识也需要实现"四个拓展"：拓展网络学习资源的概念内涵、拓展网络学习资源的内在结构、拓展网络学习资源的功能价值、拓展网络学习资源的设计理念。互联网思维不仅对行业与产业发展有指导意义，对网络学习资源建设与优化同样具有重要启示。开放性资源、整合性资源、碎片化资源、生成性资源、移动化资源以及虚拟化资源是互联网+教育"中意"的学习资源。

01 教育领域的互联网思维

1.1.1 把握互联网与教育结合的核心

2015年"互联网+"行动计划首次被写入政府工作报告，正式拉开了中国"互联网+"行动的序幕。各行各业都在寻找互联网与本行业结合的关键点与实施路径，期望应用互联网思维和技术优化或重构整个行业生态，促进行业繁荣发展。教育行业也不例外，"互联网+"行动为我国教育的创新发展提供了新的契机，互联网+教育是我国"十三五"期间教育信息化融合创新发展的必然要求。

互联网+教育的宗旨是指应用互联网思维、技术和模式改造传统教育生态，实现教育系统的结构性变革。互联网+教育的落脚点在"教育"，互联网与教育的结合必须充分尊重教育发展规律和教育发展的现实需求。在"互联网+"时代，技术变革教育绝对不应只是修补式的进化式改革，而应是全面深入的革命性巨变。总体而言，技术变革教育涉及教育教学理论、教学模式、课程内容、学习方式、评价技术、教育管理、教师教育、教育环境、家庭教育、社会教育以及学校组织等多方面变革。互联网技术在教育系统变革的方方面面，都可以发挥巨大潜能。接下来，将重点从教学方式变革、学习方式变革、教育管理变革、教育评价变革、教育环境变革这五个方面分析互联网与教育的结合点（见图1-1）。

图1-1 互联网与教育的结合

1. "互联网+"教学方式

互联网通过信息互联与开放共享，让每个人都享有均等的教育机会和资源，大大促进了教育的民主化。借助大数据技术对学生学习行为数据的深度挖掘与分析，可以让教师认识每个最"真实"的学生，进而更具针对性地开展个性化教育，促进每位学生全面而有个性的发展。"互联网+"时代，教师角色、教学结构、教学范式、教学内容、课程形态等都将发生质的变化。

"互联网+"时代，学生获取知识的渠道越来越多元化，教师不再是讲坛的圣人，不再是知识的权威。教师角色将逐步从知识的传授者，转变为帮助每位学生实现个性化发展的指导者、学习活动的设计者和组织者。传统的封闭式课堂教学结构将转变为开放式教学结构，实时场景、专家连线、远程教师、公开课等丰富的外部教学资源将逐步引进课堂，进一步拓展课堂的学习空间。教学范式将从知识传递向认知建构转型，教师需要有效地运用信息技术，为学生开展高水平的知识建构活动，创设理想的学习环境。教学内容将越来越强调学术性内容与生活性内容的融合与转化，在激发学生学习兴趣的同时，还能缩短知识学习得到知识应用的路径。学校教育应在教学内容上删繁就简，将教育的核心从知识为主的教育向思维为主的教育转变[1]。慕课、微课、STEAM课程的火热发展，揭示了"互联网+"时代课程变革的重要走向。课程的表现形式变得越来越数字化、立体化和整合化，课程的组织方式将走向线上、线下相融合。

2. "互联网+"学习方式

知识经济时代需要更多具备创新创造意识和能力的高素质人才。当前以班级授课制为核心的学习体系面临巨大的挑战，已经严重落后于时代发展。单一、固化、封闭的学习模式与高速发展的经济社会对创新人才培养的要求越来越格格不入。

"互联网+"时代，学生将被赋予更多自由、自主与自我的权利，有助于提升学习者的主体地位。学生的角色也将从单纯的知识消费者转变为知识的创造者。学习方式将变得越来越多样化、泛在化、个性化与开放化。创客学习、基于问题/项目的学习、情境感知的泛在学习、无缝学习、大规模开放学习等新型学习方式已呈现出巨大的发展潜力。移动终端、泛在网络与感知技术的发展，正在推动学习场域的无限扩展与无缝融合，越来越多的学习活动将从教室、学校走向社区、场馆与大自然。中国台湾地区推行的情境感知移动学习[2]、新加坡中小学校开展的无缝学习实验[3]及美国学者正在研究的基于增强现实技术的生态学

---

[1] 赵国庆. "互联网+教育"：机遇、挑战与应对[N]. 光明日报，2015-06-09.
[2] Chen C C, Huang T C. Learning in a u-Museum: Developing a context-aware ubiquitous learning environment[J]. Computers & Education, 2012, 59 (3): 873-883.
[3] Looi C K, Seow P, Zhang B H, et al. Leveraging mobile technology for sustainable seamless learning: a research agenda[J]. British Journal of Educational Technology, 2010, 41 (2): 154-169.

习[4]，都很好地体现了学习与生活融合的理念。

学习分析技术、教育数据挖掘技术的发展将进一步推动个性化学习时代的到来。学习将不再是"千篇一律"，每个学生都有权利和能力获得最适合自我发展的学习资源、学习工具、学习平台、学习路径与学习服务。各种教育云将变得越来越智能化，通过全面记录学习过程数据，可以实现学习结果的实时诊断、预警与反馈，帮助学生认识最真实的"自我"，并提供适合学生的个性化发展建议。此外，"互联网+"时代的学习将跨越地域限制，更多国际化的开放合作学习将成为新的发展潮流。来自不同国家地区的学习者将基于学习兴趣和需求，借助网络形成灵活多样的学习共同体，实现无国界学习。

3. 互联网+教育管理

当前我国教育管理信息化整体处于"人管、电控"的管理阶段，基本实现了各种管理业务的数字化和网络化，提高了管理效率、改善了管理质量。然而，信息孤岛现象依旧严重，管理人员工作负担重，教育数据难以实现持续实时的采集、存储、共享、分析与应用，不能很好地支持教育的科学决策与民主管理。此外，教育管理业务流程较为臃肿和呆板，难以实现动态的、低成本的业务流程重组与改造。

"互联网+"时代，随着物联网、云计算、大数据等新一代信息技术的普及应用，教育管理将逐步走向"智慧管理"模式[5]，呈现六大走向：第一，可视化与自动化，通过可视化界面进行智能化交互，将降低信息管理系统的技术门槛，更加轻松、高效的管理工作；第二，实时监控教育运行状况，预警教育危机，提升教育安全管理水平；第三，深度数据挖掘，为管理者和决策者的科学管理与科学决策提供及时、全面、准确的数据支持；第四，远程督导，为教育领域实现全方位的、随时的远程监督与指导；第五，大规模的实时沟通与协作，以重构管理业务流程，实现无缝的信息交换与业务协同；第六，工作与学习情境感知，实现信息、资源与服务的适应性推荐，为每位用户提供最适合的个性化教育服务。

4. 互联网+教育评价

当前对学生的学习评价仍然过度依赖"分数"，"重结果轻过程，重知识轻能力，重学业轻素养"，学生的学习负担较重，成就感较低。评价目的更多地放在考核、甄别、鉴定、监督、选拔上，而忽视其导向、诊断、调节以及发展的功能。在数据利用上，仅仅做了简单的统计分析，缺少对教育数据的深度挖掘和分析，也未形成定期、持续采集评价数据的机制和方法。

---

[4] Kamarainen A M，Metcalf S，Grotzer T，et al. EcoMOBILE：Integrating augmented reality and probeware with environmental education field trips[J]. Computers & Education，2013，68：545-556.
[5] 荣荣，杨现民，陈耀华，赵秋锦. 教育管理信息化新发展：走向智慧管理[J]. 中国电化教育，2014（3）：30-37.

"互联网+"时代,需要更具"智慧"的教育评价方式,"靠数据说话"已成为教育评价的重要指导思想[6]。大数据技术的发展为教育评价从"经验主义"走向"数据主义"提供了技术条件,教育评价主体将更加多元化、评价方式和手段将更加多样化和智能化。"过程性、发展性、个性化"将成为"互联网+"时代教育评价的新特征。教育评价的最终目标也将指向"师生全面而有个性的发展与生命成长"。教学评价方面,应用云计算技术将师生成长档案袋数据永久存储在云端,同时通过科学的评估模型,对教师和学生的发展进行定期评估,提出更具针对性的发展建议。在管理评价方面,全面采集全国各地、各区域、各学校的教育资源配置与使用信息,依据科学的评估模型开展教育资源配置的绩效评价,为优化教育资源配置,提高教育产出提供科学依据。

5. 互联网+教育环境

"互联网+"时代,班级、校园、家庭、社区、各种场馆等物理教育环境将实现无缝连通,借助物联网、云计算、大数据等技术形成虚实融合的智能教育空间。多媒体教室、数字校园、数字图书馆等教育环境将实现智慧化转型,并在人机工程学理论指导下打造更具人性化的智慧教育环境。目前,国内很多地区的教育行政部门正在积极推进智慧校园建设工程,社会上也出现了一些智慧图书馆、智慧博物馆等智能化程度更高的教育场馆。"互联网+"时代,正规教育环境与非正规教育环境的界限将变得越来越模糊,最终走向高度融合,服务每一位公民的终身学习。

除了物理教育环境外,各种教育云平台也将变得更加多样化、智能化和连通化。政府教育云、企业教育云、学校教育云将通过一定的技术规范和管理机制,实现有限度的、安全的互联互通,协力打造服务全民教育的教育云生态。未来的教育云将走向以用户为中心的个人云模式,每位学习者身边都有若干朵最适合自己的教育云。无论学习者身在何处,教育云都将实时感知用户需求和情境信息,通过海量过程数据的分析与推理,为学习者提供最及时、最适合的教育服务。

归根结底,互联网与教育结合的关键在于是否能够满足培养信息时代所需人才的教育需求。推进互联网+教育,应当秉承"以学生发展为本"的核心理念,坚持"多方协同、多点突破"的基本原则,任何教育改革的出发点和归宿都应当落实到学生的实际所得上。互联网+教育是对整个教育生态的重构,可以从多个方面进行突破,比如可以从课堂教学模式改革上进行突破,也可以从管理的体制、机制、创新上进行突破,还可以从家校协同等诸多方面进行突破,最终构建线上线下、校内校外融合的新型教育生态。

---

[6] 杨现民,余胜泉. 论我国数字化教育的转型升级[J]. 教育研究,2014(5):113-120.

1.1.2 互联网思维是一种思考问题的方式

互联网技术为教育的创新发展提供了无限潜能,而互联网思维则是制约"互联网+教育"发展的关键。本质上来说,互联网思维是一种思考问题的方式,即应用互联网、大数据、云计算等技术重新审视传统行业生态与企业价值链。

在国内首部系统阐述互联网思维的作品《互联网思维独孤九剑》中,作者将互联网思维的精髓概括为九大思维,分别是用户思维、简约思维、极致思维、迭代思维、流量思维、社会化思维、大数据思维、平台思维和跨界思维[7](见图1-2)。

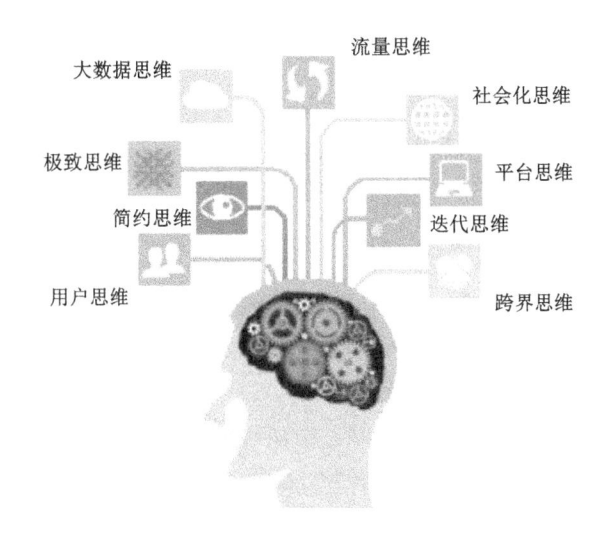

图 1-2 九大互联网思维

(1)用户思维:在企业价值链的各个环节中都要"以用户为中心"去考虑问题,用户是第一位的,深度理解用户才能生存。

(2)简约思维:产品的设计要遵循"少即是多、简约即是美"的原则,短时间抓住用户。

(3)极致思维:坚持"没有最好,只有更好"的理念,把产品、服务和用户体验做到极致,超越用户预期。

(4)迭代思维:从细微的用户需求入手,采用敏捷开发模式快速地对消费者需求做出反应,在持续迭代中完善产品和服务。

(5)流量思维:流量即金钱,流量即入口,当用户活跃数量达到一定程度时,就会开始产生质变,从而带来商机或价值。

---

[7] 赵大伟. 互联网思维独孤九剑[M]. 北京:机械工业出版社,2014.

（6）社会化思维：利用社交媒体、众包、众筹等多种社会化运作模式与机制，开展产品的社会化营销与协同研发。

（7）大数据思维：一切皆可被数据化，强化对大数据的价值认识，构建企业大数据平台对每个用户进行个性化的精准营销。

（8）平台思维：打造一个多主体开放、共享、共赢的生态圈，善用现有平台开展业务合作和组织变革。

（9）跨界思维：产业边界变得越来越模糊，互联网无孔不入，应用互联网优势开展跨界创新创业。

1.1.3 教育需要符合自身发展规律的互联网思维

"互联网+"时代的到来，对当前教育管理者、教师、学生、家长等所有教育利益相关者的思维模式都产生了强烈冲击。教育需要互联网思维，更需要符合教育自身发展规律的互联网思维，主要表现在以下几方面内容。

（1）尊重每位学生的个性特点，利用信息技术支持学生真正意义上的差异化学习，实现每位学生的个性化发展，比如，国家以及地方正在积极推进"网络学习空间人人通"建设，"十二五"期间将重点推进空间的普及应用，尤其在支持学生个性化发展方面的理论与实践探索。

（2）在关注流量的同时，更要注重技术产品在教育领域的实际应用是否有利于教育质量的提升，比如，当前越来越多的教育信息化企业开始与高校、科研机构以及中小学校合作开展技术产品应用模式的实践探索，产品评价逐步从"数量导向"（如用户数、资源量、PV量等）转向"量质并重"。

（3）借助网络实现优质教育资源的开放共享、快速传播与协同建设，提升教育品质，促进教育公平，比如，国家正在大力推进精品开放课程建设，以及国家教育资源云服务平台的建设与应用，通过汇聚各种优秀教育资源免费向全国各地展开，助力国家教育公平而有质量的发展。

（4）重视教育数据资产的积累、保护与利用，通过大数据推动教育领域管理与评价的科学化，比如，中国教育技术协会正在杭州积极开展的，基于大数据助力智慧幼教发展的探索，依据教育部发布的《3~6岁儿童学习与发展指南》广泛采集各种幼儿成长数据，科学评估孩子的学习与发展状况，辅助幼儿教育科学决策。

（5）鼓励多方协同，区域购买服务的方式，探索信息技术与课程的融合创新，比如，大连市甘井子区教育局与中国教育技术协会、北京师范大学、中国教育科学研究院等合作开展的信息技术促进区域教育均衡发展的实证研究，通过网络整合学校、家庭、社会三方力量，构建"课上课下相结合""校内校外相结合""线上线下相结合"的多元参与的区域教育新生态。

用户思维是整个互联网思维的基础，即一切为了用户，为每一位用户提供最适合的服务，在教育领域也不例外。互联网思维必然要打破传统的以工业化思维为主的思维模式，即强调标准化、规模化与流程化的思维模式，并且要倡导"以人为本，以师生和家长的实际所得为导向"的用户思维，主要体现在以下几方面内容。

（1）每个孩子都是不同的，教育应尊重个性差异，利用信息技术支持学生的个性化学习，为每个孩子提供最适合的教育；

（2）教育没有种族、肤色、性别、语言、宗教和地域之分，应该平等对待每位学生，促进所有学生全面而有个性的发展；

（3）教育是一种服务，各种教育工作都是为了学生和教师的发展服务；

（4）教育资源应当充分开放共享，每位学生、教师都可以平等地获得所需的教育教学资源；

（5）各种信息化教育软件、工具和平台，应当不断提升其智能性，感知、理解每位用户的真正需求，适应性、个性化地提供合适的教育资源和服务；

（6）各类教育环境的建设，应当以人机工程学理论和方法为指导，遵循人性化的基本设计原则，保障学生的身心健康和快乐成长。

02 应用互联网思维"探视"学习资源

1.2.1 我们需要重新认识网络学习资源

20世纪90年代之前，CAI课件是数字化学习资源的主流形态，具有内容直观、形象生动、图文并茂、易于传递等优势，主要用于辅助教师开展课堂教学。1994年4月20日，我国通过一条64K的国际专线全功能接入国际互联网，从此开启了中国的互联网时代，数字化学习资源也开始向"网络化"转型发展。互联网大大加快了学习资源的生产、消费、流通与升级的速度。教学素材、教学课件、网络课程、试题试卷、教育游戏、教学案例、数字图书、数字教材、教学工具等各种学习资源开始在互联网这条高速信息公路上畅通运行。

进入21世纪，随着移动互联网、智能终端、语义网、物联网、普适计算、增强现实、云计算、大数据等技术的飞速发展和联通主义、社会建构主义、分布式认知、情境认知等学习理念的蜂拥而起，出现了OER、MOOCs、微课、学习元、体感交互教育游戏等学习资源新形态与新机制，呈现出从平面到三维、从电脑到手机、从封闭到开放、从预设到生成、从网络课程到微课、从内容到活动、从资源到认知网络、从通用到个性化、从知识到智慧等发展趋势[8]。"互联网+"时代不仅网络学习资源的形态会发生改变，人们对网络学习资源的认识也需要实现"四个拓展"（见图1-3）。

1. 拓展网络学习资源的概念内涵

提到网络学习资源，最先浮现在大家头脑中的可能是各种多媒体课件、网络课程、电子书等内容类资源，或者说围绕内容而设计的学习资源。实际上，随着社交媒体、移动通信、虚拟现实、全息投影、体感交互等新兴技术的快速发展及其在教育领域的逐步应用，工具应用类资源（如移动App、交互游戏）、虚拟人物类资源（如智能伴侣、虚拟助手）以及活动体验类资源（如哈佛大学的EcoMuve课程[9]、清华大学的英雄之旅创客

---

[8] 余胜泉. 学习资源建设发展大趋势（下）[J]. 中国教育信息化，2014（3）：3-6.
[9] EcoMuve Overview[EB/OL]. http://ecolearn.gse.harvard.edu/ecoMUVE/overview.php，2016-02-21.

课程[10]）都将会越来越流行。网络学习资源绝不等同于网络学习内容，而是以学习者为中心、以促进有意义学习为最终目的，有机地融合了内容、活动、工具以及人际智慧在内的资源体。

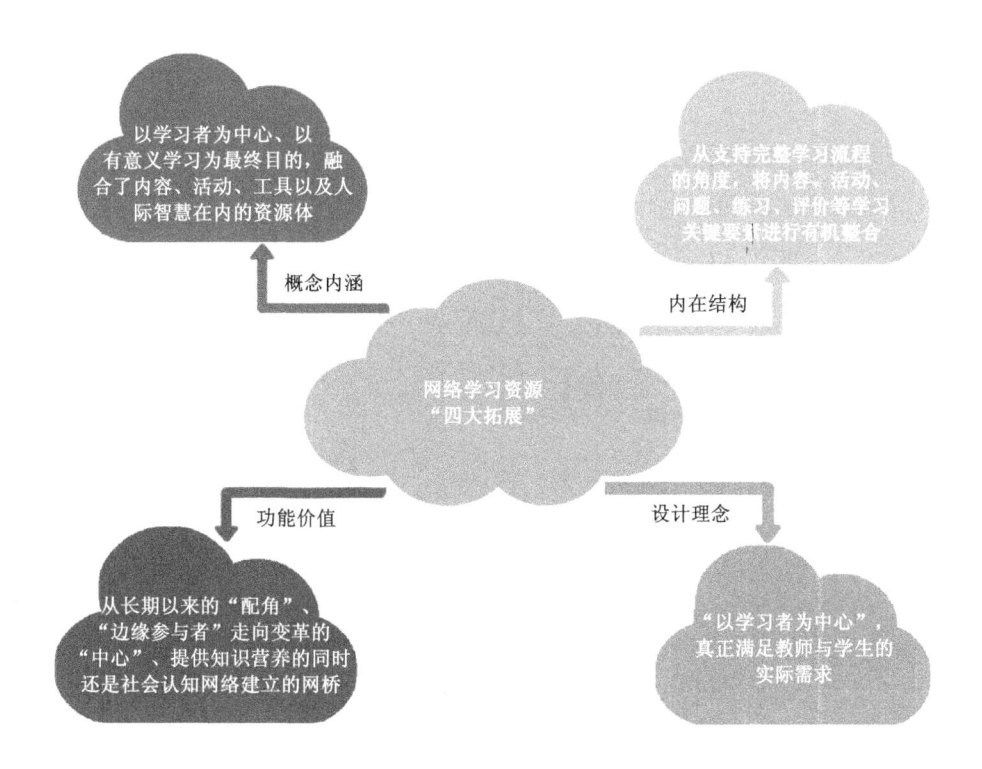

图 1-3　重新认识网络学习资源

2. 拓展网络学习资源的内在结构

2007 年 12 月，北京师范大学黄荣怀教授在《开放教育研究》发表文章《网上学习：学习真的发生了吗？》，引起了社会公众对网络学习有效性的广泛关注和探讨。众所周知，学习是一个复杂的认知过程，单纯的提供学习内容很难促进高质量、有意义的学习发生。信息时代有意义学习发生的条件包括：以真实的问题为起点、以学习的兴趣为动力、以学习活动的体验为外显行为、以分析性的思考为内隐行为、以指导反馈为外部支持[11]。为了促进网络学习的真正发生，我们需要从支持完整学习流程（导—学—练—评）的角度，重

---

[10] 英雄之旅创客课程[EB/OL]. http://ecolearn.gse.harvard.edu/ecoMUVE/overview.php，2016-02-21.
[11] 黄荣怀，张振虹，陈庚，等. 网上学习：学习真的发生了吗？——跨文化背景下中英网上学习的比较研究[J]. 开放教育研究，2007，13（6）：12-24.

新设计学习资源的内在结构,将内容、活动、问题、练习、评价等学习关键要素进行有机整合。

余胜泉教授的团队自 2009 年提出的满足未来泛在学习需求的新型学习资源组织模型——"学习元"[12]后,经过多年的探索该资源模型及其运行平台已经在国内外产生了积极影响。"学习元"面向具体的学习目标,既能够自给自足、独立存在,又可以实现彼此连通,构建以学习者为中心的个性化知识网络,其内部包含元数据、聚合模型、领域本体、内容、练习、评价、活动、生成性信息以及学习服务接口等多个部分,可以全方位支持学习者完整的自主学习与协作学习过程。"学习元"资源模型超越了传统的内容型资源结构,代表了国际学习资源技术的未来发展方向(见图1-4)。

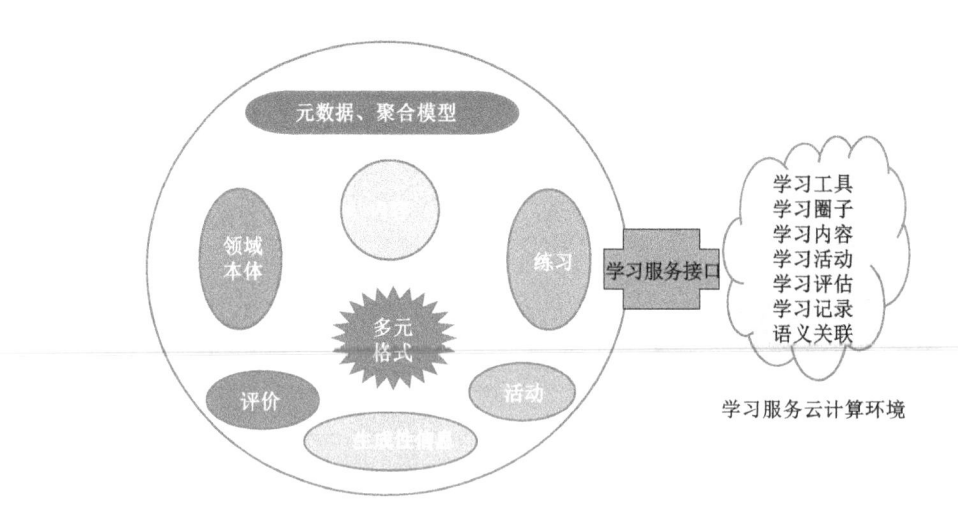

图1-4 "学习元"结构模型

3. 拓展网络学习资源的功能价值

当今社会已经进入一个"技术变革教育"的全新时代。信息技术对教育的革命性影响依赖于资源、环境、学校组织模式、教学与管理方式等方方面面的变革。与传统学习资源相比,网络学习资源有利于知识更新和自主学习,有利于交互式合作学习和教学相长,有利于实现个性化学习[13]。网络学习资源的地位正从长期以来的"配角"和"边缘参与者"真正走向变革的"中心"。当前国家大力推进的两大平台之一便是教育资源公共服务平台,

---

[12] 余胜泉,杨现民,程罡. 泛在学习环境中的学习资源设计与共享——"学习元"的理念与结构[J]. 开放教育研究,2009,15(1):47-53.

[13] 陈时见,王冲. 论网络学习资源的意义、功能与类型[J]. 电化教育研究,2003(10):50-54.

优质网络学习资源的建设与创新应用，是国家教育信息化战略的重点工程。

在过去很长一段时间里，我们都将网络学习资源的价值定位在辅助教学、辅助学习上，而忽视了"一切都在社会化"这样的一个新时代下（社交、连通、共同体、协同越来越重要），学习资源也承载其他功能。学习资源是在整个网络学习生态中的关键物种，除了作为知识的载体，要向广大用户群种供给知识营养外，还是社会认知网络建立的"网桥"，即以资源为纽带将具有相似和相同学习兴趣和学习需求的用户组成学习共同体[14]。也就是说，网络学习资源还能够连接人际智慧，实现从信息链到智慧链的转换。可进化的物化资源与人力资源结合在一起，可以构成一个可以动态演化、自我发展的知识关系网络，当网络聚合到一定规模和深度时，网络自身将拥有社会智能[15]。

4. 拓展网络学习资源的设计理念

当前海量的网络学习资源大多都遵循"以开发者为中心"的建设模式，虽然也处处声称要为学习者服务，但很少考虑学习者的实际需求以及各种个性化需求（考虑到成本问题）。"互联网+"时代，只有真正满足用户个性化需求的资源才更有竞争力和生命力。"以用户为中心""顾客就是上帝"的理念，将快速从商业领域向教育领域渗透。资源建设者和管理者需要秉承"以学习者为中心"的设计理念，打造真正满足教师和学生实际需求、带来极致化学习体验的资源服务体系。

近年来，社会建构主义、连通主义、情境认知、分布式认知以及具身认知等一系列新的学习理论与学习理念不断出现，推动人类的学习范式从低层次的知识传递向更高层次的认知建构、情境认知以及具身认知转变。学习资源、学习活动、学习工具以及学习环境需要重新设计，以顺应"互联网+"时代学习范式转型的发展趋势。未来学习资源的设计不仅要考虑如何激活学生大脑内部的认知活动，还要考虑如何让学生的肢体与外在情境"交互"起来。最近流行的基于体感技术的互动型资源（如嘿哈体感课程[16]等）代表了网络学习资源发展的重要方向。

1.2.2 网络学习资源够多、够用吗？

21世纪以来，我国教育信息化事业的发展步入了"快车道"。为了推进教育均衡发展，国家先后实施了一系列重大资源建设工程。2003年4月8日，教育部发布文件《教育部关

---

[14] 杨现民，余胜泉. 生态学视角下的泛在学习环境设计[J]. 教育研究，2013（3）：98-105.

[15] 余胜泉. 学习资源建设发展大趋势（下）[J]. 中国教育信息化，2014（3）：3-6.

[16] 嘿哈体感课程说明书[EB/OL]. http://www.heyha.com/html/product/pm4/89.html，2016-02-28.

于启动高等学校教学质量与教学改革工程精品课程建设工作的通知》（教高〔2003〕1号），启动国家级精品课程建设工程，提出要建立各门类、专业的校、省、国家三级精品课程体系；2011年10月12日，教育部发布文件《教育部关于国家精品开放课程建设的实施意见》（教高〔2011〕8号），启动国家精品开放课程建设工程，提出"十二五"期间建设1000门精品视频公开课、5000门国家级精品资源共享课；2012年9月，在首次全国教育信息化电视电话会议上，刘延东副总理（时任国务委员）正式提出"三通两平台"工程，指出"十二五"期间要大力推进国家教育资源公共服务平台建设；2015年4月13日，教育部发布文件《教育部关于加强高等学校在线开放课程建设应用与管理的意见》（教高〔2015〕3号），提出2017年前认定1000余门国家精品在线开放课程，到2020年认定3000余门国家精品在线开放课程。

在国家政策的保障和推动下，全国各级教育行政部门、电教馆、各类学校、出版机构及广大的教育信息化企业，纷纷投身数字教育资源建设浪潮，产生了一大批"海量"的网络学习资源。各种学科网、资源管理系统、开放知识社区、课件库、终身学习网等不断涌现，为网络学习资源的运行、共享、建设以及应用提供平台支撑。此外，Web2.0时代各种社会化媒体与平台快速发展，每位用户都在从资源的"消费者"转向资源的"产消者"，即在消费资源的同时也在不断生产各种资源（微博、微信、云笔记、问题、帖子、PPT课件等），以大众参与、协同创作为核心标志的资源"共创共享"时代已经到来。

让我们重新回到最初的问题，网络学习资源够"多"吗？我想绝大多数人的答案是肯定的。单从量上来看，网络学习资源已经足够"多"，多到你想学习任何知识，只要"百度一下"就会有数不清的资源条目供你选择。可问题是当你很有耐心地把网页链接逐个打开时，你再也控制不住自己的情绪，带着无限的失望和烦躁甩袖而去。网络上有句很流行的话"我们淹没在网络数据资料的海洋中，却又在忍受着知识的饥渴"，形象地描述了信息社会网络学习资源的富足与人们对满足自身需求、高质量学习资源的渴求。网络学习资源够"多"却不一定够"用"，够"用"的判断标准应当按照用户思维来设计。资源的建设者需要理性思考，开发资源前是否深度理解了学习者的真正需求，资源的内容、界面以及互动设计是否足够"人性化"。

我们拥有美好的学习理想，对无处不在的学习资源有着美好的期盼，"互联网+"时代需要提供人人可以按需获得、够"多"、够"用"的优质学习资源。《教育信息化十年发展规划（2011—2020年）》明确提出到2020年要基本建成人人可享有优质教育资源的信息化学习环境。当前我国网络学习资源的建设离这一目标还存在一定差距，这也是"十三五"期间"互联网+教育"发展的重点任务。

1.2.3 网络学习资源好用、易用吗？

小米和苹果是中国手机市场非常热门的品牌，为广大年轻人所追捧和喜爱，原因之一便是这两款手机可以带给用户极致化的使用体验。小米公司创始人雷军认为[17]，互联网思维的核心是"超出用户预期"，专注、极致、口碑、快是互联网思维的七字诀。凭借对互联网思维的独到理解和持续应用，小米公司造就了手机市场的一段传奇。

请静心回想下自己的网络学习体验，你可能看了成百上千的多媒体课件，浏览了数不清的资源网站，试问你遇到过让你"尖叫"而为之"痴迷"的学习资源吗？或许你的答案是有过，但我想这种极致化的体验应当是极小的小概率事件。或许你又会说，学习和玩手机是两码事。是的，二者确实不一样，但学习同样需要那股玩手机的激情和专注，才能得到"超出预期"的学习结果。

互联网的极致思维对提升网络学习资源的品质、改善用户体验、增强用户黏性具有重要启示。记得在一次学术会议上，北京理工大学的李小平教授提出网络影视课件理论，即将影视元素融入到资源建设中，倡导用拍电影、拍大片的思路建设网络学习资源。我想这种思想或理论本质上符合互联网思维，就是要从内容、美工、导航、场景转换、测试交互等方面对资源进行极致化的教学设计，打造超出学习者预期的精品资源。另外，当前MOOCs建设也在践行极致思维。国内外诸多名校（如哈佛大学、伦敦大学、清华大学、北京大学等）都在应用团队运作模式建设高品质的，可以带给学习者极致化体验的开放课程，这代表了"互联网+"时代在线课程的重要发展方向。

互联网的简约思维在扩大网络学习资源应用覆盖面，提高资源应用持续性以及资源管理平台的易用性方面具有重要启示。"简约"不等于"简单"，简约是要通过便捷的交互设计、清晰的导航以及强大的功能服务，让用户"会用""爱用"自己的产品。当前，很多网络学习资源的设计不符合简约化的设计理念，内容多而乱、结构复杂、容易迷航等弊端严重影响学习者的使用体验。"互联网+"时代学习资源及其管理平台需要遵循"简约不简单"的基本原则，对内容、练习、问题、测试、导航、交互等多方面进行精细化的简约设计，给每位学习者带来全新的使用体验。

互联网的迭代思维对提升网络学习资源的易用性体验也有启示。通过多次的迭代设计，学习资源的可用性、易用性以及应用价值都将得到显著提升。此外，迭代的设计开发模式还可以加速网络学习资源的生产，促进资源的持续进化，有效解决当前资源建设中存在的"重建设、轻更新"问题。

---

[17] 雷军解读小米的互联网思维[EB/OL]. http://zhangguoren.baijia.baidu.com/article/9593，2016-03-01.

1.2.4 网络学习资源共享、共用了吗？

互联网从娘胎里就带着开放共享的基因。那么，是否可以认为学习资源网络化之后就自然实现了开放共享？未必！准确地说，学习资源正在朝着开放共享的方向快速发展，也就是说还没有达到理想的共享共用状态。或许理想的资源共享场景是这样的：人人参与资源创作并主动分享，人人规范享用所需的一切资源，海量的优质资源跨越地域、种族、机构以及个体，实现无缝流动与自由分享。

实际上，学习资源的共享问题一直是全球教育信息化研究和实践领域关注的热点话题。从 2001 年 MIT 启动 OCW（Open Course Ware）计划以来，世界各地掀起一股开放教育资源（Open Educational Resource，OER）建设热潮。开放课件、SCORM 课程、精品开放课程以及最近火爆全球的 MOOCs 等各种形态的 OER 快速发展，大大推动了全球优质教育资源的共享。然而，目前的资源共享状况远未达到人们的预期，资源的共享模式与机制仍有待进一步完善[18]，突出的知识版权问题也阻碍了网络学习资源的共享发展。面对问题，我们需要认真思考互联网思维可以做什么。

互联网思维不仅可以变革商业、金融、交通等行业生态，同样可以为网络学习资源的共享带来新的"曙光"。

互联网平台思维的要义是搭建多方参与、多方共赢的大平台，吸引各方力量贡献智慧、协同发展。网络学习资源要实现全时空、超跨越、可持续的共享愿景，必须采用开放集成、横纵连通的资源大平台服务模式。目前，互联网平台思维为我们国家的资源建设与共享指明了方向。国家教育资源公共服务平台的建设便采用了平台思维，基本形成"以公共服务平台为引导，以学校应用为主体，以社会各方共建共享为支撑"的教育资源建设与应用新体系[19]。各省市也都在积极推进区域资源服务平台的建设，浙江等部分地区的资源服务平台已经与国家平台初步实现了互联互通，为全国一体化的资源云服务生态的构建提供了宝贵经验。

平台思维还提示我们并不是家家都要建平台，对于某些资源建设机构而言，选取现有平台比单独建平台更有优势。对于资源平台的运营商和管理者来说，流量思维很重要，不

---

[18] 陈琳，王蕰，李凡，蒋艳红，陈耀华. 创建数字化学习资源公建众享模式研究[J]. 中国电化教育，2012（1）：73-77.

[19] 王珠珠. 国家教育资源公共服务平台及数字资源中心建设与教育资源共建共享[J]. 中国教育信息化·高教职教，2013（1）：17-17.

仅要关注平台的资源总量，更要考虑平台用户的活跃度，即实际的应用情况。光有资源量不一定带来大的流量，没有大的流量也就不会产生实质性的经济价值。此外，互联网的社会化思维对拓展资源共享渠道、加快资源共享速度同样具有重要意义。资源建设者与运营者需要学会利用微信、微博、空间等社交媒体平台开展优质资源的推广，增加优质资源的曝光率和社会推广。资源使用者同样需要具备很强的分享意识，在互粉、互换、互扫的过程中拓展自己的社交网络圈，增强优质资源的分享能力。

03 寻找互联网+教育"中意"的学习资源

驱动网络学习资源进化的动力，一方面来自快速发展的信息技术，另一方面来自持续更新的教育理念。随着 STEM 教育、开放教育、创客教育、移动学习、碎片化学习、生成性教学等教育新理念与新方法的逐步盛行，以及开源软硬件、虚拟/增强现实、移动通信、社交媒体、人工智能等前沿科技的快速发展与普及应用，"互联网+"时代学习资源呈现六大发展趋势：开放性、整合性、碎片化、生成性、移动化和虚拟化。

1.3.1 开放性资源

飞速发展的科技正在创造一个更新、更小、更平坦的世界，"地球村"正在从预言变成现实。近年来，在世界知名大学的努力推动下，OER（Open Educational Resource）运动和 MOOCs（Massive Open Online Courses）运动席卷全球，优质教育资源迅速传递到世界各个角落。世界各地的学生和社会公众可以更加便捷地获取任何适合自己的教育资源（多媒体课件、视频课程、教学软件等），这将有可能提升欠发达国家和地区的教育质量，缩小世界教育鸿沟。

2012 年联合国教科文组织召开了世界开放教育资源大会，发表了 OER 巴黎宣言，将 OER 运动再次推向新的高度。宣言的核心内容包括[20]：理解和支持开放教育资源的使用；进行开放教育资源能力建设；促成建设开放教育资源战略联盟；鼓励全球采取前瞻性的开放教育资源解决方案。2015 年国际教育信息化大会在青岛召开，通过了《青岛宣言》[21]，各国承诺要发展区域性策略和能力建设项目，以充分发挥开放教育资源的潜力，同时倡议推动教育期刊资源的开放获取（见图 1-5）。

---

[20] 泽伊内普·瓦罗格鲁. 建立和完善机制促进开放教育资源的普及和应用[J]. 世界教育信息，2015（15）：58-59.

[21] 王海东. 青岛宣言[J]. 世界教育信息，2015（15）：69-71.

| 2002年 联合国教科文组织正式提出开放教育资源（OER）概念 | 2005年 国际开放课件联盟（OCWC）成立 | 2007年 苹果公司推出iTunes U | 2009年 YouTube推出YouTube EDU | 2012年 联合国教科文组织召开世界开放教育大会，Coursera、edX、Udacity 三大MOOC平台上线 | 2014年 OER Research Hub 发布《The OER Evidence Report 2013—2014》 |

| 2001年 MIT启动开放课件（OCW）项目 | 2003年 中国成立开放教育资源联合体（CORE）；启动国家精品资源建设工程 | 2006年 萨尔曼·可汗创立可汗学院 | 2008年 开放社会研究所发布《开普敦开放教育宣言》 | 2011年 中国教育部启动国家精品开放课程建设计划等 | 2013年 FutureLearn、学堂在线等MOOC平台上线 | 2015年 国际教育信息化大会召开，发布《青岛宣言》，倡议推动教育期刊资源的开放获取 |

图1-5 开放教育资源发展历程

毋庸置疑，学习资源的全球开放时代已经到来。开放性是实现全球优质教育资源无障碍流通、无缝整合与共享的基础。开放性资源顺应了"互联网+"时代全球教育创新发展与变革的大趋势，是推动21世纪教育全球化与信息全球化的重要力量。那么，我们该如何理解开放性资源？关于开放性资源的内涵或者说对开放性的认识，主要体现在以下三个方面。

（1）开放性资源是指在知识产权许可协议下，在公共领域存在的、可以允许他人免费应用和修改的教学、学习和研究资源[22]，典型代表包括OCW、MOOCs、视频公开课等。这是从资源访问权限的角度进行的概念界定，强调开放获取的本质特性。

（2）资源的开放性不仅指访问权限的开放（开放获取），还包括内容结构的开放，即允许多用户协同编辑资源内容与知识结构，典型代表包括维基百科、学习元等。这种开放性资源的优势在于可以短时间快速生成较高质量的学习资源，同时有助于资源的持续进化。

（3）学习资源需要具备对方访问的接口，允许与外部学习生态环境（网络教学平台、教育云计算中心、智能学习空间等）进行信息传递，及时保存学习的过程性信息并适应性地推荐满足个性化学习需求的各种学习资源和人际信息。这种开放性类似SCORM课程提供的交互接口，强调学习资源与运行环境的信息传递。

近年来，开放性资源又呈现线上线下相融合的新发展趋势。开放的不仅仅是网络课程资源，还包括各种社会场所、社会机构提供的线下教育资源，从而打造更广泛的开放教育资源体系。以北京市为例，北京市教委自2008年开始建立北京市中小学生社会大课堂资源平台，该平台集合近千家社会教育资源单位的信息提供给学生开展活动；2012年，北京数字学校正式开学，打破时空限制服务于全市学生，汇集10000余节名师课程和微课程供学生开展自主学习；2015年，北京市初中开放科学实践活动拉开序幕，采用O2O模式，将社会资源单位的851个科学实践活动课程开放给9万名初一学生供他们自主选择，学生根据个人需求进行线上预约咨询，线下参与实践，再线上交流实践成果，完成多种形式评价等过程。

---

[22] Daniel E. Atkins，John Seely Brown，Allen L. Hammond. Report to The William and Flora Hewlett Foundation [DB/OB]. http://www.hewlett.org/uploads/files/ReviewoftheOERMovement.pdf，2016-03-02.

1.3.2 整合性资源

进入 21 世纪，科学发展呈现高度分化与高度综合并存的状态。一方面，学科越来越细，分支越来越多，各种高度专业化的研究机构纷纷建立；另一方面，学科的综合化、整体化趋势在不断加强，使得众多规模的边缘学科、交叉学科、综合学科迅速形成，不仅自然科学本身的各个学科相互交叉、渗透、融合，而且自然科学与社会科学、人文科学也相互交叉、渗透和融合[23]。"互联网+"时代既需要掌握"高精尖"科学知识与技术的专业化人才，也需要大批具备多学科专业素养的综合性高素质人才。

为了满足学科的综合性发展以及"互联网+"时代人才培养的需求，学习资源的建设需要从分散走向整合。这里的整合并非指集中建设，而是资源本身要体现多学科交叉，更多地指向情境化、复杂性问题的解决。整合性资源要解决传统资源与生活割裂的问题，倡导资源的设计要融入更多的生活元素，激发孩子的探究欲望和学习兴趣，鼓励学生之间开展协作学习和课题研究。

近年来，国际上流行的 STEM（科学、技术、工程、数学的英文首字母缩写）课程和创客课程，很好地体现了学习资源的整合性。STEM 课程强调要将知识、过程和方法置于复杂的真实问题情境中，通过孩子的动手操作将知识学以致用，在解决问题的过程中提升科学素养[24]。创客课程是实施创客教育的重要载体，旨在通过统整多学科知识、设计各种探究性活动以及整合各种开源软硬件的运用，让孩子们在掌握基础知识与技能的同时，更多的发挥创意、动手创造，以培养学生的创客素养，提升创新创造能力（见图 1-6）。

目前，国内在 STEM 课程和创客课程建设方面正处于起步探索阶段，并且取得了一些初步的成果。以南方科技大学实验学校和南京外国语学校为代表的国内一批中小学校，正在积极推进"STEM+"课程，在基础教育课程改革创新方面取得了可喜成果。"STEM+"课程是一种"统整项目课程"，以某个学科为主导整合其他学科知识，可以打破原有的单一课程教授体系，实现跨学科融合、拓展和提升。创客课程方面，清华大学、北京师范大学、温州中学、北京景山学校等国内创客教育的先行者，已经成功推出了部分创客课程（创客英雄之旅、创意电子设计、Arduino 创意机器人等），在国内外产生了积极影响。

---

[23] 浅谈 20 世纪科学的高度分化与高度综合[DB/OL]. http://wenku.baidu.com/view/11db431b59eef8c75fbfb3c5.html?from=search，2016-03-04.

[24] 唐小为，王唯真. 整合 STEM 发展我国基础科学教育的有效路径分析[J]. 教育研究，2014（9）：61-68.

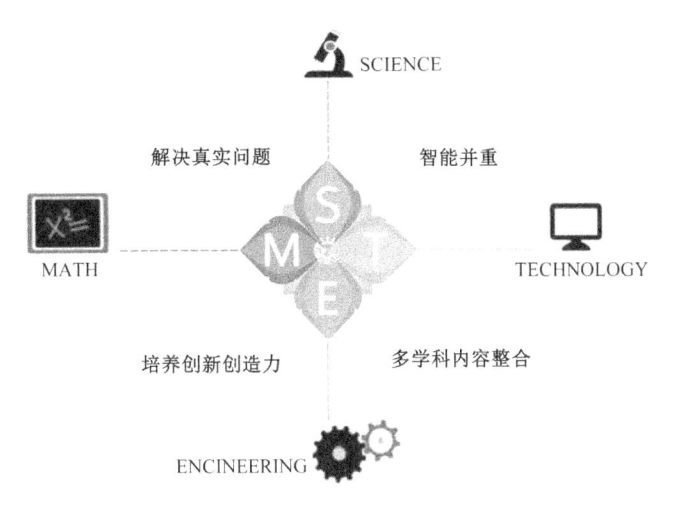

图 1-6　STEM 课程的核心特征

1.3.3　碎片化资源

从工业革命到互联网二次革命，是社会从集约化向去中心化的碎片化过程[25]。"互联网+"时代具有强烈的碎片化特征，阅读碎片化、思维碎片化、消费碎片化、创作碎片化、沟通碎片化……一切都在碎片化，甚至连我们的休息也在碎片化。移动终端的普及、社交媒体的发展以及生活节奏的加快，不断将我们推向碎片化的中心，碎片化正在成为人类的生活方式！学习自然也不例外。

碎片化学习是相对于学校教育的系统化学习而言的，指利用零碎的时间进行的短平快的一种学习方式[26]。智能手机、平板电脑、可穿戴设备等各种便捷式终端，为学习者开展随时随地的碎片化学习提供了支持。碎片化学习的有效发生离不开高质量的碎片化学习资源（见图 1-7）。

实际上，碎片化资源已经融入我们的生活、工作和学习，大家对此并不陌生。当你睡觉醒来时，打开微信，收到朋友转发的信息，可能是一段精细剪辑的视频，也可能是一篇精练的小文章，还可能是一段英语听力材料，这就是我们生活中典型的碎片化学习资源。目前，国内很多地区都在火热推进微课资源建设，开展基于微课的翻转教学实践。微课这种短小精悍的小视频，非常适合正式学习和非正式学习，也属于碎片化资源。

---

[25] 史蒂夫·萨马蒂诺. 碎片化时代：重新定义"互联网+"商业新常态[M]. 念昕，译. 北京：中国人民大学出版社，2015.
[26] 王承博，李小平，赵丰年，等. 大数据时代碎片化学习研究[J]. 电化教育研究，2015（10）：26-30.

图 1-7　无处不在的碎片化资源

"互联网+"时代，碎片化的学习资源更利于知识的快速传播与共享，也更利于人际智慧的互联互通，将在推进学习方式变革与学习型社会建设方面发挥重要作用。当然，碎片化资源也有自身的弊端，在社会上引起了一些争议，比如，影响认知发展、知识离散化、弱化思考能力等。在社会与科技大发展的时代背景下，学习资源的碎片化已不可避免。我们需要做的是在学习的碎片化与系统化之间寻求一种平衡，或者说探索碎片化弊端的有效解决之道。

1.3.4　生成性资源

互联网的普及使人类的终身学习（Life-long Learning）与宽生学习（Life-wide Learning）梦想逐步变成现实。依据二八定律，人的一生中大概有 80% 的时间是在非正式学习，而正式学习所占的比例约为 20%。随着科技的发展以及与人类生活融合度的不断提升，非正式学习在人类学习的谱系中将占有更重要的地位。

在非正式学习情境下，学习者的学习动机往往来自及时解决当前遇到的问题，因此学习资源的时效性也非常重要，要能反映相关领域的最新变化和相关群体的最新需求[27]。当前，仅仅依靠少数资源提供商、教师、学科专家等生产、传递学习资源的模式已无法满足"互联网+"时代学习的发展需要。学习资源的建设需要从单点生产转向群体参与下的协同创作，从预设走向生成。

---

[27] 杨现民，余胜泉. 泛在学习环境下的学习资源进化模型构建[J]. 中国电化教育，2011（9）：80-86.

生成性资源符合生成性教学[28]的核心理念，近年来受到广大教育研究者与实践者的关注。生成性资源是相对于预设性资源而言的。预设性资源是指由某个团队、机构或个体根据预先的设计要求开发出来的专业性资源，比如，国家精品课程、SCORM 课程、MOOCs 等，属于 PGC（Professionally-generated Content）模式。生成性资源则是在使用过程中由多用户参与生成的资源，具有过程性、参与性与进化性的特征。互联网+教育的发展既需要大量极致化的预设性资源，也需要更多真实贴近用户需求、解决用户实际问题的生成性资源。

随着 Web2.0 理念与技术的全球传播，国际上开始盛行 UGC（User-generated Content）[29]。UGC 与学习资源动态生成的核心理念是一致的，都强调用户的积极参与，重视资源生产与应用过程中产生的过程性信息（评论、帖子、批注、问题等）的搜集。秉承 UGC 核心理念，近年来教育领域出现了 SGC（Student-generated Content）[30]，鼓励学生在教师的指导下去创作课程内容，而非单一的接受课程知识。着眼未来，在人工智能技术的推动下有可能出现 RGC（Robot-generated Content），即由机器人代替资源建设者的部分工作，根据用户需求，通过智能的资源检索、编辑、重组、打包等技术，实现个性化学习资源的（半）自动化生产（见图 1-8）。

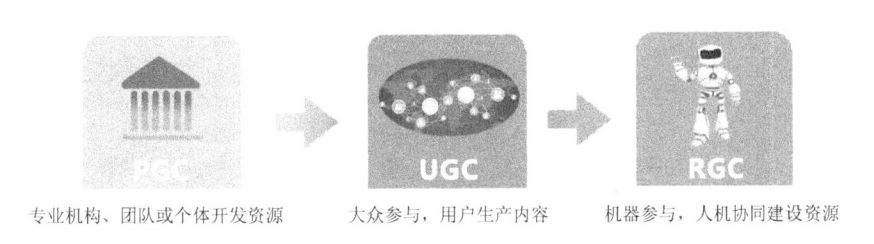

专业机构、团队或个体开发资源　　大众参与，用户生产内容　　机器参与，人机协同建设资源

图 1-8　学习资源生产模式变革之路

1.3.5　移动化资源

中国互联网络信息中心发布的最新统计报告显示，截至 2015 年 12 月，我国手机网民

---

[28] 李祎，涂荣豹. 生成性教学的基本特征与设计[J]. 教育研究，2007（1）：41-44.
[29] 赵宇翔，范哲，朱庆华. 用户生成内容（UGC）概念解析及研究进展[J]. 中国图书馆学报，2012（5）：68-81.
[30] Yang X M, Guo X S. Student-Generated Content in College Teaching：Content Quality，Behavioral Pattern，and Learning Performance[J]. Journal of Computer Assisted Learning，2015.

规模达 6.20 亿，较 2014 年年底增加 6303 万人。网民中使用手机上网人群的占比由 2014 年的 85.8%提升至 90.1%，手机依然是拉动网民规模增长的首要设备[31]。当前，市场上的智能手机价格越来越低，性能越来越强，人手一机、甚至人手多机的现象越来越多。除手机外，平板电脑、学习机、阅读器等移动终端也受到了广大学习者的喜爱（见图 1-9）。4G 网络快速普及，5G 网络即将到来，再加上 2016 年春节期间刷爆朋友圈的"引力波"被科学家证实，移动互联网将带给教育无限的发展空间。

移动技术与学习的结合正在将我们带入移动学习的全新时代：学习者可以在任何地方、任何时刻获取所需的任何信息；即时感知周边环境和服务，发现与你相关的，自动过滤掉与你无关的信息；通过多种工具便捷地开展互动交流，结识更多潜在的学习伙伴。未来，你所携带的任何智能终端都将成为你的"数字第六感"。

无处不在的学习需要更多能够在不同移动终端上适应性展现和运行的移动资源。当前国内移动学习市场，无论从移动资源的数量还是质量上都有很大的发展空间。传统 e-Learning 课件虽然数量很多，但都是面向 PC 机设计开发的，若直接迁移到移动终端，则常会出现布局错乱、字体偏小、显示效果差等一系列问题。移动学习是"互联网+"时代的重要学习方式。为了快速推进移动学习在我国的快速普及，急需开发大量专门为移动终端定制开发的高质量移动资源。

图 1-9 多样化的移动学习资源

移动学习资源的形态可以多种多样，除了传统的多媒体课件外，还包括运行在电子书包中的数字教材、运行在手机上的移动 App、运行在阅读器上的电子图书等。为了更

---

[31] 中国互联网络信息中心. 第 37 次中国互联网络发展状况统计报告[EB/OL]. http://www.cnnic.cn/hlwfzyj/hlwxzbg/hlwtjbg/201601/t20160122_53271.htm，2016-02-29.

有效地支持无处不在的学习，移动学习资源设计除了遵循人机交互的基本原则外，应该更多地应用教学设计、脑科学以及认知科学方面的最新研究成果，以提升资源的科学性。此外，移动学习资源的设计还应着重考虑"数字土著"一代学习者独有的认知方式和使用习惯。

1.3.6 虚拟化资源

互联网大大拓展了人们的交往空间，创造了"去中心化"的人际交往新模式，以一种现实的生存结构，深刻影响着当代生活世界的建造[32]。人们可以使用计算机、智能手机等通信设备在虚拟的网络空间中进行文字、图片、音频或视频的交流，从而穿梭在自然、社会和虚拟空间构成的三维世界中[33]。随着虚拟现实、增强现实、物联网、普适计算等技术的快速发展，人类的学习环境正在走向虚拟与现实的融合（见图 1-10）。

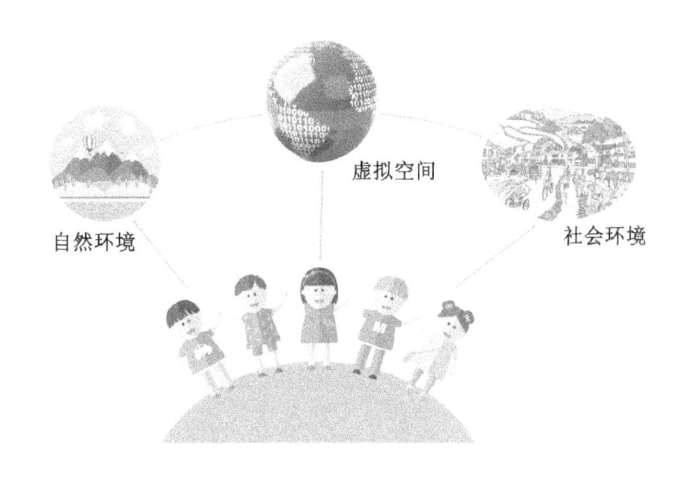

图 1-10　虚实融合的学习环境

学习资源的虚拟仿真化是构建多用户虚拟学习环境（Multiuser Virtual Environments，MUVEs）的基础，也是当今国际数字化学习资源的最新发展趋势。哈佛大学的克里斯·德迪教授指出[34]：MUVEs 在重塑人类学习上具有无限潜能；学习者通过化身与其他学习者以及虚拟代理进行交互，逼真的情境设置和活动设计，再加上游戏机制的引入，MUVEs 能够大大提升学习体验，增强学习的沉浸感，使学习者实现高度参与下的主动学习。虚拟

---

[32] 孙海峰. 网络空间的三重内涵[J]. 国际新闻界，2006（12）：63-66.
[33] 张康之，向玉琼. 网络空间中的政策问题建构[J]. 中国社会科学，2015（2）：123-138.
[34] Dede C. Immersive Interfaces for Engagement and Learning[J]. Science，2009，323（5910）：66-69.

仿真资源是指利用计算机虚拟仿真技术，设计出来的具有交互性、逼真性、虚幻性、沉浸性等特征的学习资源，在采矿、航空、医学、地质勘探等虚拟实训、仿真实验教学中大有用武之地。

我国教育部从 2013 年开始启动国家级虚拟仿真实验教学中心申报工作，目前全国已有 300 家实验教学中心成功入选。国家级虚拟仿真实验教学中心的建设，对于推进我国优质实验教学资源的开放共享以及全面提升实验教学信息化水平具有重要意义。虚拟仿真资源的建设与共享是"十三五"期间我国职业教育信息化工作的重点，也将在互联网+教育的变革浪潮中发挥至关重要的作用。

第 2 章

开放课程资源的建设与发展

目前，通过优质教育资源共享促进教育公平、提升教育质量已逐渐成为众多高等教育机构战略变革的重要举措。开放课程建设是解决大众化背景下高等教育教学资源相对紧缺的最佳方案，是国家中长期发展规划（2010—2020年）提出的促进优质教育资源普及与共享的重要课题。本章从精品课程、开放课程，以及"后MOOC"三个阶段，厘清了开放课程的形态变迁，并对该发展历程中的政策文件、建设成就等进行了深入挖掘。为借鉴既往开放课程的经验建设新课程，促进其可持续发展，本研究一方面探讨了重心指向失衡、传授的误解、评价方式偏移、行政权力渗透、宣传推广不力等开放课程建设的"非理性"问题；另一方面从去除同质化、保留个性化、规范标注化、宣传扩大化等方面梳理了开放课程建设的"成功之处"。最后，从意识层面、规划层面、实践层面、评价层面对开放课程的实践进行了深层次的剖析，并从国家政策引领、典型案例推进、线上线下融合三个方面分析了开放课程建设的新进展。

01 "多变"的开放课程形态

进入 21 世纪以来，基于网络进行大规模优质教育资源的建设、共享和应用成为世界高等教育和远程教育领域的实践热点之一。2001 年，美国麻省理工学院在全球率先启动开放课件项目（MIT OCW），通过互联网向全球免费开放从本科至研究生的全部课程（约 1800 门），从此拉开了国际开放教育资源（OER）运动的序幕。MIT OCW 的成功实施在全世界范围内引起巨大反响，在 MIT OCW 的示范和推动下，其理念导向、运作模式和应用情况为诸多组织所关注、认同和仿效，世界各个国家的多数高等院校，纷纷投入到开放式课程运动中来[1]。

2002 年，联合国教科文组织正式提出开放教育资源（简称 OER）的概念。2003 年，中国开放教育资源协会（China Open Resources for Education，CORE）成立，以促进国际教育资源共享为目标，致力于引进国外优质开放资源和促进本土精品开放资源的国际化。同年，中国教育部陆续下发了《教育部关于启动高等学校教学质量与教学改革工程精品课程建设工作的通知》（教高〔2003〕1 号）、《国家精品课程建设工作实施办法》（教高〔2003〕3 号）等一系列文件，正式启动国家精品课程建设项目，目的在于推进教育创新，深化教学改革，促进现代信息技术在教学中的应用，共享优质教学资源，全面提高教学质量。

2005 年，由 MIT 牵头、全世界 100 多家领先的教育机构组成了 OCW（Open Course Ware）联盟，资源涵盖了几乎所有的学科。2006 年，开放课件联盟的门户网站正式发布，为世界各地的机构组织和个人提供"使用、共享、支持"等多方面的管理协调服务，共同推动开放教育资源的研究与发展[2]。2010 年下半年，随着 YYeTs（人人影视字幕组）等国内知名字幕组给耶鲁大学、哈佛大学等国外名校的公开课配上了中文字幕，世界名校公开课开始走红网络。2011 年，为进一步深化本科教育教学改革，提高本科教育教学质量，大力提升人才培养水平，教育部决定在"十二五"期间实施"国家精品开放课程"建设项目[3]。

---

[1] 丁兴富，王龙. 麻省理工学院开放课件运动评述[J]. 中国电化教育，2004（10）：74-78.
[2] OCW Consortium[EB/OL]. http://www.ocwconsortium.org/index.html，2015-11-06.
[3] 教高〔2011〕6 号. 教育部、财政部关于"十二五"期间实施"高等学校本科教学质量与教学改革工程"的意见[Z]. http://www.doc88.com/p-7873106400914.html，2015-11-06.

2011年，继麻省理工学院之后，哈佛大学、耶鲁大学、约翰霍普金斯大学等200多个大学或机构发布和推出了超过20个语言环境下的14000多门开放课程[4]。同年，斯坦福大学将3门开放课程放到网上，此举吸引了来自世界各地的数十万学生注册学习，"大规模"开放网络课程初见端倪。2012年，随着数据学习和评价的兴起，基于开放共享理念的MOOCs开始风靡全球，Udacity、Coursera、edX三大MOOCs平台问世。2013年为中国MOOCs元年，学堂在线平台率先上线运营；2014年中国大学MOOC、好大学在线等平台纷纷上线，国务院提出将在线教育列为重点打造的新业态、新产业之一。

2015年，《教育部关于加强高等学校在线开放课程建设应用与管理的意见》[教高〔2015〕3号（以下简称《意见》）]，《意见》指出要构建有中国特色的在线开放课程体系和课程平台，推动高等教育更新教育理念，并在2017年前认定1000余门国家级精品在线开放课程，2020年认定3000余门国家级精品在线开放课程。2016年，教育部办公厅印发《2016年教育信息化工作要点》，要求加强高等教育优质数字教育资源开发与应用，继续建设800门左右优质在线开放课程，推动中国优质在线开放课程走向世界。

综上所述，追溯世界各国的开放课程发展历史，发现开放教育资源运动过程中出现了开放课件、开放课程、视频公开课、精品课程、精品开放课程、慕课等形态。为此，研究以时间为序，对我国开放课程的发展历程进行了系统的梳理（见表2-1）。

表2-1 我国开放课程的发展历程

年 份	重 要 事 件
2003	启动精品课程建设项目（NPWDEC）；计划用5年时间建设1500门国家级精品课程，并带动和促进省级和校级精品课程建设工作
2007	国家精品课程建设项目被列入"质量工程"；提出再建3000门课程的新目标，同时兼顾专业类、网络教育、公安和军事院校的课程建设
2011.5	启动"国家精品开放课程"建设项目；未来5年将建设1000门精品视频公开课和5000门精品资源共享课
2011.11	首批推出20门视频公开课，并通过"爱课程"网（www.icourses.edu.cn）和其合作网站中国网络电视台、网易同步向社会免费开放
2012.5	正式启动精品资源共享课的建设工作；2012年将以原国家精品课程为基础，优化结构、转型升级、多级联动、共建共享，2013年将采用招标和遴选准入方式建设新课程
2012.12	教师教育国家级精品资源共享课项目启动；"十二五"期间，支持建设350门教师教育国家级精品资源共享课；首批精品资源共享课提交教育部评审平台，接受专家和学习者评估
2013	中国MOOCs元年；学堂在线平台上线；批准实施2013年"高等学校本科教学质量与教学改革工程"建设项目
2014	国务院提出将在线教育列为重点打造的新业态、新产业之一；中国大学MOOC、好大学在线等平台上线
2015	构建有中国特色的在线开放课程体系和课程平台，推动高等教育更新教育理念。2017年认定1000门国家精品在线开放课程，2020年认定3000门
2016	继续建设800门左右优质在线开放课程，推动中国优质在线开放课程走向世界

（注：综合自教育部等门户网站）

---

[4] China Open Resources for Education[EB/OL]. http://ww. core. Org. Cn，2015-11-06.

目前开放课程已成为推动高等教育变革的国家战略，研究开放课程有效深入地建设与共享，对丰富和优化优质资源，扩大共享范围，保证开放课程的示范性和延续性有着重要的指导意义。为此，本研究对我国的开放课程形态进行了阶段划分，以厘清开放课程的发展变迁。由于分界线的选择必须有一个合理依据，本研究运用了"典型事件法"，即通过收集故事或关键事件，根据内容分析进行分类的一种研究方法，具体做法是选择一些代表性事件作为"界标"，以此作为划分阶段[5]。研究主要依据政策文件的颁布时间，将开放课程划分为"初步探索的精品课""发展壮大的开放课""创新创造的后MOOC"三个阶段（见图2-1）。

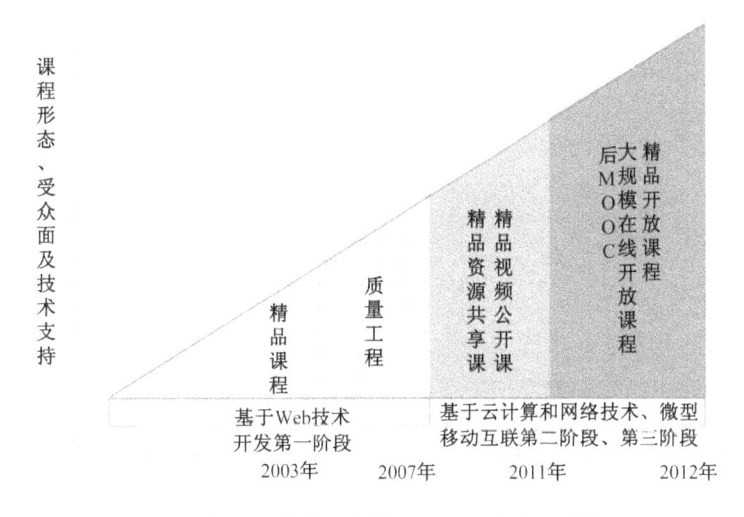

图 2-1　我国开放精品课程形态演变脉络

2.1.1　初步探索的"精品课"

1. 政策文件

2003年4月，教育部启动了国家精品课程建设工作（教高〔2003〕1号）。精品课程建设是教育部深化教学改革，以教育信息化带动教育现代化的一项重要举措，是国家精品课程建设项目的专用术语；计划用5年时间建设1500门国家级精品课程，并带动和促进省级和校级精品课程建设工作，旨在利用现代化的教育信息技术手段将精品课程进行网络共享，并免费向社会开放，以实现优质教学资源共享，提高高校教学质量和人才培养质量；同时

---

[5] 石景. CIT——测量服务质量的有效工具[J]. 商业研究，1999（11）：106-107.

建设优质课程，集中全国高校（包括高职高专院校）的力量，以基础课和专业（技术）基础课为主，建设具有"五个一流"特点的示范性课程；调动地方和高校建设精品课程的积极性，建设各门类、各专业的校、省、国家三级精品课程体系；促进全国优质教学资源的开放共享。

2007年，教育部、财政部在《关于批准国家精品课程建设项目的通知》（教高〔2007〕20号）中将国家精品课程建设项目列入"质量工程"，提出再建3000门课程的新目标，同时兼顾专业类、网络教育类、公安和军事院校的课程建设。"质量工程"对扩大优质教育资源受益面，形成重视教学、重视质量的良好环境和管理机制，实现高等教育规模、结构、质量和效益协调发展具有重要的意义，本轮"质量工程"于2010年结束。

2. 概念内涵

精品课程建设项目强调现代信息技术、方法和手段的综合运用，强调基于网络的资源开放共享，强调课程示范辐射作用的发挥。什么是精品课程呢？笔者认为，可以从以下几方面理解。

1）构成要素：五个一流

从精品课程构成要素看，应符合"五个一流"标准，即2003年教育部《关于启动高等学校教学质量与教学改革工程精品课程建设工作的通知》中对精品课程的定义：精品课程是具有"一流教师队伍、一流教学内容、一流教学方法、一流教材、一流教学管理特点的示范性课程"[6]。精品课程是包括了教育理念、师资队伍、教学内容、方法与手段及考核管理等要素的统一整体。精品课程建设要树立大课程意识，应具有整体的、全局的观念和视野。

2）与普通课程比较：高水平、辐射性、特色化

精品课程的首要含义是课程，其次是精品。从通俗意义上理解，课程是教学内容和进程的总和。所谓精品，侧重的是课程的质量和特色，体现现代教育理念，符合科学性、先进性、教育性、整体性、有效性和示范性。即精品课程是"名牌课程""示范课程""特色课程"，应该是"普遍受学生欢迎的课程"，是具有示范和辐射作用的优秀课程。

3）类别层次：多类别、多层次、多样化

从类别层次看，精品课程具有多类别、多层次、多样化的特点。一方面，从各高校办学水平层次上看，重点大学、一般大学、高职高专都有自己的课程体系与特色，应该存在不同层次的精品课程序列，允许精品课程存在的多样性。目前在实践中逐渐形成了本科类、高职高专类、网络教育类等不同层次的精品课程。另一方面，各高校由于地域、资源配置、

---

[6] 精品课程建设专家谈[DB/OL]. http://www.tech.net.cn/y-jxgg/kcgg/5285.shtml，2015-11-06.

经济状况、师资等原因，使得产生的课程在课程质量上存有差距，因而形成了校级、省级和国家级三级课程建设体系。

4）作用角度：载体和平台

精品课程是以现代教育思想为先导、以教学内容现代化为基础、以现代信息技术手段为平台的课程建设[7]。精品课程在知识传授上，要求教学内容达到精品水准；在认知能力上，要求教学方式达到精品水准。精品课程是符合学校办学定位、教育理念、学生水平的示范性载体，是知识基础和认知基础的平台。

3. 建设成就

国家精品课程建设项目实施 8 年来，课程数量逐年递增，覆盖专业范围逐渐广泛，参与高校数量不断扩展（目前已包括大部分普通高等院校、高职高专院校、军事院校、公安院校、远程教育机构等），初步形成了"国家级、省级和校极"三级共享课程体系，涉及普通本科、高职高专和网络教育三个层级，覆盖文学、理学、农学、医学、经济学、教育学等 33 个一级学科、72 个二级学科，共涵盖文学、历史学、哲学、经济学、管理学、法学、教育学、理学、工学、农学、医学、农林牧渔、生物运输、财经、医药等 33 个一级学科，72 个二级学科；在教学队伍、教学内容、教学方法和手段、教材等方面取得了一定的成效，促进了高校课程建设和优质教育资源的共享应用（见图 2-2）。

截至 2010 年年底，共评选出国家级课程本科类 2582 门、高职高专 1041 门、网络教育 209 门；省级精品课程本科类 5642 门、高职高专 2636 门；校级精品课程本科类 6007 门、高职高专 2163 门[8]（见图 2-3）。目前大部分课程已通过国家精品课程资源网等网站发布，方便学习者使用，虽然课程资源丰富，但课程明显存在着"理工大于人文""重本科轻高职"的现象。2007 年，高等教育出版社建立了国家精品课程门户网站。截至 2011 年 5 月，该网站访问量已达 11615023 次，已发布 1301232 份各种格式的资源，有记录的下载次数达 214010 次。网站注册用户超过一百万，其中包括 403620 位经常访问网站的实名注册用户。网站访问者中 49%是学生，40%是教师[9]。虽然国家精品课程建设取得了巨大的成绩，但推广和使用的效果却并不理想，绝大多数课程的知晓率和访问率低，课程使用仍限于局部范围内，没有超越校际间藩篱，课程重复建设现象严重，优质教学资源没得到充分的共享和应用，这些问题正严重困扰着精品课程的可持续发展。

---

[7] 武法提. 国外网络教育研究和发展[M]. 北京：北京师范大学出版社，2003.

[8] 国家精品课程资源网[EB/OL]. http://www.jingpinke.com，2015-11-06.

[9] 余亮，黄荣怀，杨俊锋. 开放课程发展路径研究[J]. 开放教育研究，2013（6）：28-35.

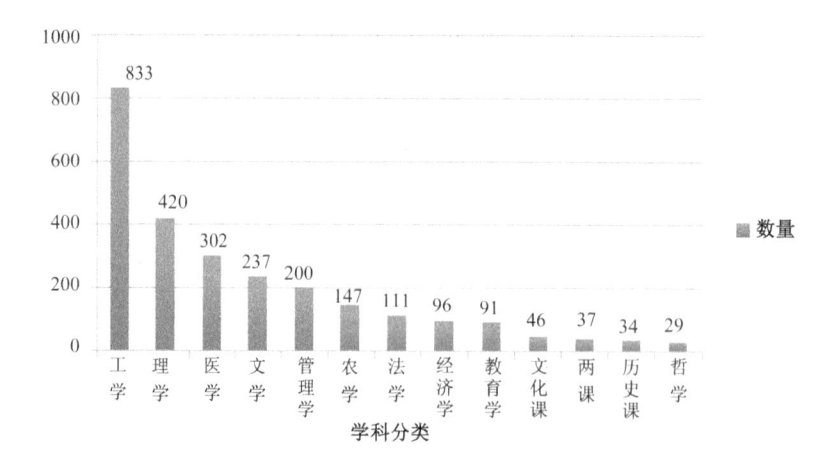

图 2-2　2003—2010 年国家精品课程（本科类）学科分布统计

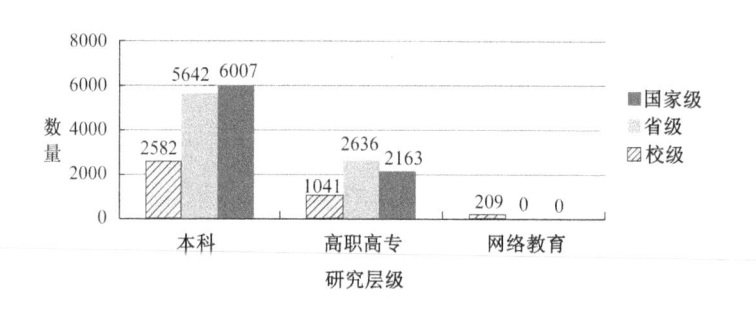

图 2-3　2003—2010 年国家精品课程数量统计

精品课程是以开放共享的理念为指导，以资源建设为核心，以高校师生为服务主体，面向社会学习者、各类网络共享课程；应体现对"精品"的关注，具有先进性、互动性、整体性及开放性等特点。总之，该阶段的开放课程主要体现为国家级、省级和校级的精品课程，并具有相当的规模，是我国开放课程发展的黄金时期。

2.1.2　发展壮大的"开放课"

1. 政策文件

面对国外公开课的助推、国内学习者的诉求，如何使已有的精品课程继续发挥作用，如何建设新课程，实现大范围的优质教学资源共享，逐步解决困扰高校间优质资源共享与有效应用的"瓶颈"问题，扩大资源传播范围、提高传播效果，使各高校通过精品课程将自己优势学科课程的教学内容对外开放，接受社会评鉴，促进不同学科间的知识交流、互相学习和相互借鉴，以提高高等学校教学质量和人才培养质量，已成为当下开放教育资源建设必须要解决的热点问题[10]。

《国家中长期教育改革和发展规划纲要（2010—2020年）》明确指出"要加强优质教育资源开发与应用，加强网络教学资源体系建设，开发网络学习课程，促进优质教育资源普及与共享"[11]。2011年6月，教育部、财政部决定在"十二五"期间实行"国家精品开放课程"项目，未来5年将建设1000门精品视频公开课和5000门精品资源共享课[12]。目前教育部不断出台相关政策文件，对精品开放课程的遴选情况、评审程序、建设要求、组织与实施、保障措施、上线要求等制定标准和规范。如《关于国家精品开放课程建设的实施意见》（教高〔2011〕8号）、《教育部办公厅关于印发〈精品资源共享课建设工作实施办法〉的通知》（教高〔2012〕2号）、《教育部办公厅关于开展教师教育国家级精品资源共享课建设工作的通知》（教师厅〔2012〕6号）等。

2. 分类形态

任何社会现象和事物都是有一定历史条件和复杂社会需求相互作用的产物。精品开放课程是国家精品课程建设项目的继承和发展，更强调基于网络的资源共享和服务功能。精品开放课程包括精品资源共享课与精品视频公开课，是我国高等教育为适应世界高等教育发展的新趋势；以普及共享优质课程资源为目的、体现现代教育思想和教育教学规律、展示教师先进教学理念和方法、服务学习者自主学习、通过网络传播的开放课程。"十二五"期间，对完成建设且上网后社会反响良好的精品视频公开课，及符合建设标准、共享使用效果良好的精品资源共享课，将给予荣誉称号和经费补贴。精品视频公开课是在耶鲁大学、哈佛大学等国外名校公开课风靡网络的基础上开展的，精品资源共享课是精品课程建设项目的延续与提升，两者都属于世界开放教育资源的一部分。

1）精品视频公开课

2011年10月，教育部在《关于国家精品开放课程建设的实施意见》（教高厅〔2011〕8号）中明确指出：精品视频公开课（下文简称公开课）是采用现代信息技术手段，以名师名课为基础，以选题、内容、效果及社会认可度为课程遴选依据，通过教师的学术水平、教学个性和人格魅力，体现课程的思想性、科学性、生动性和新颖性，由科学、文化素质教育网络视频课程与学术讲座组成。公开课着力推动高等教育开放，弘扬社会主义核心价

---

[10] 李彦敏，周跃良. 基于开放课程构建校际协作学习新模式——以国家精品课程"现代远程教育（MDE）"为例[J]. 中国电化教育，2012（4）：47-51.

[11] 国家中长期教育改革和发展规划纲要（2010—2020年）[EB/OL]. http://www.gov.cn/jrzg/2010-07/29/content_1667143.htm.2015-11-06.

[12] 教高〔2011〕6号. 教育部、财政部关于"十二五"期间实施"高等学校本科教学质量与教学改革工程"的意见[Z]. http://www.doc88.com/p-7873106400914.html，2015-11-06.

值体系，弘扬主流文化、宣传科学理论，广泛传播人类文明优秀成果和现代科学技术前沿知识，提升高校学生及社会大众的科学文化素养，服务社会主义先进文化建设，增强我国文化软实力和中华文化国际影响力。

教育部对公开课进行整体规划，制定建设标准；高等学校结合本校特色自主建设，严格审查，并组织师生对课程进行评价，择优申报；教育部组织有关专家对申报课程进行遴选，遴选出的课程采用"建设一批、推出一批"的方式，在共享系统上和确定的公共门户网站上同步推出[13]。未来5年，教育部将组织高校建设1000门公开课，其中2011年建设首批100门，2012—2015年建设900门。2011年11月9日，首批20门课程通过"爱课程"网（www.icourses.edu.cn）和其合作网站中国网络电视台、网易同步向社会免费开放。随着技术的发展，公开课将成为社会化的学习平台，不仅包含课程本身，将更加关注学习者学习能力的提高，使学习者成为资源的使用者与创造者。

2）精品资源共享课

2012年5月，教育部下发了《教育部办公厅关于印发〈精品资源共享课建设工作实施办法〉的通知》（教高厅〔2012〕2号），正式启动了精品资源共享课的建设工作，"十二五"期间计划建成5000门国家级精品资源共享课（下文简称共享课）。共享课以课程资源系统、完整为基本要求，以高校教师、大学生和社会学习者为服务主体，转变教育教学观念、更新教学内容、变革教学方法，以基本覆盖专业基础课和专业课为目标的各类网络共享课程，旨在推动高等学校优质课程教学资源共建共享，促进现代信息技术在教学中的应用，提高人才培养质量，构建学习型社会[14]。

共享课以政府主导，高等学校自主建设，专家、高校师生和社会力量参与评价遴选为建设模式，创新机制，以原国家精品课程为基础，优化结构、转型升级、多级联动、共建共享。教育部组织专家根据教学改革和人才培养需要，统筹设计、优化课程布局。高等学校按照共享课建设要求，对原国家精品课程优选后转型升级，并适当补充新课程，实现由服务教师向服务师生和社会学习者、由网络有限开放到充分开放的转变，鼓励省（区、市）、校按照共享课的建设定位，加强省、校级课程建设，通过逐级遴选，形成国家、省、校多级、本科、高职和网络教育多层次、多类型的优质课程教学资源共建共享体系，探索引入市场机制，保障课程共享和可持续发展。

---

[13] 教高〔2011〕8号. 教育部关于国家精品开放课程建设的实施意见[Z].http://www.moe.gov.cn/publicfiles/business/htmlfiles/moe/s3843/201111/126346.html，2015-11-06.

[14] 教高〔2011〕6号. 教育部、财政部关于"十二五"期间实施"高等学校本科教学质量与教学改革工程"的意见[Z]. http://www.moe.edu.cn/publicfiles/business/htmlfiles/moe/A08_zcwj/201107/122688.html，2015-11-06.

3. 建设成就

教育部于 2011 年启动精品视频公开课建设工作，截至目前已在项目支持建设的"爱课程"网及合作网站中国网络电视台、网易同步推出了涵盖哲学、经济学、法学、教育学、文学、历史学、理学、农学、医学、管理学、艺术学等领域的 8465 集视频，共上线了 40 批课程。精品视频公开课在考虑社会关注度和学习者兴趣的基础上，兼顾了学科均衡，课程整体规划较合理，上线的课程受到了广大使用者的一致好评。与此同时，各级院校对本科、高职高专、网络教育的精品资源共享课建设也在火热进行中，2012 年以原国家精品课程为基础，优化结构、转型升级、多级联动、共建共享，2013 年采用招标和遴选准入方式建设新课程。目前各省市结合自身特色开展的精品资源共享课建设培训会议陆续拉开帷幕，相关院校对国家精品课程的改造也在紧锣密鼓的进行中。

2012 年 12 月 20 日，首批国家网络教育精品资源共享课正式提交教育部评审平台，接受专家与广大学习者的评价。2012 年 12 月 4 日，教师教育国家级精品资源共享课建设计划启动，"十二五"期间，教育部将支持建设 350 门左右教师教育国家级精品资源共享课；经过评审遴选，教师教育国家精品课程可升级为国家级精品资源共享课[15]。目前各级各类高校、远程培训机构、网络教育学院等相关部门正积极展开对教师教育国家级精品资源共享课的申报和建设工作，已上线了八批教师教育精品资源共享课（见图 2-4）（截至 2015 年 12 月 22 日）。

图 2-4 中国大学精品开放课程

---

[15] 李曜明. 教师教育国家级精品资源共享课建设计划启动实施[N]. 中国教育报，2012-12-04（1）.

2.1.3 创新创造的"后MOOC"

1. 概念与内涵

2008年,MOOC这一术语由加拿大爱德华王子岛大学(University of Prince Edward Island)的戴夫·科米尔(Dave Cormier)和国家人文教育技术应用研究院高级研究院的布赖恩·亚历山大(Bryan Alexander)根据网络课程的教学创新实践提出[16]。慕课即"大规模网络开放课程",又称作MOOC(Massive Open Online Course)。从理论上讲,Massive(大规模的)是指对注册人数没有限制,用户数量级可以逾万;Open(开放的)是指任何人均可参与,而且通常免费;Online(在线的)是指学习活动主要发生在网上;Course(课程)是指精心设计的结构化(Structured)课程内容。2012年,全球MOOC课程与用户数量出现爆发性增长,《纽约时报》作者Laura Pappano把这一年称作"MOOC元年"[17]。MOOC沿承了OER的开放共享知识理念,成功高效地实现了优质教育资源的全球共享,是学习方式和方法的突破性创新。与传统网络课程不同的是,MOOC除提供视频资源、文本材料和在线答疑外,还为学习者提供各种用户交互性社区,建立交互参与机制[18]。

MOOC为学习者提供了一种新的知识获取渠道和学习模式,成为网络时代人们学习的新途径。目前众多高校、互联网企业开发的MOOCs平台纷纷上线,如斯坦福大学的Coursera、麻省理工学院和哈佛大学的edX、澳大利亚的open 2 study、英国开放大学的Futurelearn、清华大学的"学堂在线"、爱课程的"中国大学MOOC"、上海交通大学的"好大学在线"等。2014年11月,国务院提出将在线教育列为重点打造的新业态、新产业之一。2015年4月,教育部《关于加强高等学校在线开放课程建设应用与管理的意见》指出,构建有中国特色的在线开放课程体系和课程平台,以推动高等教育更新教育理念、优化教学方式、提高教学质量[19]。这表明MOOCs已成为推动高等教育变革的国家战略。

MOOCs发展需要反思教学的重要性,提出增强教学的新思路,并通过技术驱动带动研究。MOOCs建设的热情及可持续性,可以鼓励更好的教学,鼓励更有创造性的实践,

---

[16] McAuley A, Stewart B, Siemens G, et al. The MOOC Model for Digital Practice [DB/OL]. http://www.elearnspace.org/Articles/MOOC_Final.pdf,2015-11-06.

[17] 贺斌. 洞察MOOC之"道"[J]. 电化教育研究,2014(12):41-48.

[18] Massive open online course [EB/OL]. http://en.wikipedia.org/wiki/Massive_open_online_course,2015-11-06.

[19] 教高〔2015〕3号. 教育部关于加强高等学校在线开放课程建设应用与管理的意见[Z]. http://www.gov.cn/xinwen/2015-04/28/content_2854088.htm,2015-11-06.

提供新的学习方法和教学方式，提高学习者的学习技能，提高课程的影响力，扩大海外学习者。MOOCs 可以提供更多的创造性学习，促进终身教育的发展。从教育愿景看，MOOCs 会引起决策者的注意和重视，并提供资金支持，这会在社会层面让更多的人对电子学习发生兴趣；从这一层面看，MOOCs 是个很好的平台，是不可或缺的学习实践工具。未来需要更好地去研究 MOOCs，开发更多的教育产品，这些众多目标的实现也可以说是教育生态的改变[20]。

2. 分类与特征

MOOC 的发展历史虽然仅有几年，但其实践却走在理论前面，不同的意识形态驱动 MOOC 呈现不同的课程设计倾向，MOOC 在探索中出现了多种教学模式[21]。走在实践前列的学者对 MOOC 的分类根据不同的标准也有所不同。马克（Sui Fai John Mak）按照理论基础将 MOOC 划分为五种类型，分别为讲授主义的、认知主义的、建构主义的、社会建构主义的和关联主义的[22]。莱恩（Lisa M. Lane）认为每一门 MOOC 包括社交网络、任务和内容，针对三者的设计侧重点不同，可将 MOOC 划分为三种类型，分别为基于社交网络的 MOOC、基于任务的 MOOC 和基于内容的 MOOC。现在较被人们认可的分类是按照学习理论分类的方法，一种是基于关联主义学习理论的 cMOOC，另一种是基于行为主义理论的 xMOOC。

cMOOC 是建立在关联主义理论基础之上的，即知识是网络化连接的，学生基于同一话题在社交化网络中通过讨论、交流建立知识节点并最终在知识网络中形成多群体学习路径的生成式课程。每个学习者在活动探究中拥有对知识的个性化建构。学习者在开放和个性化的学习环境中根据自己的习惯和偏好使用多种工具和平台,课程不局限于特定平台[23]。在这种课程模式中，教师提供的资源成为知识探究的出发点，学习者产生的内容成为学习和互动的中心[24]。关联主义 cMOOC 具有基于社交网媒的互动式学习、非结构化的课程内容、注重学习通道的建立、学习者高度自治和学习具有自发性等特征[25]。

---

[20] 王娟，蓝敏，魏志慧. MOOCs 建设的实践与未来——访香港大学 MOOCs 执行主席郭予光教授[J]. 开放教育研究, 2015（3）：4-10.

[21] 王颖，张金磊，张宝辉. 大规模网络开放课程（MOOC）典型项目特征分析及启示[J]. 远程教育杂志，2013（4）：67-75.

[22] 樊文强. 基于关联主义的大规模网络开放课程（MOOC）及其学习支持[J]. 远程教育杂志，2012（3）：31-36.

[23] 王萍. 大规模在线开放课程的新发展与应用：从 cMOOC 到 xMOOC[J]. 现代远程教育研究,2013（3）：13-19.

[24] 李青，王涛. MOOC：一种基于连通主义的巨型开放课程模式[J]. 中国远程教育，2012（3）：30-36.

[25] 樊文强. 基于关联主义的大规模网络开放课程（MOOC）及其学习支持[J]. 远程教育杂志，2012（3）：31-36.

基于行为主义理论的 xMOOC 是在传统高等教育体制内，对教学模式的延伸性突破，如 Coursera 和 edX。相比 cMOOC 来说，xMOOC 的结构化的课程体系和系统化的平台支持服务更容易被学习者所接受，并与以学位教育为主的主流正规高等教育课程接轨。虽然 xMOOC 具有传统课堂教学的一些特征，但更是在先进技术的支持下课程模式的突破和创新。它具有不同于传统课程教学和传统网络教学的特征[26]。

3. 关于"后 MOOC"

2013 年 7 月 30 日，美国 EDUCAUSE 学习行动计划负责人马尔科姆·布朗（Malcolm Brown）在 EDUCAUSE 网站发表了一篇名为《步入后 MOOC 时期》（Moving into the Post-MOOC Era）的文章。他认为教学法、平台服务、学分互认与学分认证出现了新动向，这几种现象表明 MOOC 的发展已进入"后 MOOC 时期"（Brown，2013）。"后 MOOC 时期"涌现了一些新型样式，如 SPOC、MOOL、DOCC、MOOR、PMOOC 等[27]。

SPOC（Small，Private Online Courses）表示小型、私有的、在线课程，又称为"私播课"，它是哈佛大学继 MOOC 后提出的新概念，称为"后 MOOC"（Coughlan，2013）。MOOCs 和 SPOCs 是在线课程发展的两条路径。在制作上，MOOCs 和 SPOCs 并无显著差异，只是受众不同；SPOCs 是针对少数学习者，强调小规模、私人化，提供了更多的师生接触机会，对学习者设置了限制性准入条件。在教学质量上，SPOCs 有一些完善，以解决 MOOCs 中高辍学率和低完成率的缺陷。在呈现内容上，MOOCs 和 SPOCs 知识讲解的深度不同，MOOCs 更趋向国际化，偏向知识的普及，着重引领不同学习背景的学习者初步探索未知领域，SPOCs 更专注某个知识点，是针对已知对象的深度讲解。因此，SPOCs 具有融合 MOOCs 在线学习与课堂面对面教学的混合学习模式的优势，使教师可以介入学生的学习过程，它重新定义了教师的作用，提高了教师改善教学的积极性，能够促进教学模式的创新和教学改革。

2014 年 1 月 27 日，杜克大学凯西·戴维森教授（Davidson，2014）在 Coursera 开设了一门 MOOC，课程开设在 Coursera 平台上，注册学生约两万人，该课程是 Meta-MOOC（超级公播课）。DLMOOC（Deep Learning MOOC）是 High Techhigh 教育研究生院、麻省理工学院媒体实验室（MIT Media Lab）、结伴大学组织（Peer 2 Peer University）以及 Hewlett 基金会深度学习实践共同体之间的协作探究项目（Rebeccakahn，2013）；该项目是为 K-16 教育者开设的一门 MOOC，项目将对优秀的学校进行剖析，并邀请专家对这些学校的实践进行评析。MOOL（Massive Open Online Labs）为"大规模开放在线实验室"。MobiMOOC（Mobile MOOC，移动公播课）指通过移动设备学习 MOOC，致力于 MOOC 与移动学习的有效整合

---

[26] 王颖，张金磊，张宝辉. 大规模网络开放课程（MOOC）典型项目特征分析及启示[J]. 远程教育杂志，2013（4）：67-75.

[27] 祝智庭，刘名卓. "后 MOOC"时期的在线学习新样式[J]. 开放教育研究，2014（6）：36-43.

（Waard & Koutropoulos，2011），具有多样化、开放、自治和联通、非正式、个性化的特点。DOCC（Distributed Open Collaborative Course）是协作学习在 MOOC 中有效体现的新型方式。PMOOC（Personalized MOOC）即个性化公播课。MOOR（Massive Open Online Research） 可翻译为大众开放在线研究课程。

  以上对各种 MOOCs 新型样式的分析可以看出，虽然每种样式都代表着一类新型在线教育的探索与实践，但它们继承了 MOOC"免费、公开、在线"的血统，都可视为 MOOC 的演变与创新发展。当下国内外的 MOOCs 建设正在如火如荼推进中，MOOCs 发展已从"一对多"的 1.0 时代（一个教授面向全球学习者）进入"多对一"的 4.0 时代（学习者深度学习）[28]。至今 MITx U.Lab MOOCs 有来自 190 多个国家 28000 名学习者注册；Coursera 与 edX 注册了近 1300 万用户，拥有 1200 多门课程；Udacity 的学习者超过 160 万；Khan 研究院正在研制能够在全球教室应用的在线教育操作指南；"中国大学 MOOC"已推出工程技术、文学艺术、哲学历史、经管法学、基础科学、农林医药等领域的 100 多门课程；中国职教 MOOC 已推出职业教育类、教师提升类的 41 门课程。目前这些 MOOCs 平台共有超过 1700 万的学习者。

  从"精品课程—精品开放课程（精品视频公开、精品资源共享课）—大规模在线开放课程（MOOC）—后 MOOC"的不断推进，动态地再现了我国开放课程开展、走向高潮、创新发展的历程，反映了教育部对开放课程建设的重视程度，以及为实现优质资源共享所采取的策略。目前教育部对开放课程建设提供了政策支持、资金支持和技术支持，高等院校积极主动地响应，全社会的大力支持，广大学习者诉求的推动，这些势必加快我国开放课程建设的进程。未来几年 MOOCs 可能会消失，或者换成其他的课程形态，但从本质看，它属于在线学习，线上教育模式永远都会存在。

---

[28] MOOC 4.0：The Next Revolution in Learning & Leadership[DB/OL]. http://www.huffingtonpost.com/otto-scharmer/mooc-40-the-next-revoluti_b_7209606.html，2015-11-06.

02 开放课程建设的"非理性"问题

我国开放课程实施多年来,在课程建设数量、共享范围等层面上取得了一定的成效,但仍存在着"网络资源在教学有效性方面存在缺失"[29]"重申报轻建设、重共享轻应用、重评估轻教学、精品意识不强"等一系列问题,致使信息流通不畅、信息受阻等令人无法置信的非理性问题。

2.2.1 重心指向失衡

我国的开放课程建设项目自 2003 年启动伊始,便陷入了众多高校及教育主管部门纷纷参与建设的热潮中。众多院校重视开放课程的申报、共享和评估,轻视课程的建设和共享应用;众多院校认为拥有开放课程数量的多少是该院校荣誉和地位的象征;部分省市教育主管认为开放课程的数量多少决定了该区域教育信息化发展水平,决定了该地区教育是否处于引领地位,因而催生了开放课程建设数量的大规模扩张。这种对速度和数量的追求是以牺牲开放课程的部分质量为代价的,即表面上开放课程建设采用教育部统筹规划、逐级申报遴选、层层把关的建设模式,实际上课程建设在学科、专业等方面缺乏体系性,资源形成信息孤岛、知晓率低,过分注重课程的申报及评审,忽略了课程内涵的建设,致使对课程理解的泛化,使得开放课程其至不及传统课程的效果,缺乏创新与实用的价值。

因此,表面上开放课程建设规模的扩大掩盖不了其课程资源质量不高、可用性不强,整体设计水平亟待提高、需要系统规划的现象。这主要源于随着科技的进步,人们逐渐走向对技术理性力量的顶礼膜拜和绝对敬仰。在技术理性滥觞的思潮中,开放课程建设呈现出明显的技术取向,即在网络学习环境中人的"异化",乃至"人的缺席"和"人的不在场",

---

[29] 王佑镁. 高校精品课程网络资源教学有效性的缺失与对策[J]. 中国电化教育,2010(8):80-81.

忽略了学习者的需求，忽略了学习者的情感体验和价值观[30]。虽然以往的开放课程建设项目是由教育部发起、全国多数高校参与，由上到下实施的，但高投入没有高产出。这主要源于工具理性思想的影响，在"进步"和满足需求的名义下，众多高校过分注重开放课程的建设和评价，过分追求其数量和速度，忽略了质量，致使大规模的开放课程生产出的产品，在很大程度上是脱离控制的信息字节，高度理性化和知识密集的生产，仍然导致了一种信息扩散和流动的准无政府状态[31]。因此，开放课程建设需要合理性，需要理性规划，需要建立一套通用的标准对课程的推出及推出质量进行阶段性评估，其反馈结果将作为开放课程建设调整的依据，这势必使得开放课程形态发生相应变化。

2.2.2 "传—受"误解

21世纪技术的进步为信息的大量生产和传播提供了可能，但越来越多的信息造成了越来越严重的无法沟通现象[32]。"传"这里指开放课程组织者、设计者，实施者将课程信息借助网络平台传达出去；"受"指学习者对以网络媒介为平台的资源传播和分享。萨姆瓦在《跨文化传通》一书中对"传通"的定义作了下述概括："一种双边的、影响行为的过程"。在这个过程中，一方（信息源）有意向地将信息编码并通过一定渠道传递给意向所指的另一方（接受者），以期唤起特定的反应或行为。传通是一种进行着的不断变化的活动[33]。"传通"强调双方信息的互动，体现了一种信息交流形式的民主，"传播"是一种自上而下的信息传递。

开放课程资源主要包括学习资源和学习活动两方面[34]。目前似乎存在这样一种误解：开放课程建设已经发挥了优质教育资源共享的效用，提供的大量优质资源，已经为广大学习者所使用和共享。但实际上开放课程多为主持教师，根据个人经验设计教学资源和组织教学活动，很少针对网络条件下的学习对象、学习需求、师生互动和教学管理特点进行优化设计，一些课程网站变成了课本搬家、传统课堂教学搬家或课程展示工具，创新意识不强；部分课程评审后不再更新，变成"死平台"；部分课程注重开发建设，过度推崇"技术至上"或过度贬低"技术无用"等错误认识，缺乏对学习者的有效利用和引导；部分课程版权机制不完善、学习者访问受阻，课程没有获得学习者的普遍认同和参与，学习需求未

---

[30] 李芒. 对教育技术"工具理性"的批判[J]. 教育研究，2008（5）：56-61.

[31]（英）斯各特·拉什. 信息批判[M]. 杨德睿，译. 北京：北京大学出版社，2009.

[32]（法）吴尔敦. 信息不等于传播[M]. 宋嘉宁，译. 北京：中国传媒大学出版社，2012.

[33] 戴平. 论中国古代民族服饰的跨文化传通[J]. 中央民族学院学报，1990（5）：35-42.

[34] 张一春. 精品网络课程设计与开发[M]. 江苏：南京师范大学出版社，2008.

得到充分体现，开放性严重不足[35]。

开放课程资源不等于开放课程共享。从以往的开放课程实施效果来看，缺乏对服务对象的深度思考，进而影响了对核心受众的把握，影响了传播覆盖的范围，最终影响了开放课程的传播效果。开放课程是一种借助于信息的流动而实现信息传递目标的复杂的、动态的传播活动；但技术至上观念对速度和连续性的追求，使得开放课程建设在速度和数量上有显著的体现，在质量、开放性和共享性等方面都相当不足，使得传通常常被缩减成信息传递，影响了传通的效果。实际上，人、社会和传通是在间断性和共处中，思考某种传通观念，就是将传通问题去技术化，重新找到技术系统后面的社会意义。因此，只有在开放的、含有技术和信息公共空间里，明确开放课程的服务对象，从接受者的需求出发，将信息建立在双方共同的经验范围内，传递的信息才会得到重视，并被广泛散布，进而实现知识的传播、共享及知识资产的转化及优质资源的传通[36]。

2.2.3 评价方式偏移

我国的开放课程采用由国家"自上而下"发起的组织实施模式、"校级—省级—国家级"自下而上的三级遴选推荐机制和"建设—推荐—评审—公示—立项"的工作开展机制。自2003年起，国家精品课程每年评审一次，评审通过的课程，由教育部授予"国家精品课程"荣誉称号，并在国家精品课程网站公布。但教育部对网上的国家精品课程每年只进行一次年度检查，在国家精品课程授予荣誉称号有效期满后的后续建设和维护费用没有相应规定，部分学校片面地追求评比效果，部分课程基本不再更新、很多课程不能顺利访问，重评审轻共享，重建设轻服务的现象严重，直接影响了课程的共享效果。目前，开放课程主要采用教育部的专家总结性评价为主，对其服务对象的主要群体——学习者评价考虑不多，缺少对课程的动态评价、阶段性评价及项目的后期管理维护评价，因而造就了评委眼中的精品，而不是适合广大学习者的优质资源，这势必影响课程的推广使用。

面对条目细化的评审指标，既往的开放课程建设已走入一个误区：过分强调界面个性化、忽视网站的实际功能，忽视网站的可维护性与可持续性，正在走多媒体课件比赛的老路；诸多课程不是从开发一个可供教学使用和共享使用去建设，而是为了评奖、为了获得相应的地位、经费和荣誉。在规范性层面，开放课程提供的信息呈现应诉诸于真实性；在功用性层面，则需要交流和互动，需要分享。媒介化、传递、互动并不一定等同于传播，

---

[35] 杨进中，张剑平. 国外开放课程平台及课程开发模式研究[J]. 中国电化教育，2012（4）：80-87.
[36] （英）马克斯·H·博伊索特. 知识资产：在信息经济中赢得优势[M]. 张群群，陈北，译. 上海：上海人民出版社，2005.

更多的开放课程建设带来的后果是海量信息并不适用,速度和数量不等于质量、也不意味着多元化,开放也相当不足,这与信息的初衷背道而驰。为此,开放课程建设必须明确定位,是评奖还是共享;必须从用课程的角度建课程,以共享推动建设;强调以共享为目标的多种课程活动,突出使用过程和评价过程,调整评价方式,评价应充分听取专家、教师、学生、社会公众的意见,考虑学习者的社会文化差异性。

2.2.4 行政权利渗透

利益相关者理论是指企业的经营管理者,为综合平衡各个利益相关者的利益要求而进行的管理活动[37]。利益相关者的利益各不相同,彼此相互博弈。从利益相关者投资视角来看,所有的利益相关者都希望获得相应的收益与回报,这些利益主要是以经济利益为主,还包括非经济利益方面的获得,比如名誉、成就感、社会责任等方面[38]。不同的利益相关者对开放课程的需求都有内在驱动性、主动性和稳定性等特征,这些构成了开放课程得以推进的强大推动力[39]。开放课程得以创新发展的本质,是在有关创新技术信息传播的基础上,新技术对老技术的替代过程,这个过程是不同的利益相关者为了获得更多收益,存在相互竞争与对策性博弈的过程,这种博弈的过程使得开放课程项目,处于不断的矛盾运动过程中动态向前发展。作为最高的利益相关者组织,教育部既要激励利益相关者提供具有高价值性的资产投资,同时也需要采取协调行动与处理利益分配冲突。当不同的利益主体收益未能满足时,势必需要教育部作出政策性调整[40]。

目前,我国开放课程采用教育部统筹规划并发布行政性文件的方案展开,对课程如何建设、建设多少、建设标准、如何评价、评价标准、经费投入、版权机制等均有相关的文件规定和说明。省市教育主管部门、相关院校、课程教师及使用者对课程建设的主动权较弱。一方面,行政指导下的开放课程建设使得众多高校因地制宜建设本地区、本校的开放课程意愿落空,另一方面,面对荣誉、地位、经费的诱惑,相关部门及高校又不断遵照执行教育部高层的方案。实际上,教育部希望开放课程实现信息的输出,实现优质资源的共享、实现文化的互通互融,实现意识形态的渗透;省市教育行政部门希望打造地区品牌、缩小地域鸿沟;高校希望提升自身知名度;教师希望实现优质资源共享、提高自身知名度、获得荣誉、地位和经费。开放课程正是在这种不同服务主体的矛盾运动过程中不断调整变

---

[37] 利益相关者理论[EB/OL]. http://baike.baidu.com/view/970800.htm,2015-11-06.
[38] 南星恒. 企业利益相关者的投资与收益概念模型构建[J]. 华东经济管理,2012(1):92-97.
[39] 王帮俊. 技术创新扩散的动力机制研究[M]. 北京:中国经济出版社,2011.
[40] Kochan T A,Rubinstein S A.Toward a Stakeholder Theory of the Firm:The Saturn Partnership[J]. Organization Science,2000,11(4):367-386.

化、不断向前发展。教育部作为开放课程的规划层，对其建设拥有更多的裁定权。因此，如何弱化教育部的行政职权，提升其相关主体的权益值得深思。

2.2.5 宣传推广不力

目前，诸多学习者对开放课程了解甚少，部分学习者甚至不知道开放课程为何物，更不知道从何种渠道去获知，部分学习者虽获知了开放课程，但对于如何合理地利用这些资源不清楚。当下，教师获知开放课程的主要渠道是学校的门户网站、搜索引擎及相关部门的公告文件；学生获知开放课程的主要渠道是教师推荐，若教师对开放课程不了解，便会造成连锁效应；多数高校将开放课程放在学校二级学院网站中，使得广大学习者不能在第一时间获知开放课程；多数教师没有在课程教学中提及开放课程，也没有学科带头人对教师进行相关方面的宣传，致使师生在信息获取方面存在严重不足。因此，教育管理部门和相关高校对开放课程宣传推广的不力，使得开放课程没有深入到学习者中去，没有使学习者真正了解开放课程的内涵和用途，没有使它真正成为学习者学习生活的一部分。

此外，多数开放课程仅仅按照申报条件，直接将课程资源传到网上，课程网站多以静态网页为主，教师无法进行在线答疑辅导等即时交流活动，不利于网络辅助教学活动的开展；多数课程在开发中，形成了各高校"各行其是、各自为战"的格局，开放课程的支撑网站由各高校负责运行和管理，各门课程资源存储在各校本地服务器内，形成了松散的"分布式"开放课程资源体系[41]。同时开放课程缺少对项目的全面评价，对知识产权采取以课程为主体的后置机制，致使很多教师对是否将优质资源上传到网络中存有疑虑，这也使得优质资源传播范围受限。目前相关部门更多的关注开放课程带来的社会收益及地位声望，对如何实现资源的共享关心不够，有效的传送推广策略的缺失，使得开放课程从生产到传送到营销的整个知识资本的运作失衡，传播机制维系不力，致使开放课程没有传送出去，效益不高。

---

[41] 熊才平，何向阳，吴瑞华. 论信息技术对教育发展的革命性影响[J]. 教育研究，2012（6）：22-29.

03 开放课程建设的"成功之道"

2.3.1 去除"同质化"

1. 课程设计创新

目前我国的开放课程建设，一方面，由教育部发布政策文件、进行统筹规划，各省级教育主管部门执行文件，并落实到具体高校的"自上而下"为主的组织实施模式，各高校经过"校级—省级—国家级"评审的层层把关、逐级遴选的方式产生最优质的课程。在这个过程中，教育部、相关职能部门、课程主持教师决定着信息内容的质量、数量与流向，其中教育部具有公众性，能够代表所有利益相关者集合中的主体、最为强势、最有影响。另一方面，早期的开放课程建设过多地强调以教师为中心，忽略了学习者的需求，多数课程的教学内容呈现形式、组织范式、教学方式和学习活动设计都较相似，出现了"千课一面"的现象，致使课程使用效率不高。

为防止开放课程建设的非理性与盲从，制止信息孤岛和信息海洋中知识匮乏的现象，需要教育部等部门的宏观调控，需要课程主持教师对课程内容进行筛选，保证课程的精品意识、质量意识和开放意识，同时课程建设应根据学习者的需求设计不同的教学样式；应以课程资源的系统性、完整性为基本要求，以充分开放共享为基本目标，注重资源的适用性和易用性，并具有较好的表现形态和合理的"颗粒度"，注重拆分、重组、再造等功能的实现，体现自组织、发散和解构；对知识点采用微型化设计，扩大信息的多媒化呈现，注重信息的交互设计，注重人的要素，使得广大学习者拥有自主能动的传播参与和选择权。这种结构组织下的开放课程，将具有多样性、多媒化、交互性、可扩展性、多用途、语义丰富等特点。

2. 课程评价转变

在课程评价上，我国的开放课程一方面按照教育部制定的标准，采用专家评价的方式进行，评价主要集中在对既有成果的总结性评价与背景评价，对实然层面开放课程实施所产生的实际效果与现实影响却鲜有论及；另一方面对课程在授予荣誉称号有效期满后的评价缺失，部分课程陷入了不再更新、不再维护的停滞状态，变成"死平台"，使得高投入的开放课程建设项目充满急功近利的倾向。这种按照既定标准的评价，使得课程建设过于重视指标建设，而非实际应用效果，这也在一定程度上造成了"以评促建"的现象，出现了众多的"同质化"课程。

实际上，优质资源的共享效果不是"评出来"的，而是在实践中"用出来"的，开放课程应该从重指标建设评价向重应用效果评价转变，由"先评后用"向"先用后评"转变；建立质量监控和评估反馈机制，加强评估结果的研究和分析，注重国内外的影响，需要从关注使用者的实际感知角度来评价课程，思考课程建设的社会意义，实现开放课程建设的多样式、开启课程建设的"百花齐放"局面，以便更好地开放共享[42]。唯有如此，才能构建机制创新、资源体系完整、结构合理、技术统一、管理规范、服务能力强的优质资源共享体系，实现课程价值的最大化。

3. 课程推进分层

《国家中长期教育改革和发展纲要（2010—2020年）》明确要求，建立高校分类体系，实行分类管理，发挥政策指导和资源配置作用，克服同质化倾向，形成各自的办学理念和风格，在不同层次、不同领域办出特色，争创一流，使高校发挥自身优势、形成特色，构建高等教育质量的长效机制，实现资源合理的分配和流通[43]。因此，推进各类地域、各层次高校开放课程的建设，可以采用"以目标分类分层为导向"的办法，从总体战略目标和阶段目标两个层面考虑。其中总体战略目标是对开放课程蓝图的系统规划；阶段目标是对各阶段所能达到目标的具体设想，是对总体战略目标的分解和细化，应具有层级性、实践性和侧重点，既反映阶段目标向总体战略目标的层层递进，又体现各阶段的实施重点，有针对性地指导各阶段规划的制定。通过设计和实施分层分类发展策略，有助于精品课程的可持续发展[44]。

既往精品课程单一、宏观的分层评价体系，造成了优质资源建设的同质化，抹杀了高校之间的异质性[45]。因此，共享课也可以按照普通本科教育、高等职业教育、网络教育和教师教育的特点和要求，制订课程建设计划和遴选评价标准，分类指导，组织共享课建设和使用的分步推进、从而产生多种标准下、为不同高校服务的共享课，满足不同地域、不

---

[42] 王琳，栾开政，张会杰. MIT开放课程的评价及对我国精品课程建设的启示[J]. 现代远距离教育，2007（5）：48-50.

[43] 杜瑛. 我国普通高等学校分类研究[D]. 上海：华东师范大学，2004.

[44] 胡小勇. 区域教育信息化可持续发展研究[M]. 北京：北京师范大学出版社，2011.

[45] 潘懋元，吴玫. 高等学校分类与定位问题[J]. 复旦教育论坛，2003（3）：5-9.

同高校、不同层次、不同类型学习者的多元化诉求，避免优质资源的同质化[46]。但高等院校的分层分类很难靠院校自身来形成，必须依靠政府的调控方式，综合运用质量评估、项目管理、公益扶持等多种手段来完成[47]。

2.3.2 保留"个性化"

1. 注重适切性

传递信息、共享信息是我国开放课程建设的出发点与归宿。面对开放课程建设的热潮，必须明确其服务群体是谁，核心服务群体是谁，在此基础上将学习者看作是有特定"需求"的个人，把他们的媒介接触活动看作基于特定需求动机来"使用"媒介，从而使这些需求得到"满足"[48]。早期的开放课程建设过多地强调以教师为中心，忽略了学习者的需求，致使知晓率低、使用效率不高。当下，学习者对于课程"适切性"的呼声之强，使得课程的选择变得特别重要[49]。因此，开放课程建设应密切关注学习者的行为活动和心理诉求，根据学习者需求设计不同的教学方式和学习活动，以课程资源的系统性、完整性为基本要求，以资源丰富、充分开放共享为基本目标，注重课程资源的适用性和易用性，尤其应从学习单元和学习模块的角度进行设计，真正将开放课程建设成为一个国家支持、非盈利部门推动、以学习者为中心的教育共享体系。

2. 设计个性化

国际上很多知名大学把开放课程看作是大学回报社会使命的知识资产和重要组成部分。任何通过语言、文字、符号等手段进行传递和处理的都是信息；信息的投入量越大，信息方法越得当，信息利用率越高，信息功能就越好，组合方式的多种设计就越充分，决策就越佳，形成的生产力就越大[50]。因此，开放课程建设应采用合理的技术平台，适度追求个性化，即在栏目和内容上体现特色，做到网站使用方便、访问快捷，将尽量多的栏目设置成一级栏目，放在首页，以减少单击次数，并根据学科特点，对栏目进行增减。

目前，开放课程按照教学内容的组织安排和呈现形式可分为：以章节为主、以模块为

---

[46] 教高〔2012〕2，精品资源共享课建设工作实施办法[Z]. http://www.edu.cn/gao_jiao_788/20120629/t20120629_801362.shtml，2015-11-06.

[47] 李莉平，沈湘芸. 论大学计算机基础教学中的分层分类教学[J]. 成功（教育），2009（2）：195-196.

[48] 安佳."使用与满足理论"在 SNS 网站的运用[J]. 新闻爱好者，2009（23）：29-29.

[49] （美）布鲁贝克. 高等教育哲学[M]. 郑继伟，等，译. 杭州：浙江教育出版社，2001.

[50] 肖美丹. 知识资产与企业绩效关系实证研究[M]. 北京：中国农业出版社，2009.

主、以问题为主及以专题为主等几种类型。为了保证开放课程的个性化，在设计上课程内容可模块化，以知识点或教学单元为依据，使课程内容结构合理，导航明确清晰；教学单元应完整化；关键知识可多元化，根据不同的学习层次设置不同的知识单元体系结构；组织结构开放化，要开放、可扩充，便于课程内容的更新；内容表现形式多样化，根据具体知识的要求采用多种媒体表现形式及超文本表现方式；内容应整合，知识内容的组织要由简单到复杂，使学习者循序渐进地掌握新知识。开放课程意味着课堂教学被搬到一个无边界的信息时空中，应整合新信息技术，包括语义网、概念图式、教学本体、可视化及词典技术、检索技术等来加工教学内容，形成一种人和知识的交互、进而把知识组织的有序化内化到知识建构中。

3. 遵循可用性

可用性又被称为有用的（Useful）/能用的（Usable），Nie1Sen（1994）认为一个系统的可用性有五个属性：易学习、高效率、极小的记忆负担、低错误率和高满意度。DumaS 和 Redish（1993）认为可用性意味着人们能够利用这个产品快速方便地完成他们的任务。Shacke1（1991）将可用性定义为被人们方便有效地使用产品的能力。实际上，可用性包含了几个方面的含义。第一，可用性不仅涉及界面的设计，也涉及整个体系的技术程度[51]；第二，可用性是通过人的因素反映的，通过用户操作各种任务去评价；第三，环境因素必须被考虑在内，在各个不同领域评价的参数和指标是不同的，不存在一个广泛实用的评价尺度；第四，要考虑非正常操作情形，如用户疲劳、注意力分散、紧急任务、多任务等具体情形。一般来说，可用性被表达为对用户友好、直观、容易应用、不需要长期培训、不费脑子等[52]。

开放课程建设必须考虑可用性，其核心是强调以用户为中心来进行开发，以有效评估和提高产品可用性质量，弥补常规开发方法无法保证的可用性水平的不足；即开放课程要给学习者提供恰适的学习内容、学习活动及学习评价外，还应提供所需的学习支持与服务，提供有效的沟通机制，帮助学习者进行有意义的学习，完成学习任务及达到学习目标，有效地提高其学业成就。开放课程的质量主要体现在教学性、技术性和可用性三个方面，这三个方面相辅相成，缺一不可；其中教学性是通过教学设计体现，技术性通过媒体开发、技术集成等手段来体现，而可用性则通过人机界面来体现。开放课程的可用性设计应注重实用性、灵活性、一致性、易学易用性等原则，好的可用性设计常常能为开放课程带来好的应用效果。

---

[51] 周玲. 网站的可用性界面设计初探[J]. 商场现代化，2008（6）：158-159.
[52] 刘名卓. 网络课程的可用性研究[D]. 上海：华东师范大学，2010.

2.3.3 规范"标准化"

1. 标准的需求

课程标准是规定某一学科的课程性质、课程目标、内容目标、实施建议的教学指导性文件,是对学生在经过一段时间的学习后应该知道什么和能做什么的界定和表述[53]。教学内容是课程的主体,呈现是否科学、规范,表现方式是否恰当、合理,很大程度上决定着课程教学资源的质量。开放课程建设需要提供统一的制作及技术标准、设计制订基于网络平台的资源建设和共享发布的技术方案,提高资源的可获取性、可用性和易用性。统一的标准和规范可以避免资源建设的重复性,有利于不同平台和资源的整合、嵌入及信息共享和交换,进而实现内容、标准和技术工具的全面开放。资源涉及元数据标准、组织标准等,所有的标准规范可以"灵活、扩展"。

资源的共建共享最终也会落实到标准规范体系框架中,并在互操作层面上提供相关的数据传输与交换标准。此外,开放课程还应提供统一的课程内容标准,要求教学内容符合目标要求,知识结构合理,覆盖面达到要求,相关资源丰富、形式多样,呈现方式适合成人学习;页面布局合理、色彩协调、信息量适度,文字精练、准确、规范,导航清晰、链接合理、跳转快捷;便于开展人机交互;媒体形式、传播方式选择恰当,技术运用合理,符合 CELTS 相关标准[54]。

2. 遵从教学样式

信息空间理论显示,知识、理论结构发展的本质是特定信息域中的增减、变化、扩大、重组、分化而进化的过程,任意无组织的信息堆积,不能构建理性的知识体系。如开放课程的课程设计过于多样化、个性化,将会增加课程维护、管理和评价的难度,致使课程更新率低、整体质量不高,最终导致课程应用效果不理想。开放课程的学习单元间应相对独立,具有生成性、开放性、连通性、微型化等特点,因此有必要对共享课设计规律进行梳理,形成典型的课程设计样式。

教学样式界于教学模式和教学案例之间,本质是提供一种分享成功教学实践的格式和方法,它能够保证成功的实践被不同的人在不同的教学情境中以不同的方式使用。教师会根据自己组织内容的样式和自由呈现内容的样式组织课堂,学生也会逐渐形成和发展他们自己的思考、组织和学习样式。教师、学生和学习内容之间的互动在很大程度上依赖于教

---

[53] 崔允漷,朱伟强. 基于标准的课程设计:界定目标[J]. 外国教育研究,2008(8):57-61.
[54] 任为民. 网络精品课程建设的标准要求与开发策略[J]. 现代远程教育研究,2009(4):39-42,71-72.

师选择教学样式的能力，教学样式有助于丰富学习经验、满足学生的需求[55]。为此，研究通过总结梳理，提炼了八种典型的课程设计样式，即理论导学型、技能训练型、问题研学型、案例研学型、情景模拟型、虚拟实验型、自主探究型和自由样式。开放课程建设可以根据不同的教学内容，选取合适的课程样式，并对应相应的规范标准。

2.3.4 宣传"扩大化"

1. 媒介优势

罗杰斯认为，各类新生事物的推广过程，形成了 S 形曲线和 J 形曲线两种创新推广和信息扩散模式[56]。一个国家或社区采用新事物的过程通常呈 S 形曲线，即开始比较缓慢，经过一定时间后会出现迅速发展，当发展到一定程度达到饱和状态时，推广过程会缓慢下来。开放课程以网络媒介为载体，将个人的课堂教学，延伸为全球性的课堂，有助于为受众创造立体化的信息接收平台，满足受众多种方式、多种途径获取信息的心理需求；不断形成小众化并不断扩大的公共领域，实现传播方式的多元化；通过把受众大脑内部的思维网络并入无比扩展的外部信息网络，改变了人类传统的"主体—客体"认识模式。网络空间存储信息及传播信息的方式越来越成为实现知识共享的有力手段，社会空间越来越是一个被媒介操纵的场所。

开放课程传播体现了从单向到互动传播的特点，在总体上形成一种散布型网状传播结构，在这种传播结构中，任何一个网结都能够生产、发布信息，所有网结生产、发布的信息都能够以非线性方式流入网络之中。作为网络传播过程的一段，信息由一个节点传递到另一个节点，需要借助媒介来进行；即传播者传播到一个节点，再从这个节点获得反馈；信息到达一个节点后，经节点发散、传递到其他的节点，实现更广泛的信息传播，应侧重信息的重组、再造、连通，通过不断建构新的知识网络，最终形成一个循环连通的网状结构，实现信息在网络管道中的流通、互通。

2. 媒介融合

创新扩散需要借助一定的社会网络才能完成，不同的传播媒介在扩散中的作用也不同。大众传媒是最有效的传播手段，能够让潜在接受者得知一项创新，而人际传媒能使得使用者较快的接受信息，更倾向于使受众被说服和接受。开放课程传播融合了人际传播、群体

---

[55] L·C·霍尔特，M·凯斯尔卡. 祝智庭，顾小清，沈书生，等，编. 教学样式：优化学生学习的策略[M]. 上海：华东师范大学出版社，2008.

[56] 俞树煜. 西部地区中小学现代远程教育资源研究[D]. 兰州：西北师范大学，2007.

传播、组织传播、大众传播等传播方式，形成了极为复杂的传播情境及传播过程。开放课程的共享应用不应是单形态的、单平台的，而应在多平台上进行，报纸、广播、电视、移动媒体、多终端设备都是其传播的共同组成部分；尤其是博客、论坛等新型传播手段的兴起，将不同的传播方式对接融合，共同构成立体、复合型的信息传播系统。未来媒体的发展趋势应是多种媒体的融合。因此，开放课程建设应借助线上和线下媒体，扩大宣传推广的渠道，实现大众传播和人际传播的彼此交融，综合利用多种传播手段与社会系统之间的信息互换，各种方式之间的优势互补，形成立体的传播网络，实现更广范围内信息的扩散传播、实现优质资源的共建共享和效益最大化[57]。

---

[57] 李敏. 创新扩散理论框架下的精品课程共建与共享[J]. 现代教育管理，2011（8）：86-89.

Section 04　在线开放课程的实践路径

2.4.1　意识层面：积极响应、充分重视

1. 理解本质内涵

引起动机主体的"注意"或"关注"是激发动机生成的第一步。只有当动机主体感知到某一事物或某一行为存在的价值与意义，并且对其有主动探究的兴趣，才有可能对某一事物或某一行为形成主动的关注。高校要建设开放课程，首先需要在意识层面深度关注开放课程给高等教育发展带来的机遇与挑战，这不但要深刻理解开放课程的本质内涵，也要充分认识开放课程应用对高等教育发展的重要意义[58]。开放课程建设本质上是如何重构教学互动结构推动教育教学全面、深入变革的话题，其核心内涵在于回归到对学习者个性化兴趣、偏好的尊重，在于为学习者提供自主选择与自主探究的时间与空间，使得学习者能够充分利用碎片化时间便捷地获取优质的学习资源，支持学习者参与全球化共同体[59]。

开放课程建设应以课程资源系统、丰富和适合网络传播为基本要求，科学规划、合理布局，优化结构，增强资源的可移植性；借助联结学习社群，使学习者有效联结；建立统一的运营管理平台，建立统一宣传、推广、评价、管理的体系，使开放、共享程度和效果、效益达到最大化。建设开放课程，应弄清楚课程背后隐含的学与教的理念、方法与策略，重视技术之外的社会性因素与客观规律，在线开放课程可以支持"大规模"学习者的学习，能够产生更多规模的学习数据，但也使师生之间、学习者之间的深度交互难以保证。

---

[58] 郑燕林. ARCS 模型视角下高校推进 MOOC 应用的路径选择[J]. 中国电化教育，2015（3）：2-9.
[59] 郑燕林，马诗婧，刘爽. SMCR 模式视角下 MOOC 建设的路径选择[J]. 中国电化教育，2014（10）：36-41.

2. 剖析优势价值

开放课程以网络平台为载体，采用数字化的信息组织与呈现方式，运用多向互动与协作支持，为学习者提供了一个面向全世界、多领域的开放交流平台；通过不同地域、不同地区广大学习者的交流共享和连通，拉近了不同学习者之间的距离；坚持以人为本的教学理念，突出学科的思想和方法；通过互动性的课堂教学、探索性的专题讨论等方式方法激发学生的学习兴趣，调动学生的主动性，培养学生的创新能力[60]。作为一个生态系统，开放课程关注的是如何以网络为平台，向校内外师生提供丰富的教学内容，需要和外界不断进行信息、人员的交流，应在开放的空间中实现信息的自由流动、连通、拆分、重组和再造。

目前世界范围内的在线开放课程建设正在如火如荼的展开。开放课程跨国界的特性，让全球学生共享教学资源，多方式交流互动，促进相互间的文化交流、理解与尊重，有助于全球公民意识培养，对促进全球范围优质教育资源的普及共享、打造学校品牌效应以提升学校的影响力、降低学校办学的经济成本、提升学校的经济效益、提升本校的教育绩效水平、创新学与教的方式、促进关于学与教的研究，具有重大的意义。实际上，开放课程给教育带来真正的颠覆性变革在于教育成本的转移，当下高等教育本身的规模在不断扩大，如何为更多受教育者提供受教育机会，众多国家已逐渐意识到高等教育的实施与推进的高成本态势，而通过大规模在线开放课程建设则可降低教育成本[61]。

3. 转变观念认识

当下，高等教育正处在课程体系重构、学与教方式变革和教育供给方式转型的阶段，教学方式的变革需要与之相匹配的学习方式和学习内容。开放课程提供的资源内容具有多形态、学习终端的可选择性、学习者差异管理以及深度沉浸式体验等特性。目前教育部已充分意识到发展开放课程的重要性，多次出台政策文件、召开讨论开放课程发展问题的高峰论坛，但开放课程的可持续发展需要明确以下问题：首先是开发哪种教育程度的开放课程，哪些类型的课程适合建开放课程，开放课程的学习者和服务面向主要有哪些；其次是开放课程如何进行教学设计，采用何种教学规则；再次是开放课程的商业模式如何，需要提供哪些支持服务；最后是开放课程对教育、文化、经济、政治有怎样的影响[62]？

开放课程的开放特性构成并彰显了其独特的创建、结构以及运作，为传统大学的课程

---

[60] 林亚南，林鹭，杜妮，等. 发挥精品课程示范作用，提升教学质量[J]. 中国大学教学，2009（10）：22-23.

[61] Thrift, N.（2013）. To MOOC or Not to MOOC[EB/OL]. http://chronicle.com/blogs/worldwise/to-mooc-or-not-to-mooc/31721/，2015-11-06.

[62] 余亮，黄荣怀，杨俊锋. 开放课程发展路径研究[J]. 开放教育研究，2013（12）：28-35.

开发、教学组织和运作提供了独特的思路[63]。开放课程可与我国现行高等教育体系相融合，同时开发具有中国特色的本土平台和课程，通过平台获取的大数据进行以学习过程为核心的学习分析，这种教育变革必将带给师生及时的深度反馈，优化教与学。因此，推进开放课程建设是重构学习方式的有效途径，也是推进优质教育资源共享的重要手段，必将对知识生产的方式和模式产生重大的影响，开放课程建设应转变认识观念，处理好课程需求方、课程供应方和课程服务平台服务商等不同利益相关者的收益，使之在开放课程建设上形成合力，成为推动课程建设的演化动力。

2.4.2 规划层面：顶层设计、多元联动

1. 重视顶层规划

开放课程的建设与应用无论是在人力、物力还是财力方面都需要持续的高投入，需要与之匹配的长远发展目标。"顶层设计"的概念源于工程学领域的"整体理念"，是大型工程技术项目建设中的一种设计理念和科学决策模式，即从全局出发，对项目的各个层次、要素进行统筹考虑[64]。开放课程建设需要教育部等相关部门的宏观调控，需要控制建设的数量和质量，需要主持教师对课程内容进行筛选，需要控制精品意识和质量意识，保证课程的高质量。开放课程建设的动力主要来自政策驱动，由国家项目引动，相关部门协调执行，在短时间内成效明显，但在可持续发展方面存在一定的瓶颈。为此，研究提出开放课程的建设规划，应从国家宏观（教育部）、区域中观（省市教育主管部门）和学校微观（高等院校）三个层面展开，以促进知识流动、迭代和有效转移。宏观层面，重在制定发展战略和提供方针政策引领；微观层面，在于制定建设的解决方法和策略；区域规划则介于两者之间，重在立足区域性差异。以区域为单位合理配置资源，协调组织建设，发挥着落实国家宏观政策、引领学校微观建设等重要作用[65]。

国家层面应采用统筹资源，以"规划带动建设"的形式，边规划、边实施、边完善，制定课程建设标准、形成完善的资源服务体系，支持共建共享。国家提供资金和技术支持，保证课程建设及后续管理的足够经费，并积极吸纳社会各界对课程建设的参与和各种形式的支持，增进校企合作。对于区域来说，积极推动各级区域各高校开放课程建设，推动区域整合，保证优质资源的推广。各级部门和学校应制定相应的管理办法和标准及奖励机制；

---

[63] 焦建利. MOOC：大学的机遇与挑战[J]. 中国教育网络，2013（4）：21-23.
[64] 陈琳，王蕉，李凡，等. 创建数字化学习资源公建众享模式研究[J]. 中国电化教育，2012（1）：73-77.
[65] 胡小勇. 区域教育信息化可持续发展研究[M]. 北京：北京师范大学出版社，2011.

在资金投入上，做到课程经费的专项投入，多渠道筹集经费来源。学校层面，各高校应根据学校的等级规模和办学效益等因素制定课程建设规模，因地制宜，以满足广大学习者需求为目标，在符合国家和区域共享课建设规范前提下，发挥学校的特色。此外，开放课程建设应采用理性建设方式，采用以"自下而上与自上而下相结合"的组织实施模式，真正将课程建设的目的理性和价值理性结合起来，实现知识的传播、共享及知识资产的转化。

2. 多元联动推进

信息网络技术的广泛应用，使知识的生产和传播突破了时空局限，要求高等教育资源跨部门、跨区域、跨国界开放共享。多元联动是指在开放课程推进过程中，多种主体充分挖掘和发挥自己的潜能，特别是教育部、高等院校、省市教育主管部门、课程主持教师应积极加强联系与合作，共同促进优质教育资源长期稳定的发展。资源共建共享将是提高优质资源配置和使用效率的必然趋势，开放课程建设需要共建共享。共建指共同建设与开发，可以在不同教师、不同院校间开展；共享指资源与他人共同享有，共享可以使资源实现增值[66]。通过共建共享可以实现优质资源的广泛扩散传播，逐步走出各高校自主建设的单一模式，避免资源重复建设，实现优势互补、互惠互利、相互促进、整体提升。开放课程建设要解决优质教育资源的接入程度，以及校外学习者对本校优质教育资源的共享度，体现学校特色与优势，优化学与教，变革教学模式，实现高校发展的关键指向目标和长远愿景。

优质教育资源的共建共享，包括区域内部的共建共享和跨区域间的共建共享两类，这涉及复杂的利益和系统因素制约，共享必须明确各利益主体[67]。明确利益相关者可以对开放课程的组织结构和行为主体进行梳理，协调各种利益相关者的局部目标和区域目标，实现所有相关者的利益最大化，并建立成功的合作伙伴关系，构建和维护一个共同愿景及共同目标。开放课程的利益相关者较广泛，他们的意识和行为不仅影响着课程的可持续发展进程和结果，更涉及各相关部门之间的协调运作。各管理协调部门应结合本校特色和优势，采用自主开发、合作开发、积极引进等多种方法，形成资源建设的共建共享组织体系[68]。因此，开放课程的系统规划应兼顾不同院校、不同学科、不同课程、不同群体的利益，促进相关部门协同工作，共同推进课程的建设，以支持高校教育教学改革、提升人才培养质量；同时整体规划中要注意分层推进、逐步深入，以尽可能从设计之初就考虑开放课程共享应用的效果、效率与效益问题。当各利益主体利益均衡时，便容易实现资源的共享，实现共赢与多赢[69]。

---

[66] 张一春. Web2.0 时代信息化教学资源建设的路径与发展理念[J]. 现代远程教育研究，2012（1）：41-46.

[67] 胡小勇. 教育信息化进程中区域性优质资源共建共享：理论框架与个案研究[J]. 电化教育研究，2010（3）：48-53.

[68] 黄琼珍，黄颖. 高校网络教育资源共建共享机制探究[J]. 高教探索，2010（3）：60-63.

[69] 胡小勇. 区域教育信息化可持续发展研究[M]. 北京：北京师范大学出版社，2011.

3. 扩大宣传推广

"互联网+"时代，随着社会媒体的普及、宣传推广力度的加大以及政策的出台，开放课程将越来越有影响。平台对课程推广有责任，未来应多开展活动，定期召开发布会，借助线上和线下媒体、人际传播和大众传播的渠道，推广更多的消息和产品，如开放课程使用测评、学习效果评价等，让更多的学习者知道、了解、使用开放课程，保障开放课程建设有章有序地推进。此外，开放课程建设需要深度融合，需要校际合作、校内教育与校外教育融合、传统教育与远程教育融合、正式学习与非正式学习融合，线上教学和线下教学的融合，需要课程内容的共享、课程设计的共享和经验平台的共享。

2.4.3 实践层面：灵活选择、着力打造

1. 校际合作、高校结盟

开放课程的发展与应用时间不长，其作用机理与应用实践方法还需要长期的探索，其功能用处本身还尚待深入验证与发展，目前还有部分研究者和高校教师质疑开放课程的作用。开放课程意味着引入优质在线课程资源，将传统的课堂教学转变为在线教学，促进教育教学在全球化、信息化、协同化背景下的变革需求，促进高校教学方式和学习方式的转变。当下面对资源共享的呼声越来越高，迫切需要在更大范围和更深层面使优质资源共享系统化、制度化，需要在不同高校之间展开区域合作和联盟。因此，各高校应结合所在区域的社会经济条件，发挥地缘优势，加强与周边地区（尤其是发达地区）高校的交流合作，加强与社会各界力量的合作，通过开展跨区域的合作和交流，开发高质量的开放课程[70]。通过开展校际间的合作和交流，开发高质量的优质资源，以实现区域间教育优质资源的优势互补和均衡协调发展。

联盟是一种长期稳定的基于战略目的、全方位深层次的合作，有助于实现取长补短、优势互补[71]。联盟应遵循"开放、合作、共享、共建"的理念，通过外在政策与制度保障，推动现有的共享模式实践逐渐走向深入，形成在全国有着重要影响的共享品牌。联盟需要选择适合的联盟伙伴，制定相关的规章制度及实施方案，并设置专门的战略联盟工作机构。此外，教育主管部门应充分利用网络教学环境，实施开放课程统一建设、应用、管理和评估，使得高校之间、高校与行业之间开展合作共建，逐步走出各高校自主建设的单一模式。高校

---

[70] 胡小勇，赖露媚. 区域性教育信息资源均衡发展研究：案例比较与优化策略[J]. 现代远程教育研究，2010（6）：58-61.

[71] 于洪良，孔爽. 大学联盟发展：构建高等教育优质资源的共享体系[J]. 甘肃理论学刊，2012（8）：24-28.

联盟将建立优质高等教育资源共享体系,可以避免资源重复建设。高校联盟促使高校把更多的精力放在学科互补和发展上,共建学科专业,共享优质资源。高校联盟使成员学校不受自身专业结构和管理体制的局限,整合教育资源,带动区域内高校共同发展。高校联盟有助于优势资源的共享利用,实现优势互补、互惠互利、相互促进、整体提升。

2. 政产学协作、校企合作

所谓"政产学"合作一体化,就是以"政"为导向,以"学"为基础,以"产"为纽带,三者有机结合、融为一体;"政"是指由政府主导的开放课程建设项目;"学"是指具有培养教育技术学高端的、知识创新型人才的高校,特别是具有博士及博士后授予权的大学;"产"是指开放课程的相关产业机构。政学研合作指开放课程建设工程、相关院校及机构之间为了实现优质资源的知识创新和共享应用,构建完整的产业生态链而建立的研发合作关系[72]。其中政府主要通过政策制定、财政支持、资源配置等方面对开放课程建设和发展产生影响。高校应该和产业机构建立良好的合作伙伴关系,而政府应该支持这种关系的形成。在开放课程建设过程中应充分利用教育部的政策和财政支持,明确政府、高校及产业部门的职能,创造良好的开放课程建设的内外环境,促进知识的创新和知识转化,实现优质资源生产、运营的合理规划,实现资源的共享和传通,促进区域间优质资源的交流与合作[73]。

目前开放课程建设逐渐走向合作,即将资源实现交予第三方专业机构去完成,同时让经验丰富的教师根据教学需求设计课程资源,计设计与实现相分离,使教师从繁重的课程开发中脱离出来,既发挥专业机构的长处,又促进课程质量的提高,使得高校、企业联合形成共同体。高校与软件开发公司及教育培训机构进行教育资源合作开发,发挥各自的优势,进行商业化开发和运作模式,将有助于提高教育资源的社会效益和经济效益,增强教育资源建设的活力与可持续发展能力[74]。校企合作是开放课程可持续发展的必由之路,也是高等教育生存和发展的内在需要,教育主管部门和高校领导应高度重视校企合作的优势互补,按照"校企合作"的模式,"由点到面"扩大合作效益。通过高校、企业和科研院所联合,使高校与企业、科研机构互利互惠,既保证了课程质量,又扩大了课程的宣传推广、达到了共享共赢、互利互惠的目的。

---

[72] 陈仕品,张剑平. 政产学研合作:探索我国教育技术发展的新途径[J]. 电化教育研究,2012(7):15-21.

[73] 徐辉,王正青. 大学—产业—政府的三重螺旋:内涵、层次与大学的变革[J]. 西南大学学报:社会科学版,2007,33(5):115-119.

[74] 柯和平,李春林. 基于网格技术的区域性教育资源库共建共享机制研究[J]. 电化教育研究,2008(1):63-68.

3. 转变观念、全面践行

高校应用开放课程的核心目标应该是用于促进本校学与教方式的变革、提升本校教育教学质量。影响开放课程深入应用与发展的一个关键因素，则在于高校教师本身对于开放课程应用的理性关注程度与应用技能水平[75]。要重视开放课程开发的教师团队的建设，其师资应转变理念，认识到开放课程给高等教育、教师发展、生生发展带来的机会，把握开放课程背后的教育教学原理，具备的教学技能；高校则需要注重引领教师观念的转变，帮促教师对开放课程形成正确的认识；同时高校在推进开放课程应用实践过程中要动员、帮促在学校里率先重视信息化教学、参与信息化教学的教师参与开放课程应用，鼓励教师亲自体验开放课程学习，并为开放课程建设的教师提供课程制作、教学应用方面的系统的、有实效的培训，支持教师加入或形成开放课程教学应用实践共同体，实现共同进步与协同发展[76]。

当下，开放课程使用率低，应用效果较差，这在很大程度上影响了开放课程的共享传播。因此，如何应用开放课程资源，支持学生的自主与协同探究学习、支持全体学生的全面化与个性化发展是开放课程建设的关键所在。学习者为什么要学开放课程？教师为什么教？学校为什么建设开放课程？这是开放课程扩散共享需要重点考虑的问题所在。开放课程推进需要有整体的国家战略，需要关注内容的趣味性、实用性和可用性，需要整体设计，需要针对学习者应用开放课程进行系统的、全面的需求与准备状态调研，充分了解开放课程教学环境下学习者的类型与特征，以便为不同类型的学习者提供更具有适应性的支持，需要深入分析可能影响学生主动利用、有效开放课程的因素并形成有效的应对策略。

4. 智慧设计、打造精品

作为一种新型的教学方式，开放课程教学需要结合自身的特征与需求进行精心、有针对性的设计。开放课程是否具有实用价值、是否具有普适性，是决定学习者选择课程的关键。开放课程建设应坚持协同推进、应用驱动，保证内容的先进性、时代性和实用性；内容组织采用深度优化的结构、广度优先的形式，讲解顺序、深浅程度、节点详略、重复次数应根据知识点调整；教学点要清晰、短小精悍、可视性强、互动性好。对于线上内容，可采用视频、小测试、作业、讲义、考试、讨论区、学习笔记、课程维基等形式；对于线下交流，可采用答疑、学习社区、翻转课堂、混合式教学、教师辅导等形式。因此，开放课程需要以高质量的课程内容为依托，精心设计学习者的学习活动，重视小组协作学习，提供个性化支持，激发学习者的学习动机，同时破除语言障碍，打造精品。

---

[75] Kolowich，S. The Professors Who Make the MOOCs[EB/OL]. http://chronicle.com/article/The-Professors-Behind-the-MOOC/137905/#id=overview/，2015-11-06.

[76] 郑燕林、ARCS 模型视角下高校推进 MOOC 应用的路径选择[J]. 中国电化教育，2015（3）：2-9.

2.4.4 评价层面：注重效果、持续应用

1. 注重教学评价

开放课程面临的挑战是如何保证学习的持续性，如何完善课程与管理，如接受度与认证、运行与可持续发展，开放性和信息安全、与正式课程内容的衔接等，可采用大数据分析技术、数据挖掘技术对学习过程中产生的海量数据进行分析，以发现学习者的学习规律和学习行为；同时对学习者的行为建模、对面向学生群体的教学规律进行分析和统计，以实现面向个体的智能导学和个性化教学。因此，开放课程建设需要提供集大数据支持、移动终端、工具丰富、互联互通，技术丰富的学习环境，需要有效的教学评价。缺乏科学的效果评价已成为影响开放课程应用与发展的一个重要因素。目前开放课程扩散共享的效果不理想，其主要影响因素为宣传推广力度、课程内容吸引力及其设计、个人学习动力和兴趣、视频资源质量、教师授课风格、课程更新程度等[77]。

教学评价涉及学生、教师、教学资源和学习支持服务系统。在对学习者进行评价时，不仅关注对学习者学习结果的评价，更注重对学习者学习过程的评价。学习过程的评价包括对学习者参与活动情况的评价，如交互程度、答疑情况及解决问题的能力；也包括对学习者资源利用状况的评价，如在线学习时间、讨论区的发言情况、对主题的理解；还包括对学习者态度的评价。学习结果的评价是教学后学生达到教学目标的程度、完成任务的情况及信息素养的提高等。课程学习中，对教师的评价主要从教学活动的组织，学习资源的提供和学生成绩等方面进行。网络教学资源的质量是反映课程教学质量的重要指标，对学习资源的评价主要涉及学习资源的目标与内容、结构与功能、超链接与导航、多媒体表征与技术规范等。有效的评价方式有助于更好地了解学习者的学习情况，提高学习者的学习成就感。

2. 规划评价实施

各教育相关部门需要充分认识到效果评价对于开放课程应用的优化与推广有着重要意义，理性分析课程应用效果评价实施可能面对的困难，在充分认识效果评价意义与课程实施的基础之上，全面规划开放课程应用效果评价的实施。一方面，要重视评价机制的建设，包括对评价维度的设计，对应用结果的评价，对应用过程的评价及应用投入的评价等；对评价指标与标准的设计，即制定具体的评价指标体系与具有可操作性的标准；对于新建课程，要从建设团队、建设标准与规格、建设成果、建设投入等多个方面进行评价；以及对评价实施方式的选择，可以适当地引入第三方评价。另一方面，要重视对评价结果的充分

---

[77] 王娟，胡苗苗. MOOCs扩散共享的调查分析与策略研究[J]. 电化教育研究，2015（12）：45-51.

利用，可以定期向全校师生反馈评价结果并提出优化策略，也可以建立适当的激励机制。

此外，要加强开放课程建设与应用的现状调研，跟踪课程的整体发展动态，对课程的本质与发展规律保持持续的跟踪与研究，把握整体发展趋势，明确课程对于高等教育改革与质量提升的重要意义与作用机理。因此，开放课程的建设和可持续发展需要借鉴国内外开放课程推进的经验和教训，为不同层次的学习者提供更多的学习交流平台。开放课程的可持续发展可从引动机制、推动机制、联动机制、互动生成机制等方面评价，即健全教育质量保证体系，落实政策及机制保障，资格框架与学分认定体系，完善开放教育制度，教学模式引领等，从而实现主管部门以在线教育为抓手，推动大学向社会开放，重构新型高等教育生态体系。

05 在线开放课程建设新进展

2.5.1 国家政策引领

近年来,大规模在线开放课程(慕课)等新型在线开放课程和学习平台在世界范围迅速兴起,拓展了教学时空,增强了教学吸引力,激发了学习者的学习积极性和自主性,扩大了优质教育资源受益面,正在促进教学内容、方法、模式和教学管理体制机制发生变革,给高等教育教学改革发展带来新的机遇和挑战。为加快推进适合我国国情的在线开放课程和平台建设,促进课程应用,加强组织管理,教育部出台了系列文件。为进一步深化本科教育教学改革,提高本科教育教学质量,大力提升人才培养水平,教育部决定在"十二五"期间实施"国家精品开放课程"建设项目[78]。

2011年10月,教育部在《关于国家精品开放课程建设的实施意见》(教高厅〔2011〕8号)中明确指出,要推进精品开放课程的建设。2012年5月,教育部下发了《教育部办公厅关于印发〈精品资源共享课建设工作实施办法〉的通知》(教高厅〔2012〕2号),正式启动了精品资源共享课的建设工作。2012年12月,教师教育国家级精品资源共享课建设计划启动,"十二五"期间,教育部将支持建设350门左右教师教育国家级精品资源共享课[79]。2012年3月,教育部发布《教育信息化十年发展规划(2011—2020)》指出,数字化教育资源共建共享的有效机制尚未形成,优质教育资源匮乏,并明确提出优质数字教育资源建设与共享行动,各级部门应建立以网络资源为核心的交互资源与公共服务体系。

---

[78] 教高〔2011〕6号. 教育部、财政部关于"十二五"期间实施"高等学校本科教学质量与教学改革工程"的意见[Z]. http://www.doc88.com/p-7873106400914.html,2015-11-06.

[79] 李曜明. 教师教育国家级精品资源共享课建设计划启动实施[N]. 中国教育报,2012-12-04(1).

在 2011—2013 年，教育部三次发文，批准高等教育出版社组织实施国家精品开放课程建设项目。2014 年 5 月 8 日，"中国大学 MOOC"开通，首批 16 所高水平大学的 56 门课程上线。在实施国家精品开放课程建设与共享项目同时，为"大力推动信息技术与教育教学深度融合，促进优质教学资源建设与共享"，教育部在组织有关部门进行国内外在线开放课程的现状与趋势调研，结合我国国情和高等教育教学需求的基础上制定《意见》，并于 2015 年 4 月 28 日发布，即《关于加强高等学校在线开放课程建设应用与管理的意见》（教高〔2015〕3 号）（简称《意见》），《意见》指出要构建有中国特色的在线开放课程体系和课程平台，以借鉴国际先进经验，发挥我国高等教育教学传统优势，推动我国大规模在线开放课程建设走上"高校主体、政府支持、社会参与"的积极、健康、创新、可持续的中国特色良性发展道路，并在 2017 年前认定 1000 余门国家精品在线开放课程。

从教育部历年出台的相关政策文本中可以看出，从国家精品课程到国家精品开放课程再到在线开放课程，我国的在线开放课程建设的整体进展与国内外教育大环境与实际需求紧密相连，并逐步形成视频公开课、资源共享课、MOOC 和在 MOOC 基础上发展的 SPOC（小规模专有在线课程）等多种类型的中国特色在线开放课程体系。

2.5.2 典型案例推进

精品视频公开课建设推进。2011 年 11 月 9 日，国家精品开放课程共享系统——"爱课程"网正式开通，由清华、北大等名校名师倾力打造的中国大学视频公开课首批 20 门上线；同时通过镜像网站中国网络电视台、网易同步向公众免费开放。截至目前，已推出 40 批大学视频公开课，涵盖经济学、法学、教育学、文学、历史学、工学、农学、管理学、艺术学、医学等学科领域的 8465 集视频。精品视频公开课在考虑社会关注度和学习者兴趣的基础上，兼顾了学科均衡，课程整体规划较合理，上线的课程受到了广大使用者的一致好评。

精品资源共享课的推进。2013 年 6 月 26 日，教育部召开首批中国大学资源共享课上线发布会，首批 120 门中国大学资源共享课，"爱课程"网向社会公众免费开放。目前各级各类高校、远程培训机构、网络教育学院等相关部门正积极展开对本科课程、高职高专、教师教育和网络教育类精品资源共享课的申报和建设工作。2015 年 5 月"爱课程"网推出在线课程中心云服务，为高校建立适合高校个性化需求的小规模专有在线课程平台。截至 2016 年 1 月 25 日，共上线 1764 门本科课程、756 门高职高专课程、108 门网络教育类课程及 160 门教师教育类课程。

中国大学 MOOC 建设推进。2014 年 5 月 8 日，"爱课程"网中国大学 MOOC 开通，首批 16 所高水平大学的 56 门课程上线。5 月 20 日，首批 10 门 MOOC 正式开课。中国大学 MOOC 平台由"爱课程"网与网易公司联合建设，以"爱课程"网为主导。中国大学 MOOC 平台同时为学习者提供两个官方入口："爱课程"网和网易云课堂。目前"爱课程"网中国大学 MOOC 已与国内的 80 余所高校合作，推出涵盖工程技术、文学艺术、哲学历史、经管法学、基础科学、农林医药等领域的中国大学 MOOC 265 门，以及涵盖职业教育类、教师提升类的中国职教 MOOC 66 门，总访问量高达 1.16 亿人次，选课人次接近 220 万。

2.5.3 线上线下融合

开放课程建设的主要目的是共享应用。《关于加强高等学校在线开放课程建设应用与管理的意见》强调，要坚持应用驱动、建以致用，着力推动在线开放课程的广泛应用。整合优质教育资源和技术资源，实现课程和平台的多种形式应用与共享，促进教育教学改革和教育制度创新，提高课程水平和应用效益；同时鼓励高校结合本校人才培养目标和需求，通过在线学习与课堂教学相结合等多种方式应用在线开放课程，不断创新校内、校际课程共享与应用模式，整体提高教学质量[80]。但目前开设的课程，学习者都在异地，师生之间的反馈都在讨论区进行；未来的课程会考虑混合教学模式，并使之成为主要教学方式，即把网络和真实教室结合，充分利用在线教学的优势，强化面授课堂的教育互动。

当下，学习者普遍希望未来教学采用翻转课堂形式，即线上自主学习+课堂辅导、讨论或作业+线上或线下考试；或部分线上，即线上自主学习+线上讨论+线下考试。作为一种新型的教学方式，开放课程应用需要结合自身的特征与需求进行精心、有针对性的设计。开放课程是否具有实用价值、是否具有普适性，是决定学习者选择课程的关键。开放课程的内容组织应采用深度优化的结构、广度优先的形式，讲解顺序、深浅程度、节点详略、重复次数应根据知识点调整；教学点要清晰、短小精悍、可视性强、互动性好。对于线上内容，可采用视频、小测试、作业、讲义、考试、讨论区、学习笔记、课程维基等形式；对与线下交流，可采用答疑、学习社区、翻转课堂、混合式教学、教师辅导等形式。

由于教学需求的多样性和个性化并存，为主动适应学习者个性化发展和多样化的终身学习需求，在线开放课程的建设需要强调大规模开放，扩大优质教育资源的受益面；需要以高质量的课程内容为依托，精心设计学习者的学习活动，重视小组协作学习，提供个性

---

[80] 王友富. 从"3 号文件"看我国在线开放课程发展趋势[J]. 中国大学教学，2015（7）：56-59.

化支持，激发学习者的学习动机。因此，开放课程建设需要深度融合，需要校际合作、校内教育与校外教育融合、传统教育与远程教育融合、正式学习与非正式学习融合；尤其是需要线上教学和线下教学的融合，需要课程内容的共享、课程设计的共享和经验平台的共享，进而把课程从学校扩展到社会，从面对面教学方式扩展到远程教育方式，推动高等教育的文化传承。

第 3 章

STEM 课程资源的整合性设计

变革教育组织形式、建设科技创新类课程，培养具有综合科技素养和深度创新能力人才，已成为一种科技教育战略。我国 STEM 教育的推进主要从开展多种项目、拓展应用领域、搭建教育平台、研发教育产品、提供多种支持、召开学术会议六个方面开展。进入 21 世纪，STEM 课程教学正在火热进行中，STEM 课程关注创新精神和实践能力的培养，聚焦科技的应用与创新。当前 STEM 课程在实践推行中存在缺少顶层设计、理念普及不够、学习资源匮乏、缺少专业师资、硬件设备不强等问题。本章重点探讨了 STEM 课程资源的整合性设计思路，提出要依托物联网、云计算等新一代信息技术，从整合性思维架构 STEM 课程，以打造智能化 STEM 课程生态系统。该系统包括"一个中心、两种机制、三种资源库、四种技术和四种用户"。最后，研究精选了基于工程设计思想的机器人、基于地方特色的校本课程、基于问题解决的项目引路机构、基于真实情景教学等 STEM 课程实践案例进行介绍。

01 STEM 教育重磅来袭

3.1.1 何谓 STEM 教育

1. STEM 教育

20 世纪 90 年代以来,许多国家将科学和技术作为经济增长和发展的推动力,并开始建设更多的知识密集型经济,而数学、科学、工程、技术是知识密集型经济所需的基本技能。21 世纪美国、加拿大、澳大利亚等国家非常重视全球化背景下的创新人才培养;STEM 教育是技术创新的驱动力,是全球竞争力的关键,对于提升科技水平和保障国家安全发挥着重要作用。这一时代背景为发展 STEM 教育提供了良好基础,并深入地改变着教师的教学模式与学生的学习方式[1]。STEM 教育是一种"后设学科",其目的是倡导由问题解决驱动的跨学科理科教育,促使未来人才适应当今知识经济全球化水平、复杂性和合作性不断增强的大趋势;将原本分散的学科形成一个整体,培养学生的科学素养、技术素养、工程素养和数学素养[2]。它彰显了一种学习文化,是一种偏向于工科思维的学习系统、一种趋于能力和智慧叠加的行动学习。

STEM 是科学(Science)、技术(Technology)、工程(Engineering)和数学(Mathematics)英文首字母的简称[3]。2001 年之前常用 SMET,后来美国国家科学基金会(NSF)从教育哲学出发,将这四门学科统称为 STEM。STEM 教育不是科学、技术、工程和数学知识的简单叠加,而是将这四种学科整合到一种教学范式中,把零碎知识变成相互联系的统一整体(Morrison,2005)。STEM 教育强调学科之间的交叉融合及关联,旨在提供接触整体

---

[1] 杨晓哲,任友群. 数字化时代的 STEM 教育与创客教育[J]. 开放教育研究,2015(10):35-40.

[2] Ramaley J. Facilitating Change:Experiences with the Reform of STEM Education [EB/OL]. http://www.wmich.edu/science/facilitating-change/Products/Ramaley Presentation. Doc,2015-11-06.

[3] 丁杰,蔡苏,江丰光,等. 科学、技术、工程与数学教育创新与跨学科研究——第二届 STEM 国际教育大会述评[J]. 开放教育研究,2013(4):41-48.

世界的最佳结合点，培养学生动手、创新、综合运用科学知识的能力和综合素养。目前国际上越来越关注科学、技术、工程、数学在教育中的应用，STEM 教育已成为教育发展战略的重中之重。因此，变革教育组织形式、建设科技创新类新课程、培养具有综合科技素养和深度创新能力人才的教育新范式——STEM 教育，必将成为知识经济时代一种全球性的科技教育战略[4]。

2. STEAM 教育及其特征

STEAM 教育是由美国弗吉尼亚科技大学学者 Georgette Yakman 在研究综合教育时首次提出，后由美国政府提出的教育倡议，即加强美国 K12 关于科学、技术、工程、艺术及数学的教育，专门用于建立动手类创造性课程。STEAM 教育是在 STEM 教育基础上延伸发展的新教育模式，是技术与工程教育和艺术人文教育的融合，以推动技术驱动的教学创新[5]，即在原有科学、技术、工程、数学（STEM）的基础上加入了艺术（Art）学科融合而成。

STEAM 其实是对基于标准化考试的传统教育理念的转型，它代表着一种现代的教育哲学，更注重学习过程，注重学习与现实世界的联系；STEAM 教育倡导的是一种新的教学方式，让学生从过程中学习各种学科以及跨学科的知识。在 STEAM 教育号召下，机器人、3D 打印进入学校，学习数学、科学的教育科技产品不断涌现。《2015 年地平线报告：K12 版》提出，STEAM 学习将成为未来 1~2 年技术驱动 K12 教育的重要趋势。STEM 教育具有跨学科、趣味性、体验性、情境性、协作性、设计性、艺术性、实证性、技术增强性等特征，具有依托新技术转变教学理念和教学模式的诸多优势[6]，主要体现为以下三方面内容。

1）强调解决真实问题

STEAM 教育以整合的教学方式培养学生掌握知识和技能，并进行灵活迁移，在解决实际问题中使各门学科有目的地融合，强调探究小组的原创性研究。STEAM 教育强调，通过体验自主设计探索实验过程，培养学习者实际解决问题的能力，它注重实践和过程，强调从"知识点"走向"真实情境"。在研究过程中，学习者使用技术搜集、分析数据，并设计、测试和改进解决方案，并与同伴交流研究成果。

2）强调知识与能力并重

STEAM 教育不是简单地将科学与工程组合起来，而是把学习者学习的零碎知识与机械过程转变成探究世界相互联系的不同侧面；它以"逻辑思考、解决问题、批判性思考和创造力"为核心，通过接触制作工具（如 3D 打印机、激光切割机等），从"做"中"学"，

---

[4] 王娟，吴永和，段晔，等. 3D 技术教育应用创新透视[J]. 现代远程教育研究，2015（1）：62-71.
[5] 孙江山，吴永和，任友群. 3D 打印教育创新：创客空间、创新实验室和 STEAM[J]. 现代远程教育研究，2015（4）：96-103.
[6] 余胜泉，胡翔. STEM 教育理念与跨学科整合模式[J]. 开放教育研究，2015（8）：13-22.

在制作过程中建构起关于科学、技术、工程、艺术和数学的知识。

3）强调创新与创造力培养

STEAM 教育对学习者开展跨学科的整合教育，以培养其综合实践能力与创新应用能力。它强调知识与学习者之间的关联性，通过将理论性的科学、数学与实际生活联系起来灵活运用，并迁徙到工程、技术、艺术等领域，这种集体验、探索、实验为中心、强调艺术与科学、感性与理性融合的寓教于乐教学方式，有助于培养具有创造性思维和能力的综合型人才。

3.1.2 STEM 教育的演化

近年来，国际上掀起一股 STEM 教育热潮。美国尤其强调 STEM 重要性，自奥巴马任总统以来大力推进 STEM 教育改革，先后采取了制定计划、政府资助、颁布政令等一系列措施，以培养学生的科技理工素养。美国的 STEM 教育是一项由政府、国会、社会团体和公众共同参与的系统工程，能从一定程度上反映、并代表全球 STEM 教育的发展变迁。

STEM 教育源于 1986 年美国国家科学基金会《大学的科学、数学和工程教育报告》，报告首次提出"科学、数学、工程和技术"教育的纲领性建议，以应对国际人才竞争和经济发展压力下对本国人才培养的反思，这被视为 STEM 教育的开端[7]。

1996 年，美国国家科学基金会发表了《塑造未来：透视科学、数学、工程和技术的本科教育》的报告，提出"大力培养 K-12 教育系统中 SMET 师资及提高人的科学素养"[8]。

2006 年，美国总统布什在其国情咨文中公布《美国竞争力技术》，提出教育目标之一是培养具有 STEM 素养的人才，这是全球竞争力的关键。至此，美国不断加大 STEM 教育投入，鼓励学生主修科学、技术、工程和数学。

2007 年，将《美国竞争力法》纳入 STEM 教育立法建议，重点投资 STEM 师资培养和大学 STEM 研究；同年美国国家科学基金会发表了报告《国家行动计划》应对美国科学、技术、工程和数学教育系统的紧急需要，提出加强国家对 K-12 阶段和本科阶段 STEM 教育的主导作用，提高 STEM 教师水平和相应的研究投入，这使得 STEM 教育从本科阶段延伸到中小学阶段[9]。

2009 年，美国 K-12 工程教育委员会发布了《K-12 工程教育：理解其现状、提高其前景》报告，明确了工程教育的重要概念；同年《为创新而教计划》问世，旨在提高学生素养，让学生在科学、数学、技术和工程学方面深入学习并具有批判性思维，提高未来 10

---

[7] 朱学彦，孔寒冰. 科技人力资源开发探究——美国 STEM 学科集成战略解读[J]. 高等工程教育研究，2008（2）：21-25.

[8] 赵中建. 为了创新而教育[J]. 中国教育报，2012（7）.

[9] 李扬. STEM 教育视野下的科学课程构建[D]. 浙江：浙江师范大学，2014.

年内的STEM水平，增加弱势群体接受STEM教育及就业的机会。

2011年，美国《总统2012预算要求和中小学教育改革蓝图法案》投巨资推进STEM有效教学，计划两年内招聘1万名STEM教师，未来10年内培养10万名STEM教师；同年《美国创新发展战略》指出，美国未来经济增长和国际竞争力取决于其创新能力，创新教育运动需加强STEM教育；同时美国国家科学院研究委员会发布的《成功的K-12阶段STEM教育：确认科学、技术、工程和数学的有效途径》报告指出，中小学实施STEM教育的三个目标。

2012年，美国《新科技教育十年计划》启动，旨在培养10万名STEM专业优秀教师，以在未来10年培养100万名STEM专业毕业生[10]。美国STEM教育的发展路线（见图3-1）。

为实现STEM教育的发展，美国还创建了公共网络平台，将大量教育资料按年级分类公开共享给学生、教师和普通人群。目前STEM教育已经成为全美教育体系的中流砥柱，在美国影响下，世界各国逐渐开始关注并加强STEM教育。总之，研究梳理了STEM教育到STEAM教育的演化历程，为避免概念的混乱，下文统一采用STEM教育进行阐释。

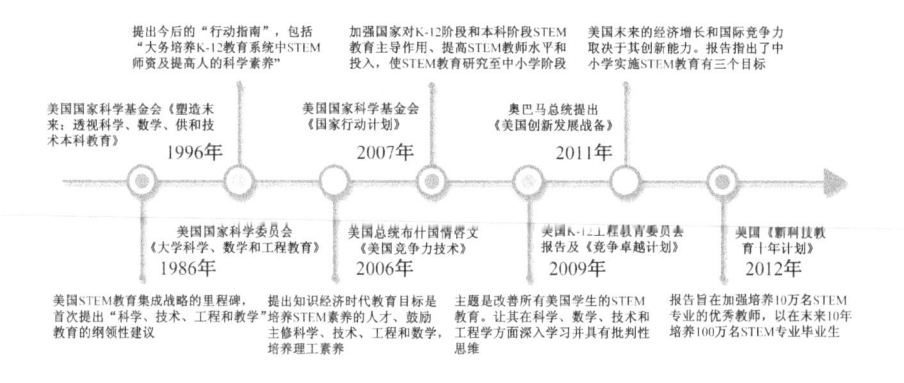

图3-1 美国STEM教育发展路线

3.1.3 STEM教育在行动

STEM教育作为一种培养未来综合型人才的教育模式和教育趋势，对于促进教育教学改革具有重要意义。目前国际上掀起一股STEM教育热潮，STEM教育重要性日益凸显，有的STEM教育研究多体现为概念内涵、与创客教育关联、述评与报告、人才培养、中小学应用、资源技术、问题对策、教育创新与改革、课程设计与创新、质量调查、教育生态模型、形态变迁、创造性思维培养、原因分析、平台搭建等方面。下文将从平台搭建、项

---

[10] President Obama to Host White House Science Fair[EB/OL]. http://spaceref.com/ news/viewpr.html?pid=40596，2015-11-06.

目开展、领域拓展、产品研发、支持服务、会议交流等方面展开 STEM 教育行动分析（见图 3-2）。

1. 搭建教育平台

STEM 课程的开展必须以高质量的硬件设备作为支持和保障，并针对不同的教学需求提供完善的整体解决方案。美国的 STEM 教育已逐渐发展成为一种国家战略，而中国刚接触 STEM 教育，相关教育实践和研究较少，缺乏美国"全民总动员"的发展环境及强有力的民间组织来推动 STEM 教育运动[11]。目前美国的 STEM 学校正在加强和政府、企业界、高等教育机构的合作，为学生创设高科技、合作性的学习环境；哈佛大学、卡内基·梅隆大学、麻省理工学院等高校相继开展了 STEM 教育研究，明尼苏达大学 STEM 教育中心和 MIT 成立了 STEM 中心网站[12]；"福特 STEM 项目"帮助南师附中成立机器人实验室；Ledong Scratch 互动教学平台解决了程序教学和数据分析两大教学难点[13]。中国的 STEM 教育正与高校、学会、协会、科技场馆等社会资源进行合作交流，如"福特 STEM 项目"帮助南师附中成立机器人实验室；同时专注 3~16 岁青少年科技创新教育的"STEM 机器人科技创新教育中心""上海 STEAM 云中心""南京创客教育空间""STEM 实验工坊"等教育研究平台也纷纷涌现。截至目前，"上海 STEM 教育联盟"已吸引近 200 余家单位加入。此外，2011 年韩国教育部发布了《搞活整合型人才教育（STEAM）方案》，以构建"培养现代社会所需的科学技术素养人才"平台[14]。

图 3-2 STEM 教育在行动

2. 开展多种项目

国外 STEM 教育多涉及 K-12 阶段及实践领域。为提高 STEM 专业素养，北卡罗来纳科学和数学学校等四所学校牵头，成立了"国家数学、科学和技术特色中学联合体"。"STEM 教育联盟"是美国教育部建立的教育推广项目，由家长、政府、商业和企业、私人和公共基金会、社会名人、科学家和工程师、媒体等利益相关者组成各种联盟，为学生提供高质量的 STEM 教育[15]。美国"STEM 教育战略计划"项目用于投资科技人才

---

[11] 钟柏昌，张丽芳. 美国 STEM 教育变革中"变革方程"的作用及其启示[J]. 中国电化教育，2014（4）：18-25.

[12] 董蓝蔓. 中国的 STEM 教育面临三大瓶颈[N]. 文汇报，2015-07-17（5）.

[13] 吴俊杰. Ledong Scratch 互动教学平台的应用与研究（十）——用 Ledong 板测电阻谈 STEM 教育[J]. 教学仪器与实验，2011（10）：9-11.

[14] 李协京. 韩国 STEAM 教育：整合培养科技创新力[N]. 中国教育报，2015-06-03（11）.

[15] STEM 教育联盟官网. STEM 教育联盟[EB/OL]. http://www.stemedcoalition.org/，2015-11-06.

及未来的经济发展；达拉斯小牛探索者 STEM 教育太空探索计划给 STEM 提供全面的方法；成立于 1987 年的"项目引路机构（PLTW）"致力于在初中和高中提供严密的 STEM 教育课程计划，目前已在美国 50 个州和哥伦比亚特区的 4200 多所学校推广，该机构的 STEM 课程被称为"在全国成功实施的新生涯和技术教育的卓越模式"；"STEM 人才培养计划"针对大学人才培养；"为创新而教计划"旨在让学生在科学、数学、技术和工程学科上深入发展并具有批判性地思维。此外，北伊利诺伊大学 STEM 拓展部趣味实验项目走进北京中学；上海教委基础教育研究项目之"STEM+国际科学教育研究"启动；上海青少年科学教育推广项目——科学种子"STEM 云"启动；教育部与新加坡科学馆合作，截至 2017 年，将有 62 所中学提供 STEM 应用学习项目。

3. 拓展应用领域

从工业化社会向信息化社会转变过程中，STEM 教育模式将成为未来教育的一种趋势。STEM 教育已在欧美国家实行多年，全球 1400 多家的创客空间显示这个领域强大的前景。国外的 STEM 教育多涉及中小学阶段及实践领域，如联邦教育部和国家科学基金会提出了 K-16 数学教育方案；哈佛大学专门设立 K-12 和社区计划部门；中国温州中小学正围绕 STEM 教育创新进行课程改革；迈特思（METAS）作为儿童创客教育领航者将"体验"和"多元"进行到底，从硬件提供、师资培训、课程植入等方面和学校展开全方面合作，展示了 STEM 校企合作新力量[16]；上海已组建服务了广大青少年科学创新爱好者的 STEM CLUB，旨在将 STEM 本土化、课程化和资源配套化。2015 年 5 月，由乐高教育和西觅亚公司联合举办的"小学综合创新研讨会"召开，会议提出语言文学与工程教育相融合的双促进理念，推出了 STEAM 跨学科学习创新教育理念的 StoryGames 故事创意大赛[17]。2015 年 4 月，索尼国际教育股份有限公司成立，进一步推出以 STEM 为中心的教育应用服务及更多的全球化竞赛，并将开放其创新的教育平台和各国的教育企业、从业者合作，为更多的企业及个人提供教育支持。

4. 研发教育产品

Eschool news 文章总结出 STEM 教育是 2015 年具有代表性和影响力的十大教育科技创新方向。自从物联网和创客教育进入"科教兴国"战略的议题后，越来越多的智能硬件产品进入教育市场，围绕 STEM 教育开展研究和产品研发也日益增多，目前主流的 STEM 教

---

[16] 第一口碑网. METAS 展示 STEAM 校企合作新力量[EB/OL]. http://www.kejixun.com/article/201511/133971.html，2015-11-06.
[17] 小学综合创新研讨会探索 STEAM 教学在中国的应用[EB/OL]. http://edu.qq.com/a/20150508/031090.htm，2015-11-06.

育包括机器人教育、编程教育以及 3D 打印等，更多体现在中小学编程类、媒体制作类软件在综合实践课程、信息技术课程、通用技术课程中的应用（如"Scratch 编程""3D 打印技术"等课程），使得科学教育产品不断萌发，如鲨鱼公园、小牛顿、博识、乐高、乐博乐博、机器人、电子积木智能教玩具、3D 产品等。此外，上海组建了服务广大青少年科学创新爱好者的 STEM CLUB，旨在将 STEM 本土化、课程化和资源配套化；2015 年 Cogent Education、Zyrobotics 和 SE3D 三家 STEM 教育创业公司涌现，并不断推出教育产品，如 Zyrobotics 面向所有孩子设计教育游戏 App，SE3D 专门为高中和大学设计生物打印课程，Cogent Education 主要面向高中教学。上海 STEM 云中心服务涉及从课程内容到互动实验装置研发等全套的 STEM CLOUDTM 教育产品，覆盖生命科学、物质科学、技术与设计、地球与环境科学、社会与行为科学五大学科领域。

5. 提供多种支持

近年来，多国的立法部门、行政部门以及多个咨询机构，均积极参与了 STEM 战略的制定和实施，旨在通过立法来推动 STEM 教育，为科技人力资源开发和促进国家创新与竞争力提供坚实的法律依据，如美国国会通过的《美国创造机会、切实推动技术、教育、科学发展法案》、2005 年《国家创新法》、2006 年《国家创新教育法》和 2007 年《国家竞争力法》；同时国会调查局也发布了系列 STEM 教育报告，如 2006 年《科学、技术、工程和数学教育问题和立法》、2007 年《科学、工程、数学教育：现状和问题》及 2009 年《美国科学和技术人才状况》等。此外，不断加大 STEM 的投入是扶持科技人力资源开发的重要手段，美国联邦政府多年来投入巨资扶持 STEM 领域的教育发展，NSF 经授权每年有较多经费用于实施 STEM 人力资源扩展计划，经费还来源于联邦政府和州政府的拨款、基金会的赞助及贷款等，以加强美国在 21 世纪的领导力，建立 STEM 有效教学，在未来十年培养 10 万名 STEM 教师。此外，美国国会提出了 STEM Jobs Act，给学术研究重点学校 STEM 领域的博士或硕士毕业生发放绿卡；韩国教育科学技术部正在引导本国教育向以 STEM 模型为基础的综合技术教育方向发展。

6. 召开学术会议

国际上围绕 STEM 话题定期举行研讨会。第一届是在 2010 年澳大利亚昆士兰大学，主题是"通过 STEM 推进教育"；第二届是在 2012 年北京师范大学，主题为"STEM 教育中的教学创新与跨学科研究"；第三届是在 2014 年英属哥伦比亚大学，主题为"全球化下的 STEM 教育：跨文化脉络中的连结"。此外还有一些相关会议，如 2011 年 73 届国际技术教育大会，主题为"准备 STEM 劳动力：为了下一代"；2013 年温州召开的第一届中小学 STEM 教育创新论坛，围绕"Scratch 教学流派和创新应用"主题，探讨 Scratch 发展现状，并对 STEM 教育模式、课程和支持方案形成统一意见；2014 年"中国梦——3D STEM 创新教育研讨会"在西北工业大学举行；2015 年《中国电化教育》杂志社主办、北京中庆现代技术有限公司协办的"STEM 教育项目交流研讨会"在北京举行；由上海师范大学、华东师范大学、上海 STEM 云中心、比特实验室联合举办的"第一届中美物联网+STEM 创新教育研讨会"在 2015 年 6 月举行；同时西北工业大学举行"中国梦——3D STEM 创新教育研讨会"、北京中庆现代技术有限公司协办"STEM 教育项目交流研讨会"等活动不断涌现，都说明 STEM 教育应用领域不断拓展。

02 STEM 课程概况及实施困境

STEM 课程是由科学、技术、工程、数学四个要素整合而成的一种新型课程形态；是美国政府主导的"项目引路 PLTW"计划倡导的课程，提倡了一种新的教学或学习方式。目前有学者将"融合"赋予了 STEM 课程的内涵，也延展出 STEM 课程的多元外延，即狭义地理解为"相关课程"或"课程整合"（在保留原学科独立性的基础上，寻找两个或多个学科共同点），或"合科课程"（把部分科目统合兼并于范围较广的新科目，选择有意义的论题或概括的问题进行学习），或广域课程（合并数门相邻学科的教学内容形成综合性课程）[18]。还有学者认为，STEM 课程是建构在用结构化思维方式解决问题架构之上的过程性课程[19]。

3.2.1 STEM 课程概况

1. 课程特征及理念

STEM 课程共分为 K5、初中、高中三个阶段，主要开设计算机科学、工程学、设计学、医学、生物等方面的课程。STEM 课程特色是让学习者动手完成他们感兴趣的项目或在生活中完成需要解决的问题，注重现实世界与学习的联系，注重学习的过程体验，具有综合性、开放与动态性、回归性、实践性、丰富性的特点[20]；同时也具有跨学科、趣味性、体验性、情境性、协作性、设计性、艺术性、实证性和技术增强性等特点[21]。STEM 课程以项目学习为主，活动是 STEM 课程的有效组织形式、是整合多个学科的纽带[22]。STEM 课

---

[18] 刘党生. 2015 追求 STEM 学习的新生态[J]. 中国信息技术教育，2015（1）：11.
[19] 孟延豹，李想. STEAM 教育深度学习的好工具——Mathematica[J]. 中国信息技术教育，2016（1）：52-55.
[20] 李扬. STEM 教育视野下的科学课程构建[D]. 杭州：浙江师范大学，2014：25-29.
[21] 余胜泉，胡翔. STEM 教育理念与跨学科整合模式[J]. 开放教育研究，2015（8）：13-20.
[22] Dennis R. Herschbach. The STEM Initiative：Constraints and Challenges[J]. Journal of Stem Teacher education，2011，48（1）：96-122.

程不是简单的五门学科课程的叠加，课程建设需要"融合"，需要调动教师的积极性，让教师伴随课程建设共同成长。STEM 课程聚焦了科技的应用与创新，关注创新精神和实践能力的培养。跨学科、与真实世界和未来职业相联系、让学生理解科学原理，了解科学与技术的差别，用好数字化工具、教与学的关系，是 STEM 课程与传统课程最大区别[23]。

20 世纪末的"2061 计划"对于美国的 STEM 教育影响十分深远，《科学素养的基准》等出版物为 K-12 阶段学生的 STEM 课程提出了相应的具体要求。培养学生的科学思维能力，提高所有学生的 STEM 素养已经成为了教育界一致认可的理念。目前 STEM 课程逐渐发展成为一种颇具特色的课程，并风靡于美国、韩国、英国等国家和地区；欧盟国家的 55 个大学联合制定了 STEM 开放课程计划，以培养欧洲学生的 STEM 素养[24]。国内的校本课程、地方特色课程也越来越体现出 STEM 教育思想，其中最有特色的是"STEM+"课程；"STEM+"课程具有跨学科性、项目学习、积极学习、合作学习、解决与生活相关的问题五大特征；"+"是实施 STEM 教育本土化的一个符号，意味着无限可能，不仅体现为内容的增加，更是育人理念的全面提升，代表着学生科学精神和综合能力的延伸；"+"是一个载体，是一个无限制的综合素养的拓展概念，包括心理经验和社会经验，以及合作力、领导力和创造力[25]。

2. 课程研究及进展

STEM 教育自提出以来，在美国得到了大力的推动，STEM 课程项目的研究与实践也渐渐得到了世界的广泛关注，成为教育领域一个国际性热点。STEM 课程强调科学、技术、工程和数学等课程，以跨学科的课堂形式整体出现，但长久以来这些课程在高中阶段多是分开教授的[26]。尽管有越来越多的呼声要求把技术学习作为一个核心学习领域纳入小学、初中和高中，然而美国只有少数几个学区出台了完整的技术教学计划和技术标准；而工程课程因为需要特定的设备与场所，致使开课的学校较少[27]。进入 21 世纪，STEM 教育与 STEM 课程改革正在火热进行中。美国中等教育阶段的科学与数学课程有了新的发展，以往相对薄弱的技术与工程课程加大了宣传与推广的力度，越来越多具有 STEM 特色的特许学校出现在美国本土。目前在全美境内实施最广泛的工程项目是"项目引路计划"，该项目遍布美国每一个州，内容也从最初的高中"通向工程的道路"扩展到现有的初中的"通向技术的大门"课程和"生物医学科学"课程；同时国内外对 STEM 课程标准、目标与内容

---

[23] 徐晶晶. 上海 STEM+本土化的率先之探[J]. 上海教育，2015（5）：33-38.

[24] 李小涛，高海燕，邹佳人，等. "互联网＋"背景下的 STEAM 教育到创客教育之变迁——从基于项目的学习到创新能力的培养[J]. 远程教育杂志，2016（1）：28-37.

[25] 王懋功. 从国家高度思考 STEM 教育[J]. 上海教育，2016（1）：39.

[26] 郭志明. 美国高中必修课的选修机制及其启示[J]. 教育科学研究，2011（8）：73.

[27] 国际技术教育协会. 美国国家技术教育标准——技术学习的内容[M]. 黄军英，等，译. 北京：科学出版社，2003.

的研究逐渐增多，如韩国、加拿大、澳大利亚等。

2014年上海市科学技术协会、中国科协青少年科技中心的支持下，上海科学教育中心联合各学会、中小学校、高校、企业、研究所、科普场馆资源成立"上海STEM教育联盟"。联盟以中国科协《关于加强科普信息化建设的意见》为导向，通过打造"五大线上平台"与"五大线下活动"，为国内外青少年STEM领域爱好者提供便捷的线上及线下STEM学习机会及资源，同时为联盟成员打造STEM教育交流分享平台，实现资源共享。目前联盟已吸引近200余家单位加入，已研发了几十门STEM课程。2014年，上海市教委基础教育研究项目"STEM+国际科学教育研究"徐汇实验区启动，旨在打造"STEM+课程"，培养学生思维能力和动手能力，提高综合素质，体现教师的专业发展。2007年金陵中学诞生了南京市第一家中学生机器人工作室，率先将STEM教育创新理念引入校园；2015年江苏省青少年科技中心、江苏省科技教育协会和教育部基础教育实验室建设与实验教学研究中心签订合作框架协议，正式实施STEM课程，推进中小学教育创新，越来越多的STEM课程将进入江苏中小学校园[28]。此外，为进一步深化课程教学改革，结合区综改实践，2015年上海市教委成功申报了《奉贤区STEM课程建设与开发实践研究》项目，将进一步推进基础型课程（数学、物理、科学、自然、信息技术、劳动技术）与拓展型、探究型课程的跨学科整合，深化"全面课程、校本特色、人文课堂、有效教学"为指导思想的课程与教学改革[29]。

3.2.2 STEM课程实施困境

STEM课程常常是基于真实问题解决的探究学习、基于设计的学习，它强调学生在看似杂乱无章的学习情境中发展设计能力与问题解决能力。目前STEM课程在实践推行中最大的难度在于提供了宏观的教育战略视角，却没有提供具体的实施方法，尤其是处于发展初期的STEM课程资源较零散，如何实施、对谁实施，如何评价，缺少具体的可执行方案，多数成果停留在理论层面[30]。STEM课程实施并非一朝一夕的事情，面临较多难题。

---

[28] 江苏教育创新理念 正式实施STEM课程进校园[EB/OL]. http://www.nanjingf.com.cn/a/jiaoyu/7407.html，2015-11-06.

[29] 奉贤区STEM课程建设与开发学术交流会举行[EB/OL]. http://www.shedunews.com/zixun/shanghai/quxian/fengxianqu/2015/09/28/1945001.html，2015-11-06.

[30] 杨亚平. 美国、德国与日本中小学STEM教育比较研究[J]. 外国中小学教育，2015（8）：23-30.

1. 缺少顶层设计

"互联网+"时代，技术正催生教育理念、教育模式、学习行为、认知方式、学习模式等方面的变革，技术与教育的全面融合需要在课程、资源、教与学、评价等层面进行顶层设计与实践实施。因此，健全资源建设长效机制、推进课程内容更新、提供资金和技术、搭建环境和平台、培养 STEM 课程师，提供课程建设标准与实施方案，是 STEM 课程开发面临的新机遇和新挑战，也是广大教育工作者必须探讨、不可回避的重大理论和实践问题。STEM 教育需要企业的参与合作，从教学的硬件、技术、教学产品、课程、师资、教材教具等方面提供专业、全面的支持。STEM 课程开发涉及多个学科，需要建立资源建设生态圈、从多维度渗透 STEM 理念，需要在教学中融入信息化元素、探索创客教育等新教育模式、注重课程整体设计和活动设计、以问题为导向，需要以学习者为中心对课程资源进行重组整合、提高创新思维能力、整合科技创新力，打造软硬件平台；同时加强 STEM 学科师资培养，转变人才培养模式，以专业为切入点与突破口、提高学生的综合素养和实践动手能力，培养教育创新人才。未来 STEM 课程建设将关注理论、技术与应用的协同推进，注重顶层设计。

2. 理念普及不够

STEM 课程整合的理念从 20 世纪 80 年代萌芽发展至今，这一理念仍未被美国大众普遍接受，部分美国 K-12 阶段学生家长仍没有充分认识到数学、科学和外语等学科的重要性。目前美国在高中阶段的 STEM 课程大多以分科课程的形式出现，国家层面的各科课程标准在内容上虽有了相互渗透的趋势，但在形式上还保持相对独立，部分州至今都没有设置工程课程标准，高中 STEM 课程整合的理念接受度不高。《STEM 教育的国际比较》报告中指出：近十年澳大利亚 12 年级学生中注册高水平 STEM 课程的人数总体呈现下降趋势，越来越多的学业成绩优秀的学生倾向于规避数学课程，这一现象在女生中特别明显。这一方面可能与中学课程设置多元化、学生选课的自主性和入学时对理工科知识的重要性认识不足有关；另一方面可能源于长期的传统思维定势、潜移默化地影响学生对 STEM 课程的态度和看法，进而导致对科学和数学课程参与热情随着年级的升高而明显下降。我国的 STEM 课程正处于起步阶段，且我国基础教育的多样性和差异性，使得 STEM 课程推进任重道远，因此，未来家长、学校和社会必须进一步改善对 STEM 教育态度，全民普及 STEM 教育理念。

3. 学习资源匮乏

要实现学习方式的根本转变，需要建立提供学习质量的条件保障，核心是资源建设[31]。但当下的 STEM 教育缺乏与具体学科的融合，既有的课程资源零散且不规范，分学科的设计思路仍较多地局限于各自领域范围，难以形成科学完善的课程资源体系。对于广大一线教师而言，STEM 教育理念的最终实现必然要以课程的形式呈现出来，STEM 课程的实施必须要解决课程教材建设与教学资源开发的现实问题。目前国内 STEM 课程的教材主要是由中小学教师根据学校办学特点自主编写的校本教材，这些教材大多是基于信息技术或通用技术的课程教学需求，以 Scratch 软件应用教学为主线，在案例设计上并没有考虑与数学、科学类和艺术类核心课程对接融合[32]；同时 STEM 课程发展缓慢，既有的课程仍以知识为核心，缺乏与教材相配套的教学视频、素材资源、硬件设备等资源，部分课程的接受度不高[33]。尤其是 STEM 资源建设应以问题为中心，从科学情境、工业情境及生活情境出发，开发多种类课程，并辅以新技术、机器人、电子课本等教学材料；同时和拓展型、研究型课程对接，将企业的资源和 STEM 学校教育资源有机结合，多角度开展创新创造。

目前一些国家和机构正积极探索 3D 技术、创客教育、电子书包和 STEM 课程的融合，以推动技术驱动教学创新。如美国斯特塔西有限公司推广技术与工程教育的 3D Printing Curriculum STEM 学习资源包，将 3D 打印技术、工程设计、科学、数学、艺术等知识实践相互融合，培养学生问题解决、协作、沟通和批判性思维技能，建立与现实生活的连接，弥补工程教育不足[34]。此外，电子书包已大范围应用在中小学的数学、语文、自然、地理等学科教学中，对培养学生的创造性思维及高阶思维、培养社会所需的创新型人才提供了重要的基础和保障。为适应科技教育的发展，满足广大科技教师和科技辅导员开展 STEM 教育活动的需求，2015 年中国科协青少年科技中心和中国青少年科技辅导员协会联合推出《STEM 教育活动资源》，为科技辅导员和科普工作者开展 STEM 教育活动提供相关资源索引[35]。

---

[31] 陈琳. 高校课程立体学习资源建设研究——促进学习方式转变的视角[J]. 中国电化教育，2013（11）：95-97.
[32] 胡畔，蒋家傅，陈子超. 我国 STEAM 教育发展的现实困难与对策[J]. 中国信息技术教育，2015（9）：46-47.
[33] 胡畔，蒋家傅，陈子超. 我国 STEAM 教育发展的现实困难与对策[J]. 中国信息技术教育，2015（9）：46-47.
[34] 付志勇. 面向创客教育的众创空间与生态建构[J]. 现代教育技术，2015（5）：18-26.
[35] 《STEM 教育活动资源》正式推出[EB/OL]. http://www.xiaoxiaotong.org/News/ArticleView.aspx?AID=28940，2015-11-06.

4. 缺少专业师资

STEM 教育是变革教育组织形式，培养创新型人才、抢占人才高地的一个核心环节。如何利用互联网平台和信息通信技术，促进创新创造型人才培养、支持创新型国家建设，需要与之匹配的知识体系与人才培养方式。但目前学校教育基本是按照学科分类、以学科为独立的知识体系，这种以知识获取为核心的分科式科技教育模式，培养了大量知识面广、基础扎实的人才，但不利于创新型人才的培养，致使适应国家创新形势，具有教育创新理念、教学应用丰富多样的 STEM 教育人才稀缺。STEM 课程的顺利实施与发展，离不开大量合格的 STEM 教师，但目前合格的 STEM 教师数量稀缺，部分原因在于教师待遇过低，社会地位不高，进而直接导致了高校毕业的优秀 STEM 人才不愿投身中小学的教育教学工作。

STEM 课程讲授的难度大，需要教师有较强的学科知识储备，较高的创新、实践能力及人文艺术素养；需要定期培训、并具备多种学科整合的能力，了解领域最新发展趋势。但目前的 STEM 教师主要从信息技术和通用技术教师中产生，并不完全具备 STEM 课程教学的综合素养。目前澳大利亚的 STEM 教师一直供不应求，专业对口的教师更为匮乏；美国数学和科学教师队伍很不稳定，2/3 的数学和科学课程教师将退休，到 2015 年需要增加 283000 名中学数学和科学教师；中国的 STEM 教师也严重缺乏，尤其是在低收入学区和边缘地区。因此，建立有效的 STEM 师资培养机制，强化 STEM 师资队伍建设，是培养创新型人才、培养学习者综合应用能力和创新能力的重要基础，是 STEM 教育长期发展的重要保障[36]。如 2015 年 11 月"全国骨干科技辅导员 STEM 课程培训班"在华东师范大学举行，全国 31 个省市、126 位骨干科技辅导员到场参与培训。

5. 硬件设备不强

STEM 课程的开展必须以高质量的硬件设备作为支持和保障，STEM 教学应以智慧学习环境为技术支撑、并针对不同的教学需求提供完善的整体解决方案。STEM 课程多偏向理工科，需要配套的实验室进行实验演示；开展 STEM 项目，定期给教师提供进修机会，这都需要大量的资金投入[37]。目前各个国家都存在着教育资源分配不均的现象，部分公立学校靠政府提供的资金办学，没有外在经费来源，学校的硬件设施相对简陋；尤其是 STEM 课程的"融合"元素涵盖面更大，对于这些学校来说推行 STEM 课程和项目的难度较大[38]。此外，践行 STEM 课程不仅要关注创新教育，还应关注社会创客的创新与创业，通过创新服务平台提供 STEM 课程资源、学习交流社区、成果作品展示、项目合作等服务；同时 STEM

---

[36] 胡畔, 蒋家傅, 陈子超. 我国 STEAM 教育发展的现实困难与对策[J]. 中国信息技术教育, 2015（9）：46-47.

[37] 张峻峰. 跨学科协同教学, STEAM 课程实施的有效载体[J]. 中国信息技术教育, 2015（9）：11.

[38] 穆鑫楠. 21 世纪以来美国高中 STEM 课程发展研究[D]. 天津：天津师范大学, 2015.

教学应增加项目式体验过程，建立实验室、研创室，提供开放、共享、立体、云中心的创新评价平台、学习空间等，并通过机器人技术、3D 技术、增强现实等技术支持，创设虚实一体、虚实融合的教学情境，实现教学、设计、技术、媒体和商业的融合，开发教育产品。如 2008 年国内首家物联网与 STEM 创新教育融合的"比特实验室"，把科学和艺术紧密联系在一起，锻炼了学生的语文数学外语能力和动手创造力。

03 整合性思维架构 STEM 课程

STEM 课程是一个整体的概念，但在实际教学实践中，大部分是分开进行的。与数学和科学课程相比，技术和工程课程显得更为多元化和个性化。课程体系中技术课程以两种方式存在：一是作为学生务必掌握的基本能力，融会贯通到各个学科学习及生活中；二是通过相关技术课程来实施。而工程学科更倾向于基于科学知识，应用科学原理方法和适宜的技术工具来完成一个项目成品或解决一个问题，属于与实践联系紧密且综合性强的科目[39]。目前国内的 STEM 教学设计模式不健全，缺乏基础性学科知识的融合注入，因此开发综合性的 STEM 课程，是提升学生 STEM 素养的有效途径。

3.3.1 跨学科融合理念

1. 融合模式

STEM 教育代表了课程组织方式的重大变革，但目前中小学广泛应用的课程模式是分科教学模式。STEM 教育需要打破常规的学科界限，要以技术为桥梁，实现跨学科整合，关注新技术及其实践应用，以培养能够综合运用多学科知识解决实际问题的复合型创新人才。STEM 融合类型是指同时包含两个或两个以上 STEM 学科内容的教学活动，较为常见的有科数整合、科技整合、科工整合，以及以项目为"珠"串起数学、技术、科学与工程设计理念的珠线整合模式[40]。余胜泉教授提出，STEM 教育的课程应使用"整合的课程设计模式"，即将科学、技术、工程和数学等整合在一起，强调对知识的应用和对学科之间关系的关注，让学生在"做中学"，建立跨学科的创新思维和应用能力。

---

[39] STEM & A 课程学习资料[EB/OL]. http://www.gubeischool.com/jiaoxuetiandi/jiaoxuefansi/2014-04-25/736.html，2015-11-06.
[40] 唐小为. 整合 STEM 发展我国基础科学教育的有效路径分析[J]. 教育研究，2014（9）：61-68.

美国马里兰大学提出两种最基本的 STEM 课程融合模式：相关课程模式和广域课程模式。相关课程模式将各科目仍保留为独立学科，但各科目教学内容的安排注重彼此间的联系。相关课程模式与学校的课程模式很相近，但相关课程模式需要不同学科的教师对课程进行详细、周密的协调和计划。广域课程模式取消了学科间的界限，将所有学科内容整合到新的学习领域，通过活动促使学生在真实情景中学习各学科知识。STEM 教育的广域课程模式强调将科学、技术、工程和数学等内容整合起来，形成结构化的课程结构。

2. 融合取向

STEM 教育要求多个学科在教学过程中紧密相连，以整合的教学方式使学生掌握概念和技能，并运用技能解决真实世界中的问题，目前有三种整合取向：一是学科知识整合取向。分析各学科最基本的学科知识结构，找到不同学科知识点之间的连接点与整合点，将分散的课程知识按跨学科的问题逻辑结构化；将各学科内容改造成以问题为核心的课程组织，通过序列化的问题有机串接起各学科知识，使课程要素形成有机联系和有机结构。该模式把学习设计在复杂、有意义的问题情境中。二是生活经验整合取向。该方式强调社会实践活动以及社会问题解决能力的培养，强调多学科知识融合到真实的社会性项目中，在项目活动中寻找各学科知识的整合点，因此项目的过程分析、活动设计等社会分析是核心。三是学习者中心整合取向。该模式强调创设学习者可以主动介入、研究与发现的丰富教育环境，让学生在蕴含丰富 STEM 知识的环境中进行交互、探究与发现，创造意义、学习知识，在建构性的环境设计中寻找蕴含 STEM 知识的整合点[41]。

这三种课程整合取向代表了课程的知识属性、社会属性与人本属性的不同侧面，它们相互联系、相互补充，在课程跨学科整合的实践中应该配合使用多种取向。STEM 的跨学科整合，既要将分学科的知识按问题逻辑或项目逻辑进行跨学科重组，同时又要确保设计的问题和项目对所有学科基础性知识结构的全面、均衡的覆盖。

3. 融合设计

STEM 项目设计强调将知识蕴含于情境化的真实问题中，调动学生主动积极地利用各学科的知识设计解决方案，跨越学科界限提高学生解决实际问题的能力。STEM 教学需要对教学目标、学习者特征和学习内容进行教学分析。学习任务是整个 STEM 教学设计模式的核心和立足点。学习任务可以是问题或项目，要求学习者应采取主动、建构、真实情境下的学习方式。设计适宜的学习环境和丰富的学习资源与工具，是 STEM 教学设计必不可少的环节。学习环境设计主要包括教学中需要用到的设备、器材和各种信息化工具。

STEM 教学中，支架可以保证学生在不能独立完成任务时获得成功，提高能力水平以达到任务要求，帮助他们认识到潜在发展空间。STEM 学习活动设计是教师根据教学目标、

---

[41] 余胜泉，胡翔. STEM 教育理念与跨学科整合模式[J]. 开放教育研究，2015（8）：13-20.

教学内容、教学情境灵活选择和设计学习活动，让学生参与活动进行学习；STEM 教育项目必须以有效的学习活动为中介，促进知识的内化，以实现学习效率的真正提高。STEM 教学评价，要强调多元评价主体、形成性评价、面向学习过程的评价等。此外，STEM 教学关注现实问题，着力跨学科运用知识，需要对涉及的知识进行总结，将 STEM 学习的产出从现实问题解决延伸到抽象的知识层面，让学生形成一定的知识体系和结构。

3.3.2 工程设计方法

美国的项目引路机构（PLTW）在中学阶段推出的 STEM 课程中，综合实践课程或信息技术课程的教学活动多为基于项目或问题的学习，让学生在产品研究、设计、测试中得到综合训练，如技术方向的课程"通向技术的大门"[42]。国内编程类、媒体制作类软件的应用在中小学 STEM 教育中得到了广泛的应用，多以综合实践课程、信息技术课程、通用技术课程为主：北京的吴俊杰老师研发了"人工智能""Scratch 编程"课程；广州吴向东老师和武汉毛爱萍老师依托 Scratch 软件、研发了"儿童数字文化创作"课程；常州管雪沨老师研发实施了"小学生趣味编程"课程；温州谢作如老师依托 Arduino、Scratch 软件开发并实施了"互动媒体技术"课程[43]。2015 年 9 月，江苏省青少年科技中心、江苏省科技教育协会和教育部基础教育实验室建设与实验教学研究中心（南京市教育局）签订合作框架协议，正式实施 STEM 课程，推进中小学教育创新。

但目前 STEM 课程尚处于探索期，没有相关教材，内容没有其他学科成熟，学生的基础差别很大，需要教师根据学生情况灵活调整，需要不断充实新的内容[44]。因此，STEM 课程可采用工程设计方法、开发以问题为导向，结合科学情景、工业情景、生活情境来设计问题项目，让学生进行原创性研究[45]。以"工程"的思想和模式让学生在"做中学"，尤其是 App Inventor、Scratch、机器人、3D 打印等技术引入到中小学课堂，使得越来越多的学生动脑动手、创造出有创意的作品[46]。以 STEM 课程为统领，并与各学科融合，以培养学习者在 21 世纪应具有的 4C 技能（见图 3-3），即批判性思维（Critical Thinking）、协作

---

[42] 赵中建. 致力于 STEM 教育的"项目引路"机构[J]. 上海教育，2012（11）：24-26.

[43] 傅骞. 当创客遇上 STEAM 教育[J]. 现代教育技术，2014（10）.

[44] Mark S. STEM，STEM Education，STEMmania[J]. The Technology Teacher, 2009.

[45] 叶兆宁，周建中，郝瑞辉，等. 课内外融合的 STEM 教育资源开发的探索与实践[A]. 见：中国科学技术协会、云南省人民政府. 第十六届中国科协年会 16 分会场：以科学发展的新视野，努力创新科技教育内容论坛论文集[C]. 中国科学技术协会、云南省人民政府，2014：5.

[46] 张帆. 构建数字时代的统整项目课程[J]. 中小学管理，2015（9）：49-52.

能力（Collaboration）、沟通能力（Communication）和创造力（Creativity）。

融入工程与技术是丰富现有科学探究活动的有效策略，是提高学生 STEM 素养，实现深层次学习、理解性学习的重要方式。STEM 课程设计中利用工程设计方法把科学课程中需要学生掌握的科学知识和方法集合成了具体的项目，通过解决核心问题的活动使学生经历科学探究以及工程设计过程，给学生呈现的课程任务是一个需要执行产生最终产品的一个或多个任务，产品可以是一个问题解决方案、一个模型、一个设备或一个计算机模拟[47]。因此，应尽快将工程设计方法引入 STEM 课堂，设计精彩的 STEM 活动，只有不断探索和实践，在课堂中发现问题、解决问题，才能开发出更多基于科学探究、可行和有效的 STEM 课程。

图 3-3　STEM 课程可获取的能力

3.3.3　本土化实践推进

尽管 STEM 学科综合的理念在 21 世纪逐渐被大众接受，但 STEM 课程仍广泛的以分科授课的形式出现[48]。STEM 教育应借鉴 STEM 课程的理念及课程组织形态，开展本土化实践，即对 STEM 课程的具体内容及具体学科进行本土化重构，开发出"STEM+课程"教学框架，构建"STEM+"统整项目课程体系。其中，"+"代表其他学科及相关的学习活动，如语文、英语、美术、音乐、体育等；"+"代表了学生科学精神和综合能力的延伸，强调社会价值、人文艺术、信息技术与 STEM 的融合，学生智力因素和非智力因素的融合[49]。该课程体系旨在通过有效融合多学科内容，不断丰富 STEM 课程，开展技术支持的跨学科学习，具有跨学科、综合、整体、终身、面向未来等特点，这也是国际 STEM 教育课程本土化的新探索。此外，"STEM+"课程更凸显育人价值，即面向全体学生，全面提升创新要素，重点是培养学生跨学科、重应用的、新兴的思维能力和动手能力。

"STEM+"正在试图创造一种新的教育模式，这个模式包含三个要素：与真实世界关联的项目、解决生活实际问题的能力，以综合素养和未来技能为导向的评估系统。"STEM+"是"真问题、长周期、实证研究"，学习和引进"STEM+"教育模式，深刻理解其理念，强调学生综合知识和综合能力的培养，具有跨时代的意义。2014 年 6 月，上海市

---

[47] 李扬. STEM 教育视野下的科学课程构建[D]. 杭州：浙江师范大学，2014.
[48] 穆鑫楠. 21 世纪以来美国高中 STEM 课程发展研究[D]. 天津：天津师范大学，2015.
[49] STEM+为未来而学[N]. 中国教师报，2015-05-06.

"STEM+"研究中心第一个实验区,在徐汇区正式启动了第一批"STEM+"教师培训,以提高全体学生创新素养,与二期课改课程相对应,开展的"STEM+"教育本土化研究和实践。截至目前,已有包括徐汇区、闵行区、浦东新区的10所小学、1360名学生实施了第一轮的课堂实践,来自徐汇和闵行的6所幼儿园也即将开始学前段的探索,率先参与研究;2015年实验区工作拓展到初高中。这为徐汇基础教育整体推进国际课程本土化的实验探索迈出重要一步。

3.3.4 生态系统架构

发端于美国的STEM教育,因其紧紧扣住21世纪世界发展的脉搏,以及与国家核心竞争力密切相关的理念,而被世界上大多数国家所重视,近年来在国内也呈迅速发展之势。当前STEM教育中存在两种倾向,一是把STEM教育单纯看作培养拔尖人才的途径,导致STEM教育呈现精英化趋势,特别是STEM教育与各种竞赛相结合,其高端化和小众化的特征更为明显;二是把STEM教育看作未来高科技职业的敲门砖,使STEM教育成了职业培训。目前国内STEM教育实践中,能真正融合五个学科的案例极少,且大部分STEM课程由技术教师承担,最终导致看重课程的技术水平,却忽视或难以体现多学科的融合,STEM课程的整体设计较难显现。因此,必须为STEM教育找到一个稳定的内在目标,STEM教育在实践中才不会显得轻浮功利,才具备更长久的存在价值[50]。

1. 需求分析

多年来的实践证明,提升STEM教育的举措主要局限于正规教育体系之中,这种单一的学校教育促进STEM学习的成效不明显。学习是一个有机整体,而非若干割裂的部分;学校教育的局限性可以通过校外教育来弥补,利用非正规教育环境来促进STEM学习大有潜力。为此,需要创建一个校内外STEM学习交融的学习系统,即STEM课程生态系统,旨在通过正规教育、非正规教育与课外教育的融合,达到"STEM学习无处不在"的效果[51]。

一个完整的生态系统具有多样性、整体性、开放性、动态平衡性、自组性和可持续进化等特征;同一个生态系统在不同时期会呈现不同的形态,STEM课程系统应具有生态系统的这些特点。构建STEM课程生态系统,对学习者而言,可以整合不同机构的作用为学生提供STEM课程,尤其是个性化的学习机会,从而为学生提供就业和生活所需的技能;对教师而言,校际合作及学校与其他机构组织的合作能够帮助教师利用校外资源,为STEM

---

[50] 魏宁. 追问STEAM教育[J]. 中国信息技术教育,2015(23):25.
[51] 赵中建,龙玫. 美国STEM学习生态系统的构建[J]. 教育发展研究,2015(5):61-66.

教学提供有效支持[52]。此外，STEM 课程生态系统有助于以缓解经济不平等带来的教育问题，落实新一代科学标准及学前至 12 年级科学教育框架。

教育创新和改革离不开多部门之间的合作。构建 STEM 课程生态系统，需要利用 STEM 专业机构、学校、课外项目、暑期项目的资源和专长，培养所有机构中教育者的能力；需要为各个机构的教育者提供合作工具和方法，促成长期规划与持久合作；需要逐渐将 STEM 校内学习与校外学习相融合；需要为年轻人设定学习进阶目标，将 STEM 经验连接起来并逐步深化；需要注重探究学习、项目学习及与真实世界的联系，增强课程实用性；需要借助项目活动、沟通交流和公众意识，争取家庭和社区对 STEM 课程的理解与支持。

2. 系统模型

2015 年 9 月，教育部在《关于"十三五"期间全面深入推进教育信息化工作的指导意见（征求意见稿）》中提出，通过信息技术促进各学科教学内容和模式的变革，探索 STEM 新教育模式，培养学生的信息意识与创新意识，已成为未来五年信息化教学的常态。STEM 课程推进需要与"互联网+"融合，布署顶层战略规划，需要网络设施建设和硬件设备的支持，需要开放的管理、以实现数据共享，需要建立完善的保障机制和推进机制、以实现其可持续发展。长期以来，我们基础教育阶段的科学、数学及其他学科的教学，学科之间缺乏融会贯通，学校教育与课外机构之间缺少衔接。因此，研究构建了 STEM 课程生态系统，可以概括为"一个中心、两种机制、三种资源库、四种技术和四种用户"（见图 3-4）。

1）一个中心

"STEM 课程研创中心"主要负责 STEM 科技创新课程研发，开展信息技术支持下的课堂教学模式改革，实验室建设，设计教与学培养体系，开发校本课程，开发学科课程资源，以问题为中心逐步递进、开发覆盖小学、初中、高中各学段的资源，并提供课程建设和实践，以带动 STEM 教学的整体飞跃。因此，创新教育要将"STEM 课程研创中心"的建设放在首要位置。中心要提供统一门户、身份认证、数据交换等支持工作，并整合现有的各种教学软硬件资源、教学系统，实现资源按需分配，形成基于统一数据环境的集成的信息平台[53]。

---

[52] Bevan B.Strong pre-college STEM experiences linked to later notable achievements in STEM[EB/OL]. http://rr2p.org/article/178, 2015-11-06.

[53] 杨现民，余胜泉. 智慧教育体系架构与关键支撑技术[J]. 中国电化教育，2015（1）：77-94.

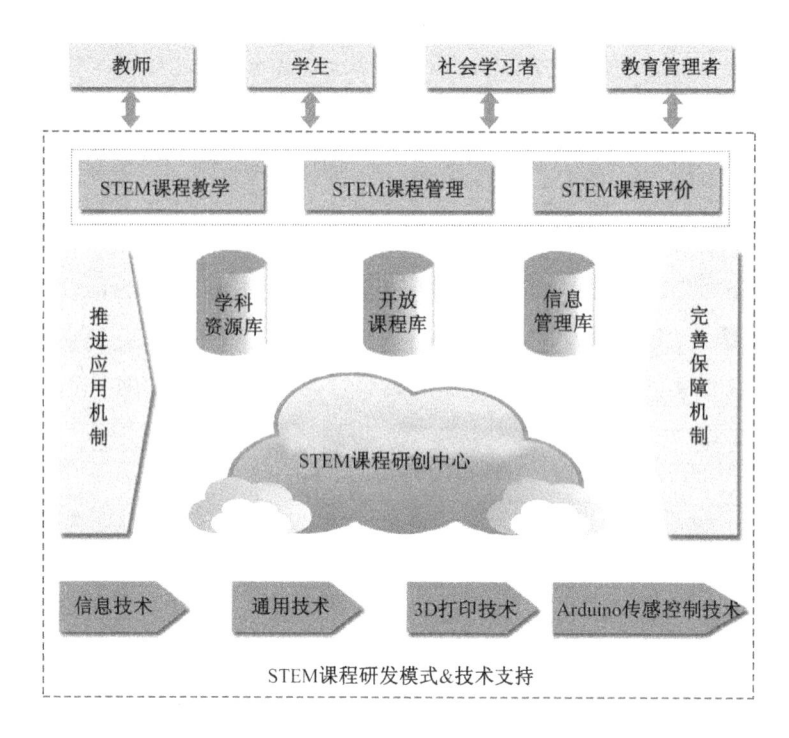

图 3-4 STEM 课程生态系统架构

2）两种机制

为进一步加强沟通协调，形成工作合力，及时解决 STEM 课程研创中存在的困难和问题，形成较为完善的政策法规和技术支撑体系，这需要推进两种机制。一是坚持政府为主、多方参与，形成教育部门统筹实施、相关部门大力支持和积极参与的良好局面；坚持顶层设计、分级实施，业务和技术部门密切配合、分工协作，保障 STEM 课程研创中心建设工作的顺利开展。二是坚持工作推进与管理监督并重，完善教育投入机制与质量监控机制，完善经费、运行、管理等保障措施，建立 STEM 课程研创的长效推进机制，使其持久、健康的发展。

3）三种资源库

资源建设是实现教育系统变革的基础，是教学过程中的重要载体。STEM 课程研创中心需要重点建设覆盖各个学科课程资源库、开放课程库和管理信息库，以便为产业发展提供优质的教育服务，为专业学习者提供自主学习平台、深化教学改革，推动教育信息化发展。

学科资源库是 STEM 教与学所需资源的重要来源，主要包括数学、技术、科学和艺术学科的教学资料、课件、电子资源、媒体素材、案例、习题等资源。学科资源库的建设应符合时代发展，以应用驱动为导向，采用购买、自建、二次开发等方式，同时还要运用学习分析、大数据等信息技术，对资源的动态生成和进化进行系统的管理和更新。开放课程库的建设应秉承开放共享的教学理念，将 3D 设计、物联网创新、机器人、通用技术等资源架构到统一的开放教育应用平台，形成良好的共建共享机制。此外，庞大的信息数据需要集中、有效的管理，应开发 STEM 教育管理系统，规范专业教学资源建设，统一素材的建设标准，与相关部门的教育信息数据中心对接，实现教育数据的持续采集与动态更新。

4）四种技术和用户

通用技术、信息技术、3D 打印技术及 Arduino 传感控制技术，是支撑 STEM 课程研创的关键技术。其中信息技术架构起课堂与生活的桥梁，提供了最新的科技与广阔的创新空间；通用技术立足实践、注重创造、高度综合，提供了 STEM 课程研发涉及的基本内容和技术模块，如《技术与设计》《电子控制技术》《建筑及其设计》《简易机器人制作》《汽车驾驶与保养》《服装及其设计》等；3D 打印技术有助于构建 Solid Leanling 教学模式，制作个性化教学模型，创新学生课程学习设计，是校园创客空间必备的工具；Arduino 传感控制技术则可以通过组装、搭建、编程语言，完成机器人教育，提供教学套件。同时 STEM 课程研创中心的建设也需要虚拟现实、嵌入式技术、增强现实等技术支持。此外，教师、学生、社会学习者和教育管理者是 STEM 课程研创中心的核心用户。STEM 课程可以为教师提供线上和线下的教学活动，为学生和社会学习者提供学习和资源服务，为管理者提供信息化管理服务，从而变革传统的教学模式、教学方法、教学过程，培养创新型人才和综合型人才。

04 STEM 课程实践案例

近两年，STEM 教育越来越受到教育界的关注，目前全国已有 600 余所中学引入了 STEM 课程，也涌现出一些成功的案例。但现有的 STEM 教学案例较单一，多停留在 3D 打印、机器人、编程、开源硬件等领域，多数课程内容比较零散，易操作、易推广、能解决实际问题的案例不多。下文选取了部分 STEM 课程在教育领域应用的案例进行介绍分析。

3.4.1 基于工程设计思想的机器人活动案例

2010 年 VEX 机器人与 PLTW 合作，将尖端技术和设备引入课堂，为 PLTW 学校提供了全新、前沿和振奋人心的课程，VEX 机器人中的科学将领导青少年科技教育的未来风潮，培养以智能机器人为研究方向的高科技优秀人才。VEX 机器人每年举办机器人比赛，如 2014 年杭州举办的"杭州市青少年机器人竞赛"，由来自全市中小学的 118 支队伍，围绕"五水共治"主题，让机器人以各自不同的方式完成治污水、防洪水、排涝水、保供水、抓节水五个环节的指定任务，以考验参赛选手掌握机械、电子、编程等相关知识和动手能力。智能机器人竞赛在完成任务时，通常要求学生先思考完成任务的策略及优势；在编程时，要求学生画程序流程图，通过反复测试、分析现象、发现问题、提出修改方案并及时调整，使机器人表现出最佳状态，这体现了科学素养、技术素养、工程素养及数学素养的有机整合[54]。

案例一：小风扇、大学问

这一活动在二年级实施，主要是帮助学生理解齿轮的传动原理（见图 3-5），通过活动大齿轮带动小齿轮能加速，小齿轮带动大齿轮能减速。根据生活常识设计搭建风扇。

---

[54] 许松彦. STEM 教育视野下的智能机器人竞赛活动实施[J]. 中国信息技术教育，2015（8）：31-33.

（1）活动开始，让学生数一数下面的小齿轮和大齿轮分别有多少齿，并记录下来。

（2）让学生根据搭建方式，组合一个齿轮传动系统，分别用手转动大、小齿轮的轴，观察为什么转动其中一个齿轮，另一个齿轮也跟着转动。理解齿轮传动是靠齿与齿的啮合实现。

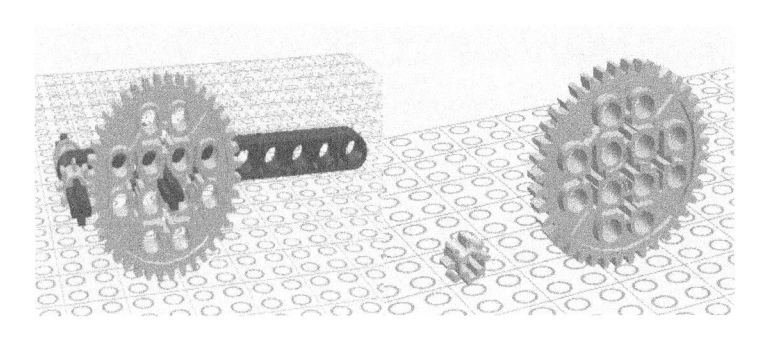

图 3-5　齿轮的传动原理

（3）进一步引导学生观察，大小齿轮的轴，哪一根轴转动快，哪一根轴转动慢，想想为什么？这时老师引导学生理解，小齿轮只需要转动 8 齿就转动一圈了，而大齿轮要转动 40 齿才能转动一圈，这渗透了数学思想。

（4）引导学生结合生活实际，如果要设计搭建一把手摇风扇，希望风叶转动快点凉快，还是转动慢点凉快？如果手摇速度是一定的，那风叶安装到哪根轴上更好一些呢？显然，风叶安装在小齿轮的轴上更好一些。这体现了 STEM 设计思想。

（5）让孩子们仿照下面的方法搭建一把手摇风扇，试一试，你的风扇转动了吗？有风吗？（见图 3-6）。

图 3-6　手摇风扇

（6）虽然风扇转起来了，但风并不大，孩子们很快就能找到其中的问题，扇叶不对。这时放手让孩子们发挥创新能力，为自己的风扇设计好扇叶，比比谁的风扇风更大。

这一活动从齿轮的认识学起，孩子们理解了齿轮的传动，知道了如何设计一个加速传动装置，同时还动手设计和组装了一把风扇。活动中体现了数学、设计、科学和创新教育。

案例二：自动路灯

本活动目的是通过设计和制作能自动开关的路灯，让孩子们了解光电传感器的原理，掌握光电传感器的应用，会根据活动目标设计和制作简单作品。活动过程见以下几方面内容。

（1）活动开始，引导孩子们回忆路灯晚上会自动打开，白天自动关闭，路灯是怎样控制其开关的？如晚上7点关，早上7点开（现在确实很多城市也是这样控制的）。这时需要引导孩子们思考，如果天气好晚上7点还很亮，不用开灯，而某一天因为天气原因，可能白天时间也需要开路灯，能不能设计一个根据环境光实现自动控制的路灯呢？

（2）引导学生思考如何实现根据环境光控制路灯的开关？如用仪器检测环境光，如果光亮不开灯，如果光暗就开灯。这时老师总结需要一个检测环境光的仪器，以感受光的明暗。

（3）教孩子们认识光电传感器：光电传感器有两个小灯，一个是发射光管，一个是接收光管。接收光管能将接收到的光强值返回给机器人，机器人能根据这个返回光值和程序，判断怎么做。

（4）教会孩子们用光电传感器测环境光值，借助机器人控制器、光电传感器、小灯和积木，引导孩子们设计制作个性化的自动路灯。

（5）用程序控制自动路灯。这个环节根据学生掌握程度，学习编程或直接由教师给出程序，要求学生能读懂程序即可。

（6）现场试验自动路灯。准备一个纸箱，纸箱内代表黑暗，把设计好的自动路灯拿到纸箱内，可以观察到路灯亮了，而从纸箱里拿出来路灯又会自动熄灭。

这是一个非常有趣的活动，整个活动过程很好地体现了STEM设计思想，活动蕴含了科学、数学、设计、自动控制等综合知识，让孩子们在做中学到了科学、信息知识，同时培养和提高了同学们的动手能力。

案例三：Arduino机器人

Arduino机器人是一门交叉了数学、物理、计算机、多媒体等多门基础学科的综合性课程，它以多门学科基础理论为前提，以达到全面综合趣味培养的目的[55]。Arduino机器人教学能充分反映STEM教育四要素，代表着不同的学科综合体现，其中S（科学）为电子电路、物理知识等，强调基础科学概念的应用；T（技术）为Arduino程序设计，体现人和机器如何互动；E（工程）为软件工程，体现技术世界如何与人类社会相互作用；M（数学）为逻辑判断，强调基础数学应用。STEM理念下的Arduino机器人教学充分体现了学科的

---

[55] 吴秀凤，陈奕贤. STEM理念下中小学Arduino机器人教学模式研究[J]. 福建电脑，2015（5）：138-139，109.

综合性、实践性（见图 3-7），核心价值在于对学生创造力思维以及实践能力的培养。这种价值的实现与否，关键在于课程体系中教学设计、教学模式和教学方法能否具备创新性。

Arduino 机器人教学是一门实践性、创造性很强的课程，该课程实验课较多，学生可借助各种工具制作、组装实体机器人或编写、调试机器人程序，通过"发现、观察、摸索、总结、创新"整个过程，让学生对科学充满兴趣与挑战，"做中学"将带给学生不断深入的巨大能量。课前教师应准备预定的教学计划，包括基础部分、发散部分等，课中按照既定的步骤实施，充分激发课堂的活力（见图 3-8）。

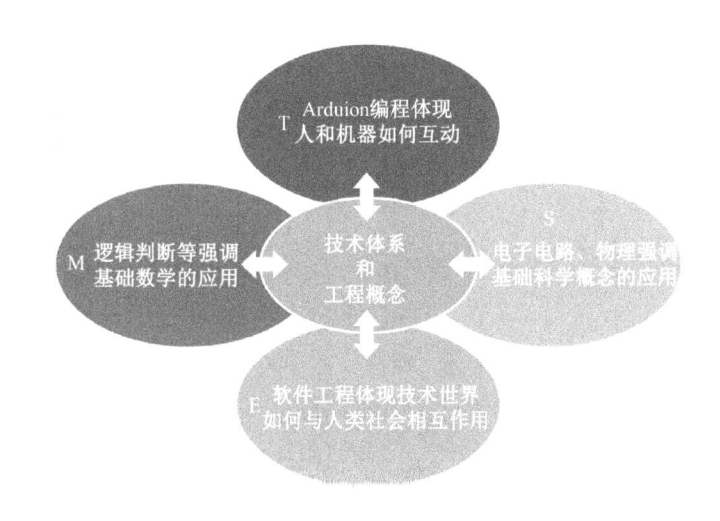

图 3-7　STEM 理念 Arduino 机器人教育结构框架

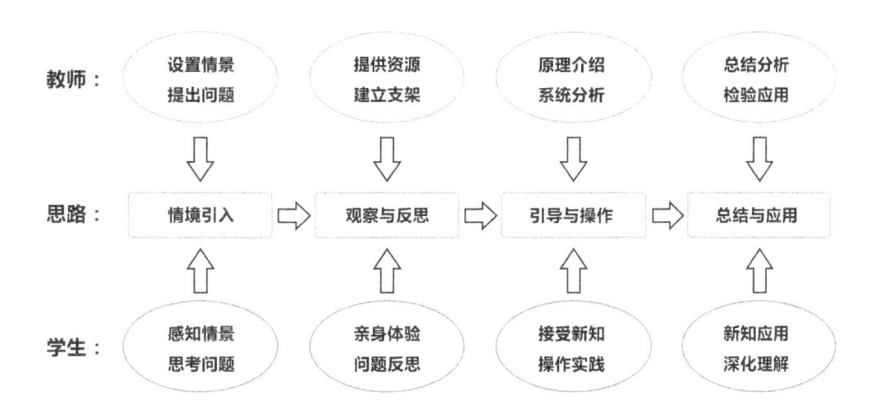

图 3-8　Arduino 机器人教育模式流程

在教学内容上，Arduino 机器人教学以学生现有知识结构为前提，选择贴近生活的实际案例以及具有时代性的内容，以激发学生的兴趣；同时应遵循和借鉴信息技术课程、通用技术课程、综合实践活动等课程的基本理念、内容和要求。在教学思路上，根据教学设计预定目标，通过对 Arduino 机器人设计解决哪些实际问题，实践过程需要哪些基础知识作为支撑，哪些知识需要教师通过教学提供支持。在教学策略上，采用体验式学习的方式，寻找合适的可视、可听、可感知的媒体，让学生成为课堂的主角，通过参与活动亲身体验认知规律。

3.4.2 基于地方特色的校本课程研究案例

STEM 教育理念源于美国，旨在培养具有创新能力的复合型人才，同时在教学过程中有意识地向学生渗透计算思维，即利用计算机解决问题的思维和方法。

案例四：基于计算思维的课程整合

《循环结构》案例是广东省佛山市高中信息技术课程校本化研究活动之"计算思维培养"的一节公开课。教材内容取材于广东教育出版社，高二信息技术（选修）算法与程序设计第二章第4节第一课时，并结合石门高级中学机器人校本课程进行设计，学时为一课时[56]。《循环结构》一课将 STEM 教学理念融入课堂，教学过程有如下几方面内容。

（1）创设问题情境，引入新课。教师播放两段视频，一是学校学生在美国参加国际中学生机器人灭火比赛获得冠军的比赛视频；二是家庭扫地机器人扫完地回家充电的视频。学生看后既感到新鲜又充满疑惑。例如，灭火机器人是如何自动搜索到火源的？扫地机器人是如何找到充电器的？

（2）教师讲解循环结构的概念，描述重复执行某段算法的程序结构。它和顺序、分支结构一起组成程序的三大类型结构。教师讲解循环结构的执行流程。学生聆听并理解循环结构的概念，阅读流程图掌握循环结构的执行流程，回答教师提出的问题。

（3）教师通过循环结构和顺序结构实现机器人走正方形的两个程序的对比演示，引导学生归纳循环结构的作用，极大地减少了程序重复书写的工作量。学生对比分别用顺序结构和循环结构编程实现机器人走正方形的例子，感悟采用循环结构的优势。

（4）教师讲解多次循环、条件循环、永远循环的概念和使用方法，布置机器人走正六边形的编程练习任务。学生计算走正六边形转弯的角度，动手编写和调试程序。学生总结并掌握多次循环结构的编程方法。

（5）解决问题——机器人搜索火源问题。教师采用自顶向下、逐步求精模块化的编程

---

[56] 李忠伟. 一堂基于 STEM 的新颖程序设计课——《循环结构》[J]. 中国信息技术教育，2015（5）：30-32.

方法引导学生获得解决问题的算法，布置练习任务，让学生自主探索机器人搜索火源的算法。教师检查学生学习成果，让学生用游戏表演的方式展示机器人搜索火源的行走算法。

这节程序设计课的教学内容和编程案例与机器人应用教学的一些内容进行了整合，旨在利用循环结构解决机器人的一些应用问题。在教学过程中，教学设计有意识地向学生渗透计算思维的培养，试图将 STEM 教育理念引入课堂，将其融合在一起。具体体现在每个编程小项目本身就是一个需要完成的小工程（E）；机器人走正六边形转弯角度的求解就是数学（M）思维的训练；机器人应用亮度传感器测试环境光的亮度是电子技术（T）的应用等；在程序解决问题的过程中，向学生有意识渗透了自顶向下、逐步求精、模块化的编程思想。

案例五：STEM 理念下的"博贝"

中小学信息技术教学需要多方面知识点的整合交叉，本案例结合学校所在地淄博博山的特点，基于 Scratch 语言的另一个版本 BYOB，开设了体系完整的校本课程，并给 BYOB 起名为"博贝"，该案例对科学、技术、工程和数学的相关知识点脉络明确清晰[57]。

（1）本节课选用旅游区"淋漓湖"作为故事讲述背景，不同地区的教师可以选择不同背景，不同的教师可以根据自己的爱好和特长，发掘不同的 STEM 知识，知识的融合程度要根据学习者的具体情况而定。

（2）教学中使用一款名为 BYOB 的软件，它能够实现简单的动画创作、角色和背景图片的处理，模拟现实生活中的情景，在计算机程序学习中，也能从 STEM 的整合学习中对于科学、技术、工程和数序素养进行提升。

（3）通过模拟小船在湖面上的移动和漂浮是对于科学知识的掌握，而小船的方向和坐标值是对应于数学知识的坐标系，同时角色和背景图片则体现了技术层面的知识点。最终通过编写程序体现的动态性，提高学生对程序设计知识的掌握程度。在整个设计过程中，学生负责整个项目的流程控制、步骤要求、评价和反思，仿佛是和同伴合作完成一个工程。

该案例通过创设情境使科学、技术、工程、数学的知识点间发生化学反应，促使学生在学习中主动去建构知识、寻求合作来解决实际问题，选题契合中小学生的心理特征，创设的情境也符合地方特色，对于培养学生的 STEM 素养、提高学生的 STEM 能力、提高教师的 STEM 教育教学能力具有一定的参考价值。此外，北京景山学校于 2008 年 11 月开始的校本课程"数字科学"，包括数字科学课和与之相关的科技小组，该数字科学课在初一开设，也是国内 STEM 课程的典范。

---

[57] 于方军，陈华."博贝"领你游淄博——STEM 理念下的信息技术地方特色校本课程教学案例[J]，中小学信息技术教育，2014（3）：23.

3.4.3 基于问题解决的项目引路机构案例

案例六：初中 STEM 课程

项目引路机构是美国初中和高中 STEM 课程的主要提供者，其提供的课程严谨且具有创新性，鼓励学生参与基于活动的、基于项目的和基于问题解决的学习。PLTW 在高中阶段专门设置了工程类课程，包含工程原理等理论知识，及工程设计、开发与制作等实践性活动，给学生提供了动手实践的课堂经验，要求综合应用所学的数学和科学知识，经历创造、设计、建造、探究、协作等过程解决问题。目前在美国 50 个州和哥伦比亚特区有 4700 多所学校开设 PLTW 课程，超过 10500 名教师和 8000 名高中辅导员参加了 PLTW 的高级培训，500 名核心培训指导教师都是美国知名的 STEM 教育者。

项目引路机构在初中和高中开设的三类 STEM 课程，都有着各自具体的教学目标，对每门课程所涉及的概念和技能。"技术之门"课程是面向初中的 STEM 课程，旨在让学生了解技术是如何在工程中应用，从而解决日常生活中的问题。本案例围绕"运动是什么以及如何产生和控制运动？发生在你日常生活中的有关火箭科学的内容是怎样的？"这两个基本问题展开。具体活动有如下几方面内容。

（1）学生通过团队合作，设计和建造由水和压缩空气组成的火箭动力装置。

（2）使用掌握力和运动的基本原理，设计和建造功能齐全的火箭，包括有效载荷舱、推进系统、恢复系统和导航系统。

（3）项目构建阶段分为 6 周，每两周要求学生完成四个组件中的两个部分，1～2 周完成火箭有效载荷的划分、推进系统，3～4 周进行引擎系统、恢复系统的设计和构建，5～6 周进行绘画、文字呈现、测试工作。

（4）最终的产品包括火箭、火箭使用手册、火箭科学家的陈述。学生通过项目的实施快速地熟知相应的概念，包括有关火箭和日常生活中的力和运动等。

该案例在一个项目中体现了工程、科学、数学等多方面的知识，体现了兼具项目导向和问题导向的课程，通过提供动手实践的课堂经验，学生在创造、设计、建模、发现、协作和解决问题的同时，运用在数学和科学课堂所学，解决真实世界的问题，锻炼和提高了学生的综合运用能力。实际上，项目引路机构的课程设计由中学教师、大学教师、工程和生物医学等专业领域人士及学校管理人员共同规划，以促进批判性思考、创造力、及解决现实世界问题能力，从而应对未来的挑战（见表 3-1）。

表 3-1　课程项目中包含的概念

科学	运动、质量、标量和向量、单位、位移和距离、速率和速度、距离、速度和时间的关系、牛顿第三运动定律、力、惯性、动力、重力、摩擦力和其他力、自由物体的图像、距离和时间图表、加速、能量、做功、功率
工程	火箭，太空飞行，火箭的组成部分，成为一个火箭科学家
数学	比率和比例，分数、解决代数方程、速度和实践距离指数、科学计数法、单位转换、函数、先行函数、斜率、绘图

3.4.4　基于融合理念的课程教学案例

案例七：材料科学

2015 年 3 月，在第三届全国 STEM 论坛之际，嘉定工业区朱桥幼儿园全体师生积极参与到 STEM 课程实践中，共同关注"材料中的科学""身边的科学""身边的科学现象"等 STEM 课程实践中。下文以"材料中的科学"为例进行剖析[58]。

（1）科学探索区域——巧用科学材料包，了解科技现象

科学探索区域最受孩子们欢迎，不但可以自主选择材料，还能自由组合创新玩法。投放的材料有弹力实验、玩水实验、旋转实验、光学实验及观察现象类的材料，既动于又动脑。在独立自主探索氛围中，提高了孩子对科技现象的再认识、培养了创新意识和创造才能。

（2）教师自培活动——自助结对智囊团，分享科学观察

经过收集整理，教师在原有科探材料基础上新增一些趣味材料，以让孩子更好地在游戏中体验和发现，同时为了实现组内智慧共享，把科探材料集中起来，探讨如何玩、如何观察、如何记录，进一步加深教师对幼儿活动材料的熟悉。

（3）STEM 课程实践——大胆实践新理念，参与探索发现

科技组与新芽社团教师结对，开放不同题材的科学领域活动。在活动中，秉承"整合""保护好奇心""回归自然"等核心理念，教师投放充足的科学小材料，让孩子们参与其中，在静态、动态相结合的学习氛围中，孩子们学会了自主探索、发现新现象（见图 3-9）。

---

[58] 嘉定教育. 朱桥幼儿园 STEAM 课程进行时——材料中的科学[EB/OL]. http://www.jd.edu.sh.cn/jdjyw/infodetail/?infoid=7225ea49-aa0d-4b3f-b45e-f49d87f09da8&categoryNum=001003，2015-03-26.

图 3-9 科学探索区域—教师自培活动—师生参与探索发现

案例八：动物科学

羊既熟悉又陌生，它是人类日常生活中必不可少的重要元素，但受众对于羊的分类、生物特性、文化属性却了解甚少。为此，上海科技馆中的教育部门在羊年展会上开展了形式各异的、融合了科学、技术、工程、数学的知识和技能 STEM 教育活动[59]。

（1）以科学课程为主要载体，结合科学与技术——反刍动物猜猜看

"反刍动物猜猜看"是针对小学阶段低年级（1~2 年级）和高年级（4~5 年级）学生开设的教学模块。活动前，场馆教育人员向学员发放学习活动册，采用问题引导方式，便于学习者探究。低年级学生主要通过"拼图"的形式，拼出动物的整体形象，借助增强现实技术，将其 3D 形象显示在屏幕上，以达到区分辨别反刍动物的教学目的。高年级的学生需要掌握反刍动物的基本生物特性，借助 ipad 或智能手机等设备，连接场馆 WiFi，下载专用操作软件，利用扫描二维码或图片，观赏反刍动物的 3D 立体形象，学习该动物的双语学名。

（2）依托科学小讲台，融合科学、技术和工程问题——克隆羊"多利"

科学小讲台"克隆羊多利"首先对实验室教学的情境进行设置，通过角色扮演的表演形式，以浅显易懂的方式向学习者介绍克隆的基本知识和操作流程，激发学习者对生物技术领域的兴趣和探索欲，引导其对克隆技术在实际应用中的思考。活动中由工作人员扮演的"教授"主动邀请台下的学生互动参与，通过互动、演示，使这些原理与日常生活中的工程、技术关联，激发学习者对于科学、技术、工程的热爱与兴趣，加深对生物技术和工程的理解。

（3）引领"做中学"的动手体验，巧妙结合科学、技术、工程知识——"纺线动手做"

取一团羊毛将其拉松，一头捆绑在纺锤拉钩上，一头拉紧旋转，反复数次，一根毛线

---

[59] 郑巍，黄慧，孙琪琳. STEM 教育在科技馆教育活动中的实现方式——以上海科技馆羊年生肖展为例[A]. 见：全球科学教育改革背景下的馆校结合——第七届馆校结合科学教育研讨会论文集[C]. 上海科技馆，2015.

就此诞生。毛线加工过程包含着材料学、工程学等一系列知识。材料学涉及羊毛的特性、结构，工程学涵盖了产品从原材料到加工制成成品的整个过程。在这个项目中，适度控制羊毛的长短和加工速度密切关联，需要学习者的不断思考与改进。

（4）及时、有效的教育评估为场馆教育活动保驾护航

及时、有效的教育评估可以规范引领科普场馆的教育工作有效落实。为建立完善教育体系积累经验，每一场 STEM 教育过后的教育评估都能及时反映活动的缺陷与不足。"羊羊得意"生肖展中所涉及的全部 STEM 教育效果评估均采用问卷调查的形式进行评估，调查采用随机"分层"小样本抽样，通过对不同年龄层观众的抽取，得出研究结论，进行总结和反思。

3.4.5 基于真实情境学习法教学案例

案例九：数学建模工具

在 STEM 课程的深度学习场景中，搜索技术、计算引擎、数学建模工具等应用系统是不可或缺的工具，而学习如何使用这一类工具，以及教师如何在学生的探究活动中运用此类工具解决问题，会成为 STEM 教育中某些课程场景的目标。本案例是一个探究割圆术误差的例子。教师先通过调查了解学生对正三角形、正方形、正五边形和圆的面积的理解情况，然后提问："如果确定圆心不变的情况下，由圆心到多边形顶点长度不变，生成无限多边形会是什么形状？""能否找出在这一系列过程中，多边形的面积如何计算及其与一个单位圆面积之差的规律？""能否将这些变化的数值以某种形式展示出来？"等。

在 Mathematica 软件中，教师可以利用简单的方式绘制出正三角形、正方形、正五边形，让学生利用 WolframAlpha 语言建立动态模型，采用直观控制方式，通过一个滑杆瞬间改变数值生成任意边数的正多边形，并利用相应的数学算法实时计算出相应正多边形的面积，并与标准圆的面积对比；也可以将动态图形与结构化表格合并为一个交互模型，详尽地分析和呈现不断逼近的过程。Mathematica 用动态的模型生动地演绎其中的概念，让学生通过改变变量探究变化的趋势，这不仅极大地提高教学效率，也激发了学生自主学习的兴趣。通过这样的探究过程，学生能将非常抽象的、极限逼近的方法直观地呈现出来，有助于理解概念[60]。

---

[60] 孟延豹. STEA 教育深度学习的好工具——Mathematica[J]. 中国信息技术教育，2016（1）：53-55.

案例十：Arduino 套件

通用技术（GT）是有别于信息技术更为宽泛的、体现基础性和通用性并有别于专业技术的技术。通用技术的多样性、创新性与技术性正好符合 STEM 教育对于人才培养的要求，本案例选取了某中学的《按键开关 LED 灯》教案，分析 STEM 对于高中通用技术课程的影响[61]。

教案选用 Arduino 套件使学生通过对于电子电路、开源软件、程序设计等知识有所理解和掌握，教案中的重难点与 STEM 各个要素的衔接（见表 3-2）。

表 3-2　STEM 各个要素的衔接

科　学	技　术	工　程	数　学
电子电路、物理学知识	Arduino 编程	软件工程	逻辑判断

电子控制技术是通用技术课程中的重要内容。在《按键开关 LED 灯》案例中，具体任务是通过开关控制 LED 灯的点亮和熄灭，同时要烧录相关的 Arduino 程序。整个过程是一个任务实现的过程，经过流程分析、技术实现等，符合 STEM 中的工程素养；对于电路的学习属于物理学范畴；对于 Arduino 程序设计的学习具有技术特征；流程图的设计以及四脚开关（逻辑判断）等也符合数学特色。案例主要步骤为：①情境导入，教师展示 Arduino 制作的四脚按键开关 LED 实验现象；②新知讲授，教师对本次实验中涉及的四脚按钮做简单介绍；③学生动手实践，学习知识后学生们具备了连接电子电路、编写程序烧录代码的能力，并进行小组协作、动手实践，教师给予指导与评价。本案例是典型的 STEM 教育理念指导下的通用技术教学方案，较好地融合了 STEM 科学、技术、工程和数学素养。

3.4.6　基于创新理念的课程设置案例

案例十一：中国的 STEM+课程

搭建温室，制作喂鸟器、雨量器，观察蟋蟀，测肺活量，制作运动鞋底……看似"混搭"的项目在徐汇区第一中心小学里，有一个共同的名字——STEM+课程。从三年级到五年级，每个年级都有一个班"整班推进"上 STEM+课；作为学校课程建设体系中的一员。STEM+课程被"排进课表"。每周至少一节；学校拿出实力最强的数学组中的三位教师，再加上一位科学常识教师，构成了 STEM+课程的"最强组合"。如上海国际科学教育研究

---

[61] 陈杰,陈华. 基于 Arduino 的高中通用技术电子控制技术的课程实践——STEM 教育视角下综合课程教学案例[J]. 中小学信息技术教育，2014（3）：24-25.

中心为学校提供一册《搭建温室》，内容从开始观察植物的生长，到最终搭建出一个温室，方法既有小实验、数学练习、画一画、网上探究，也制作一张海报，设计温室草图、制作温室成品等。

在STEM+课程中，有很多长期任务，为得出结论常常需要几周的时间去实验、观察和发现。这其中实验只是一个载体，主要是激发学生的兴趣和潜能、锻炼动手能力以及对待科学的态度，而通过一次次的实践，学生们的科学素养、创新精神和综合素质也在不断提升。

案例十二：美国的 NCSSM

美国的STEM学校主要包括STEM精英学校、STEM全纳学校、STEM职业技术学校和STEM综合学校几种类型[62]。NCSSM是一所STEM精英学校，其核心课程是培养学生探索性的世界观和创新能力。NCSSM的STEM学科建设比较全面，工程与技术、数学和科学均有涉及，其供选课的STEM课程几乎覆盖了该学科的所有核心领域。NCSSM课程设置侧重广度与深度，强调学习情境的生活性和真实性，强调将分散的学科内容组合成整体；NCSSM课程注重课程的实践性，课程内容的实践性倾向比较突出[63]（见表3-3）。

表3-3　2013—2014年NCSSM拟开设的工程技术类课程

开课部门	课程类别	课程编号	课程名称	学习时间	学　分
工程技术	计算机科学	CS310	数据库	一学期	1个核心选修学分
		CS402	计算机科学AⅠ（AP课程）	一学期	1个核心选修学分
		CS404	计算机科学AⅡ（AP课程）	一学期	1个核心选修学分
		CS406	高级编程	一学期	1个核心选修学分
		CS408	计算机系统要素	一学期	1个核心选修学分
		CS410a	数据结构	一学期	1个核心选修学分
		CS410b	数据结构Ⅱ	一学期	1个核心选修学分
		CS410c	数据结构Ⅲ	一学期	1个核心选修学分
		CS490、CS492、CS494	高级计算机科学	一学期	1个核心选修学分

---

[62] National Research Council. Identifying Effective Approaches in Science，Technology，Engineering，and Mathematics[EB/OL]. http://www.nap.edu/catalog.php?record_id=13158，2015-11-06.

[63] 李谦,赵中建. 美国中小学实施STEM教育个案研究——以北卡罗来纳州科学和数学学校为例[J]. 外国中小学教育，2014（5）：56-60.

续表

开课部门	课程类别	课程编号	课程名称	学习时间	学　分
工程技术	工程	EE310	工程制图	一学期	1个核心选修学分
		EE316	机器人技术入门	一学期	1个核心选修学分
		EE318	工程基础	一学期	1个核心选修学分
	工程	EE350	工程—机械入门	一学期	1个核心选修学分
		EE352	工程—电子入门	一学期	1个核心选修学分
		EE354	建筑学	一学期	1个核心选修学分
		EE356	土木工程与环境入门	一学期	1个核心选修学分
		EE452	生物医学仪器	一学期	1个核心选修学分
		EE454	统计学	一学期	1个核心选修学分
		EE456	电路	一学期	1个核心选修学分

　　NCSSM力求将学生培养成具有STEM特长的全面发展型人才，不仅注重知识基础的培养，还注重学生人文素养的培养。学校从历史、艺术和语言这三个领域，为学生提供了丰富的人文科学课程，涵盖了艺术、戏剧、英语、历史与社会科学、音乐、世界语言等领域（见表3-4）。

表3-4　2013—2014年NCSSM拟开设的部分人文类课程[64]

开课部门	课程类别	课程编号	课程名称	学习时间	学　分
人文	艺术	AR302	艺术应用	一学期	1个追加选修学分
		AR304	陶艺	一学期	1个追加选修学分
		AR306	摄影	一学期	1个追加选修学分
		AR308	平面与媒体设计	一学期	1个追加选修学分
		AR312	丙烯画	一学期	1个追加选修学分
		AR314	油画	一学期	1个追加选修学分
		AR316	数码艺术摄影	一学期	1个追加选修学分
		AR318	复合媒材	一学期	1个追加选修学分
	戏剧	DR302、DR304、DR306	表演工作坊	一学期	1个追加选修学分
人文	英语	AS303a、AS303b、AS303c	写作与美国研究	一学年	2个英语核心学分、2个历史/社会核心学分、2个核心选修学分

[64] 北卡罗来纳州科学和数学学校网站[EB/OL]. http://www.ncssm.edu/2014-02-14，2015-11-06.

续表

开课部门	课程类别	课程编号	课程名称	学习时间	学 分
人文	英语	AS305a、AS305b、AS305c	美国研究	一学年	2个英语核心学分、2个历史/社会核心学分、2个核心选修学分
		EN352	非裔美国人研究	一学期	1个核心选修学分
		EN354	小说写作入门	一学期	1个核心选修学分
		EN356	电影研究入门	一学期	1个核心选修学分
		EN358	现代戏剧：谁怕爱德华·阿尔比	一学期	1个核心选修学分
		EN362	神话经典：史诗与悲剧	一学期	1个核心选修学分
		EN366	诗歌写作入门	一学期	1个核心选修学分
		EN368	语法	一学期	1个核心选修学分
		EN402	1603年前作文学	一学期	1个英语核心学分
		EN404	1603—1837年的英国文学	一学期	1个英语核心学分
		EN406	1837年至今的文学	一学期	1个英语核心学分
		EN410	文学主题	一学期	1个英语核心学分

NCSSM 课程注重培养学生的高阶思维技能，即解决问题、科学决策、批判性思考和创新性思维的能力[65]。凭借科学精神与人文素养并重、给予学生充分的自我发展空间、充分利用社会资源，以及明确的定位和不懈的努力，NCSSM 已成为全球 STEM 学校的典范。

案例十三：苏格兰高中新科学课程

苏格兰政府先后出台了《为了苏格兰的科学》《科学与工程21教育行动计划》，确立了让高中科学课程更具有挑战性、相关性、趣味性和激励性等系列措施，重申了高中科学课程的改革方向[66]。课程改革后3~18岁课程分为6个级别，分为早期级、第1~4级和高级课程。其中早期级和第1~2级课程适合小学，第3~4级课程适合S1~S3年级，即新初中，高级课程适合S4~S5年级，即新高中，第3级课程标准是全体S3年级学生必须达到的最低要求，第4级课程水平相当于SCQF4级[67]。在高中（S4~S6），学生进入资格导向的课程选修阶段，学校主要根据学生选择的资格开设课程；保留和设置了更能反应科学学科特点的物理、化学、生物、环境科学四门科目，以及高级人类生物学，在 SCQF4 级增设了

---

[65] 赵中建. 向国际寻求最优的创新素养培育方式[J]. 上海教育，2012（2）：10.

[66] The Scottish Government. SCIENCE & ENGINEERING 21-Action Plan for education for the 21st Century [EB/OL]. http://www.scotland.gov.uk/Topics/Education/Schools/curriculum/ACE/Science/Plan/0095734.doc，2015-11-06.

[67] SQA. National Qualifications[EB/OL]. http://www.sqa.org.uk /sqa /362.html，2015-11-06.

"科学"课程，以增加学生的选择性和确保学生在高一级课程学习上平稳过渡；简化了各等级科学课程的知识单元，增加了课程评估调查或任务单元；选修方式体现连续性、选择性和弹性等特征。纵向上提供了灵活的选修路线，从低等级课程向高等级课程的过渡方式多样[68]。

苏格兰新科学课程的总目标是培养学生对科学的好奇心和热情、培养具有批判意识、科学素养的公民，认识到科学对生活、环境和社会的影响等情感、态度和价值观目标；突出科学知识的实用性或生活相关性、交叉课程、学科结构性、数学知识与计算能力、阅读能力、科学情境性、学习技能、就业技能等知识和技能目标，强调发展问题解决、科学探究、合作学习、独立研究、安全使用技术、设备和材料等过程与方法目标。课程内容强调开展研究导向的主题性科学活动，鼓励学生学习并运用各种科学方法和技能，关注科学实际应用及其对社会的影响。在《卓越课程》框架下，苏格兰高中学校增加弹性和个性化选择性，以提供更多符合社会需要和学生需求的科学资格课程。

---

[68] 杨娟，廖伯琴. 苏格兰高中科学课程改革研究[J]. 全球教育展望，2013（7）：78-85.

第 4 章
Chapter 4

创课资源的设计与实践案例

创客课程（以下简称创课）是创客教育生态的重要组成部分，是推进我国创客教育"落地"的重要抓手，同时也是新课程改革的重要方向和推进动力。当前，国内创客教育研究者和实践者对创客课程缺乏清晰的认识，阻碍了我国创客教育的顺利开展。"创课"特指服务于创客教育的创客课程，是一种有别传统学科课程的新型课程，具有整合性、研创性、协同性等核心特征。创客思维既是一种技能也是一种思维倾向，强调创新、创造，鼓励冒险尝试、勇于探究，注重知识的整合性运用，倡导问题意识和批判性反思。创课资源的建设一方面需要应用创客思维对传统课程进行创客式改造，另一方面应在体验式学习理论和建造主义理论指导下，遵循趣味化、立体化、模块化和项目化四大理念，按照创课内容体系建构、创课项目设计、创课活动设计、创课评价设计四个环节设计全新的创客课程。

01 中国需要创客教育

4.1.1 火爆的创客运动

1. 什么是创客

"创客"一词来源于英文单词"Maker"或"Hacker",可以从狭义和广义两个层面去理解。狭义上的创客是指那些酷爱科技、热衷实践、乐于分享,努力把各种创意转变为现实的人。广义上的创客是指有创意,并且能够付诸于实践进行创新的人,在今天凡是参与"大众创业,万众创新"的人都是创客。创客的共同特质是创新、实践与分享。创客通常有着丰富多彩的兴趣爱好以及各不相同的特长,一旦他们围绕感兴趣的问题聚在一起时就会爆发出巨大的创新活力。《连线》杂志前主编、3D Robotics 公司 CEO 克里斯·安德森(Chris Anderson)在《创客:新工业革命》一书中,将创客描述为:"今天,正有成千上万的企业家从'创客运动'中涌现,将 DIY 精神工业化。我们都是'创客',生来如此(看看孩子对绘画、积木、乐高玩具或者做手工的热情),而且很多人将这样的热爱融入到了爱好和情感中"。

2. 国外创客运动发展

创客运动(Maker Movement)是在全球范围内推广创客理念、培育创客文化、推动大众参与创客实践的一场创新运动。它包括了创新探索的精神、动手实践的文化、开放共享的理念,以及对技术的极致钻研和对美好生活的不懈追求。在全球创客运动之父、《制作》杂志(Make:Magazine)和制汇节(Maker Faire)的创始人戴尔·多尔蒂(Dale Dougherty)看来,"创客运动已然成为一场社会运动,其中包含了各种类型的制作和形形色色的创客,它连接着过去,也改变着人们对未来的看法。实际上,创客运动可以被看作对植根于我们历史和文化中的,注重动手创造的深层文化价值观的重新诠释"。

探究创客运动的源头,至少可以追溯到 20 世纪盛行于欧美的 DIY 动手活动热潮和黑客社区的黑客文化。DIY 最基础的层面表现为不依赖专业工匠,通过利用适当的工具与材料进行修缮工作,慢慢演变成发挥个人创意的一种风潮。在这种现象背后是一种对所有权的探讨，倡导一种创造文化而非消费文化。随着信息技术、开源软件运动与新型生产工具的发展，DIY 活动向科技领域蔓延，爱好者可以利用互联网、3D 打印机和各种桌面加工设备将各种创意变为实际产品。美国 Noisebridge 创客空间的创始人 Mitch Altman 认为，在创客空间中人们可以通过黑客行为来探索他们所热爱的东西，并且可以得到社区成员的支持，而黑客行为即指最大限度上提升自己的能力且愿意分享。创客运动继承了黑客文化的传统，体现了开放、共享、分权和技术崇拜的核心价值。

2001 年由麻省理工学院比特与原子研究中心（MIT CBA）发起的微观装配实验室（Fab Lab）项目是全球创客运动发展进程中的重要事件。Fab Lab 提供完成低成本制造所需的环境，开启了从个人创意设计到制造实现的新时代。当前，Fab Lab 已经遍及全球 30 多个国家，通过标准化的制造工具（3D 打印机、激光切割器、数控机床、嵌入式处理器、CAD/CAM 软件等）与规范化的流程分享，形成了全球化的分布式创新制造实验室网络。Fab Lab 项目的发起者 MIT CBA 主任尼尔·哥申菲尔德（Neil Gershenfeld）教授认为，前两次数字革命推动了"个人通信"和"个人计算"的发展，而 Fab Lab 让普通人实现了制造的梦想，预示着"个人制造"时代的到来。2005 年，奥莱利媒体（O'Reilly Media）的联合创始人戴尔·多尔蒂创办了《制作》杂志。2006 年《制作》杂志在美国旧金山湾区发起了首届 Maker Faire。Maker Faire 是全球最大规模的创客聚会，它是展示创意、创新与创造的舞台，是宣扬创客文化的庆典，也是适合家庭亲子参加的周末嘉年华。在过去 10 年，Maker Faire 的足迹已遍布全球。2014 年，在世界各地共举行了 119 场 Mini Maker Faire 和 14 场主题 Maker Faire，其中有 21 万余人参加了在美国旧金山湾区和纽约举办的两场旗舰 Maker Faire。2014 年 6 月 18 日，美国政府举办了首届白宫制汇节，奥巴马总统宣布将每年的 6 月 18 日定为"国家创客日（National Day of Making）"。2015 年 6 月 12～18 日，美国政府在全国范围内举行了声势更为浩大的"国家创客周（National Week of Making）"，以推动创客运动在美国向纵深发展（见图 4-1）。

图 4-1 国外创客运动发展历程

3. 国内创客运动发展

在我国，自 20 世纪 80 年代以来，DIY 的风潮已开始流行。从制作家具、组装半导体到钻研音响设备、修理家电等,人们热衷于自己动手制作而非购买成品。随着计算机产业的兴起,"攒电脑"从北上广深等一线城市迅速流行开来并遍及全国。回顾数十年来,以"自己动手做"这种形式进行设计、开发、制作的人群,虽然所在领域不同,制作对象千变万化,但有一个共同的特点,就是他们都是凭借兴趣或爱好,依靠个人或小团队的力量来实现。同时,这类人群往往也能够通过制作产品、加以应用、创造价值,来赢得周围人们的了解、尊重和崇拜。

2015年堪称中国的创客元年,全国各地掀起一股创客运动热潮。2015年1月4日,李克强总理考察深圳柴火创客空间,体验诸多年轻创客的创意产品,称赞他们充分对接市场需求,创客创意无限。2015年1月28日,李克强总理主持召开国务院常务会议,确定支持发展众创空间的政策措施,为创业创新搭建新平台。2015年3月5日,"创客"一词首度进入政府工作报告。2015年3月11日,国务院办公厅发布《国务院办公厅关于发展众创空间推进大众创新创业的指导意见》,要求"加快构建众创空间,为广大创新创业者提供良好的工作空间、网络空间、社交空间和资源共享空间"。2015年6月16日,国务院印发《国务院关于大力推进大众创业万众创新若干政策措施的意见》,要求"做大做强众创空间,完善创业孵化服务"。2015年9月8日,科技部印发《发展众创空间工作指引》,进一步明确众创空间功能定位、建设原则、基本要求和发展方向,指导和推动全国各地的众创空间建设。2015年9月23日,国务院印发《关于加快构建大众创业万众创新支撑平台的指导意见》,要求各地区、各部门应加大对众创、众包、众扶、众筹等创业创新活动的引导和支持力度,加强统筹协调,探索制度创新,完善政府服务,科学组织实施,鼓励先行先试,不断开创大众创业、万众创新的新局面。2015年10月19~23日,首届"全国大众创业万众创新活动周"举行。活动周旨在搭建双创展示平台,迎接双创新时代,展现双创新风采,营造双创新生态,推动并形成新一轮的创业创新热潮,为实现创新驱动发展汇聚广大人民群众的智慧和力量(见图4-2)。

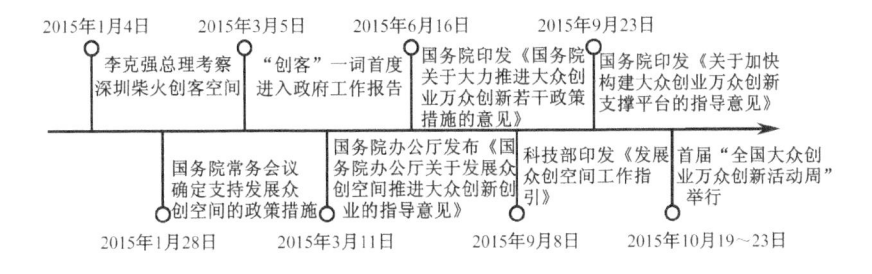

图4-2 我国创客运动2015年度大事件

总之,从最初的草根探索到当前中国政府大力实施的大众创业、万众创新,创客已经开始与产业和大众相连接,创客运动已经深入到国家战略的层面,支持创客运动的深入发展也成为国家意志和政府行为。

4.1.2 认识创客教育

1. 创客教育的内涵

创客教育以信息技术的融合为基础，传承了体验教育、项目学习法、创新教育、DIY理念的思想[1]；提倡"基于创造的学习"，强调学习者融入创造情境、投入创造过程[2]。基于此，笔者尝试给出综合性的定义：创客教育是一种融合信息技术，秉承"开放创新、探究体验"的教育理念，以创造中学为主要学习方式，以培养各类创新型人才为最终目的的新型教育模式。传统教育具有深深的工业化烙印，是典型的基于知识的教育（Knowledge-based Education）；创客教育则是适应知识经济时代发展的，以能力为导向的教育（Competence-based Education）。

实际上，可以从两个角度去理解创客教育，一种是"创客的教育"，旨在培养创客人才；另一种是"创客式教育"，旨在应用创客的理念与方式改造教育。对于"创客的教育"，可以通过开设专门的创客课程，建立创客空间，配以专业化的指导教师来实现；对于"创客式教育"，则需要将创客运动倡导的"动手操作、实践体验"理念融入各学科教学过程中，开展基于创造的学习。无论是"创客的教育"还是"创客式教育"，最终的教育目标都是一致的，即培养具有创新意识、创新能力和创新思维的创新型人才。因此，二者之间既相互融合又相互支撑。实施创客式教育必将使更多的学生具备创客思维和创客能力，进而成为真正的创客；专门的创客课程开设以及创客人才培养，又将促进学生在其他学科开展基于创造的学习。

2. 创客教育的理念

创客教育背后蕴含着丰富的教育理念，其中最突出的便是美国实用主义教育家杜威提出的"做中学"（Learning By Doing）思想。"做中学"也就是"从活动中学""从真实体验中学"，将所学知识与生活实践联系起来，知行合一。杜威提出的"做中学"主要涵盖艺术活动（如绘画、唱歌）、手工活动（如烹饪、纺织）和需要动手操作的科学研究（如机器人研发、物质合成）三个方面。信息技术的应用进一步拓宽了"做"的广度和深度，提升了"做"的速度，也使得"做"出的成果传播得更快、更远。如音乐课孩子们可以利用音乐创作软件 FL Studio Mobile，随心所欲地发挥自己的音乐才能，创编属于自己的奇特美妙的"歌曲"，成型后可第一时间通过创客社区、社交媒体等多渠道分享传播，让更多人听到

---

[1] 祝智庭，孙妍妍. 创客教育：信息技术使能的创新教育实践场[J]. 中国电化教育，2015（1）：14-21.
[2] 郑燕林，李卢一. 技术支持的基于创造的学习——美国中小学创客教育的内涵、特征与实施路径[J]. 开放教育研究，2014（6）：42-49.

你的作品，还能收获更多宝贵的评价、建议和鼓励。

除了"做中学"思想，快乐教育也是创客教育背后的重要理念。创客教育赋予学生更多的自由和选择的权利，使他们可以听从内心最真实的声音（兴趣）而非家长、老师、考试、升学等外在压力，从容地选择创作的主题、材料、工具、伙伴等，亲自动手设计、制作、检验，享受创造的乐趣。创客教育既是"做中学"，也是"做中玩"。想象、创造是孩子固有的能力和天性，创客教育就是要还原学习的"乐趣"，解放孩子的天性。兴趣是最好的老师，也是激发和维持人类创造力的核心动力。教育者要做的就是为学生提供一切利于创造的环境，并给予适时的指导和鼓励，更重要的是"呵护"而非"摧残"学生的兴趣和创造力。

创客教育往往指向现实问题的解决，是一种问题导向式教育，让学生发现现实问题，寻求创意的解决方法并通过努力使之变成现实。问题解决不同于考试，考试是在单学科、单知识点中寻求特定答案的过程，而扎根现实情境的问题解决则需要在综合运用多学科知识的同时保持乐观的心态，并通过坚持不懈的努力才有可能产生创意的解决方案。创客教育倡导以创客活动为载体，打破学科界限，通过跨学科、跨界的合作探究，培养具有实践能力和创新精神的新型人才。这种教育思想又和钱学森提出的大成智慧学一脉相承。大成智慧学是一门教育、引导人们如何获得智慧、培养品德和创新能力的学问和思想体系[3]。它以科学的哲学为指导，强调"量智"和"性智"的结合、科学与艺术的结合、逻辑思维与形象思维的结合，重视思维的整体观和系统观。唯有具备"大成智慧"的创新人才才能适应错综复杂、变幻莫测的社会发展需要，这也正是创客教育需要担负的责任和努力的方向。因此，可以将大成智慧学作为创客教育的理论基础和重要理念。

除了上面提到的做中学、快乐教育、大成智慧等理念外，还有学者[4]指出构造论（Constructionism）也是创客教育的重要理论基础。构造论是Logo语言创始人Seymour Papert在建构主义理论（Constructivism）基础上提出的学习理论，特别强调通过亲自动手制作一些可供分享的作品进行知识建构。实际上，构造论和杜威的"做中学"思想是一致的，也是创客教育背后重要的指导理念。

3. 创客教育的价值

国际上不少组织（如美国教育技术CEO论坛、21世纪技能联盟等）对21世纪的能力素质进行了调查研究，提出了不同的能力模型。然而，无论何种21世纪能力模型，创新都是其中的必备要素。创客运动为培养21世纪的创新人才提供了新的契机，创客教育具有无限的价值潜能，将对个体发展、课程改革、教育系统变革以及国家人才战略产生重大影响。

---

[3] 钱学敏. 钱学森—科学思想研究[M]. 西安：西安交通大学出版社，2008.
[4] Martinez S L，Stager G S. Invent to learn：Making，tinkering，and engineering in the classroom[M]. Constructing modern knowledge press，2013.

接下来，将从四个层面对创客教育的价值进行分析（见图4-3）。

一是个体发展层面。创客教育能够更好地解放孩子的天性，给他们更多动手操作、自由探索与发展的空间与条件。通过"创客"活动，学生可以接触到更多最新的技术，借助技术将自己的创意想法慢慢实现，不断激发学生对创造的兴趣。通过团队的合作交流、思维碰撞、互帮互助，又能催生更多新颖的想法，形成一种热爱创造、享受创造、尊重创造的校园文化，提升学生的创造能力、动手能力、问题解决能力以及团队合作能力。此外，学生动手探索的过程也是知识运用的过程，有助于增强对抽象学科知识的理解。Kaun研究发现，创客学习可以对学生的认知发展产生积极作用，比如提升学生的自我效能感、增强学习动机等[5]。

图4-3 创客教育的价值潜能

二是课程改革层面。基础教育首先要培养每一个人的创造性，然后才能在此基础上培养能够攀登世界科学高峰的拔尖创新人才[6]。新一轮基础教育课程改革虽然秉持很好的教育理念，但从教育教学的实践结果来看，却并未对整个课程体系带来颠覆性影响，而是在继续重复机械式的"人才"培养。课程改革应当领跑社会发展，而非被动地追逐和适应。创客教育为新课程理念的"落地"提供了新的"抓手"和"路径"，通过动作操作、协同探究、项目合作等多种基于创造的学习方式，每个孩子都将在课程学习中找到乐趣，进而激发自身的创造潜能。通过持续的创客课程建设与实施，有助于彻底解决传统教育面临的课程内容陈旧、课程结构不够灵活、与社会实践脱节、授课方法单一等诸多现实问题，从而带动整个课程体系的有效变革。

---

[5] Kaun K P. A Cognitive Anhangemakerscom.netdna-ssl.com/sites/default/files/ competition_entry_form_files/cognitive_analysis_of_the_benefits_of_maker_kids.pdf，2015-03-17.

[6] 杨银付. 深化教育领域综合改革的若干思考[J]. 理论参考，2014（8）：10-13.

三是教育系统变革层面。创客运动是一种重塑教育的新方法和新路径,可以给教育带来一些很好的、甚至是颠覆性的变化[7]。创客教育的组织实施,将进一步推动我国各级各类教育系统关键要素(课程体系、教学方法、技术环境、评价机制、师资队伍等)的优化组合和转型升级。在创客运动的推动下,学校、家庭、社区、企业等一切社会力量和资源将充分调动起来,协同打造无处不在的创客空间,无缝连接正规教育和非正规教育,最终重构整个教育生态,实现真正的创新教育。

四是国家人才战略层面。知识经济时代,创新人才是国家发展的战略资源,是构建创新型国家的必备条件。为落实《国家中长期人才发展规划纲要(2010—2020年)》,我国正在积极组织实施创新人才推进计划,以培养各类高层次创新型科技人才。创客运动就是为"创新"而生。近几百年,创新匮乏一直是我国发展面临的困境。创客教育将推动我国人才培养模式的加速转型(从标准化转向个性化,从单一化转向多元化),培养大批"实战型"科技创新人才,为创新型国家建设提供人才支撑。

4.1.3 创客教育的实践框架

2014年开始,网络上有关我国高校以及中小学开展创客教育的新闻报道越来越多,说明创客教育已经在我国悄然兴起,并在大踏步的摸索前进。北京、上海、深圳、温州等城市是国内创客教育的领跑者,通过建设创客空间、举办创客大赛或文化节、成立创客俱乐部、召开创客教育研讨会等多种方式,大大推动了国内创客教育的快速发展。创客教育继承了项目教学法、做中学、探究学习等以学生为中心的教学思想,借助与信息技术的融合,开拓了创新教育的实践场[8]。为了更好地促进我国创客教育的发展,基于上述创客教育理念以及国内外创客教育发展的现实经验,构建了创客教育实践框架(见图4-4)。

创客教育绝非仅仅是教育界的"内事",创新人才的培养需要家庭教育、社会教育与学校教育无缝融合,尤其需要各种社会力量的参与(如企业、协会、公益组织、研究机构等)。以学习者为中心的创客教育,应坚持"创造、快乐、协作、分享"的基本理念,充分发挥信息技术的使能作用,使每个学生都具备创客能力、意识和精神。创客教育是一项系统工程,需要从创客环境、创客课程、创客学习、创客文化、创客教师队伍、创客教育组织、创客教育计划等多个方面协同推进。

---

[7] Peppler K,Bender S. Maker movement spreads innovation one project at a time[J]. Phi Delta Kappan,2013,95(3):22-27.

[8] 祝智庭,孙妍妍. 创客教育:信息技术使能的创新教育实践场[J]. 中国电化教育,2015(1):14-21.

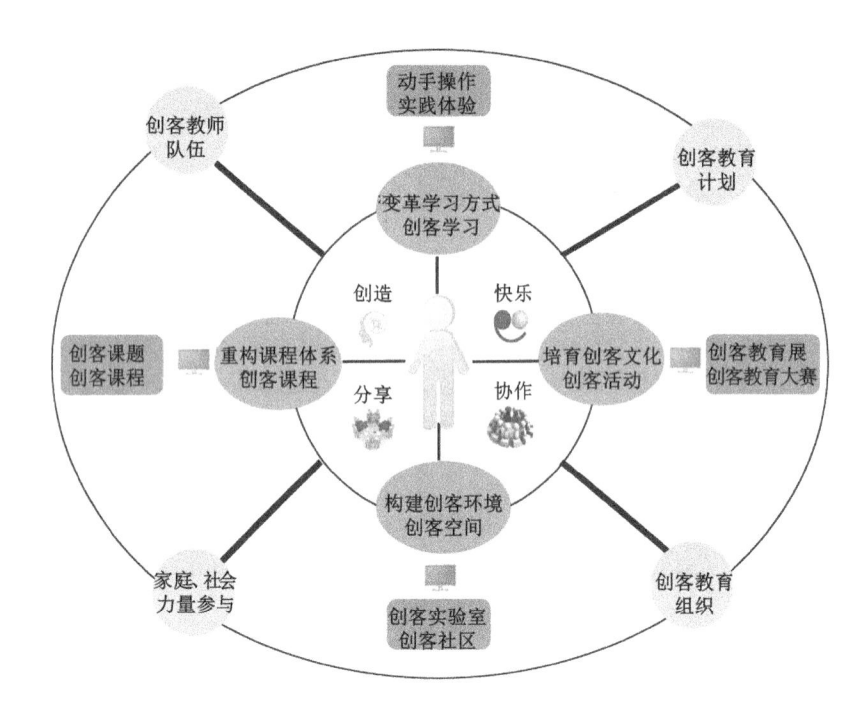

图 4-4 创客教育的实践框架

构建无处不在的创客环境。创客环境是实施创客教育的基础条件。研究者们常将创客环境分成两类，一类是线下的物理创客空间（Maker Space），另一类是线上的创客社区（Maker Community）[9,10]。创客空间的建设应当满足用户多样化的需求，不同创客空间可以有自己的兴趣和关注领域，比如交通、医疗、家庭用具、艺术、电子、可穿戴设备等。学校创客实验室的建设可以参照 Fab Lab 模式，通过标准化建设快速推广。创客空间应当作为数字校园、智慧校园建设工程的重点内容，相关部门应当尽快编制面向高等教育和基础教育的《创客实验室建设标准》，为有条件的学校建设创客实验室提供指导。学校创客空间可以更加侧重与学科教学的结合，既能提升学生的创造能力又能强化学科教学效果；社会创客空间则可以更加灵活、多样、个性化，强调完全基于兴趣的创造，甚至可以提供创客作品规模化生产的咨询和推广服务，服务社会经济发展。

重构课程体系，走向创客课程。应用创客理念改革课程内容与结构，是新课程改革发展的重要趋势。为更好的贯彻实施创客教育，需要对当前的课程体系进行深度优化：一要强调多学科内容的整合性和课程材料的时代性，即所学内容要与时代发展联系更紧密；二要

---

[9] Sheridan，Kimberly M，et al. Learning in the making: A comparative case study of three makerspaces[J]. Harvard Educational Review，2014，84（4）：505-531.

[10] Peppler K，Bender S. Maker movement spreads innovation one project at a time[J]. Phi Delta Kappan，2013，95（3）：22-27.

强调信息技术的融合性，任何学科都可以引入各种技术工具、软件平台、媒体素材等，在促进学科教学的同时提升学生的信息素养；三要强调学科活动的实践性，让学生能够动手操作，教材内容、课后练习、教辅材料的组织尽可能以活动为导向，而非说教式或操练型的组织模式。根据学科教学需要，结合学科内容合理设置创客课题，也是将创客融入学科课程的有效途径。此外，还可以研究建设专门面向创客训练的创客课程，有目的地提高学生的创客思维和创客能力。

变革学习方式，在创造中学习。创客教育对传统教育的变革作用，集中体现在学习方式的转变上。随着可视化数字设计、3D 打印、开源软/硬件等技术的逐步成熟和价格的降低，学校教育生态又将引入更多新颖的技术，为开展更灵活、更具创造性的教与学活动提供条件。创客学习是"创客"精神在学习领域的移植，是一种创造驱动的新型学习方式。创客学习既是一种方法模式，也是一种学习理念，无论是项目学习还是问题解决或活动学习，只要突出学生应用技术工具"动手操作、实践体验"，便是适合创客教育的"创客学习"。创客学习具有普遍的适用性，不仅适用于 STEM 教育，对于传统科目教学也同样可以迁移运用。教师应积极寻找创客学习与学科教学的结合点，通过多次的实验尝试，真正将创客理念融入课程教学。

打造创客教师队伍，提供专业指导。创客教育需要大批具备综合素质、能够开设创客课程、指导学生创客活动的专业教师。当前，我国中小学各种科技比赛的指导教师队伍主要以信息技术教师为主。信息技术教师对先进技术具有较强的敏感度和应用能力，虽然能够在软硬件技术、高级编程、电子器件等方面给学生提供专业指导，但还远远不够。合格的创客教师应具备超强的学习能力、过硬的信息技术应用能力、扎实的 STEM 学科知识、诲人不倦及启发诱导的教学能力以及宽广的人际圈子。目前，我国应通过各种专题培训和创客教学（基于创客理念的教学）研讨活动，使更多的教师掌握创客学习的理念、方法、策略与程序；通过举办各种创客教学大赛，产生更多优秀的教学案例，通过教育云平台大范围分享传播；通过配套的激励措施和制度保障，激发广大一线教师的热情和潜能，在教学实践中提炼更多有效的创客教学策略，提升学生的创客学习能力。

组织创客活动，培育创客文化。各类创客赛事的开展，对于宣传和打造创客文化起到了至关重要的作用。教育领域创客文化的培育，需要更多形式、覆盖面更广的创客活动。除了比赛，还可以举办一些创客教育作品展览、创客嘉年华、创客文化节等活动。目前，我国面向中小学生的创客教育活动相对较少，应当加大支持力度。对于基础教育领域创客活动取得的宝贵经验（如温州的青少年创客文化节），也应当加大宣传力度，带动全国创客教育文化的形成，打造国际影响力。

成立创客教育组织，推动创客教育运动。创客组织的建设与高效运行，将成为创客教育运动蓬勃发展的"助推器"，在促进创客活动开展、创客文化培育、创客空间建设等方面发挥着至关重要的作用。我国创客教育的组织，一方面，应借鉴美国模式，成立类似 Maker Ed 的公益性组织并在多方资金的支持下持续高效运作；另一方面，应成立全国、省、市等各级创客教育指导委员会，对创客课程的设置、创客学习的开展、创客教师队伍的建设等提供前瞻性的系统指导。

启动创客教育计划，推进创客教育有序、可持续性发展。创客教育是教育领域深化改革的重要"抓手"，有望以"创新、创造"为核心理念带动整个教育生态的系统变革，落实国家创新教育发展战略。因此，国家应在综合考虑国情及社会发展需求的基础上，尽早启动创客教育计划。该计划旨在推动全国创客教育的有序、可持续性发展，为创新人才培养提供更加明确的实施路径和方法。国家与地方教育行政部门应充分考虑将创客教育计划纳入教育事业发展"十三五"规划。创客教育计划可由教育部主导制定和监督，企业、公益组织等参与支持，各类学校、教育机构等负责实施。

吸引多方力量参与，形成协同效应。单靠教育系统内部力量，难以实现新时期教育事业的跨越式发展，诸多教育难题（择校、减负、公平、均衡等）的有效解决需要全社会力量的参与。创客教育的发展也不例外，需要推动政府部门、教育界、产业界以及创客组织的跨界合作，形成协同效应。政府提供政策和资金支持，教育界提供智力资源和人力支持，产业界提供技术、工具和平台支撑，创客组织负责计划、推动、组织各种创客活动。此外，家庭教育的作用也至关重要。父母应积极支持孩子的各种创造行为，为其营造良好的家庭环境，有条件的家庭甚至可以在家里打造小型的创客空间。

02 用创客思维改造课程

4.2.1 解读创客思维

创客思维是随着创客运动发展而引申出来的新概念。目前,学术界对创客思维的理解还比较模糊,未达成一致。马晓途认为创客思维是一种有别于传统思维的新型思维方式,强调创新创造、强调问题意识、强调思辨与批判[11]。美国学者戴尔认为创客思维是培养创新思考者和实践者的关键,创客教育应注重培养学生的创客思维模式(Maker Mindset)[12]。斯坦福大学心理系教授卡罗尔·德韦克将人的思维模式分为两种[13]:僵固型思维模式和成长型思维模式。创客思维模式属于成长型,即面对困难和挫折时能够灵活转变解决策略和思路,善于利用周边环境和条件,保持开放、乐观心态。还有学者将创客思维视为在创客活动过程中所形成的勇于创新、乐于分享、不畏困难、敢于实践的思维倾向[14](见图4-5)。

上述观点均符合创客的理念和终极目标,只是从不同的角度对创客思维进行了解释。创客思维既是一种技能同时也是一种思维倾向。思维是对新输入信息与脑内储存知识经验进行一系列复杂的心智操作过程[15]。创客思维首先表现为创作过程中一系列相关心智技能(如比较、甄别、变换、想象)的综合运用。其次,创客思维还表现为人类活动过程中善于批判思考、探究创新的内在思维偏好。本质上来说,创客思维具有四个明显特征:强调创新、创造;鼓励冒险尝试、勇于探究;注重知识的整合性运用;倡导问题意识和批判性反思。

---

[11] 内蒙古日报社数字报刊. 塑造创客思维[EB/OL]. http://szb.northnews.cn/nmgrb/html/2015-04/20/content_1192021.htm, 2016-03-10.

[12] 戴尔·多尔蒂, 梁志成. 论创客思维模式[J]. 中小学信息技术教育, 2015(11):31-33.

[13] Dweck, Carol S. Self-theories: Their role in motivation, personality, and development[M]. Psychology Press, 2000.

[14] 苟小平. 创客思维在信息技术教学中的应用[J]. 知识文库, 2015(20):68.

[15] 刘颖, 苏巧玲. 医学心理学[M]. 北京:中国华侨出版社, 1997.

图 4-5　创客思维

（1）创客思维强调创新、创造，破旧立新。创客从来不因循守旧，提倡采用新的技术和方式方法解决以前难以解决或解决不好的现实问题。某种意义上来说，有点破坏性创新（Disruptive Innovation，一种与主流市场发展趋势背道而驰的创新活动）的味道。创客思维就是要打破旧的观念束缚，提出创造性的解决思路和方案。

（2）创客思维鼓励冒险尝试、勇于探究。创新创造的过程往往是曲折的，一件看似简单的创意作品，其背后可能会遭遇诸多挑战、困难和挫折。不断的尝试探究、永不言败既是创客精神所在，也在植根在众多创客头脑中非常可贵的思维品质。浅尝辄止、知难而退者成不了创客，创客思维倡导直面困难、灵活应对、坚持不懈。

（3）创客思维注重知识的整合性运用。一件作品的创造往往需要跨越多个学科，综合应用多种知识和技能，在不断的探究、体验、实验和检验中完成。创客思维倡导多学科知识的交叉运用，多视角观察分析问题，体现思维的综合性和灵变性。单一化的思考问题方式和固化的做事风格不适合创客，交叉、整合和跨界才是创新创造的有效途径。

（4）创客思维倡导问题意识和批判性反思。创新创造从来不是无本之木、无源之水，现实问题往往是创新的起点和源头。或许有些创客喜欢天马行空，但绝大多数的创客都具有强烈的问题意识和批判反思能力。创客思维提倡用批判的眼光看待世界，善于从生活中发现问题，并积极寻求解决问题之道。

4.2.2　什么是创课

1. 创课的概念

提到"创客"大家并不陌生，但"创课"对于大多数人来说却是个新名词。调研发现，2014 年国内开始出现有关创课的文章和报道。孙建锋在题为"'创课'·'创客'"的文章中首次提出了"创课"概念[16]，随后又在《中国教师报》发表了题为有一种课叫"创课"的文章[17]。在他看来，创课的核心是将一种新的教学想法转化为教学现实；创课是一项"综合创新工程"，包括创想法、创教材、创设计、创教学、创反思以及创发表，合称"六创"。这里的"创课"实际上是个行为动词，即创造一切与课程教学相关的要素。管雪泓结合常州中小学的创客教育实践提出了创课教学法[18]，该方法的实施包括四个关键步骤：根据情景或问题提出创新项目，设计完成项目的路径，通过学习、实践完成项目，组织分享和完善。这里的创课可以理解为"创客课堂"，是在课堂教学中开展创客教育的一种方法。除了上述有关创课概念的不同理解外，2015 年教育信息化市场上也出现了以创课[19]命名的软件产品，将创课视为一种在线的信息服务。由此可见，"创课"一词在不同的语境、不同的人看来，其内涵有着本质的差异，都有一定的合理性。

本研究认为创课的定位应该是"课程"，是一种有别于传统学科课程的新型课程。创课特指服务于创客教育的创客课程，有广义和狭义之分。广义的创课是指以培养学生创客素养为导向的各类课程，既包括电子创意类课程，也包括手工、陶艺、绘画等艺术类创意课程。狭义的创课则特指以智能信息技术（Scratch、Mixly、Arduino、Galileo 等）应用为显著特征的电子创意类课程，科技含量较高。从目前来看，创课还未正式进入我国的中小学课程体系，也无指定的课程大纲和相关教材，各级各类学校开设的创课基本都采用校本课程的模式。

校本课程是学校在实施好国家课程和地方课程的前提下，自己开发的适合本校实际的、具有学校自身特点的课程[20]。北京景山学校与浙江温州中学是国内创客教育的先行者，目前已经开发了多门创客类校本课程。这类课程主要通过项目或专题的形式，引导学生对某一领域开展深入探究与实践，并通过体验运用信息技术解决实际问题的方法和过程，最终提升学生的动手实践能力[21]。校本课程具有更强的灵活性和自主选择性，短期来看它仍将是顺利推进我国创课建设与运行的最佳途径。

2. 创课的特征

创课作为一种新形态的课程，究竟有何特征？国内已有学者对此进行了阐述。蒋莘和谢作如老师认为创课应具备三个核心特征，分别是跨学科（打破学科界限，用综合的学科

---

[16] 孙建锋. "创课"•"创客" [J]. 语文教学通讯，2014（12）：75-76.
[17] 孙建锋. 有一种课叫"创课" [N]. 中国教师报，2015-11-18（06）.
[18] 管雪泓. 创课教学法在信息技术教学中的实践与研究[J]. 中国教育信息化•基础教育，2015（10）：70-71.
[19] 杰夫惠. 创课，一个要做翻转学习上的新引擎![EB/OL]. http://www.wtoutiao.com/a/2224621.html，2016-03-15.
[20] 许洁英. 国家课程、地方课程和校本课程的含义、目的及地位[J]. 教育研究，2005（8）：32-35+57.
[21] 蒋莘，谢作如. 跨学科、智能化的创客类校本课程开发[J]. 中国信息技术教育，2014（11）：5-7.

知识去解决一些具体问题)、智能化(利用互动媒体、机器人、物联网、可穿戴设备等智能技术)和软硬结合(混用电子技术和编程技术)。

从特征描述可以看出,这里所谈及的创课特征更多指向狭义的创课,即电子创意类课程。如果从广义的概念来看,创课除了上述特征外,还具备另外一些特质。结合创课教育的核心理念以及创客活动固有的特点,我们将创课的核心特征进一步提炼、归纳为整合性、研创性和协同性。

1)整合性

创课的设计打破了学科界限,不再仅局限于传统的数学、物理、生物等单一课程模式,而是结合艺术、电子、控制、网络等不同学科知识。创课的内容体系需要具有较强的包容性、综合性和交叉性,学习的出发点应该具有更强的生活性,也就是要基于现实生活问题,统整各学科知识。创课考察的重点绝不是单纯的知识记忆与理解,而是多学科知识的综合迁移应用以及创新实践。

如何整合多学科内容,也是创课设计的重点和难点。考虑到我国国情以及课程的操作性,目前建议多采用一科主导的统整型课程设计模式,即以某个学科(比如物理)为主导,有机融合其他学科知识(比如化学、生物、电子)。

除了内容整合外,创课的成功实施还需要整合多学科教师力量,组成创课教学团队,协同开展创课教学设计与学习指导。虽然创课倡导探究式、项目式学习,但又不应局限于单一的学习模式,教师需要根据问题的类型、创意作品的实现方式等灵活设计、有机整合多种学习活动。

2)研创性

"互联网+"时代学生将从知识的消费者转化为知识的创造者。知识传授固然重要,但绝不是课程教学的终极目标。每个孩子都是天生的科学家,他们对世界充满了无比的好奇,拥有探究一切的欲望。创课要彻底改变传统课程存在的过分传授、形式固化、单调无趣的现状,给学生更多自由探索的空间,激发孩子内在的创造潜能。开源软硬件、传感器、3D打印、可穿戴设备等各种新科技的涌现,将给学生的创新创造插上飞翔的翅膀。学生不是被动的学习者,而是可以像科学家一样以研究的方式认知世界,解决现实问题,创造新知识。

"学—研—创"是实施创客教育的理想模式,学习、研究和创造形成一个良性循环,持续提升学生的创新创造力。研究性学习旨在创造有意义的学习经历,引导学生通过知识发现、经验发明、集体学习、自我激励和社会认知等机制逐步优化知识结构、提升创新能力、培育创造性品格[22]。基于项目的研究性学习将是创课的主导学习模式,每个学生既是学习

---

[22] 李建军. 研究性学习:创新型人才培养的重要理念和实现机制[J]. 山东科技大学学报(社会科学版),2009(5):78-81.

者又是研究者和创造者。

创课的设计与实施常以现实问题为基点，以研究项目的形式组织学生开展协同探究。创课的实施要让学生融入创造情境、投入创作过程，利用身边的一切资源，努力将各种创意转变为产品。这种创造绝不是对教师演示操作的简单模仿，而是在研究中不断产生新的创意与想法，并最终形成具有创新意义的产品。

3）协同性

创课的内容与活动设计更多围绕复杂的现实问题展开，鼓励学生结合兴趣组成项目小组，在指导教师团队的集体指导下开展协作探究。教师需要尽可能的创设各种条件、利用社会资源（家长、学科专家、科研机构等），帮助学生破解创作过程中遇到的一系列难题，通过不断的动手设计、制作、修改与完善，最终将创意变成现实的产品、方案与服务。

当然，除了团队项目外，创课也会包含一些复杂度较低的个体研究项目，鼓励学生自主探究。但是，学生的个体项目之间并非完全孤立，也应保持一定的关联性（比如涉及同一个知识点或者同一种操作技能），以便开展过程中能够互帮互助，提高创作的自我效能感。此外，创课的实施环境应该是线上线下相结合的，线下提供用于学生探究创造的物理空间和相关设施条件，线上提供作品展示、交流、分享以及教师指导的网络空间。信息时代无论是广义的创课，还是狭义的创课都很难脱离技术的嵌入，教师对创课活动的设计应当有机连通两种环境。

3．创课的价值

创课不是简单的一个课程新代号，它的提出具有强烈的时代需求，符合 21 世纪人才培养目标，是推进我国创客教育"落地"的重要抓手，同时也是新课程改革的重要方向和推进动力。

1）创课的兴起与发展是大众创业、万众创新时代所需

自李克强总理在 2014 年的夏季达沃斯论坛上提出"大众创业、万众创新"以来，全国迅速掀起一股创新创业热潮，中国的创新时代正在悄然到来。高素质的创新创业人才培养离不开创新教育，创课的出现为创新型人才培养提供了更科学、实效性更强的实践模式。人的创新创造力从来不是一蹴而就的，而是在持续的课程学习与实践过程中不断浸润、萌生出来的。创课顺应了创新创业时代所需，不仅能够推动学校创新教育，还将带动社会公众创新素养的提升以及社会创新创业文化的形成。

2）创课是实施创客教育的重要载体

近年来，以 MOOC 和微课为代表的信息化课程在教育领域快速扩展，成为助推各级各类教育变革的重要动力源。课程信息化是教育信息化的重要组成部分，也是信息时代教育变革的核心。创客教育的核心在于培养各式各类创新型人才，它的形成与发展为教育的创新开启了"一扇窗"。当前我国创客教育发展的短板在于相关课程资源的匮乏以及专业教师

队伍的缺失。大批高质量专业创课资源的建设，以及众多传统课程资源的创客化改造，将为我国创客教育的快速、健康发展提供重要支撑。

3）创课符合新课程改革理念，助推课程体系重构

新课程改革坚持以学生为中心的核心理念，鼓励学生采用自主、协作、探究的方式进行主动性学习（Active Learning）。区别于传统的知识型课程，创课是一种以培养学生创新创造能力为主的能力型课程。开国以来我国已先后实施了八轮新课程改革，虽然在课程内容、教学方式等方面有了一定的改进，但仍未取得实质性变革。学生的动手实践能力与综合素养仍有较大的提升空间，应试教育到素质教育的转型远未完成。创课与新课改的核心理念及其倡导的学习方式高度一致，将有可能作为一个"支点"撬动整个基础教育课程体系。

4）创课符合数字土著一代的特质，让他们爱上学习和创造

数字土著是指在网络时代成长起来的一代人，他们生活在一个被电脑、视频游戏、数字音乐播放器、摄影机、手机等数字科技包围的时代，并无时无刻不在使用信息技术进行信息交流和人际互动[23]。数字土著早已习惯了互联网生活，天生具有创客基因，喜欢玩高科技、爱"瞎"琢磨，同时乐意将自己的创意成果自由分享。创课符合数字土著的特质，能够赋予孩子们更多自由畅想以及实践体验的机会，带给他们更多学习的乐趣。伴随着创课学习成长起来的学生，他们的创造潜能将得到持续开发，必将在创新时代有所大作为。

4.2.3 创课与传统课程的区别

如上所述，创课不是传统课程的拷贝移植，其在课程目标定位、内容组织结构、开展方式、评价方式等方面与传统课程存在明显差异（见图4-6）。

1. 目标定位不同

传统课程的目标更多指向"双基"（基础知识、基础技能），我们不否定新课改的三维目标除了双基还包括过程、方法、情感态度等，也提出要注重创新能力培养。但是，传统课程的创新能力、培养目标具有较强的"间接性"和"隐匿性"，内容组织、教学模式、评价方式等难以对创新目标形成有力支撑。创课则直接指向创客素养的培养与创新创造力的提升，目标定位更加清晰、直接，更有利于课程其他要素（内容、活动、评价等）的设计与组织。

---

[23] 曹培杰，余胜泉. 数字原住民的提出、研究现状及未来发展[J]. 电化教育研究，2012（4）：21-27.

目标定位
直接指向创客素养的培养与
创新创造力的提升，有利于
课程其他要素的设计与组织

内容组织
多学科知识的交叉整合，以现实
问题为主，以主题、项目或活动
的形式架构整个课程体系

评价方式
采用成果导向的评价机制，实
现结果评价与过程评价相结
合，同伴互评

开展方式
采用项目式学习、研究性学习、问题导向式
学习、探究式学习等课程实施方式，多个
学科教师组成授课团队开展协同教学

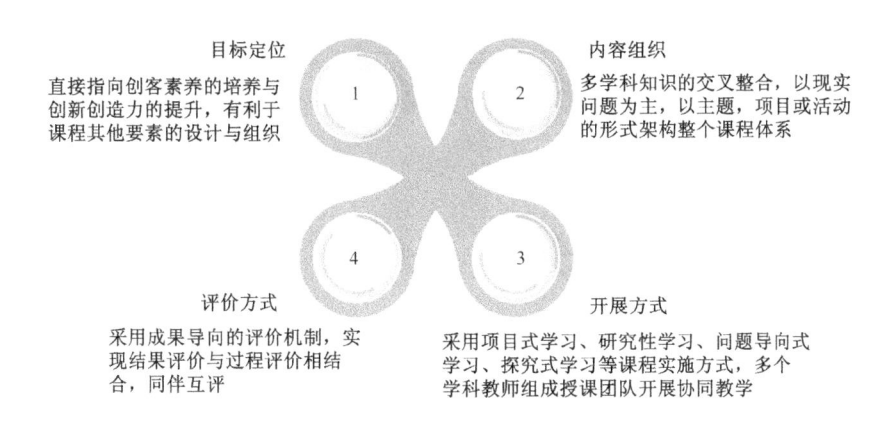

图 4-6　创课与传统课程的区别

2．内容组织不同

传统课程具有明确的学科分类，这种学科之间泾渭分明的关系，容易导致学习者思维僵化，从而使得学习者难以跨越学科间的藩篱，也就很难实现利用不同学科知识体系与技能解决实际问题[24]。内容组织常基于线性思维模式，注重知识的体系化、递进性和逻辑关联性，以便于双基目标的达成。创课强调多学科知识的交叉整合，是一种统整性课程而非有学科限制的单一性课程。创课的内容以现实问题为主，呈现松散模块化、非线性组织等特征，多以主题、项目或活动的形式架构整个课程体系，以便于灵活重组和开展个性化教学。

3．开展方式不同

传统课程的开展方式多以教师说教为主，学生被动地接受知识。这种"满堂灌"的课程教学模式不仅难以调动学生的学习积极性，也在一定程度上抹杀了学生的个性和创造力。创课将完全摒弃传统的空洞说教模式，转而采用项目式学习、研究性学习、问题导向式学习、探究式学习等能够激发孩子兴趣、促进深度参与的课程实施方式。动手操作是创课实施的常态活动，但绝不局限在对教师操作的简单模仿，而会拓展到综合性项目训练和自由创作的高度。此外，课程实施将改变一个老师单打独斗的局面，多个学科教师将组成授课团队开展协同教学。

4．评价方式不同

纸笔测验是传统课程的主导评价方式，教师、家长常以成绩作为评判学生学习结果的唯一指标，而忽视了学生其他方面的进步，严重阻碍素质教育的落实。创课则主要采用成果导向的评价机制，根据设定的评价体系综合评判学生创作的外显成果，重在考核学生的

---

[24] 祝智庭，雒亮. 从创客运动到创客教育：培植众创文化[J]. 电化教育研究，2015（7）：5-13.

知识迁移运用能力、批判思维能力以及创新创造力。成果导向既注重结果评价，也会将课程学习的过程性表现纳入考核指标，以实现结果评价与过程评价相结合。此外，创课鼓励学生也参与到课程评价中，通过同伴互评（Peer Assessment）的方式实现互助互学。

4.2.4 传统课程向创课的转型

以考试为目的的传统课程过于强调背书、做题，而忽视了学生动手实践能力以及创新创造能力的培养。创课作为创客教育的重要载体，恰恰能够弥补这一缺陷，让学生在玩中学习、乐中探究、研中创造。创课不是一门课程而是由低阶到高阶的一系列课程组合，因此创课的价值发挥单靠开设几门课程是不行的，而是需要对整个传统课程体系进行创客式的改造。具体改造思路有如下几方面内容。

1. 课程目标：融入创新创造能力，着眼创新型人才培养

课程目标是课程构成的第一要素，目标的制定直接影响到课程内容的设计、过程的实施以及结果的评价。新课改提倡的三维目标包括知识技能、过程方法以及情感态度价值观三个方面。然而，在大众创新、万众创业、工业 4.0 以及创客运动等大时代背景下，培养大批创新型人才是国家教育事业发展的首要任务。因此，创课的三维目标应融入凸显更多利于创新创造力培养的具体要求。

比如，知识与技能维度应既包含知识的获取、理解与运用，也应包含具体的动手实践技能以及问题分析与解决能力；过程与方法除了体验学科知识的发展过程以及学习方法外，还应特别增加创新思维过程与创造方法方面的具体要求；情感态度价值观则需要融入无拘无束、自由发挥、开放共享、乐观向上的积极心态与价值追求。

2. 课程内容：注重问题引导，体现生活化、时代化

学习内容的情境化、生活化与趣味化是新课程发展的重要方向，也是创课内容设计的关键。无论是传统的数理化史地生课程，还是音美体劳课程，都应注重问题启发与引导，融入更接地气的生活化内容，以彻底改变当前课程内容干巴巴、索然无趣的现状。

比如，化学课程实验可以进行生活化改造，从现实生活中的常见问题（如厨房污渍的清洁、冰箱食品的保鲜）出发设计化学实验，江苏徐州的李为才老师在这方面做了积极探索（详见 http://www.jssjys.com/liweicai/），改进了 100 余项化学实验，取得了很好的教学效果和社会影响；音乐课程不再局限于某个曲目的练习和声乐知识的学习，而要从生活感受和生活实践出发，让学生体验音乐的奥妙，同时鼓励学生利用 FL Studio Mobile 等软件创作属于自己的音乐。

3. 课程实施：强化动手实践，开展课题研究

传统课程的实施大多是"动脑不动手""重静不重动"，创课在实施过程中要求调动每个学生的能动性，通过项目与活动的设计，让学生充分利用信息技术以及周边的各种资源（家长、专家、社会机构等），像科学家一样无畏地探索世界。传统课程可以根据学科特性及教学需要，尝试采用项目制的方法进行改造。在课程大纲的指导下以项目为单位重新架构课程内容体系，合理设计若干针对性强的研究课题，让学生开展课题研究的过程内化学科知识、提升创新意识和能力。

好的创课课题应具备八大要素[25]：相关性（与学生切身实际相关）、充足的时间（提供足够的课上+课下时间）、复杂性（涉及多个学科知识）、高投入（吸引学生长时间、高度投入）、关联性（学生协作互动、联系外部专家）、可获得性（随时访问、使用任何材料、工具、软件、硬件等）、分享性（与他人分享一切）、新颖性（不重复已有研究）。

4. 课程评价：转向成果导向，凸显制品化

传统基于测验的结果评价方式，可以衡量出学习者系统知识的获得程度，却很难测量出学习者创新问题解决能力的增长和个体在小组中的贡献程度高低。评价机制是影响课程改革的主导力量，传统课程的创客化改造可以从"评价"切入，通过倒逼的方式引导其他要素发生改变。

成果导向的评价模式非常适合创课，但要考虑不同学科的内在特性与规律，对成果的形式及评判标准进行明确说明，以引导学生沿着正确的方向进行探究创作。比如，信息技术课程可以考核课件的创作、网站的制作、软件的开发等，美术课可以考核实物造型的设计、油画作品的创作等，语文课可以考核小说、散文、诗歌文艺作品的创作，社会课可以考核实践调研报告的编制。

---

[25] Sylvia L M, Gary S S. 8 Elements of a Good Maker Project [EB/OL]. http://www.weareteachers.com/hot-topics/special-reports/how-the-maker-movement-is-transforming-education/8-elements-of-a-good-maker-project/，2015-03-08.

03 创课的通用设计框架

4.3.1 创课的四大设计理念

为了保证创课能够真正服务创客教育、在创新人才培养中发挥实效，创课设计应遵循四大理念，分别是趣味化设计、立体化设计、模块化设计和项目化设计（见图 4-7）。这四种理念之间不是简单的并列关系，而是相互贯通、相辅相成的，共同指导高质量创课的设计、开发与应用。

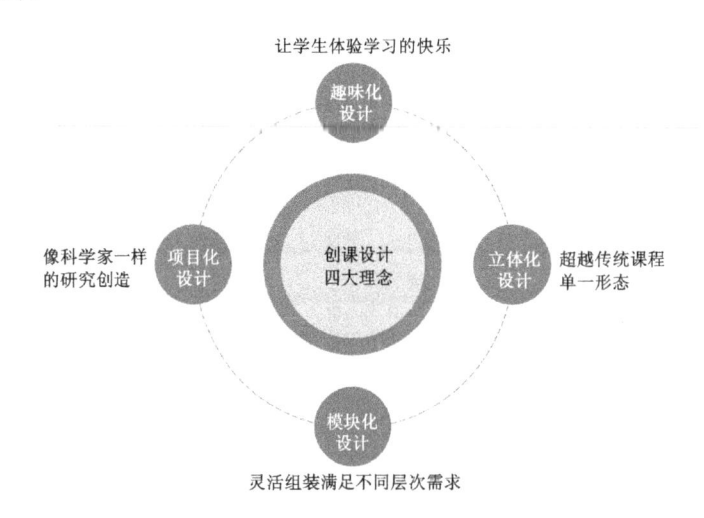

图 4-7 创课的四大设计理念

1. 趣味化设计，让学生体验学习的快乐

创客教育是一种兴趣导向的教育模式，趣味性是创课设计的首要原则。爱玩是孩子的天性，创课就是要还原学习的"乐趣"，解放孩子的天性，让孩子们在快乐的探究活动中掌握学科知识、培养创新创造能力。创课的趣味化设计可以从两个方面入手。

（1）内容趣味化：创课的内容设计至关重要，既不能脱离大纲要求，又要激活学生的内在学习动机，让他们感受到课程学习的乐趣。为此，一方面可以将知识进行问题化转换，即通过设计有趣的问题来调动学生的积极性，以问题贯穿课程内容而非采用传统的知识点组织方式；另一方面可以将知识进行生活化转换，即建立知识与生活情境之间的有意义关联，让学生真正感触到知识的生活价值。

（2）活动趣味化：传统课堂上枯燥无味的知识讲授绝对不适合创客教育，创课鼓励采用那些能够让学生亲自参与、动手实践的活动类型，比如调研、实验、组装、模拟、比赛、游戏等。学生只有深度参与，才能有真实的"获得感"和身心愉悦的学习体验。需要说明的是，这里并非完全排斥传统的说教和练习活动，而是要以动手体验类活动为主，在此过程中可根据学生的实际表现和需要灵活融入讲解、练习等活动。

2. 立体化设计，超越传统课程单一形态

创课不是传统课程的翻版，而是一种融合多种学习理念与多种信息技术，以提升学生创客素养和创新创造力为核心目标的全新课程形态。创课的设计不应该是二维平面，而应具备三维立体的视觉效果和使用体验。创课的立体化设计体现在以下几个方面。

（1）课程目标立体化：在课程目标设定上，创课既遵循新课改倡导的三维目标，同时又将在每个目标维度融入更多创新创造方面的具体要求，形成创造导向的立体化课程目标。

（2）课程内容立体化：创课内容来源渠道多样，绝不局限于教科书，互联网、学习社区、创客空间等都可以提供丰富的学习内容，甚至学生也可以通过 SGC 的方式创生更贴合学生需求的课程内容。创课要与学生的知识经验紧密关联，要与学生的社会生活有机连通，建立"知识—经验—生活"多向度联结的内容体系。

（3）课程资源立体化：除了纸质教材和相关配套辅助材料，创课还应提供足够丰富、足够便捷的数字化学习资源，比如学习手册、微课、软件工具、历届学生作品、移动 App 等，以全方位支持学生随时随地的探究学习。除了数字化资源，创课还应尽可能整合更多校内、校外的学科专家资源，以便给予学生更专业的指导，帮助他们破解探究创造过程中遇到的难题。

（4）课程教学立体化：创课的实施环境不再局限于传统教室，更多的教与学活动将发生在实验室、创客空间以及社会场所。创课教学采用 O2O 模式，除了物理空间的教学外，在线创客社区、网络学习空间等虚拟环境也是开展创课教学的重要场所。教师团队利用技术搭建起融合多种教学方法、整合各种学习资源的立体化教学环境，同时营造平等民主、开放分享的学习氛围，以促进每位学习者的积极深度参与。

（5）课程评价立体化：创课要改变传统课程的单一化评价模式，鼓励教师和学生协同开展立体化的学习评价，强调评价方式多样化、评价主体多元化、评价数据全面化以及评价目标个性化。创课评价的目的是衡量、诊断、预测每个孩子的学习与成长情况，倡导利用学习档案袋持续采集学生的学习过程与结果数据，进而开展基于数据的全面、个性评价。

3. 模块化设计，灵活组装满足不同层次需求

模块化设计思想早已在软件编程、产品设计等方面得到了广泛应用。简单来说，模块化就类似我们小时候玩的积木，通过少数几个模块便可以组合出很多种形状。创课的模块化设计，即根据程序模块化的构想和编制原则设计课程，充分考虑课程编制和课程实施的要求，将课程内容分解成适度松散而又相互关联的子模块。

由于每个孩子的知识基础与兴趣点有所不同，统一步调的单一课程组织形式难以支持学生的个性化学习。创课的模块化有助于增强课程的灵活性、开放性和适应性，让每位学生都能从整个课程体系中选择自己感兴趣的模块组成个性化的课程。学生之间可以根据兴趣自由组成兴趣小组，集体选择、重组课程模块形成团队课程，开展项目合作学习与作品创作。创课的模块化设计需要注意以下几点内容。

（1）单个模块之间应当具有一定的独立性，但从整个课程来看，模块之间又是有机联系在一起的，在保证灵活性的同时又不失课程知识体系的完整性。

（2）围绕相同的主题知识与技能要求，应尽量设计指向不同问题与生活情境、包含不同难度级别的项目模块，以便给学生提供更多的选择空间，达到"条条道路通罗马"的目的。

（3）每个模块应保持合理的开放性，允许不同学科的教师根据教学需要以及学习者的实际情况，进行灵活的内容改编和配套工具资源的快速调换，以扩大课程模块的适用范围，提高课程模块的利用率。

4. 项目化设计，像科学家一样的研究创造

项目不是大人的专利，小孩子同样可以玩转项目。美国的很多中小学课程都采用项目制，老师布置项目任务，学生在教师指导下协作开展项目，最后提交项目报告、进行课堂成果汇报。项目式学习（Project-based Learning）旨在把学生融入有意义任务完成的过程中，让学生积极地学习、自主地进行知识的建构，以现实学生生成的知识和培养起来的能力为最高成就目标[26]。

近年来，我国中小学的综合实践活动课，也慢慢开始采用项目式学习模式，促进了学生协作能力、沟通交流能力、批判思维能力的提升。但是，项目式学习在我国仍不是课程实施的常态模式，不利于全面调动学生积极性以及持续激发学生的创新创造潜力。

创课的项目化设计就是将传统说教的课程知识与技能融合在一个个创客项目中，学生通过完成一个个富有挑战的创客项目来达成课程目标。创课实施过程中，项目式学习是最基本的常态化学习模式。期间，学生和老师的角色都将发生质的改变。学生从被动的聆听者转变为主动的探究者，教师从说教者转变为项目的指导者。创课项目的设计也有一些基本

---

[26] 高志军，陶玉凤. 基于项目的学习（PBL）模式在教学中的应用[J]. 电化教育研究，2009（12）：92-95.

要求[27]。

（1）要与学习者生活环境存在切身性，同时具有一定的新颖性以激发学习者的学习热情。

（2）要具备由浅入深的难度和复杂性，给学习者可承受的挑战力，以调动学习者的动力。

（3）要让学生调用各种资源，通过分工让学生互动协作，鼓励学生分享经验和学习成果。

（4）要保证一定的任务强度、合理的时间分配以及良好的空间条件，支持学生创作出满意的作品。

4.3.2　创课设计的指导理论

1. 体验式学习理论

体验式学习（Experiential Learning）理论由美国社会心理学家库伯在杜威、勒温以及皮亚杰的学习理论基础上提出[28]。该理论认为，任何学习过程都遵循"经验学习圈"，包括经验（Experience）、反思（Reflection）、概念化（Theorization）与实践（Action）四个阶段，要求学习者从日常生活或他人构建的程序里获得亲身体验，并在此基础上进行反思、概括、讨论与评价，最终产生新的认识、情感或行动[29]。

体验式学习改变了以往传统教学中学生被动获取知识的学习方式，它主张学生要主动利用已有的知识和经验探索问题，获得新知。在这个过程中学生需要从现实生活出发，通过发现问题、提出问题、研究问题、解决问题，逐步获得探索与创造的感性经验，并且在探索过程中增加知识储备、提高问题解决能力。体验式学习更加注重为学习者创造真实或模拟的环境和活动，强调学生作为学习的主体，通过个人在交互活动参与中获得个人的经验、感受、觉悟并进行交流和分享，然后通过反思再总结并提升为理论或成果，最后将理论或成果投入到应用实践中，实现在体验和反思过程中的成长发展。

体验式学习理论与创客教育的核心理念不谋而合，对创课的设计与实施具有重要指导意义。创课要给学习者亲身体验的机会，让学生在不断的探究、实验、检验的过程，真正体验知识的创造过程和应用价值，获得个体在知识经验、技能方法以及情感上的成长和发展。教师要根据学生已有知识经验创设趣味化的、真实的问题情境，激活学生原有认知，让学习者全身心投入，在观察、思考、探索、领悟、应用的过程中，深刻理解和建构学科知识。

---

[27] 祝智庭，雒亮. 从创客运动到创客教育：培植众创文化[J]. 电化教育研究，2015（7）：5-13.

[28] 李文君. 体验式学习理论研究综述[J]. 教育观察，2012（4）：83-89.

[29] 孙瑜. 体验式学习理论及其在成人培训中的运用[D]. 上海：华东师范大学，2007.

2. 建造主义理论

建造主义（Constructionism）由麻省理工学院媒体实验室的创始人之一、Logo 语言的发明人西蒙·派珀特教授在皮亚杰的建构主义（Constructivism）的基础上提出。建造主义支持建构主义的观点，即学习者是一个主动的知识建构者，但也更强调外在作品的建造和学习者创意的分享。

建造主义认为在学习过程中，学习者必须有意识地透过建造外在、可分享的人造制品与知识建立个人关系。不仅如此，建造主义亦富含社会建构主义的意向，认为人际间的互动是知识学习的重要历程。西蒙·派珀特教授认为好的教育不是如何让老师教得更好，而是如何提供充分的空间和机会让学习者去构造自己的知识体系。当孩子们在制作一些对自己有意义的作品时，如做小机器、编故事、编程序或是作歌时，孩子们正处于学习知识的最佳状态。西蒙·派珀特把计算机作为帮助学习者形成算法、解决问题并在此过程中学习和锻炼智力的强有力的工具。建造主义认为知识不是简单地由教师传达给学生们，而是学习者主动的心智建构，学习者不仅是去获取创意而且是去开发和实现自己的创意。虽然没有外在作品的创作，学习者仍然可以建构且表达知识，但是有更多的证据显示借由外在作品的创作，学习者可以有更多互动，以及分享他们所了解的事物及想法。

建造主义是创客教育的重要理论基础，也是创课设计的关键性指导理论。创课绝不是将固定的知识强行灌输给学生，而是要在稳定的课程计划基础上，通过灵活的课程设计，让学生积极参与，学会自主设计和创造制品，在此过程中生成较为完备的知识体系和创新创造能力。建造主义主张通过制作来学习的理念，让学生主动参与一些外在作品的创作，同时让他们有机会表达分享自己的想法。学习者在实践创作中不断积累学习经验，最终内化为自身的认知体系，为以后更复杂的创新实践奠定基础。

4.3.3 创课设计的通用框架

创课作为一种新形态的课程，目前缺少成熟的设计理论和开发过程模型。本研究基于对创客教育的认识以及相关课程开发经验，提出了创课设计的通用框架（见图 4-8）。该框架共包括三层，分别是指导理论层、关键要素层以及学习过程层。

其中，指导理论层包括体验式学习理论和建造主义理论两大核心理论，二者是课程要素设计以及学习过程设计的"基点"。关于两大理论的核心观点及其对创课的启示在上节已有介绍，这里不再赘述。接下来，重点介绍创课的课程要素设计与学习过程设计。

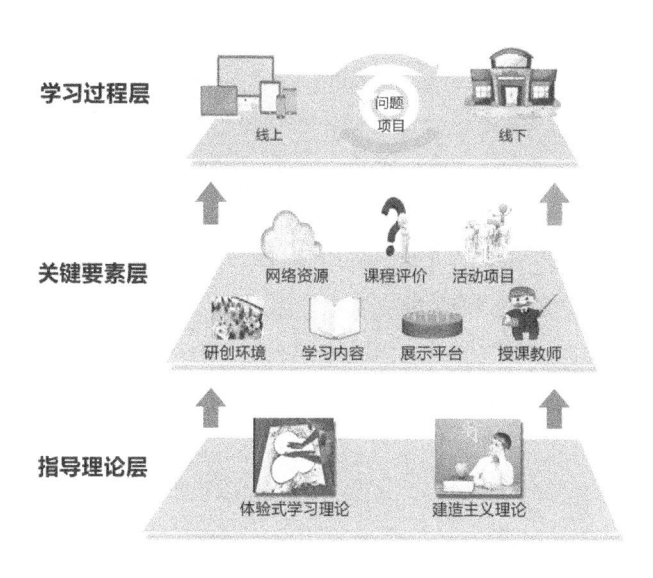

图 4-8　创课设计的通用框架

1. 创课要素设计

创课是由一系列要素组成的完整课程。其中，学习内容、活动项目、授课教师、研创环境、网络资源、展示平台以及课程评价是创课不可或缺的关键要素。

（1）学习内容：内容是课程的核心，不管是知识型课程还是活动型课程，都要承载一定的学习内容，只是表现形式不同。内容同样是创课设计应当关注的第一要素。课程设计者与授课教师团队需要在分析相关课程大纲的基础上，精心、合理选编多学科知识，构成较为系统的课程内容体系。创课的内容设计绝不是脱离课程大纲，而是以一种新的形式进行学科知识交叉重组，其最终目的也是要推进新课程改革。

（2）活动项目：创课的组织与实施以"项目"为基本单元，将枯燥的、机械化的材料转变为有活动、有意义的项目问题，可以拉近学习者与生活的距离[30]。课程设计者需要围绕课程内容设计若干贴近生活、趣味化的研究项目，每个项目中再设计一系列活动，有序引导、支持学生开展全程浸入式的项目学习。项目设计的出发点不是"知识"而是"问题"，项目学习的过程便是解决问题的过程。

（3）授课教师：创课的授课教师往往不是一个人，而是一个团队，既有技术老师的参与，也有学科教师的参与，还可能有教育管理者以及校外专家的参与。授课教师既是课程的设计者，又是课程的组织者和实施者。考虑到教学实际，创课教师团队的组成建议采用

---

[30] 李小涛，高海燕，邹佳人．"互联网+"背景下的 STEAM 教育到创客教育之变迁——从基于项目的学习到创新能力的培养[J]．远程教育杂志，2016（1）：28-36.

"一名主持教师+几名核心教师+多名外围教师"的模式。主持教师负责统筹和团队管理，核心教师全程参与学生指导，外围教师可根据学生项目开展需要灵活适时邀请。授课教师主要承担"教练"和"项目导师"的角色，绝不"越俎代庖"，要为学生提供必要的脚手架支持和及时的指导反馈。

（4）研创环境：创课具有研创性，鼓励学生像科学家一样开展研究和创造活动。创课的开展需要研创环境的支撑，如各种创客空间、探究实验室、互动型教室等。研创环境的设计需要遵循人机工程学基本原则，给学习者提供舒适、自由、开放的创作空间；要能够方便的接入互联网，支持学习者通过网络检索资料、连接社群、在线研讨、展示分享等；要根据需要提供必备的硬件、软件、材料等资源，支持学习者通过动手操作将创意变成现实。

（5）网络资源：立体化的网络学习资源可以有效促进创课的顺利开展，为学生进行随时随地学习、研究和创造活动提供重要支撑。网络资源的制作应尽可能丰富多样，以满足学习者的不同学习需求。一般来说，创课所用的网络资源包括教材、教学教案、使用指南、微视频、操作软件、优秀课程作品等。为低年级学生开设的创课，建议将网络资源的使用时机和方式明确写入项目的实施活动中。此外，还应鼓励学生作项目实践过程中自主生成个性化的创课资源，久而久之，将形成持续扩展进化的创课资源库。

（6）展示平台：创客教育非常注重成果的分享交流，分享的渠道可以是创客社区，也可以是小型的创客嘉年华，或者是课堂上的作品展示。数字原住民具有强烈的自我展现欲望，他们需要多渠道的展示平台向家长、老师、同学以及社会公开自己的创意作品。通过作品展示分享，学习者一方面可以获得自我成就感和认同感，从而激发再创造的热情；另一方面还可以获得来自大众用户的反馈与建议，不断优化作品，甚至可能实现作品的产业化。

（7）课程评价：如何评价学生的学习效果是创课设计的重点和难点。不同于传统课程的纸笔测验，创课更加注重学习产出的物化成果，倡导结果与过程相结合、老师与学生协同参与的评价模式。一方面，需要制定完备的、易操作的评价指标对学生的创意作品进行评量；另一方面，需要注重学习过程数据采集和阶段性成果的收集，以客观评价学生的课程参与以及进步情况。创课不适合采用标准化评价，考虑到不同学习者的知识基础和兴趣偏好，建议多采用增量式评价，以促进每位学习者快乐成长。

2．学习过程设计

创课的学习过程可以概括为"一条主线，两种形式"。一条主线，即课程以项目活动为主脉络有序推进；两种形式，即采用线上与线下相结合的混合式学习方式（见图4-9）。

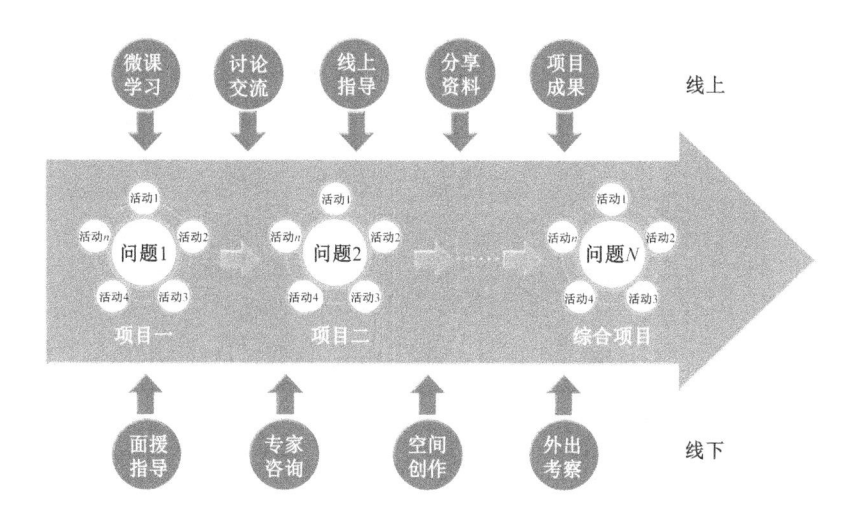

图 4-9　创课学习的基本过程

　　创课开展的主线是一系列研究项目，课程设计者将学习内容划分为一个个既相互关联又适度松散的研究项目，学习者以小组形式开展基于项目的学习。每个项目围绕一个核心问题展开，设计一系列学习活动（如观看演示、知识学习、练习模拟、资料检索、方案设计、原型制作、同伴互评等）帮助学生步步为营、寻求破解问题之道。学习活动的数量和类型视项目难度和学习者基础水平而定，活动的设计要遵循"探究、构造、体验"的基本思想以及梅瑞尔的首要教学原理，避免空洞的说教和无目的的探究。为了综合检验课程学习效果，每门创课都提供一个综合性研究项目，让学生协同设计创意解决方案，利用各种资源制作出最终的综合课程作品。

　　创课采用混合式的学习模式，通过将线上线下活动以及线上线下资源的有机整合，为学习者创设一体化的研创环境。线上活动以自学、交流、展示、分享为主，线下活动以考察、操作、咨询、面授为主。学生利用在线社区或网络学习平台自主观看教师录制的微视频，与同伴在线讨论项目问题，自主分享项目开展过程中搜集的相关材料，同时将项目作品发布到创客社区等展示平台。学生还可以利用在线平台开展项目管理（如分配任务、监督进展、制定计划等），教师利用平台实时掌握每个小组的项目进展，并及时给予反馈指导。教师还可以根据项目学习需求，进行集中面授指导，也可以每周提供固定的指导时间，有需要的小组可以当面请教老师。遇到一些专业性很强的问题或者项目开展遇到瓶颈时，可以通过教师联系相关的学科专家，进行当面咨询。学生还可以在教师的帮助下，到相关企业、科研机构、社会场所等进行实地考察，收集资料，激发灵感。创客空间、探究实验室、互动型教室等是创课开展的主阵地，学生可以充分利用这些空间提供的软硬件资源以及专业指导力量，动手制作"独一无二"的创意作品。

4.3.4 创课设计的一般流程

1. 基于主题的创课设计过程

我国对于创课设计的具体流程还处于探索阶段，北京师范大学创客教育实验室的傅骞教授提出基于主题的创客课程设计。该课程共分为四个主要步骤[31]：①从人的情感出发选定主题；②从易到难设计课程活动；③依"SCS 创客教学法"细化活动；④完成综合任务表现主题（见图 4-10）。

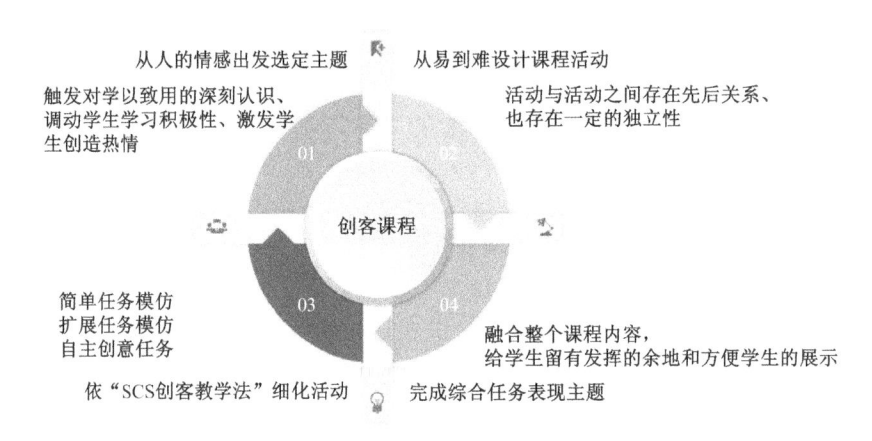

图 4-10 基于主题的创课设计流程

（1）从人的情感出发选定主题。主题是创课的主线，主题的选定对后续活动的开展具有重要的意义。从人类情感出发选定符合生活中的主题，能够触发对学以致用的深刻认识，从而调动学生学习积极性、激发学生创造热情。

（2）从易到难设计课程活动。任何一门创课都需要由多个创客活动组成，当选定主题之后，就需要依照学生的接受程度设计一系列从易到难、循序渐进、环环相扣的创客活动。活动设计中需要保证活动与活动之间既存在先后关系，同时也存在一定的独立性，即后续活动是以先前活动为基础，当具有一定知识储备时，学生可以自行选择活动开展。

（3）依"SCS 创客教学法"细化活动。在课程活动的构建过程中主要参照"SCS 创客教学法"将活动细化为三个部分，即简单任务模仿、扩展任务模仿和自主创意任务。一方面，教师需要对简单任务进行详细设计，以便学生可以直接模仿。另一方面，则需要设计具体的创意激发和引导策略辅助学生实现自主创意。

（4）完成综合任务表现主题。课程结束时教师可为学生提供能体现课程主题的创新方

---

[31] 傅骞. 基于"中国创造"的创客教育支持生态研究[J]. 中国电化教育，2015（11）：6-12.

向，学生通过自由发挥完成最后的综合性任务，作为最终的学习成果。综合性任务设计除了考虑融合整个课程内容之外，还需要考虑给学生留有发挥的余地和方便学生的展示，从而让学生在课程结束时更好地体验创新与分享的快乐。

2. 创课的通用设计过程

本研究在基于主题的创客课程设计的基础上，提出了创课设计的通用流程，包括创课内容体系建构、创课项目设计、创课活动设计、创课评价设计四个环节（见图4-11）。创课适合采用预设与生成相结合的开发模式，既有教师预设的内容、活动、评价等，又要在实施过程中不断修正、动态生成，引导学生积极参与创课的设计与开发。

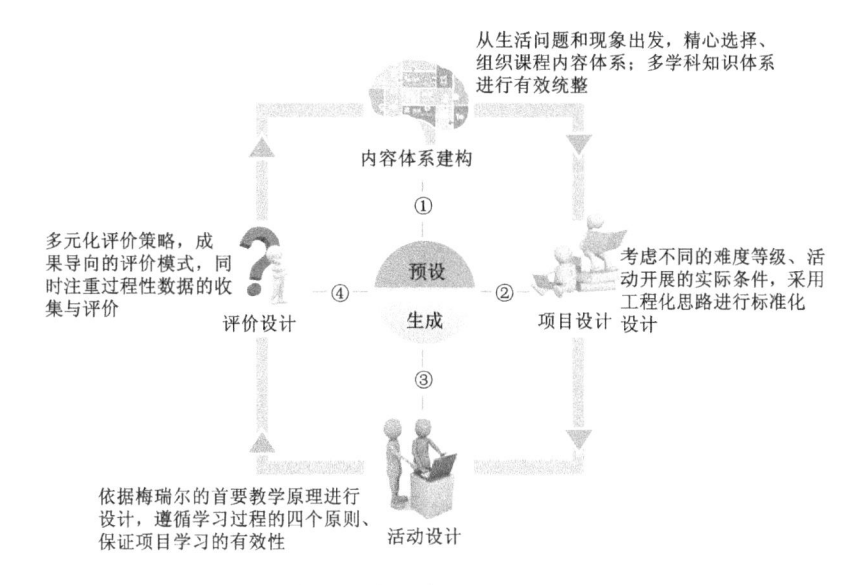

图 4-11 创课的通用设计过程

1）创课内容体系建构

内容体系设计是创课的起点，直接影响后续项目、活动以及评价的设计。创课的学习内容强调多学科知识整合，设计难度较大。传统课程（如数学、物理、化学等）具有完备的内容体系，创客化改造的第一步是要对现有多个学科知识体系进行有效统整。整合的路径建议以某门课程为主体，合理引进相关学科内容。

当设计一门全新的创课时，则需要在课程目标的导引下，根据学习对象的认知水平和兴趣点，从生活问题和现象出发，精心选择、组织课程内容体系。从单个内容主题来看，创课内容具有一定的分散性，但从整体来看又呈现良好的体系化特征。多个内容模块之间呈松散耦合态，以便于学生根据兴趣和知识基础自主选择学习对象。与传统课程改造而成的创课相比，全新创课的内容设计具有更强的灵活性，更加注重科学素养的拓展和提升，但同时由于可借鉴的东西较少，设计开发难度也更大。因此，为了设计高质量的创课内容，建议进行充分的需求调研和设计论证，邀请学科专家、学生、教师、技术人员等协同参与创课内容的设计。

2）创课项目设计

确定创课内容体系后，下一步需要将内容转换为可操作的研究项目，每个项目围绕现实问题展开，设计若干活动，让学生在参与活动的过程中逐步内化知识，增强创新意识和创新创造能力。项目的设计要有不同的难度等级，让不同水平的学习者都可以参与其中。项目活动的设计除了考虑学生基础外，还应考虑活动开展的实际条件，比如空间、软件、硬件、材料等资源，以及社会资源的可获得性。创课项目的设计建议采用工程化的思路，进行标准化设计，项目实施的前提基础、实施过程以及每一步的产出物等都应有明确的规定和时间节点要求。工程化的目的不是束缚学习者的创意发挥，而是为了从操作层面更好地支持学生的研创活动。

3）创课活动设计

为了保证创课项目的顺序实施，支持学生完成基于项目的学习，需要为每个创课项目精心设计系列学习活动。创课活动应依据梅瑞尔的首要教学原理进行设计，整体遵循学习过程的四个原则[32]（见图 4-12）：激活原则（Activation Principle）、展示原则（Demonstration Principle）、应用性原则（Application Principle）和整合原则（Integration Principle），以保证项目学习的有效性。

图 4-12 梅瑞尔的首要教学原理

（1）激活原则：创课项目的起始活动应当与学生的知识经验密切关联，通过问题导引、场景再现、故事导入等多种策略激活学生原有认知结构，引发项目学习兴趣，同时增强学习自信心。

（2）展示原则：创课项目的完成需要学生自主学习很多新的知识和相关技能，为此可以通过操作演示、观看微视频、模拟实验等活动形式，让学生内化新知识。

（3）应用性原则：当学生初步学习到新知识与新技能时，接下来就要设计真实的探究任务，让学生亲自动手解决现实问题，比如采用头脑风暴、3D建模、原型开发等活动形式，促进知识的迁移应用。

（4）整合原则：除了简单的模仿和应用外，创课学习更注重多学科知识与技能的综合

---

[32] Merrill M D. First principles of instruction[J]. Educational technology research and development，2002，50（3）：43-59.

应用，通过设计比赛、辩论等活动，让学习者以团队形式开展竞争，促进知识与技能的整合内化以及创新应用。

4）创课评价设计

创课评价应当采用多元化的评价模式与策略，调动教师、学科专家以及学生的积极性，参与到创课学习的评价中。教师与学科专家着眼于创新创造能力的评价，重点考察学生在创课活动中所展现的创客素养、实践能力、创新意识、创造力等。学生自评着眼于学生对项目学习过程中的个人表现进行自我反思。同伴互评着眼于项目成果的交流展示以及彼此勉励，同时提供好的反馈建议，促进创意作品的优化完善。

创课虽然倡导成果导向的评价模式，但同样注重过程性数据的收集与评价。创课作品评价指标的设计至关重要，应当充分考虑作品的创意程度、可实现性以及成本效益等多种要素，每种指标的权重也应进行合理设计。在线互动记录、线下的学习过程表现以及产出的阶段性项目成果等，过程性数据应当及时采集和存储，用于评价每位学习者的参与度以及各方面的进步情况。

04 创课的实践案例

4.4.1 北师大创意电子创课

"创意电子设计基础"综合实践课程,是北京师范大学创客教育实验室首推的创客教育课程[33]。该课程面向大学生和研究生,为对创意电子感兴趣的学生提供学习、交流、动手实践的机会和平台,从而为创客教育理念的传播、创客教育的推广起到积极的推动作用[34]。

创意电子设计是基于 C 语言的编程语言应用与电子连接相结合,主要运用 Eclipse、AccessPort 等软件以及 mBed 开发平台和一些相应配件,以 C 语言为编程语言,通过编写代码以及连接配件的方式来完成小组任务,从而设计出富有创意的电子产品。该课程活动实施方式以集中培训的方式为主,并通过集体教学和小组合作形式,自主完成任务实践活动的流程,最终激发学生创造力、提高学生的实践动手能力。

创意电子设计课程的教学活动流程,主要包括集体教学和小组合作两大组成部分。在集体教学中,教师起到主导作用,除了完成对新知识新内容的讲解之外,还需要适当的对以前的知识点进行回顾,以加深学生对知识点的理解。此阶段的学生主要以知识学习为主,需要完成对知识点的掌握与理解。随后创意电子设计课程进入小组合作阶段,此阶段通常每 2~3 人为一组,每一小组均具有相同的设备资源,如相同的电子配件和相同的代码文件。在小组合作阶段,学生起主导作用,他们首先需要通过对代码组块的进一步修改与完善,实现程序功能;其次还需要完成硬件的搭建以及与同伴、教师的相互讨论,最终通过创意设计和思维碰撞创造出多种富有个性的电子应用产品。此阶段,教师通常起到辅助作用,

---

[33] 北师大创客教育实验室. 百度百科[EB/OL]. http://baike.baidu.com/link?url=3fOHbsFtUCPItNrXo6x-M94XhvmpIRkRXXsX2Pys5N3UsgnQfHnXg8bbHtCeyHxQCftDumD7LVLtCQyOX5bVjuIbOQgUklEl7wP5pECbNMBMMB-tcfdg4ljS5wmjVaW68mp7TIixMZXvXSsONrQyZKH2wWhpfkjd5ID7h0ykT1TeEsaM3CVLaB-2V-6oJlwT#2, 2016-2-27.

[34] 王辞晓,傅骞,杨思思. 创客视野下的创意电子课程设计研究[J]. 现代教育技术,2015(10):106-112.

即随时为学生答疑解惑，并适当的与学生进行思维碰撞，以激发学生的创新创造能力（见图 4-13）。

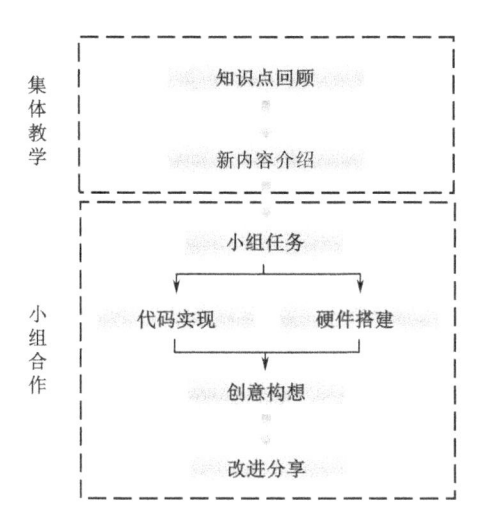

图 4-13 创意电子设计课程教学活动流程

4.4.2 温州中学机器人创课

"Arduino 创意机器人"课程是温州中学开设的创客课程，课程本着让学生走近机器人、研究机器人，向着开发研制机器人目标迈进的原则，培养学生对 Arduino 机器人课程学习的兴趣以及动手解决实际生活问题的兴趣，提高问题意识以及 STEM 素养，促进学生全面而有个性的发展。

以 Arduino 为平台的机器人课程教学需要搭建硬件、检测与控制电路，然后编写控制程序烧录代码，实现控制机器人的各种动作和行为。课程资源包含 22 课时的教材，18 课时的教学设计、课件和微视频以及何琪辰为教育定制的 ArduBlock（小学版使用北师大创客实验室的 Mixly）。课程内容分为 LED、风扇、小车三个专题，每个专题共有 7 个课时，其中第 7 个课时为综合课[35]。每个专题的具体内容包括：①智能 LED 系列，包括点亮 LED、按钮控制的 LED、创意 LED 三个专题，主要是 Arduino 的基础知识；②智能风扇系列，包括智能风扇、变速风扇、创意风扇三个专题，主要是 Arduino 基础知识的强化与深入；③智能小车系列，包括会走路的小车、避障小车、巡线小车三个专题，主要是 Arduino 机器人的综合运用。另外，每个专题共有 7 个课时，第 7 个课时以及课程最后一个课时为

---

[35]开源课程：Arduino 创意机器人（中学版）[EB/OL]. http://blog.sina.com.cn/s/blog_6611ddcf0101kcje.html，2016-03-12.

综合课（见图 4-14）。

课程开展方式包括由学生完成简单机器人设计、硬件装配、程序编写、功能调试等任务的训练，从而使得学生能够初步了解机器人的基本结构、了解机器人在社会生活中的应用；随着对创客机器人知识的积累和兴趣的形成，学生开始进入对机器人制作的深入探究。此外，课程教学方式多以任务驱动、新知讲授和实践应用为主，课程的评价方式则融合了主体多维化、内容多样化、过程动态化以及形式多样化等评价方式。

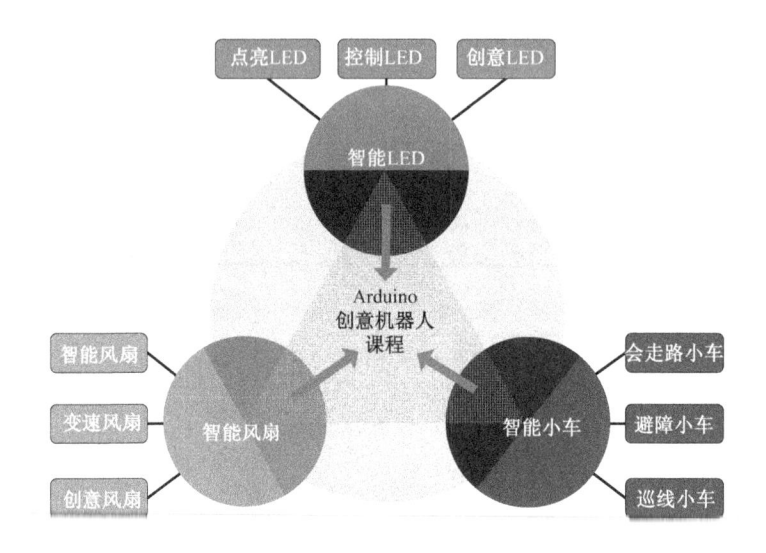

图 4-14 温州中学创意机器人课程体系

4.4.3 爱创家创课

"ITRON+创客教育课程体系"是爱创家开设的创课，其旨在通过创新思维训练、体验互动、项目学习、任务分解和分享交流，培养学生解决实际问题的能力。课程根据不同年级的特点，由易到难可分为："创客介绍及工具使用""机械结构与电路基础""多电机驱动""电子技术基础""可视化编辑入门"和"创客协作模式认知"等[36]。

该系列课程以知识、问题和主题等多任务为导向，创设包含情境导入、提出挑战、技术指导、创意设计、竞赛环节和成果分享六个环节的活动过程（见图 4-15）。在课程教学中，教师主要对有针对性的问题进行技术指导，培养学生的设计能力，激发学生的创意设计等。研究过程中，学生通过技术搜集、数据分析，自己尝试设计一个解决方案并进行测试，最

---

[36]少年创客养成计划[EB/OL]. http://www.11.com.cn/portal.php?mod=view&aid=302，2016-03-12.

终与同伴分享研究成果，实现个性化成长发展。

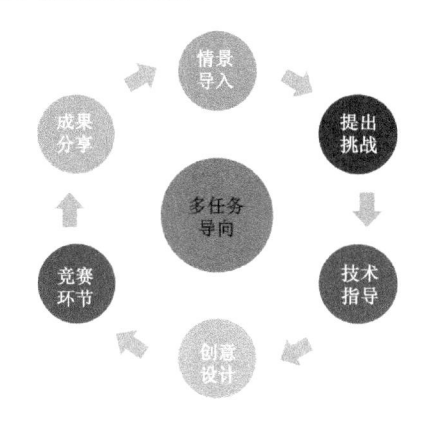

图 4-15　ITRON 创课教学模式

以"调速风车"课程为例，该课程面向小学生，采用渐进式的学习方式，让学生通过自己动手，学会思考并进行设计、解决问题。课程通过讲解风的价值引起学生的好奇心，通过认识风车的结构框架，了解连接电路的原理，同时在教室内提供相关工具，以任务驱动的形式促使学生自主制作，让每个学生展示自己的想法和成果。讲解过程中的步骤仅供参考，学生可以按照自己的意愿去组装，组装完成后尝试完成电路的连接，在整个过程中不仅要自己对作品有深入认识，更要学会和同伴进行交流、沟通，让学生学会分享研究成果和创意，在彼此切磋、碰撞中不断完善自己的作品。在整个过程中明白电路的连接原理以及每个部件的作用，探索风车转动快慢的相关因素。学生最终将成品进行展示，教师将根据课堂表现总结课程的知识点，根据作品完成度以及创新度进行评判。

4.4.4　Touchbox 小创客

Touchbox 小创客由成功推广运营全球早教领先品牌金宝贝、艺术教育领军品牌蕃茄田的精中教育集团出品，是一个由国内外儿童艺术教育专家团队历时多年研发，旨在普及儿童艺术教育、倡导亲子互动的专业家庭艺术启蒙教育课程[37]。

Touchbox 小创客认为艺术应该走入千家万户，每一个孩子都应该享受艺术教育的滋养。该课程主要针对 3～8 岁孩子分年龄研发，通过每月一期生动的艺术教育视频课程+快递到家的配套创意教具盒，让全家人一起在创作游戏中轻松学艺术。课程融汇古今艺术家及艺术流派，每堂课都会让孩子了解一位艺术家、一种艺术技法或某个国家地区的文化特色，

---

[37] Touchbox 小创客—专业家庭艺术启蒙教育课程[EB/OL]. http://yuer.pcbaby.com.cn/274/2740644.html，2016-03-22.

父母可与孩子边看视频课程边玩配套的创意教具，潜移默化地开拓孩子世界性的艺术视野（见图 4-16）。

图 4-16　Touchbox 小创客学生作品

Touchbox 小创客系统规划了孩子艺术敏感期中完整的美学课程，让孩子在合适的年龄学到适合的艺术常识和技能。课程采用安全无毒的高品质原材料，自行开模生产，经过多次样品实操的改进，成功打造出一套专为儿童研发设计、符合儿童各年龄段发育特点的专业教具，让家长放心，让孩子玩得舒心。该课程以新奇有趣的探索方式，强调创意发挥，尊重每一个孩子的个性，留给孩子极大的创作空间，为孩子注入丰富想象和创造力，令孩子永远保持对世界万物的高度好奇和兴趣。课程倡导父母应给予孩子高质量的深度陪伴，盒子每一次的开启都是一次绝佳的亲子互动，家长和孩子可以免去舟车劳顿，在最温暖安全的家中利用起空闲零散的时间。全家人借此机会共同感受艺术融入家庭生活的美好，营造一个善于发现美、欣赏美、创造美的家庭氛围。

4.4.5　"艺起来"家庭艺术创课

"艺起来"家庭艺术创课系列产品面向 3～6 岁孩子及家庭使用，根据《幼儿园教育指导纲要》规定的不同年龄段孩子需要达到的目标和掌握的内容，进行产品研发和设计[38]。"艺起来"更加注重引导幼儿在艺术领域的创造力和想象力，填补了国内家庭艺术教育的空白，有利于学校、社会、家庭三位一体共同开展幼儿艺术教育。内容以绘画为切入点，将大师作品、原创绘本、多元化创意材料融入其中，用创意赋予产品艺术生命力，将设计思维的训练潜移默化地融入到课程之中，孩子和父母可以一起读故事，做手工，玩创意，从平面的绘画，到立体的展示，进行主题性的艺术创造（见图 4-17），让孩子以

---

[38] 艺起来[EB/OL]. http://www.artgogogo.com/pages/onLineShop/index.html#/main，2016-03-22.

一种新的方式学习艺术。

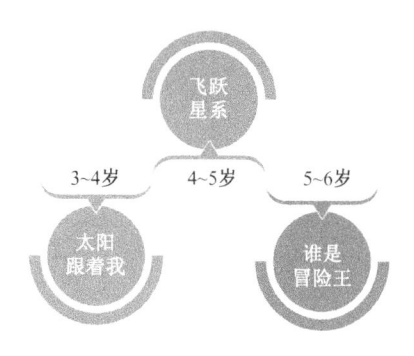

图 4-17　3 月家庭艺术创意课程产品主题

"艺起来"坚持"把课程带回家，人人都是艺术家"的理念，从最基础的美术知识开始，由表及里、由浅入深的慢慢走近美术的多彩世界。全面培养他们的洞察能力、想象能力、动手能力、创造能力，提高审美能力，用设计思维构建孩子的未来竞争力，普及艺术教育，让艺术走入更多的家庭，让更多人体验艺术带来的惊喜和快乐。

为了适应互联网时代的发展需求，课程引入 O2O 概念，利用"互联网+"形态，将信息技术与艺术教育融合创新，推出"艺起来吧 App"，线上线下相融合，在家就可以学习艺术。此外，通过家庭艺术创意课程系列产品，还可以参加作品展览、经验交流、艺术分享、公益活动、艺术比赛、创意市集等丰富多样的艺术活动[39]，用户可通过"艺起来吧 App"在线视频点播、作品上传分享、教师专业点评、网上社区交流，加强客户体验的新鲜感，提高客户体验的满意度，增加客户黏度，打造独有的家庭艺术教育生态系统。

---

[39] "艺起来"创意课程亮相　打造艺术教育新模式[EB/OL]. http://www.js.xinhuanet.com/2015-11/02/c_1117015180.htm，2016-03-22.

第 5 章

学习资源的碎片化与系统化

碎片化时间、碎片化阅读、碎片化学习、碎片化思维，一切都在碎片化，碎片化时代已经到来。碎片化正在成为信息时代人们工作、生活与学习的常态。碎片化资源是开展碎片化学习的基础。碎片化资源在满足信息时代学习需求的同时，日渐引起诸多争议，如碎片化产生认知障碍、碎片化导致"肤浅"式阅读、碎片化"削弱"可持续学习能力等。本章分析了碎片化引发的争议；梳理了多种形态的碎片化资源，包括微信息、微素材、微课与微应用；讨论了碎片化资源的"三利三弊"；提出了碎片化资源的适用场景。在此基础上，提出了实现碎片化资源系统化的三种途径，包括链接、聚合和可视化。最后，结合信息时代的知识特点，给出了碎片化资源的高效管理和应用方式：轻松管理自己的碎片化知识、利用碎片资源开展微型学习、利用碎片资源构建社会认知网络。

碎片化时代到来

5.1.1 一切都在碎片化

当前,信息技术发展日新月异,移动互联网、物联网、大数据、云计算等技术日渐成熟,智能手机、平板电脑、电子阅读器等便携设备在工作生活中普遍应用,微信、微博等社交媒体已融入人们的日常生活中。我们已经习惯于茶余饭后"刷朋友圈""抢、发红包""浏览 QQ 消息"等,碎片化时代已经到来。碎片化的生活和学习是一种"常"态,更是一种趋势。

1. 碎片化

"碎片化"(Fragmentation)一词,在 20 世纪 80 年代常见于"后现代主义"的相关文献中,原意指完整的东西破成诸多零块,也有学者认为碎片化是电脑与网络技术深度嵌入现代经济社会与文化生活之后,人类社会对科技文明的一次彻底反叛[1]。古希腊著名思想家、教育家苏格拉底(Socrates,公元前 469—公元前 399 年)表达了人类历史上最早的一次技术恐慌。他在《斐德若篇》中,指责书写的发明"制造了灵魂中的遗忘性",一个人不再依靠自己的记忆力,而是相信外部书写的文字。这大概是人类心智第一次出现裂缝,碎片化的进程开始了。

当前,随着移动互联网、物联网、云计算、大数据等新一代信息技术的发展,碎片化已成为我们工作、生活的趋势。即时通信软件(QQ、Skype、FaceTime 等)使时间碎片化,搜索引擎(谷歌、百度、搜狗等)使知识碎片化,社会化工具(微信、微博、Facebook、Twitter)使人与人之间的关系碎片化,电子阅读器(Kindle、iPad 等)使阅读碎片化。与碎片化相关的概念有:碎片化时间、碎片化阅读、碎片化学习、碎片化思维(见图 5-1)。

---

[1] 段永朝. 互联网:碎片化生存[M]. 北京:中信出版社,2009: 156.

图 5-1　碎片化及其相关概念

2. 碎片化时间

欧阳修在《归田录》中提到"余平生所作文章多在'三上',乃马上、枕上、厕上",充分利用"马上""枕上"和"厕上"这些零碎的时间来读书写作。当前,随着空间移动与转换越来越频繁,移动化的生活方式使零碎的"等候时间"不断增加,时间被分割成大小不同的方块,使得有限的时间呈现出越来越细分的"碎片化"特点。伴随着这样一个变化,碎片化时间逐渐变成了主流时间,产生了"新三上":地铁上、公交上、飞机上。碎片化时间是相对于正式学习时间而言,相对较短,指人们在工作或正式学习之余短暂的、闲散的、零碎的时间。相对于工作、学习等完整的、持续的、大块的整体化时间而言,碎片化时间是小块的零散时间[2]。生活中碎片化时间无处不在,如等车、乘地铁、睡前、茶余饭后等"零碎"时间。

3. 碎片化阅读

碎片化阅读是指我们的阅读不再系统、完整,而变得无序、零散和互不关联。相对于"整体化"阅读而言,碎片化阅读主要指通过电子书、手机、移动网络等新媒体设备而进行的不完整的、断断续续的阅读模式[3]。随着移动设备的发展以及在生活中的广泛应用,人们的阅读渠道和阅读习惯发生了很大变化。人民日报读者调查课题组对 84987 名读者的阅读习惯进行调研,数据显示,在信息获取渠道方面,网络、报纸和电视是读者获取信息的主要渠道,分别占 54.12%、46.32%、43.83%,书本杂志阅读只占 11.36%;在阅读习惯

---

[2] 昝廷全,高亢. 手机"碎片时间"价值的"长尾理论"分析[J]. 现代传播(中国传媒大学学报),2013(11):96-99.

[3] 王承博,李小平,赵丰年,张琳. 大数据时代碎片化学习研究[J]. 电化教育研究,2015,36(10):26-30.

方面，38.35%的读者喜欢在阅读过程中"先看标题，如果感兴趣就往下看"，32.99%的读者"挑喜欢的版面或栏目看"，而"从头到尾仔细看"系统阅读的人非常少[4]。调查结果表明碎片化阅读已成为人们获取信息的主要渠道。

4. 碎片化学习

随着移动互联网、物联网、云计算、大数据等新一代信息技术的发展，人们的行为方式和学习习惯正在悄无声息地发生变化，人类正逐步进入"碎片化"学习时代。关于"碎片化学习"，目前学术界并没有明确统一的定义。华东师范大学终身教授祝智庭认为"碎片化学习更大程度肇始于信息碎片化，进而带来知识碎片化、时间碎片化、空间碎片化、媒体碎片化、关系碎片化、思维碎片化、体验碎片化等"[5]。我们认为碎片化学习是在泛在学习环境下利用碎片化时间学习碎片化内容的一种新型学习方式。其明显特点是内容碎片化、时间碎片化和媒体碎片化。

5. 碎片化思维

碎片化是一种"去常规化"（Denormalize）或者说"去自然化"（Denaturalize）的过程。传统思维犹如完整的花瓶，而碎片化思维就像掉在地上的花瓶碎片，离散而零碎。花瓶破碎之后，人们发现原来所看到的整体的东西不再是之前的样子，促使人们突破传统并寻找新的可能[6]，进而形成一种全新的思维，符合碎片化时代问题解决的要求。

5.1.2 碎片化引发争议

1. 碎片化满足了信息时代学习需求

1）碎片化学习符合快节奏的工作与生活

信息社会，生活和工作节奏日益加快，新媒体的涌现和移动终端的普及，为人们随时随地学习提供了有效的交互平台和技术供给。我们经常看到，很多人在地铁上、公交车上、火车上，甚至走路、等车、跑步等碎片化时间开展"见缝插针"式的学习。人们的学习动机是开展碎片化学习的内在需求，新技术和媒体的普及为开展碎片化学习提供了良好的外部环境。

---

[4] 人民日报读者调查课题组. 第三届人民日报读者评报活动落幕[N]. 人民日报，2012-04-09（4）.
[5] 祝智庭. 教育信息化的新发展：国际观察与国内动态[J]. 现代远程教育研究，2012（3）：3-13.
[6] 赵婧. "碎片化"思维与教育研究——托马斯. 波克维茨教授访谈录[J]. 全球教育展望，2012（10）：3-7.

2）碎片化丰富了我们的阅读方式

碎片化阅读已融入我们的生活。不可否认，新媒体能够满足现代社会人们对于信息的需求。例如：人们利用零散的时间可以阅读微信、微博等内容，丰富了阅读内容，提供了丰富的阅读方式。它虽然无法代替诵读经典所能带给我们的心灵上的收获，但新媒体的确丰富了我们的阅读习惯。

2. 碎片化的弊端日益显现

1）碎片化产生认知障碍

技术是一把"双刃剑"，在给人们学习带来便利的同时，也使人们受制于技术的发达，成为"技术奴役"。碎片化信息的大量传播，极易导致用户所需要的信息与所接受信息间的不对称。当我们想静下心来进行深度阅读和思考时，很容易被一个微信、一条微博转移注意力，发现注意力已经很难集中。碎片化学习的弊端正随着碎片化学习资源的泛滥而日益凸显出来，这样的学习方式反而对学习者的注意力、思维等造成不良影响，影响了学习效果，产生了认知障碍。

2）碎片化导致"肤浅"式阅读

信息的多样化和工作、生活节奏的加快，正改变着人们传统的阅读方式，碎片化阅读已成为人们从海量信息中获取知识的主要途径。脑科学得出的一种结论：碎片化的信息传递方式会严重分散人的注意力。研究显示，前额叶处理问题的习惯倾向于每次只处理一个任务。多任务切换，只会消耗更多脑力，增加认知负荷。因此，有专家认为，这种"浅尝辄止"的方式，会使大脑在参与信息处理的过程中变得更加"肤浅"[7]。美国埃默里大学英语教授马克·鲍尔莱因就是一位坚定地反对这种"快阅读"的代表性人物。在他看来，互联网的危险在于，它的知识与信息资源过于丰富，让人们以为再也不需要将这些知识与信息内化为自己的东西。

3）碎片化"削弱"了可持续学习能力

现在的人们经常有这样的感觉，从早到晚忙忙碌碌，但也没感觉做什么。每当想静下心来学习时，会时不时地被弹出来的 QQ 消息、"不期而遇"的微信消息或红包所打断。我们的注意力发生了转移，思维被切割成碎片，丧失深度思考和创造的能力，削弱了可持续学习能力。

---

[7] 碎片化时代引发的阅读争议[EB/OL]. http://www.china5080.com/articles/432074.html，2016-02-15.

5.1.3 学习需要碎片化吗

碎片化学习是大数据时代建构"新知识体系"不可或缺的组成部分，理想的"新知识体系"拥有信息本身再加工的无限自由[8]。大数据背景下对碎片化学习趋于两方面的理解。一方面指大数据时代新媒体的便捷性、海量信息内容的离散性以及学习者阅读方式的随意性，导致学习者获取知识碎片化；另一方面指利用零碎的时间，进行短、平、快的学习，这些主要体现在学习时间的不连续性，从而导致获取知识碎片化。相对于传统的书本学习，这两种方式获取的知识是离散的、零碎的，缺乏整体性知识结构，所以形象地称之为碎片化学习。因此，碎片化学习是指学习者运用全新的思维方式，利用碎片化阅读或在碎片化时间里，从互联网挖掘有意义的知识碎片，并对知识碎片存储、汲取、加工等建构的过程[9]。

20世纪原创媒介理论家McLuhan认为新媒体必然带来新的行为方式，进而形成新的习惯模式。无处不在的移动网络使学习不再受时空的限制，彻底颠覆了学习者在传统学习模式中的被动地位。自主学习成为学习者主要的学习方式，开放多元的学习环境使学习者可以更好地利用碎片时间。伴随着技术的变革与应用的成熟，传统教学模式必然与学习者在碎片时空下利用多元智能终端进行学习的模式相冲突。学习者对学习内容及形式都提出了新的需求，模块化、大颗粒的学习内容不能与碎片时间下进行的微型学习相适应。因此基于碎片化学习发生的情景，碎片化学习所需的资源应该呈现灵活、易得、微型等特征，最好是基于精准定位需求设计的资源，同时要匹配艺术化的呈现形式，因为眼球经济下只有艺术化的学习资源才能激发学习者学习兴趣，进而提高学习动机及学习效率。

1. "碎片化学习"与"整体化学习"

碎片化时代需要碎片化学习，碎片化学习已经成为学习的"新常态"。对于碎片化学习产生的原因，我们用"四只打碎的花瓶"来比喻进行说明。

社会的快速发展是第一只打碎的花瓶。当前，人们的工作和生活节奏越来越快，"快餐文化"盛行，我们的时间被切割成越来越碎的片段。时间的碎片化必然带来学习的碎片化。人们不能再像以前抽出大量整段时间去完成一件事情，有的人将时间按小时、分钟甚至秒来计算。人们已经没有时间慢慢思考，需要在这瞬息万变的社会中立即做出反应。

人类知识激增的大背景是第二只打碎的花瓶。人类已经拥有海量的知识，并且正以飞快的速度增长。传统的"整体化学习"已经很难满足知识学习的需求，以前那种从头到尾学习的完整知识的方式已不能顺应"知识爆炸"的时代潮流。以前的知识体系按照学科

---

[8] 黄鸣奋. 碎片美学在"超现代"的呈现[J]. 学术月刊，2013（6）：36-46.
[9] 王承博，李小平，赵丰年. 大数据时代碎片化学习研究[J]. 电化教育研究，2015, 36（10）：26-30.

分类精心组织，每门学科像一个花瓶。在"知识爆炸"时代，学科界限逐渐模糊，许多学科逐步糅和在一起。人们需要在短时间内掌握真正需要的知识，只能学习知识链上的某一块"碎片"。

新媒体对学习方式的影响是第三只打碎的花瓶。相对于报纸、杂志、广播、电视四大传统媒体而言，新媒体正以"润物细无声"的姿态潜移默化地影响人们的生活方式、工作方式和学习方式。以前人们的学习习惯是使用教科书，从教师那里学习获得知识。现在学生能够利用智能手机、iPad、电子阅读器等随时随地进行碎片学习。

互联网的飞速发展是第四只打碎的花瓶。传统的教科书以线性方式呈现知识，互联网改变了传统的知识呈现方式，通过超链接的方式将所有知识点连成错综复杂的网状结构。根据知识点内容，设置多个超链接，把一个完整的知识切割成很多碎片，每个网页就像一个个碎片的集合。

2．碎片化学习的特征和优势

碎片化学习在用户、学习内容和表达方式等方面具有典型的特征，具体内容表现在几方面。

1）用户平民化、大众化

互联网使贴着大众化、平民化标签的草根迎来了走上"舞台"发声的机会[10]，随着移动互联网的发展，谁都可以成为碎片化学习内容的提供者，同时也可以成为碎片化学习内容的消费者，碎片化学习内容汇聚了众多用户的智慧。在社交应用领域，不可避免地产生没有价值的碎片化信息，这就要求用户不断增强自身信息素养，提高去伪存真的能力。

2）学习内容碎片化、非线性

碎片化学习内容结构松散，以非线性的形态分布在互联网的各个角落。微信、微博等社会化网络工具促进了碎片化学习内容在不同用户之间的传播。用户根据自身学习需求，自主选择个性化的学习内容。碎片化学习内容不断吸引用户的注意，其更新速度不断加快，生命周期不断缩短。

3）呈现方式丰富，平台多样化

碎片化学习内容具有丰富的呈现方式，可以通过文本、图片、视频、音频、动画等多种形式呈现内容，也可以综合采用多种方式，满足用户的不同学习需求。用户可以随时随地使用各种终端设备访问碎片化学习内容。

3．碎片化学习的"三利三弊"

随着大数据、云计算、移动互联网等技术的迅速发展，碎片化学习已成为信息时代的

---

[10] 张克永，杨雪，黄海林. 基于移动微博的中美俚语文化交流传播设计[J]. 现代教育技术，2012（7）：78-82.

新型学习方式。本研究认为碎片化学习具有"三利三弊"(见图 5-2)。

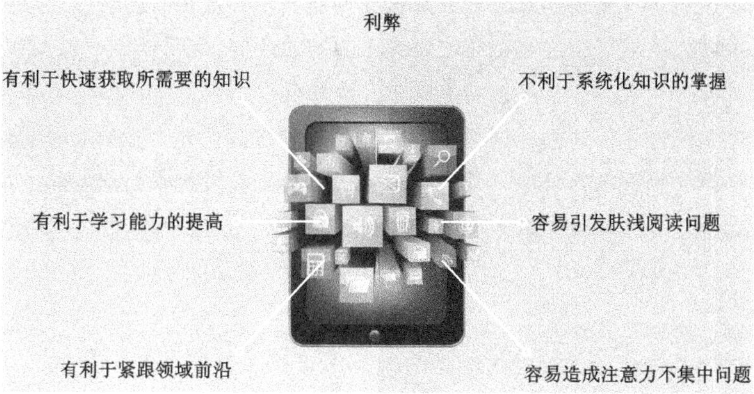

图 5-2 碎片化学习的三利三弊

(1) 碎片化学习有利于快速获取所需要的知识。为了适应现代社会的快节奏生活，学习者需要快速获取工作、生活中所需要的知识。传统的学习方式已经不能满足学习者快速学习的需求。相反，碎片化资源学习时间短、内容丰富，更容易激发学习者的学习兴趣。同时，学习者可以使用多种终端设备快速进行碎片化学习。碎片化学习已成为互联网时代获取知识水平的新途径。

(2) 碎片化学习有利于学习能力的提高。碎片化顺应了时代发展潮流，随着移动社交媒体的发展，学习者习惯利用碎片化时间学习。通过微信、微博筛选有价值的碎片信息。阅读碎片化信息的过程，也是将碎片化知识融入到已有知识体系的过程。在这个过程中，学习者获取知识的能力不断得到培养，学习能力不断提高，同时也有利于个人知识体系的不断完善。

(3) 碎片化学习有利于紧跟领域前沿。碎片化学习可用于关注最新的热点和前沿问题，关注领域最新的研究成果。例如：有些学术研究成果会在社交平台（如微信"朋友圈"）传播，通过对相关学术组织的关注，学习者可以非常方便地浏览、学习碎片化资源，发表个人想法或"点赞"，也可以分享、收藏这些碎片化资源。通过阅读这些碎片化资源，能够及时关注领域前沿问题。

然而，随着碎片化资源的泛滥，碎片化学习的弊端日益显现出来，具体来讲，主要包括以下几方面内容。

(1) 碎片化学习不利于系统化知识的掌握。与系统化学习相比，碎片化学习主要是学习者利用零碎的时间，进行短、平、快的学习方式，具有零碎、离散、关联性差等特点。在碎片化学习过程中，"只见树木，不见森林"的现象普遍存在，缺少与学习者已有知识的"同化"。

(2) 碎片化学习容易引发肤浅阅读问题。大量的碎片化信息导致人们"疲于"在各种信息之间不停转换，很难在一条碎片化信息上停留过多的时间。这样就导致了人们在浏览信息时只是"水过地皮湿"地简单浏览,缺少深入分析或思考,甚至连简单的逻辑思考都没有发生,更不用说深度阅读的发生。当我们原本想利用碎片化时间进行学习,掌握更多知识时,结果发现大脑依旧空白,很难达到真正阅读的效果。

（3）碎片化学习容易造成注意力不集中。碎片化学习过程中,学习者需要不停的在大量的碎片化知识之间不停切换。学习者很容易被一条微博、一个微信吸引而转移注意力。在现实生活中这种情况非常普遍,学习者在完成一项工作过程中,会不断地被碎片化信息打断,长此以往,容易导致注意力不集中。

02 碎片化学习资源面面观

5.2.1 多种形态的碎片化资源

碎片化资源已经融入我们的生活、工作与学习中。生活中存在多种形态的碎片化学习资源，如经常收到的短信，好友在"朋友圈"中转发的微信，移动 App 的电子书等。碎片化资源有多种表现形式，具体可分为微信息、微素材、微课和微应用。

1．微信息

微信息包含了碎片化学习所需要的内容，微信息主要包括短信、微信、微博等（见图 5-3）。

基于手机的移动学习逐渐受到人们的关注，使用手机收发短信是获取信息的主要方式之一。手机短信互动平台可以实现短信、彩信的编辑与收发，还拥有信息发送和反馈记录功能。刘丽君等（2011）提出了利用手机短信互动平台进行移动学习的模型，并在研究生课程《教育技术理论发展研究》开展了教学实践，取得了良好的效果[11]。北京师范大学崔光佐教授提出了基于短信开展移动教育的基本结构和关键技术[12]。

图 5-3 微信息

微信（WeChat）是信息社会的一种生活方式。它是腾讯公司推出的一个为智能终端提供即时通信服务的免费应用程序，支持跨操作系统平台发送图片、文字、语音短信和视频。微信提供朋友圈、消息推送、公众平台等功能，用户通过"搜索号码""摇一摇""扫描二维码"等方式，方便快捷地添加好友和关注公众平台。同时，朋友圈中汇聚了大量的碎片化资源，用户可以利用碎片化时间阅读朋友圈中的内容，利用碎片化时间把看到的精彩内

---

[11] 刘丽君，熊才平，林利. 利用手机短信互动平台实现移动教学实验研究[J]. 现代远距离教育，2011（3）：68-72.

[12] 崔光佐，陈飞，陈虎，等. 移动教育的理念与关键技术研究[J]. 中国远程教育，2005（9）：42-45.

容分享到微信朋友圈，也可以把个性化的内容分享给有需要的好友。用户在阅读好友上传的文章或照片后，可以发表自己的感想，进行"评论"或"点赞"。

微博（Weibo）即微型博客，是一种通过关注机制分享简短实时信息的广播式社交网络平台。微博作为一种分享和交流的平台，其每条微博编辑的字数一般不超过 140 字，用户可以利用碎片化时间记录每时每刻的思想和最新动态，具有较高的时效性和随意性，此外微博还具有便捷性、草根性与原创性等特点。

2. 微素材

微素材主要包括图片、文字、声音和视频等。当你在等车的时候，打开微信，查看"朋友圈"转发的信息，可能是一张精心绘制的图片或者一段言简意赅的文字，帮助用户利用简短时间完成阅读；可能是一段优美动听的英语听力材料，帮助用户利用琐碎时间练习听力；可能是一段精心剪辑的教学难点视频，帮助学习困难学生利用课余时间观看学习（见图 5-4）。

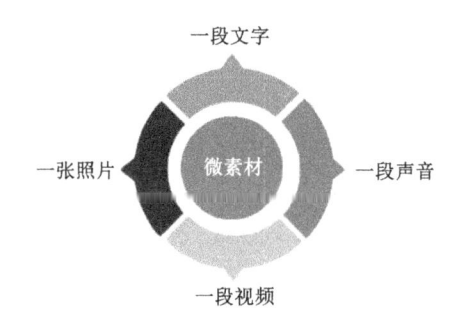

图 5-4　微素材

3. 微课

微课是指按照新课程标准及教学实践要求，以教学视频为主要载体，反映教师在课堂教学过程中针对某个知识点或教学环节，而开展教与学活动的各种教学资源有机组合。微课的核心内容是课堂教学视频（课例片段），同时还包含与该教学主题相关的教学设计、素材课件、教学反思、练习测试及学生反馈、教师点评等教学支持资源，它们以一定的结构关系和呈现方式共同营造了一个半结构化、主题突出的资源单元应用"生态环境"[13]。微课具有教学内容少、教学时间短、资源容量小、半结构化、易于扩充等特点，是大数据时代的一种典型的碎片化学习资源，方便学生利用碎片化时间观看学习。

广东省佛山市教育局胡铁生从微课的"教学活动全过程、资源的应用生态环境和资源

---

[13] 胡铁生."微课"：区域教育信息资源发展的新趋势[J]. 电化教育研究，2011（10）：61-65.

组成的生长发展性"视角出发，提出"微型教学视频片段、微课件、微教案、微练习、微反思、微点评、微反馈"七个微课资源构成要素[14]。微课资源在教学中应用，无论是课前、课后还是课中，都是为了满足学生的个性化学习需求。

4. 微应用

微应用主要包括移动 App、电子书、电子词典等（见图 5-5）。

随着移动智能终端的广泛应用，移动终端正向个性化、多模化、平台开放化的方向发展，移动应用服务（移动 Application，简称移动 App）方便用户快速获取所需要的资源。如：移动阅读类 App 在市场上已经形成了一定规模，移动阅读市场目前正呈现日渐白热化的趋势。移动图书馆 App 能够发挥自身资源优势，突出用户体验，方便用户信息查询，满足随时随地阅读需求。

图 5-5　微应用

电子书不仅是数字化的内容，还包括承载设备，接口及浏览和整合信息的系统[15]。电子书的主要格式有 PDF、CHM、JAR、PDG、PDB、TXT、EXE 等。作为一种便携式的手持电子设备，可以从互联网上下载或购买数字化的图书，专门设计的液晶显示技术能够让人舒适的长时间阅读图书。

电子词典是将传统词典中的内容转换为数字格式存储的文件，方便用户快速查询的数字学习工具，具有查询快捷、轻便易携、功能丰富等特点。用户在使用电子词典时，只需要输入所要查询的条目，便可以找到相关条目的解释，并在显示屏上显示，可以让用户详细了解。电子词典已成为 21 世纪学生学习生活的掌上利器，帮助学习者随时随地进行学习。

5.2.2　碎片化资源的利与弊

1. 碎片化资源的三利

碎片化学习离不开碎片化资源。碎片化资源因其时间短小、方便快捷等特点适应了现代社会的快节奏生活，满足了信息时代人们的学习需求，其优点主要体现在以下几方面内容。

（1）从资源生产模式上说，碎片化资源具有快速、便捷、人人可参与的特点。碎片化资源是"草根文化"的体现，资源产生时间短、传播速度快，人人都可以成为碎片化资源

---

[14] 胡铁生. 中小学微课建设与应用难点问题透析[J]. 中小学信息技术教育，2013（4）：15-18.

的贡献者,体现了"互联网+"时代知识生产的特点。

(2)从资源的使用设备上说,碎片化资源适合多种终端设备,人们可以根据实际情况选择终端设备随时随地学习,进而实现学习的全民化、普及化。

(3)从资源的表现形态上来说,碎片化资源满足了不同学习者的特殊需求。碎片化资源有文本、视频、音频、多媒体等多种表现形式,学习者能够根据需求和学习风格"快而准"地搜索碎片化资源来学习。

2. 碎片化资源的三弊

碎片化资源零散、关联性差,给人们的生活和学习带来诸多不便,不可避免地存在着一些弊端,其缺点主要体现在以下几方面内容。

(1)碎片化资源零散,难成完整的知识体系。碎片化资源具有零散、关联性差等特点,学习者在使用碎片化资源的过程中往往有"只见树木不见森林"的感觉。海量的碎片化资源需要有效机制,才能形成系统化的知识体系。

(2)碎片化资源的质量难以得到保证。碎片化资源虽然具有人人可参与的特点,但在碎片化资源生产过程中,由于生产者的知识水平、生活经验所限,碎片化资源良莠不齐,缺乏有效的质量监督机制。

(3)碎片化资源容易引发版权问题。随着移动互联网的普及,碎片化资源传播速度加快。碎片化资源在传播过程中,很少有人关注版权问题。同时,有的碎片化资源甚至包含了虚假的信息,给学习者造成更多的困惑。

5.2.3 碎片化资源的适用场景

碎片化资源有着广泛的适用场景,具体来讲,包括以下四大适用场景。

1. 移动与泛在学习

随着信息技术的发展,尤其是移动网络等新技术的普及应用,使移动学习、泛在学习成为现实。碎片化资源符合移动与泛在学习对资源的需求,使学习者能够充分利用碎片化时间使用碎片化资源来获取知识。

碎片化学习资源能够帮助学习困难的学生在任何时间、任何地点以任何方式开展学习。如:当学生在学习过程中遇到疑点或难点时,可以使用手机或其他移动终端设备利用课余时间观看教师录制好的微课,再进行有针对性的微练习,进而掌握疑点或难点。

2. 社交化学习

与传统的教育模式相比,社交化学习具有连接人与人、人与内容的特性,将被动学习转化为主动学习。社交媒体平台除了具有社交的特性外，也成为教育的入口和平台。社交媒体的交互能力实现了教育模式从传统学习向社交化学习的转变，打造教育新生态。碎片化学习资源是社交化学习的重要内容，反过来社交化学习需求进一步促进了碎片化资源的生产并对碎片化资源的使用者给予引导。

微信作为一种典型的碎片化学习资源，能有效支持社交化学习。如：教师在微信平台上发布简短的学习内容，师生、同学之间可以通过"点赞""评论"等方式进行师生互动。学生对教师发布的学习内容进行评价或提出问题，教师会对学生的提问逐一解答，建立微信群，展开热烈讨论。在围绕共同感兴趣的问题展开讨论的过程中，学生可以和"陌生人"建立联系，变为"志同道合者"，拓宽社交网络。

3．情境化学习

移动互联网的发展和移动设备的普及为开展情境化学习提供了便利条件。当学习者身处具体情境中时，可以使用 App、可穿戴设备等访问碎片化资源，方便快捷地获取与当前情境相关的学习内容。同时，碎片化资源能丰富情境化的学习环境，为学习者提供真实的学习体验。

当学生在植物园里游玩时，遇到陌生的植物，可以使用移动 App 拍摄植物照片，然后会自动检索到植物的相关信息。如：识别植物的名称，了解植物的特点和生长习性。实现了在真实的情境中使用移动 App 进行碎片化学习。

4．创作中学习

创作中学习需要学习者的积极参与，对学习内容不断加工、修改与完善。在碎片化资源的产生过程中，需要学习者对资源进行改编与重组。碎片化资源改编与重组的过程也是学习的过程，充分体现了"大众参与，人人生产"资源设计理念。

当学生在开展创作性活动的过程中，如在设计作品遇到问题时，可以观看微视频等碎片化资源，为创作学习活动提供支持。同时，当学生利用碎片化时间浏览微信或微博信息时，会产生新的想法，这些"灵感"或"创意"可以被方便地记录下来，生成新的学习资源。

03 碎片化资源的系统化设计

"互联网+"时代的到来正在催生海量碎片化学习资源,同时也凸显了当前碎片化学习资源分散无序、共享性差、聚合性不足的缺陷。移动互联网新媒体的发展,使微信、微博等成为便捷的信息发布平台,实现人人可参与,人人可发布。人们发布、浏览信息的同时,也产生了多元化的碎片资源,这些凌乱的、无关联的碎片化资源琐碎重复、前后无逻辑关联。要解决这一缺陷,需要用系统的眼光,深入挖掘碎片化资源的内在联系,对碎片化资源之间建立有效的连接,进行系统化设计。碎片化资源犹如人体的各个器官,脱离了知识体系这个生命整体,任何一个部件都会失去原有的意义[17]。系统化主要是指应用科学的方法把碎片化知识体系化。在信息技术迅速发展的时代背景下,资源的碎片化已不可避免,我们需要探索碎片化资源的系统化设计方法。针对碎片化资源的弊端,我们提出了碎片化资源系统化设计的三种实现思路,分别是碎片化资源"链接"、碎片化资源"聚合"和碎片化资源"可视化"。

5.3.1 让碎片"链接"起来

互联网时代产生了海量的、凌乱的碎片化资源,对学习方式产生了深刻影响。然而,这些碎片化资源往往关联性差。学习者在获取碎片化资源时,如果和先期知识连接不足,则很难达到预期学习目标。碎片的价值不在于碎片本身,而在于每一个碎片之间的联结和分享。只有通过技术的不断发展与进步,才能够有效利用碎片化学习资源,科技手段是让碎片化"链接"起来的有效工具。

慧科教育 2015 年教育趋势报告中提到,把碎片化的知识拼接成一张完整的知识网络,就像作曲家将散落的音符谱成一首曲子[18]。随着互联网的发展,大量信息不断涌现,对学习产生了强大冲击。如何从海量信息中提取有价值的知识碎片进行"组装"和"链接"形

---

[17] 张卓玉. 学习:从"碎片化"到"整体化"(上)[N]. 中国教师报,2012-07-04(15).
[18] 慧科教育 2015 教育趋势报告:整合多样性[DB/OL]. http://www.jiemodui.com/ N/13966,2016-01-29.

成完整的知识体系，还需要进一步的研究。

1．碎片链接的理论基础

乔治·西蒙斯提出的联通主义（Connectivism）学习理论从全新的角度提出了在信息大爆炸时代学习如何发生的问题。联通主义学习理论基本观点认为"学习是与特定的节点和信息资源建立连接的过程"，"为了促进学习，我们需要培养和维护连接"[19]。联通主义学习理论的核心是围绕连接而展开[20]，知识存在于连接中，是一种连通化知识（Connected Knowledge）。系统化的联通主义学习理论的知识观认为，个人作为社会的组成部分，通过寻径与意会的过程建立信息之间的连接，保持碎片化、分布式信息之间的凝聚性，促进知识的持续流动和生长[21]。

2．碎片链接的价值体现

碎片化学习资源间丰富的语义关联，一方面可以增强资源个体之间的连通，提高各自被浏览或内容编辑的概率，促进资源的快速进化；另一方面还可以为学习资源动态聚合成更大粒度、具有内在逻辑联系的资源群提供数据基础[22]。关联进化是指碎片化学习资源在生长的过程中，不断与其他资源实体建立语义关系的过程，是资源外部结构的持续发展和完善。如何动态建立、发展、挖掘资源之间的各种语义关联，是实现资源关联进化亟须解决的重要问题。

3．学习资源的语义关系

Carsten Ullrich[23]认为SCORM的CAM中定义的关系元数据仅能描述结构导向的关系，而无法有效描述语义层面的关系。因此，很多研究者从语义层面去补充完善SCORM CAM中的关系元数据。Eric Jui-Lin Lu 和 Chin-Ju Hsieh[24]在概括分析已有扩展关系元数据研究

---

[19] Siemens G. Connectivism：A learning theory for the digital age [J]. International Journal of Instructional Technology and Distance Learning，2015，2（1）：3-10.

[20] Siemens G. Orientation：Sensemaking and wayfinding in complex distributed online information environments[D]. University of Aberdeen，2011，57.

[21] Siemens G. Orientation：Sensemaking and wayfinding in complex distributed online information environments[D]. University of Aberdeen，2011，58.

[22] 杨现民，余胜泉，张芳. 学习资源动态语义关联的设计与实现[J]. 中国电化教育，2013（1）：70-75.

[23] Carsten U. The learning-resource-type is dead，long live the learning-resource- type[J]. Learning Objects and Learning Designs，2001，1（1）：7-15.

[24] Eric Jui-Lin Lu, Chin-Ju Hsieh. A relation metadata extension for SCORM Content Aggregation Model [J]. Computer Standards & Interfaces，2009（31）：1028-1035.

成果的基础上,对 SCORM CAM 中的关系元数据进行了扩展(见表 5-1),并通过调查验证了这些关系元数据的有效性。

表 5-1　扩展的 15 种关系元数据

Law	Theorem	Process	Procedure
Guideline	Introduction	Remark	Conclusion
Definition	Illustration	Counterexample	Example
Demonstration	Proof	Evidence	

SCORM CAM 中的关系元数据定义的比较简单实用,表 5-1 扩展的 15 种关系元数据虽然弥补了语义层面关系定义的不足,但在中文环境下表述容易产生混淆,比如 Process、Law 等作为关系属性显得有些牵强。综合考虑,本研究将以 SCORM CAM 关系元数据为核心(去除 hasformat、isformatof、isversionof、hasversion 等),适当吸收 Eric Jui-Lin Lu & Chin-Ju Hsieh 定义的扩展关系元数据,作为知识本体中的初始关系属性集(见表 5-2)。

表 5-2　知识本体中的初始关系属性

ispartof	haspart	isversionof	hasversion
isformatof	hasformat	references	isReferencedBy
isbasedon	isbasisfor	requires	isRequiredBy
similarTo	relateTo	oppositeOf	equivalentWith
supplement	isSupplementedBy	isExampleOf	isCounterExampleOf
isUpperConceptOf	isSubConceptOf	isSubsequentOf	isPreviousOf
remark	isRemarkBy	guide	isGuidedBy
demonstrate	isDemonstratedBy	cause	IsCausedBy

4. 学习资源语义关联技术

学习元平台(Learning Cell System,LCS)是为泛在学习环境设计开发的一种新型开放知识社区(网址:http://lcell.bnu.edu.cn),包括学习元、知识群、知识云、学习社区、个人空间、学习工具六大功能模块,其中学习元是 LCS 中最基础的资源单元,知识群是多个同主题学习元的集合。本研究基于 LCS 提出一种综合应用语义基因、基于规则的推理、关联规则挖掘等技术实现资源动态语义关联的方法。

学习资源间的关联主要包括两种类型,一种是显性关联,另一种是隐性关联。显性关联是从语义出发基于系统已有的关系类型建立的资源关联,易被用户观察和识别;隐性关联是从语义上难以通过人工发现,但可以通过数据挖掘技术识别出来的潜在的资源关联,

图 5-6 描述了 LCS 中学习资源的动态语义关联技术。在显性关联的建立上分别采用了基于规则的推理技术和基于语义基因的相似关系计算技术，在隐性关联的建立上主要采用了基于语义约束的关联规则挖掘技术。

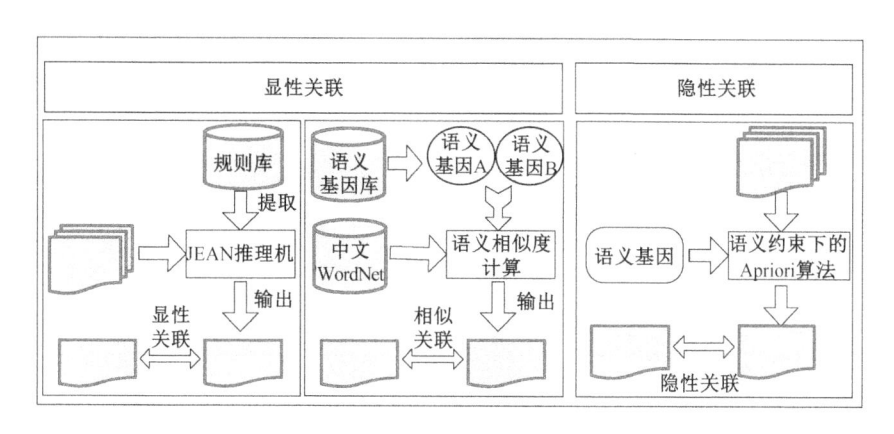

图 5-6　LCS 中的学习资源动态语义关联技术

1）基于规则推理的资源显性关联

JENA 是由 HP Lab 开发的一款用于 Semantic Web 应用程序开发的开源框架，除了包含丰富的本体操作 API 外，还支持基于产生式规则的前向推理。e-Learning 领域的研究者们已经开始应用 JENA 的推理功能实现个性化的学习指导、信息检索、适应性内容推荐[16]等。LCS 可以应用 JENA 框架操作本体模型，自定义各种产生式的关联规则，通过 JENA 推理机实现部分资源显性关联。

基于规则推理实现资源显性关联的基本流程（见图 5-7）首先编写各种关联推理规则，并存储到推理规则库中；然后，JENA 推理机从规则库中提取规则，将规则绑定到本体模型；接着，JENA 推理机依据规则对本体模型进行推理；最后，将推理出的显性资源关联集合进行输出。

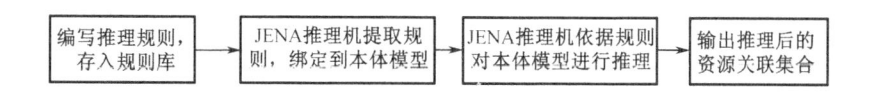

图 5-7　基于规则推理的资源显性关联基本流程

应用 JENA 框架实现基于规则推理的资源显性关联之前，有两项重要工作需要完成。首先，需要将与资源关联相关的数据采用 RDF 三元组形式存储到 JENA 支持的本体模型中。其次，要根据 JENA 推理机定义的规则形式编写各种关联规则，推理机会绑定这些规则并对本体模型进行推理，得到新的推理后的本体模型。针对基于 JENA 的关联推理规则中定义的关系属性，编写了 17 种关联推理规则（见表 5-3）。

表 5-3　基于 JENA 的关联推理规则

编　号	规　则　描　述
规则 1	（x lc:requires y）-> （y lc:isRequiredBy x）
规则 2	（x lc:isUpperConceptOf y）-> （y lc:isSubConceptOf x）
规则 3	（x lc:remark y）-> （y lc:isRemarkBy x）
规则 4	（x lc:guide y）-> （y lc:isGuidedBy x）
规则 5	（x lc:demonstrate y）-> （y lc:isDemonstratedBy x）
规则 6	（x lc:supplement y）-> （y lc:isSupplementedBy x）
规则 7	（x lc:similarTo y）-> （y lc:similarTo x）
规则 8	（x lc:oppositeOf y）-> （y lc:oppositeOf x）
规则 9	（x lc:relateTo y）-> （y lc:relateTo x）
规则 10	（x lc:oppositeOf y）（y lc:oppositeOf z）-> （x lc:similarTo z）
规则 11	（x lc:equivalentWith y）-> （y lc:equivalentWith x）
规则 12	（x lc:isExampleOf y）（z lc:isCounterExampleOf y）-> （x lc:oppositeOf z）
规则 13	（x lc:cause y）-> （y lc:isCausedBy x）
规则 14	（x lc:isPreviousOf y）-> （y lc:isSubsequentOf x）
规则 15	（x lc:isPreviousOf y）-> （x lc:isbasedfor y）
规则 16	（x lc:references y）-> （y lc:isreferencedby x）
规则 17	（x lc:ispartof y）-> （y lc:haspart x）

需要说明的是，上述规则不是固定不变的，随着本体模型中属性的逐渐丰富，将会产生更多有意义的规则，只需将规则按照 JENA 规定的格式存入规则库，就可以用于资源显性关联的推理发现。这里以规则 6 定义为例解释 JENA 规则的代码表示：

String rule6="[(?x lc: supplement ?y)-> (?y lc: isSupplementedBy ?x)";

JENA 的每条规则都采用产生式表示，"->"左侧的部分表示推理的条件，"->"右侧的部分表示推理的结果，条件项和结果项都采用 RDF 三元组（Subject, Predicate, Object）的形式描述。规则 6 比较简单，条件项和结果项各包含一个三元组，实际上复杂规则的条件项和结果项可以包含多个三元组。图 5-8 是 LCS 中的基于规则推理的关联规则管理页面，系统管理员可以增加、删除、修改、禁用、查询各种关联推理规则。

2）基于语义基因的资源相似关系计算

语义基因是指能够反映资源内容所要表达含义的基本信息单元，形式上表现为基于本体描述的带有权重的概念集合以及概念间的语义关系。区别于文本相似度比较中的文档特征项，语义基因不是简单的关键词集合，而是资源背后所隐藏的语义概念网络。

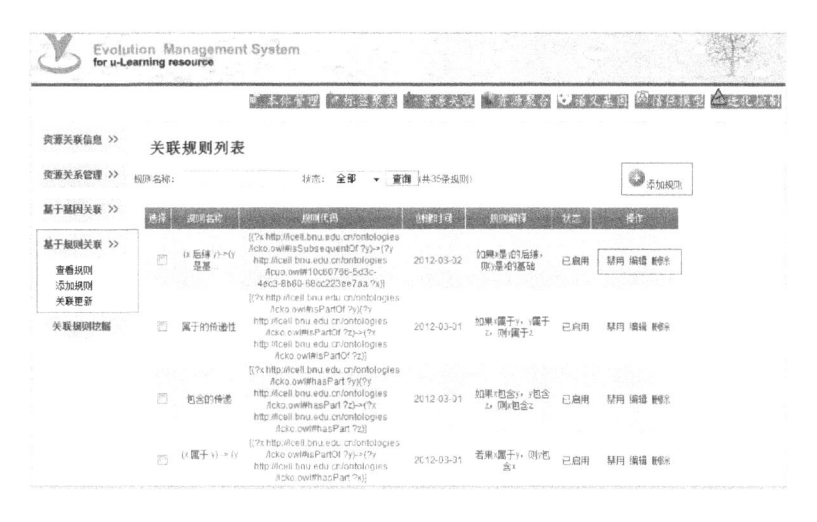

图 5-8　LCS 中的推理规则管理页面截图

语义基因在形式上表现为基于本体描述的带有权重的概念集合（包括核心概念以及概念间的关系）。语义基因可以被形式化地表示为有序三元组，即 SG = <CS, WS, RS>，其中 CS 是核心概念集合，CS = $\{C_1, C_2, C_3, \cdots, C_n\}$；WS 是概念项的权重集合，WS = $\{W_1, W_2, W_3, \cdots, W_n\}$，其中 W_i 为 C_i 的权重，$\sum_{i=1}^{n} W_i = 1$；RS 为核心概念间的关系集，RS = $\{R_1, R_2, R_3, \cdots, R_n\}$，每个关系采用领域本体中的 RDF 三元组<Subject, Predicate, Object>表示，R1 =< Concept1, Relationship, Concept2 >，这里的 Concept1 和 Concept2 不一定包含在 CS 中，可以是领域本体库的其他概念，Relationship 是从领域本体库中提取的概念关系（见图 5-9）。

基于语义基因的相似关系计算的基本思路是：首先，基于通用的语义词典和领域本体计算语义基因中两两概念间的相似度；然后，结合概念在语义基因中的权重值设置相似度的权值；其次，将所有相似度进行加权平均得到两个语义基因的相似度；最后，根据设定的相似度阈值判断两个资源是否具有相似关系（见图 5-10）。

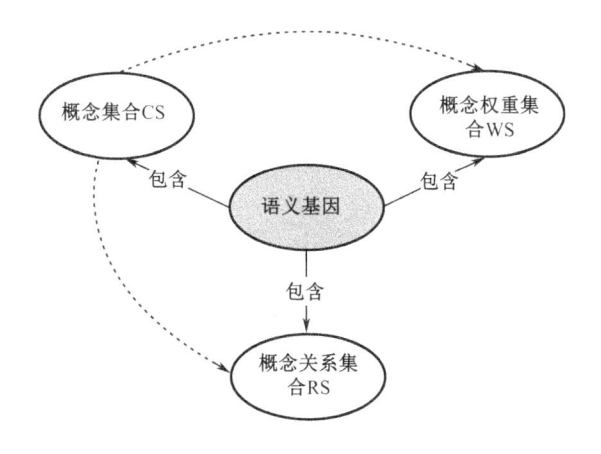

图 5-9　语义基因的结构要素

图 5-10 基于语义基因的资源相似关系计算流程

本研究采用吴思颖等提出的 3d-sim 方法计算两个概念间的相似值，进而计算两组语义基因的相似度。假如有两组语义基因 X 和 Y，$X = \{(C_{11}, C_{12}, C_{13}, \cdots, C_{1n}), (W_{11}, W_{12}, W_{13}, \cdots, W_{1n}), (RS_{11}, RS_{12}, \cdots, RS_{1t})\}$，$Y=\{(C_{21}, C_{22}, C_{23}, \cdots, C_{2m}), (W_{21}, W_{22}, W_{23}, \cdots, W_{2m}), (RS_{21}, RS_{22}, \cdots, RS_{2s})\}$，$n$ 为 X 中概念集合的概念数量，t 为 X 中概念关系三元组的数量，m 为 Y 中概念集合的概念数量，s 为 Y 中概念关系三元组的数量（见图 5-11）。

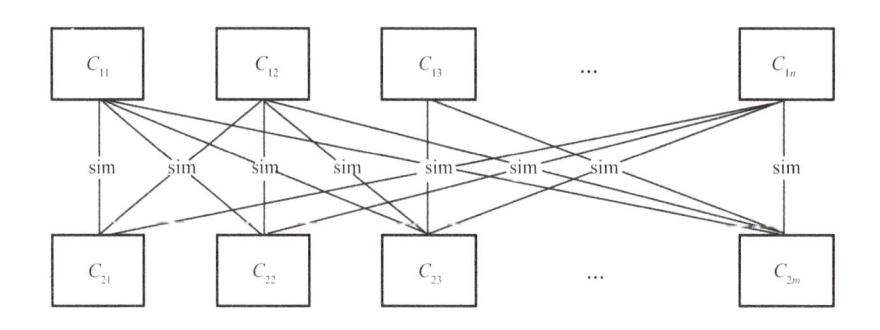

图 5-11 计算两两概念项的相似度

基于语义基因的相似关系计算的步骤为：首先将两组语义基因中的概念进行两两相似度计算；然后将所有相似值采用加权平均的方式计算得出两组基因的相似度；若结果大于或等于相似关系的阈值，则视两个资源存在相似关系，反之，则认为二者不存在相似关系。

3）基于关联规则挖掘的资源隐性关联

关联规则挖掘是数据挖掘领域非常重要的一个课题，旨在发现大量数据中项集之间有趣的关联或相关联系。关联规则挖掘技术可以很好地应用于学习资源的动态关联，通过自动挖掘一些潜在的关联规则来促使资源实体间建立更丰富的关联关系。关联规则挖掘的经典算法是 Apriori 算法，但其存在执行效率较差、易产生大量冗余规则等缺陷。近年来，随着本体技术的应用和发展，已有研究者开始尝试结合领域本体进行关联规则的挖掘，借助语义信息提高关联规则挖掘的效果和效率已经成为关联规则挖掘领域的重点研究方向。

LCS 中订阅和收藏是两种非常重要的用户与资源间的交互，应用关联规则挖掘技术可以发现被很多用户同时订阅/收藏的资源对集，而这些资源对间极有可能存在某种联系。举个例子，如果 LCS 中有很多用户都收藏了标题为"红楼梦"和"西游记"的学习元，则可以推断"红楼梦"和"西游记"之间存在某种联系。

参照上述关联规则的定义，可以将 LCS 中的项集 I 表示为所有资源的集合，$I=\{lc_1, lc_2, lc_3, \cdots, lc_n\}$，$n$ 为 LCS 中资源的总数量。事务分成两类，一类是订阅事务，即将一个用户 u

订阅的资源列表作为一个 st（Subscribe Transaction）事务；另一类是收藏事务，即将一个用户 u 收藏的资源列表作为一个 ct（Collect Transaction）事务。订阅事务的数据表见表 5-4，每个用户的 id 可以作为 st 事务的 id，1 表示已订阅，0 表示未订阅。同样，收藏事务的数据表也可以用户的 id 作为 ct 事务的 id。

表 5-4 订阅事务数据表

stid	resid1	resid2	resid3	…	resid$n$
user1	1	1	1	…	0
user2	1	1	0	…	1
user3	1	0	0	…	0
…	1	0	1	…	1
user$n$	1	1	0	…	1

已有研究者通过初步探索，证明了领域本体支持下的关联规则挖掘能够取得更好的结果[22, 23]。为了提高关联规则挖掘的效率和准确性，本研究在 Apriori 算法基础上进行了改进，除了考虑最小支持度（min_supp）、最小置信度（min_conf）外，还增加了最小语义相关度（min_semrel）指标来约束关联规则的产生，提出一种基于语义约束的关联规则挖掘算法（Semantic Constraint Apriori，SC-Apriori）。最小语义相关度是指频繁项中包含的实体之间的最小相似度，min_semrel 可以通过资源的语义基因进行计算。通过 min_semrel 一方面可以过滤掉很多毫无意义的候选项目集，提高算法效率；另一方面有助于产生更高质量的关联规则。

4）资源关联的可视化展现

通过动态语义关联技术可以在不同的资源节点之间建立起各种语义关系，形成不断扩展的语义关系网络。为了直观的呈现整个资源语义空间，LCS 中采用 Flex 技术开发了图 5-12 所示的可视化知识网络。每个节点代表一个学习元，连线表示学习元之间的语义关系。

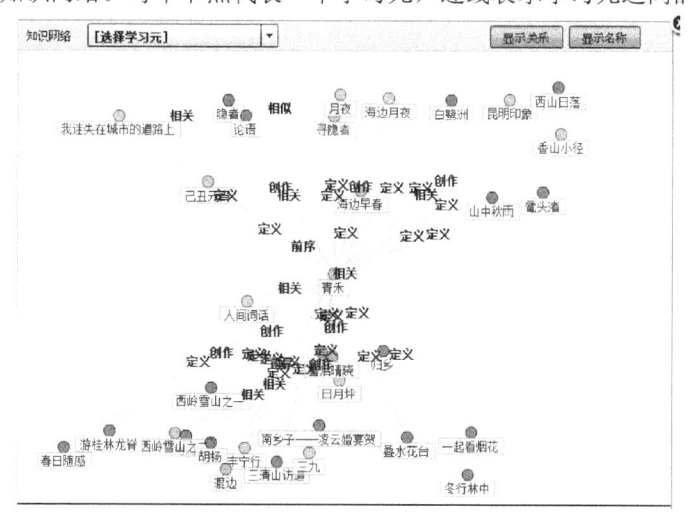

图 5-12 LCS 中的语义知识网络

5.3.2 让碎片"聚合"起来

1. 资源聚合的概念与价值

碎片化学习资源聚合不是简单的数据聚类，聚合的目的是对有内在逻辑关联的资源个体进行聚集和融合，使其成为有助于促进学习的、有意义的资源结构体。数字化学习领域的资源纷繁复杂、媒体形式多样，如果说资源整合是物理反应的话，那么资源聚合则是一种化学反应。聚合的结果是要形成新的、更能体现知识体系的资源结构体。

碎片化资源的动态语义聚合不是简单的将多个碎片化资源组成一个资源集，而是通过技术手段将多个语义上具有强逻辑关系的资源，按照特定的组织方式自动聚合成资源群（资源集合），且聚合结果不是一成不变的，会随着资源之间关联关系的变化而动态更新和发展。区别于数据挖掘中的文本自动分类或聚类，聚合的目的不是进行分类，而是自动生成具有内在逻辑关联的资源结构体。资源动态语义聚合的价值和意义，主要体现在两个方面：一是可以实现多个小粒度的具有内在逻辑关系的资源单元集中呈现，通过资源的内聚，减轻学习者"机械性"检索资源的负担；二是可以将碎片化、零散性的知识组织成更加完整的知识单元，有助于学习者系统、全面的进行知识建构（见图 5-13）。

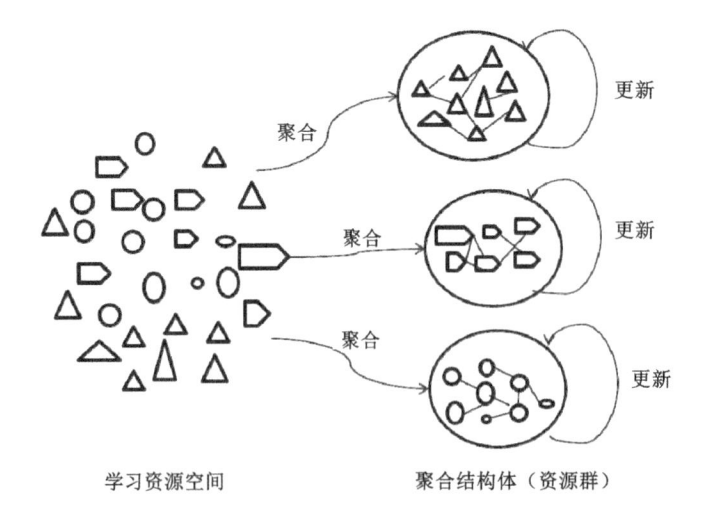

图 5-13 学习资源动态语义聚合

2. 资源聚合的形态设计

微型化已经成为当前数字化学习资源发展的重要趋势[25],泛在学习环境下需要海量的、内容丰富的、体现个性需求的、富交互的微型学习课件[26]。那么,资源的聚合是否与当前学习资源微型化的发展趋势相悖呢?微型化和聚合并不是互不相容的矛盾体,而是相互作用的连续体。学习资源的聚合并非否定微型化学习资源的价值,而更强调在资源微型化、碎片化基础上的再次聚合。从生态学的视角来看,碎片化资源的语义聚合也是资源生态系统进化的需要。资源个体间动态建立有意义的关联,并在此基础上进行动态聚合,将大大促进资源种群的形成与良性发展。

根据资源聚合结构的不同,可以将碎片化资源"可视化"分为两类:一是碎片化资源的自动聚类,借鉴数据挖掘领域的聚类思想,实现学习资源的自动分类,形成若干个主题资源圈(Theme-based Resource Circle,TRC),比如将所有关于就业求职的资源自动组合成"就业求职类"主题资源圈;二是基于资源关联信息,自动将分散的资源结点进行结构化的逻辑组合,形成有序知识链(Orderly Knowledge Chain,OKC),比如可以将一元二次方程的概念、求解方法、测试试题、案例分析等资源根据"前序—后继"的语义关系自动聚合成"一元二次方程求解教程"的知识链,学习者可以按照顺序将各个知识点集中起来系统学习。下面分别介绍主题资源圈和有序知识链。

1)主题资源圈

主题资源圈是具有相同主题、语义高度相关的多个资源个体的聚合。这种资源聚合形态的特点是资源间不存在上下位的层次关系,同属于某一主题,采用平行的列表方式进行呈现(见图5-14)。

主题资源圈在教学应用模式上和专题学习网站类似,有利于开展专题学习。有研究者指出[27],基于网络的专题学习能很好地结合传统教育与研究性学习的优点,是一种值得推广的数字化学习方式。主题资源圈通过聚合具有内在语义关联的资源个体,使之形成一个庞大的、内容丰富但主题一致的资源池,可以供广大学习者(不仅限于学生)进行开放探究学习。与传统专题学习网站的区别在于,它是系统根据资源内在的语义关联度自动聚合而成,而非依靠人工进行资源素材的搜集、组织、整理而成。

---

[25] 顾小清,李舒愫. 共建微型移动学习资源:系统设计及实现机制[J]. 中国电化教育,2010(2):74-79.

[26] 杨现民,余胜泉. 生态学视角下的泛在学习环境设计[J]. 教育研究,2013(3):74-79.

[27] 姜春霄,冯秀琪. 专题学习网站调查及相关研究[J]. 中国远程教育,2006(4):42-48.

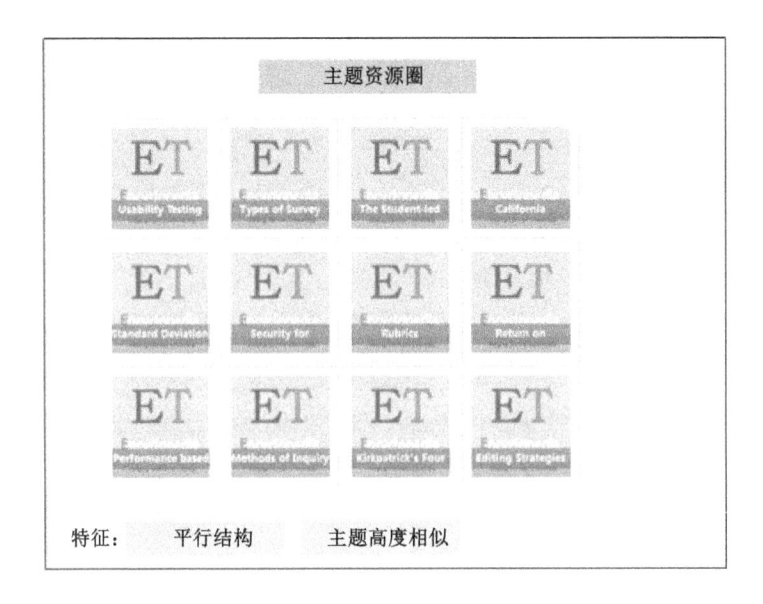

图 5-14　主题资源圈形式的资源聚合

2）有序知识链

有序知识链是多个具有前后序关系的资源个体的聚合。链条上的知识点具有显性的前序、后继关系，也就是说，按照正常的学习流程，需要先学完前一个知识点，方可进入到下一个知识点的学习（见图 5-15）。

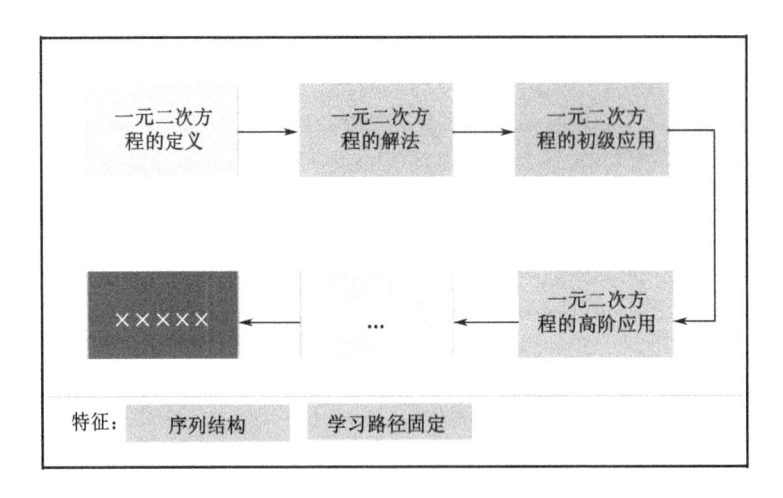

图 5-15　有序知识链形式的资源聚合

以"一元二次方程"为例，从定义到解法再到初级应用、高阶应用等，资源之间具有明显的前后关系。网络学习者在超媒体信息空间学习的时候，存在迷航和信息超载两大问题[28]。有序知识链是一种序列化结构，学习路径常常是固定的，学习者可以按步骤进行学习。因此，有序知识链可以起到知识导航的作用，使学习者明白当前在"哪里"，下一步该到"哪里"去，以减少网络学习中的"迷航"。

3. 资源聚合的实现技术

1）总体技术框架

本研究采用的技术路线见图 5-16。应用动态语义关联技术[29]可以在资源空间的结点间建立起丰富的语义关系，形成资源语义关联网络。资源语义关联网络实际上是采用有向图表示的关系空间（见图 5-17）。聚合引擎从大量的关系中挖掘出更大粒度的有意义的资源结构体，依据设定的聚合规则生成主题资源圈和有序知识链两种资源聚合结构体。

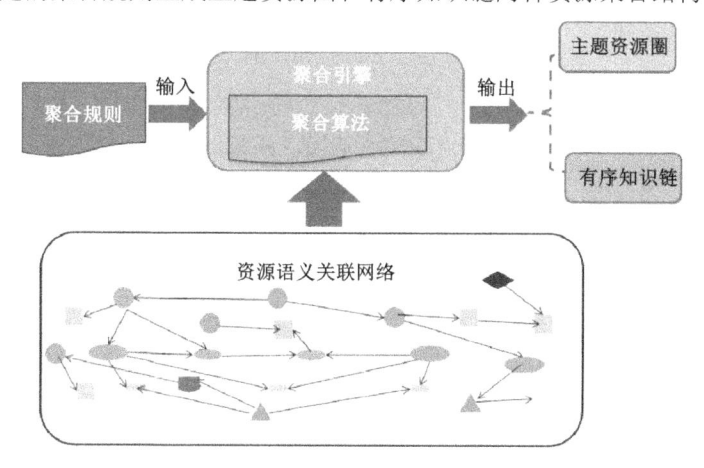

图 5-16　学习资源动态语义聚合技术路线

2）主题资源圈聚合

主题资源圈聚合的基本实现思路是：采用 BFS（Breadth First Search）在有向资源关系图中寻找具有相似关系的资源结点，依据相似关系衰减函数计算两两结点之间的关联程度，将满足最低阈值要求、高度相似内聚的结点自动聚合在一起，最终生成若干个主题资源圈。

---

[28] 雷菌. 基于概念地图的网络化学习路径控制研究[D]. 重庆：西南大学，2007.
[29] 杨现民，余胜泉，张芳. 学习资源动态语义关联的设计与实现[J]. 中国电化教育，2013（1）：70-75.

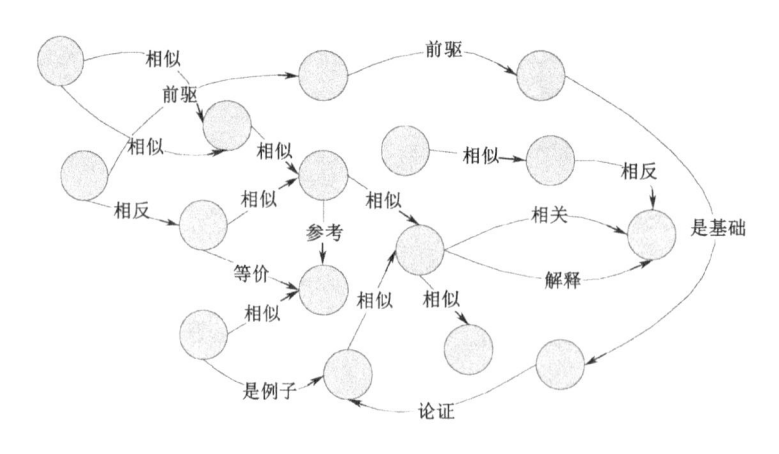

图 5-17 语义关系有向图

由于相似关系具有对称性，即 Sim(A,B)= Sim(B,A)，另外，相似的程度常常通过相似度来表征。因此，可以将图 5-17 中所有的相似关系提取出来，两个结点间的相似关系通过带有权重的无向边来表示，权重为结点间的相似度。相邻接的两个相似结点间关系为直接相似关系（见图 5-18 中的 A 和 B），反之，通过中间结点建立起来的相似关系为间接相似关系（见图 5-18 中的 A 和 C）。

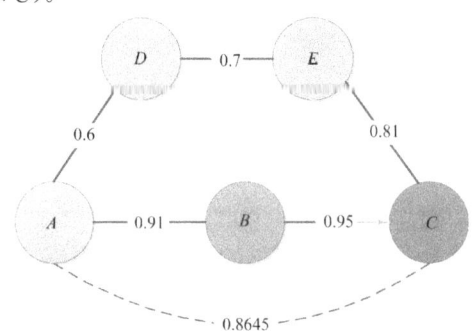

图 5-18 带有权重的相似关系

相似关系具有部分传递的特性，也就是说如果 A 和 B 相似，B 和 C 相似，则 A 和 C 也存在某种程度的相似。这里设定一个相似度衰减函数 Damp 用来表示相似关系的传递衰减性。如果 A 和 C 之间不存在直接边（相似关系），则 A 和 C 之间的相似度为从 A 到 C 最短路径上的 Damp 值。

$$\text{Damp}(A,B,C) = \text{Sim}(A,B) \times \text{Sim}(B,C)$$
$$\text{Sim}(A,C) = \text{Damp}(\text{shortestPath}(A,C))$$

举例说明，图 5-18 中从 A 到 C 之间存在两条路径，A→B→C 和 A→D→E→C，其中 A→B→C 为最短路径，因此 A 和 C 的间接相似度为 $0.91 \times 0.95 = 0.8654$。

主题资源圈作为相似资源的聚合，需要满足两个基本条件：

条件 1：圈内的任意两个资源存在相似关系，且相似度大于阈值 θ；

条件 2：圈内的资源数量不少于 ω，即一个资源圈最少包含 ω 个资源。

依据上述对相似关系的分析和主题资源圈聚合的两项基本条件，提出了主题资源圈的动态聚合算法，如表 5-5 所示。

表 5-5　主题资源圈动态聚合算法

名称	主题资源圈动态聚合算法
输入	资源相似关系图 G，包含所有结点间的相似关系
输出	若干个主题资源集合 RC={RC$_1$, RC$_2$, …, RC$_n$}，RC$_i$ 表示一个主题资源圈（1≤i≤n）
关键步骤	Step1　应用 BFS 算法查找无向图 G 的所有连通分量（连通子图）G$_1$, G$_2$, ..., G$_m$； Step2　set i=1, k=1； Step3　如果 i<=m，计算 G$_i$ 中包含的结点数量 nodeNum；否则，跳至 Step10； Step4　如果 nodeNum<ω，i=i+1，跳到 Step3； Step5　查找 G$_i$ 中度数最大的顶点 V$_{max}$，set j=1； Step6　如果 j<=nodeNum，计算 V$_{max}$ 和 G$_i$ 中顶点 V$_j$ 的相似度 Sim（V$_{max}$, V$_j$）；否则，跳到 Step9； Step7　如果 Sim（V$_{max}$, V$_j$）>=θ，将 V$_j$ 加入到 RC$_k$ 中； Step8　j=j+1，跳到 Step6； Step9　如果 RC$_k$ 中的结点数量不小于 ω，k=k+1，i=i+1，跳到 Step3；否则，清空 RC$_k$，i=i+1，跳到 Step3； Step10　算法结束，输出 k 个主题资源集合。

3）有序知识链聚合

有序知识链聚合的基本实现思路是：从整个资源语义关系图中提取出表示有序关系（前驱、后继、是基础）的所有资源结点和边，组成知识序列有向图 G；深度优先遍历（Depth First Search，DFS）G，将所有知识路径找出来，生成若干个有序知识链。

表征知识前后顺序的有序关系主要有三种类型，分别是 isSubsequentOf（后继）、isPreviousOf（前驱）和 isbasisfor（是基础）。其中，isSubsequentOf 是 isPreviousOf 的相反关系，即 isSubsequentOf（A,B）=isPreviousOf（B,A）；isBasisFor 和 isPreviousOf 是等价关系，即 isBasisFor（A,B）= isPreviousOf（A,B）。为了程序处理的方便，需要将知识序列有向图 G 中的所有 isSubsequentOf 替换为 isPreviousOf，且要更改有向边的方向，将所有的 isBasisFor 直接替换为 isPreviousOf，有向边的方向不变（见图 5-19）。

有序知识链作为具有前后学习顺序关系的知识点（资源）的聚合，需要满足两个基本条件：

条件 1：从学习的逻辑上来讲，知识链中的资源存在一定的先后学习顺序，即资源之间具有理想的线性学习路径；

条件 2：知识链中的资源数量不少于 ω，即一个有序知识链最少包含 ω 个资源。

依据上述对有序知识关系的分析和有序知识链聚合的两项基本条件，提出有序知识链的动态聚合算法，如表 5-6 所示。

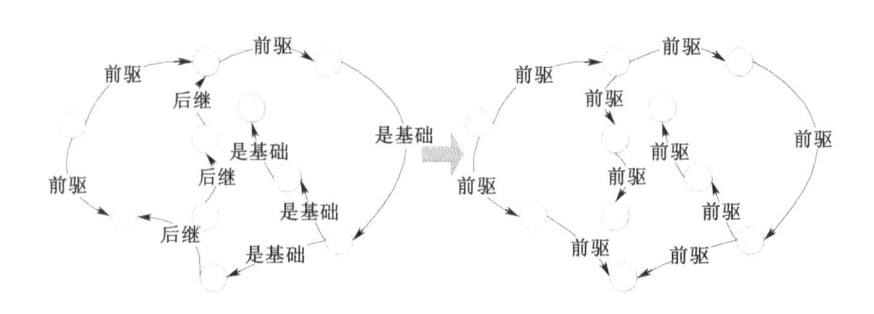

图 5-19　知识有序关系转换

表 5-6　有序知识链动态聚合算法

名称	有序知识链动态聚合算法
输入	知识序列有向图 G，包含所有结点间的前序、后继、是基础三种关系
输出	若干个有序知识链 KC={KC$_1$, KC$_2$, …, KC$_n$}，KC$_i$ 表示一个有序知识链（1≤i≤n），KC$_i$ 为资源的有序集合，表示为 KC$_i$=<V$_1$, V$_2$, …, V$_q$>
关键步骤	Step1　知识有序关系转换，将包含前序、后继、是基础三种关系的有向图 G 转换为只包含单一前序关系的有向图 TG； Step1　查找有向图 TG 的所有连通分量（连通子图）TG$_1$, TG$_2$, ..., TG$_m$； Step2　set i=1； Step3　如果 i<=m，计算 TG$_i$ 中包含的结点数量 nodeNum；否则，跳至 Step9； Step4　如果 nodeNum<ω 或者 hasLoop（TG$_i$）= true，i=i+1，跳到 Step3； Step5　查找 TG$_i$ 中入度为 0 的顶点，放入集合 S 中； Step6　set j=1； Step7　如果 j<=S.lengh，以 S$_j$ 作为起始顶点，进行深度优先遍历 DFS（TG$_i$, S$_j$），遇到出度为 0 的顶点 V$_g$ 时，将此次遍历 S$_j$ 到 V$_g$ 路径上的所有顶点顺序存入 KC$_k$ 中；否则，i=i+1，跳至 Step3； Step8　如果 KC$_k$ 中的结点数量不小于 ω，k=k+1，j=j+1，跳到 Step7；否则，清空 KC$_k$，j=j+1，跳到 Step7； Step9　算法结束，输出 k 个有序知识链。

4）资源聚合结果展现

主题资源圈的可视化展现，有助于学习者直观地发现资源结点之间语义相似的紧密程度，发现资源圈中的核心结点（图中度数最大的结点，与其他结点间的关联数最多）；有助于学习者依据资源间的语义相似程度，快速选择自己感兴趣的资源进行学习；同时也给对学习者带来与传统树状目录式学习不一样的学习体验，激发学习兴趣。

可以采用 Flex 技术进行主题资源圈中资源结点的网状展现（见图 5-20）。图的中心结点显示的是主题资源圈中最核心的资源，该资源与其他资源都具有较高的相似度。结点连线上显示资源的语义相似度，线的不同长度表征不同的语义相似度大小。资源结点越相似，连线越短，反之则越长。基本信息模块显示主题资源圈包含的主题词（表征核心内容的特征词）、结点数量、平均相似度、聚合时间等信息。

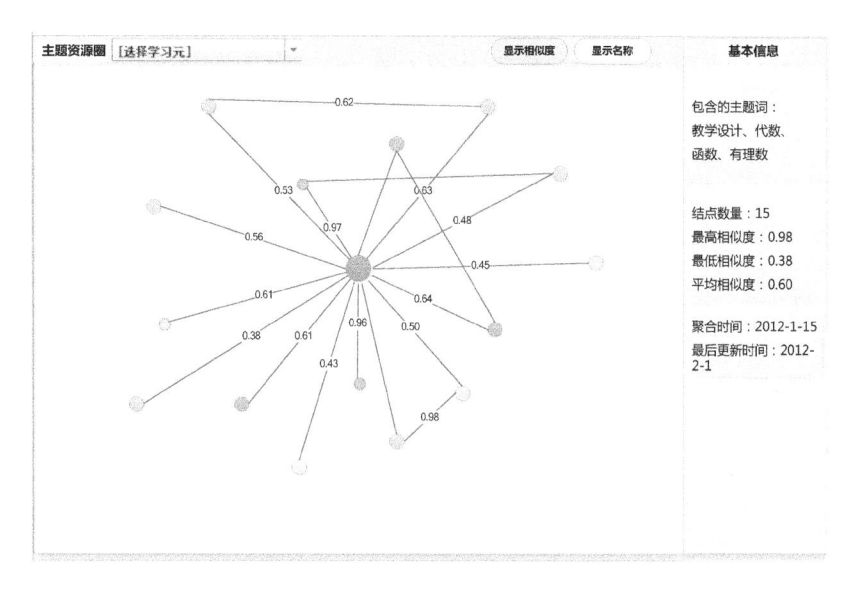

图 5-20　主题资源的可视化展现

区别于主题资源圈的网状结构，有序知识链采用线性结构显示（见图 5-21）。系统自动聚合的有序知识链主要从语义的先后顺序上进行资源的重新组织，重在为学习者提供最佳的学习路径。学习者既可以根据自身需求进行线性的连续学习，也可以选择性的进行跳跃式学习。

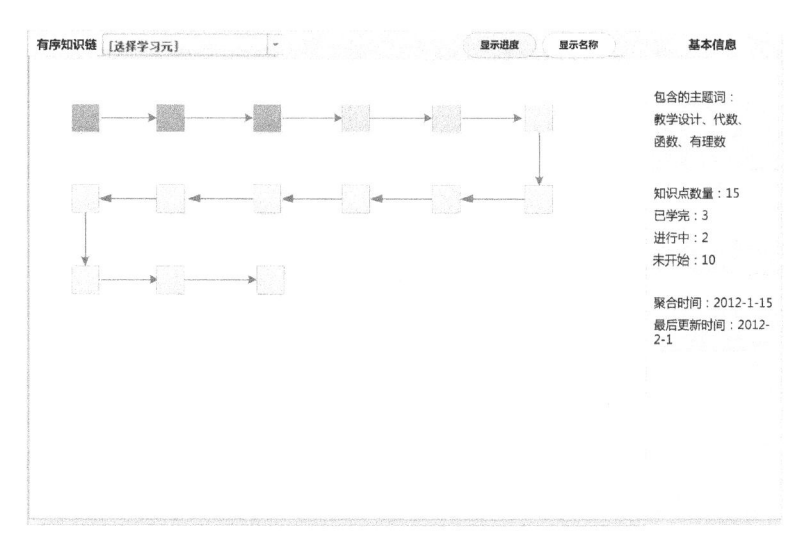

图 5-21　有序知识链的可视化展现

图 5-21 的基本布局和主题资源圈类似，画布中间采用有向知识链条的方式展示资源结点间的语义顺序。其中，颜色的方块有特定的含义，红色表示已经学完的，绿色表示正在进行的，灰色表示未开始的。单击"显示进度"可以查看学习者在某资源上的学习进度。右侧基本信息模块显示有序知识链包含的主题词、知识点数量、已学完/进行中/未开始的知识点数量、聚合时间等信息。

5.3.3 让碎片"可视化"起来

知识可视化已成为大数据时代碎片化资源处理与呈现的重要手段。相比于传统学习资源，碎片化学习资源具有"短、小、精、悍"的特点，同时也存在信息零碎、分散、缺乏连贯性和逻辑性的缺点。为了更好地呈现碎片化资源，便于学习者准确把握和理解学习资源，对表达语义的碎片化资源进行模型化和可视化非常必要。碎片化学习资源弱化的逻辑性会严重影响学生对课程体系的整体把握，同时也会影响对知识的有意义建构和同化[30]。因此，以可视化、立体化技术呈现碎片化学习资源之间的逻辑关系，对学习者来说，至关重要。

1. 知识地图的概念与类型

Holley and Dansereau 于 1984 年首次提出知识地图（Knowledge Map，KM）的概念[31]，知识地图是一种以可视化方式展现的显性化、结构化的知识关系网络，具有知识管理、学习导航和学习评估等功能[32]。Davenport & Prusak（1998）认为知识地图是一种知识的指南，能显示哪些资源可以利用，而非知识库的内容[33]。李华伟等（2002）认为知识地图是一种帮助用户知道能在何处找到知识的知识管理工具，采用智能化的向导代理，通过分析用户的行为模式，智能化地引导用户找到目标信息[34]。我们认为知识地图作为一种导航系统，以可视化技术显示各种知识及其相互关系，帮助用户方便快捷地找到他们所需要的碎片知识。

---

[30] 马秀麟，赵国庆，朱艳涛. 知识可视化与学习进度可视化在 LMS 中的技术实现[J]. 中国电化教育，2013（1）：121-125.

[31] Lee J H，Segev A. Knowledge maps for e-Learning [J]. Computers & Education，2012，59（2）：353-364.

[32] 万海鹏，李威，余胜泉. 大规模开放课程的知识地图分析——以学习元平台为例[J]. 中国电化教育，2015（5）：30-39.

[33] Davenport T H，Prusak L. Working knowledge: How organizations manage what they know[M]. Harvard Business Press，1998.

[34] 李华伟，董小英，左美云. 知识管理的理论与实践[M]. 北京：华艺出版社，2002：298.

关于知识地图的实际应用效果研究已经有了长足的发展，唐钦能等人（2011）研究表明知识地图能够以可视化的方式显示可获得的信息及其相互关系，并能保证不同背景的使用者在各个具体层面上进行知识的有效交流、共享和学习[35]；伍思静等人（2011）认为知识地图能够打破时间和空间限制，实现知识的整合[36]；Hal 等人（1996）研究表明知识地图能够帮助学习者记忆学习内容，降低焦虑感，提高学习动机[37]；Gomez 等人（2000）研究发现知识地图能够整合静态和动态的推理规则以解决问题，促进概念的形成[38]；Shaw（2010）研究发现 e-learning 环境下，基于知识地图的实验组在学习效率上远高于基于一般浏览方式的控制组，这充分表明将学习内容及内容间关系显性化的知识地图能够促进对知识的理解[39]。此外，有研究表明，与传统文本相比，知识地图能够帮助学习者获得更多关于信息处理以及学习策略方面的内容[40]。

根据不同的标准，研究者将知识地图划分为不同的类型[41]，见表 5-7。

表 5-7 知识地图的类型

提出者	年份	划分依据	类型
Andersen	1998	知识形态	静态知识地图、动态知识地图[42]
Lgona & Caldwen	2000	对象	概念型知识地图、流程型知识地图、能力型知识地图[43]
Eppler	2001	功能	知识资源地图、知识资产地图、知识结构地图、知识应用地图、知识开发地图[44]

---

[35] 唐钦能，高峰，王金平. 知识地图相关概念辨析及其研究进展[J]. 情报理论与实践，2011（1）：121-125.

[36] 伍思静，陶桂凤. 基于知识地图构建大学外语教师专业学习共同体[J]. 中国电化教育，2011（5）：23-26.

[37] Hall R H，O'Donnell A M. Cognitive and affective outcomes of learning from knowledge maps [J]. Contemporary Educational Psychology，1996，21（1）：94-101.

[38] Gomez A，Morenoa A，Pazosa J，etc. Knowledge maps：an essential technique for conceptualization [J].Data & Knowledge Engineering，2000（33）：169-190.

[39] Shaw R S.A study of learning performance of e-learning materials design with knowledge maps [J]. Computers & Education，2010，54（1）：253-264.

[40] Hall R H，Dansereau D F，Skaggs L P. Knowledge maps and the presentation of related information domains [J].Journal of Experimental Education，1992，61（1）：5-18.

[41] 司莉，陈欢欢. 国内外知识地图研究进展[J]. 图书馆杂志，2008，27（8）：13-17.

[42] Andersen A. The American productivity and quality center[J]. The knowledge management assessment tool：External benchmarking version，1996.

[43] Logan D，Caldwell F. Knowledge mapping：five key dimensions to consider[J]. Gartner Group，2000.

[44] Eppler M J. Making knowledge visible through intranet knowledge maps：concepts，elements，cases[C]//System Sciences，2001. Proceedings of the 34th Annual Hawaii International Conference on. IEEE，2001：9.

续表

提出者	年份	划分依据	类型
苏新宁	2004	需求	知识进化循环图、组织知识范围图、知识转移过程图、个人知识进化图、项目流程图、组织体系结构图[45]
谭玉红、吴岩	2005	呈现形式	仿真型知识地图、树图型知识地图、异型图[46]
吴成峰	2006	知识属性和范围	内部显性知识地图、内部隐性知识地图、外部显性知识地图、外部隐性知识地图[47]
陈强等	2006	功能和应用	企业知识地图、学习知识地图、资源知识地图[48]
顾小清等	2015	语义关联	语义图示

构建知识地图的辅助工具主要有 Ontolingua Server、OntoEdit、Chimaera 等，比较有名的描述语言有：Ontolingua、Cycl、OII、OWL 等。

2．知识地图的构建模式

知识地图的构建模式主要有三步构建法、四步构建法、五步构建法、六步构建法和七步构建法，用户根据碎片知识的特点来选择合适的构建模式（见表 5-8）。

表 5-8 知识地图的构建模式

知识地图构建模式	提出者	年份	具体步骤
三步构建法	吴岩、谭玉红	2003	界定使用者；调查和收集知识；分析、选择和编辑[49]
四步构建法	陈强等	2006	知识的识别与组织；知识分级；建立联系；展现知识地图[50]
四步构建法	侯宏皎	2007	识别组织知识资源；确定知识点及其分类标准；建立知识间的联系；知识地图的可视化表示[51]
五步构建法	Eppler	2001	识别组织内知识密集型的流程、工作或问题；确定上述知识密集型区域所涉及的知识资源；将知识资源编码化，以便组织能够更有效地进行访问；将这些编码化的知识资源集成到一个可视化的访问界面中，使用户能够进行可视化的浏览和检索；提供知识地图的更新工具[52]

---

[45] 苏新宁，邓三鸿，等．企业知识管理系统[M]．北京：科学出版社，2004：152-153．
[46] 吴成锋．企业知识地图及其构建研究[D]．哈尔滨：哈尔滨工业大学，2006．
[47] 周九常．我国高校知识管理实现的两种方式[J]．情报杂志，2002，21（7）：70-72．
[48] Lina C. Knowledge mapping in knowledge management at enterprises[J]. Library and Information Service，2003，（8）：58-78．
[49] 谭玉红，吴岩．关于学校知识管理中的"知识地图"研究[J]．电化教育研究，2005（3）：17-19．
[50] 陈强，周如旗，李晓霞．基于知识地图的知识管理应用研究[J]．广东教育学院学报，2006，26（5）：90-94．
[51] 侯宏皎．知识地图在高校图书馆员知识结构分析中的应用[J]．科技情报开发与经济，2007，17（19）：1-3．
[52] Eppler M J. Making knowledge visible through intranet knowledge maps：concepts，elements，cases[C]//System Sciences，2001. Proceedings of the 34th Annual Hawaii International Conference on. IEEE，2001：9．

续表

知识地图构建模式	提出者	年份	具体步骤
五步构建法	王曰芬	2005	定义组织中的知识；用元知识描述知识；提取知识并确定位置；建立知识链接并形成知识网络；确定知识地图的有效性[53]
六步构建法	Willam	1998	提取知识；汇编知识；声明出处；排序和贴标签；关系描述；解释和反复[54]
六步构建法	苏海	2005	知识获取；对知识进行审核；按照面向对象的方法对知识进行封装存储；提取元知识；对知识进行链接；生成知识地图[55]
七步构建法	庄善洁	2005	成立工作小组；识别关键用户群，明确用户的需求；明确知识地图的目标、使用范围、基础结构、构成要素、节点关系的定义、链接数据的存贮方法等；评价和选择开发工具；确定知识地图的管理者、维护程序等；弄清知识在企业中的存贮情况，确认知识关联，绘制初步的知识地图；扩充知识地图的内容，并在反复测评中更新和完善[56]

吴岩等（2005）提出的知识地图"三步构建法"为：界定使用者；调查和收集知识；分析、选择和编辑。赵捧末等人提出利用大众标注和本体技术相结合的碎片化资源标注方式[57]，通过语义标签模型和相似度匹配，获得更加符合资源内容的标签集，在此基础上建立知识之间的关系，从而形成知识地图。

3. 知识地图实现资源"可视化"

知识地图能够实现碎片化学习资源的可视化配置，明确碎片化知识的分布以及分布在不同空间的碎片化学习资源间的内在联系，可以消除知识孤岛，实现知识共享。利用云端大数据，用户根据知识地图就可以快速找到需要的知识，而且还可以把用户关注的信息自

---

[53] 王曰芬，邵鹏，王新昊. 情报研究中知识地图的应用探索[J]. 图书情报工作，2006，50（12）：83-87.
[54] Rouse W B, Thomas B S, Boff K R. Knowledge maps for knowledge mining: Application to R&D/technology management[J]. Systems, Man, and Cybernetics, Part C: Applications and Reviews, IEEE Transactions on, 1998, 28（3）：309-317.
[55] 苏海，蒋祖华，伍宏伟. 面向产品开发的知识地图构建[J]. 上海交通大学学报，2005，39（12）：2034-2039.
[56] 庄善洁. 基于知识管理的图书馆知识地图的绘制[J]. 图书馆学研究，2005（10）：5-7.
[57] 赵捧末，冯娟，窦永香. 语义对等网环境下基于大众标注的社区知识地图构建研究[J]. 图书情报工作，2013（3）：129-133.

动推送，提供个性化知识地图。

用户在碎片化学习过程中逐步在碎片化知识之间建立有意义的连接并挖掘内涵，形成知识地图，在使用碎片化学习资源的过程中不断完善知识地图。

一线教师或研究者可以采用"知识地图"的形式，对碎片化学习资源进行组织和管理，将碎片化学习资源之间的逻辑关系以可视化的方式呈现出来。借助知识地图，能够清晰地看出碎片化资源之间的关系，如：包含、并列、从属、上下位等关系。通过知识地图，能够非常直观的看到为实现教学目标，学习者所应该具备的前修知识、需要经历的学习路径。当学习者在学习过程中遇到困难或疑惑时，可以通过知识地图，迅速、准确地确定问题所在，即学习的起点。确定好学习起点之后，可以按照"知识地图"的学习路径，开展快速、有效的学习，最终实现学习目标，极大提高了学习的针对性。当学习者利用碎片化时间学习新知识时，借助于"知识地图"呈现的完整学习路径，方便已有知识和新知识建立连接，有利于将新知识纳入已有的认知结构实现新旧知识的同化和顺应，调整和丰富学习者的认知结构[58]。

顾小清等（2015）提出利用"语义图示"的方法来解决碎片化引发的学习深度缺乏的问题。语义图示是承载知识信息的新一代图示媒介，能够把抽象的知识信息通过带有语义规则的图像、图形及动画等可视化元素予以表征，促进知识从认识到理解的过程[59]。通过建立碎片化资源之间的语义关联，进而帮助学习者形成个人的知识体系，基于"语义图示"工具实现可视化信息加工和知识建构。

1）使用 Cmaptools 实现碎片化资源核心概念可视化

CmapTools 是人机识别研究院（The Institute of Human & Machine Cognition）开发的软件，学习者可以用它来创建、共享、导航、分析、评价以概念图形式表示的知识模型[60]。学习者可以使用该软件实现碎片资源整理、可视化等工作。CmapTools 由"节点""连线"和"连接词"组成。节点表示碎片化资源的核心概念，节点之间的连线表示概念之间的逻辑关系，连接词表示概念之间的连接方式。CmapTools 所呈现的碎片化资源概念以及概念之间的关系，能够帮助学习者在开展碎片化学习过程中，梳理碎片化资源核心概念的内部关系，理清学习思路。学习者使用 CmapTools 能够清晰地梳理碎片化资源之间的相互关系，

---

[58] 马秀麟，赵国庆，朱艳涛. 知识可视化与学习进度可视化在 LMS 中的技术实现[J]. 中国电化教育，2013（1）：121-125.

[59] 顾小清，权国龙. 以语义图示实现可视化知识表征与建模的研究综述[J]. 电化教育研究，2014（5）：45-52.

[60] Cañas A J，Hill G，Carff R，et al. CmapTools: A knowledge modeling and sharing environment [A]. Alberto J Cannas. Concept maps: Theory，methodology，technology. Proceedings of the first international conference on concept mapping [C]. Pamplona: Dirección de Publicaciones de la Universidad Pública de Navarra，2004：125-133.

并实现可视化展示。

2）使用 Insightmaker 实现碎片化资源的可视化模拟

Insightmaker 是基于 Web 的可视化建模和模拟工具，包含系统动力的建模和基于代理的建模两种通用的建模方法[61]。通过 Insigntmaker 的模拟功能能够动态展示碎片资源间关系和变化，而不仅仅是停留在静态理解层面上，有利于学习者提高碎片学习的效果，促进有意义学习的发生。

4. 知识地图分析应用——以"学习元"平台为例[62]

学习元平台（Learning Cell System）[63]包含学习元、知识群、学习社区、知识云、学习工具、模板中心六个功能模块，具有基于本体的资源组织与管理、开放内容编辑、学习资源多终端自适应呈现、社会知识认知网络动态生成与共享、资源语义关联、基于过程信息的个性化学习评价六个特色功能。其中学习元是最基本的资源组织单元，一个学习元可以理解为一个课程教学单元；知识群是基于一定的推理规则以自动或手动方式对同主题学习元的聚合，一个知识群可以理解为一门课程；学习社区是一种在线学习环境，具有社会性和教学管理等特性，一个学习社区设计可以理解为一个教学班级。基于学习元平台，以五年级数学学科下册为例，开展了面向学习者和教师知识地图的分析应用探索。

学习元平台能够为教师和学习者提供具体的课程知识结构地图，以方便用户了解课程的结构，了解自己所学的内容在课程结构中所处的位置以及作用。基于五年级数学下册课程知识结构地图（见图 5-22），学习者和教师都可以方便地了解五年级数学下册包含哪些章节，每个章节的具体内容。当学习"分数的意义与性质"章节时，学习者能够清晰地明确该章节在整个课程中的具体位置，及其相关联的前驱和后继章节内容，从而帮助学习者明确课程知识结构，减少学习过程中的迷航感与焦虑感。

1）学习者个人知识地图分析

MOOC 学习中，学习者可以自由选择想要学习的内容，制定学习计划，在一定程度上自主决定课程内容学习的先后序列。然而，这种完全的自由往往容易让学习者感到无所适从，不知道从何处开始学习，进而导致学习动机低下。学习者在浏览和学习不同的课程内容时，往往对自己的知识掌握情况不甚了解。因此，在学习者个人知识地图中，需要帮其理清知识之间的内在联系，为学习者提供课程内容结构导航，告知学习者知识掌握情况，以帮助学习者更好地选择学习内容和制定学习计划。

---

[61] Fortmann-Roe S. Insight Maker: A general-purpose tool for webbased modeling & simulation [J]. Simulation Modelling Practice and Theory，2014（47）：28-45.

[62] 万海鹏，李威，余胜泉. 大规模开放课程的知识地图分析——以学习元平台为例[J]. 中国电化教育，2015（5）：30-39.

[63] 杨现民，程罡，余胜泉. 学习元平台的设计及其应用场景分析[J]. 电化教育研究，2013（3）：55-61.

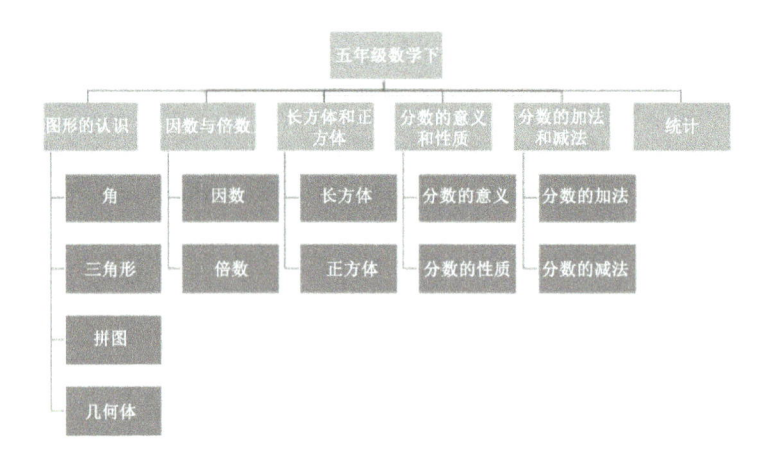

图 5-22　课程知识结构地图

基于学习元平台，我们构建了以知识群（课程）为中心节点的学习者个人知识地图（见图 5-23），环绕中心的第一圈节点为课程知识群下的学习元分类，即各章名称，环绕中心的第二圈节点为学习元，即课程教学单元，并以不同颜色来代表不同的掌握水平。对于第一圈的章节点，则根据该学习者对本章中所有课程教学单元的三种掌握水平，所占百分比以饼状图的方式进行展示；对于第二圈的课程教学单元节点，则根据该教学单元所设定的评估方案所计算出的学习成绩进行纯色标注（低于 60 分为红色，60～80 分为黄色，大于 80 分为绿色）。由图 5-23 可知，在"图形的认识"这一章节中，学习者对三角形和几何体知识点的掌握较好、对角知识点的掌握一般、对拼图的掌握较差，因此可以选择对掌握较差的拼图知识点进行更加深入的学习。简言之，个人知识地图可以作为课程知识组织结构导航，以及学习者课程知识学习掌握评估与分析的工具。利用个人知识地图，学习者能够全面了解课程知识体系脉络以及自身的知识掌握情况，快速定位存在学习困难的知识点，随时监控和调整学习进度。

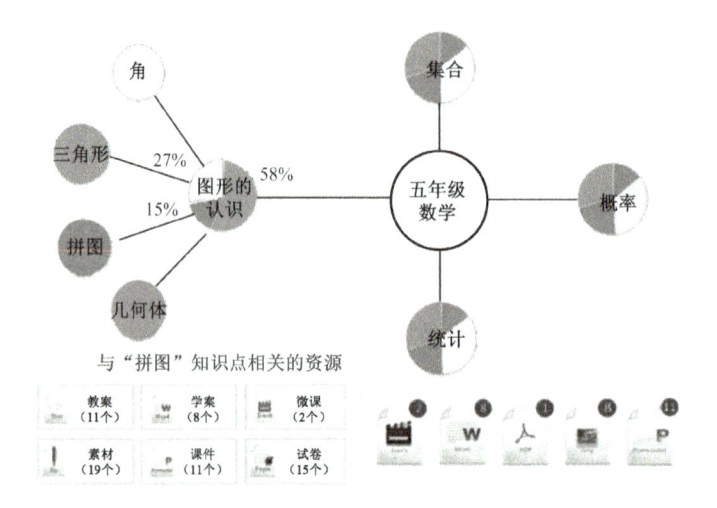

图 5-23　学习者个人知识地图

同时，当学习者选择查看掌握较差的课程单元节点时，系统能够推送与该单元节点相关的学习资源，图 5-23 与"拼图"知识点相关的学习资源，学习者可以从中发现感兴趣的辅助学习资源，从而减轻迷失感，提升学习动机。当学习者选择查看课程章节点时，系统能够推送适合学习者能力结构的学习路径，促进课程内容的结构化，解决不知从何开始学习的难题。前者主要借助系统中正在逐步完善的学科知识本体，利用知识点与教材的关联以及知识点与学习资源的关联，实现关联资源的精准推送；后者主要是以知识点开始学习的时间先后为主线，对学习者的知识学习轨迹进行记录和存储，同时根据学科知识本体中各知识点之间的关联关系，实现对学习者自适应学习路径的推荐。

2）教师课程知识地图分析

MOOC 学习当中，面对大规模的学习者，教师很难分析和评估学习者的在线学习过程，无法及时获得班级整体以及单个学习者的知识学习掌握情况。因此，课程知识地图应作为课程整体学习掌握情况的可视化分析与形成性评估工具，辅助教师对班级学生的学习情况进行整体分析与评估。利用课程知识地图，教师能够清晰地了解班级学生在课程每个知识点上的掌握情况，反思课程教学设计并随时调整教学进度；同时，辅助教师对知识掌握薄弱的学生进行针对性辅导和干预，降低学生的焦虑感，从而提升学生的学习保持率。

基于学习元平台，我们构建了以知识群（课程）作为中心节点的教师课程知识地图（见图 5-24），环绕中心的第一圈节点为课程知识群下的学习元分类，即各章名称，环绕中心的第二圈节点为学习元，即课程教学单元，并以不同颜色来代表不同的掌握水平。对于第一

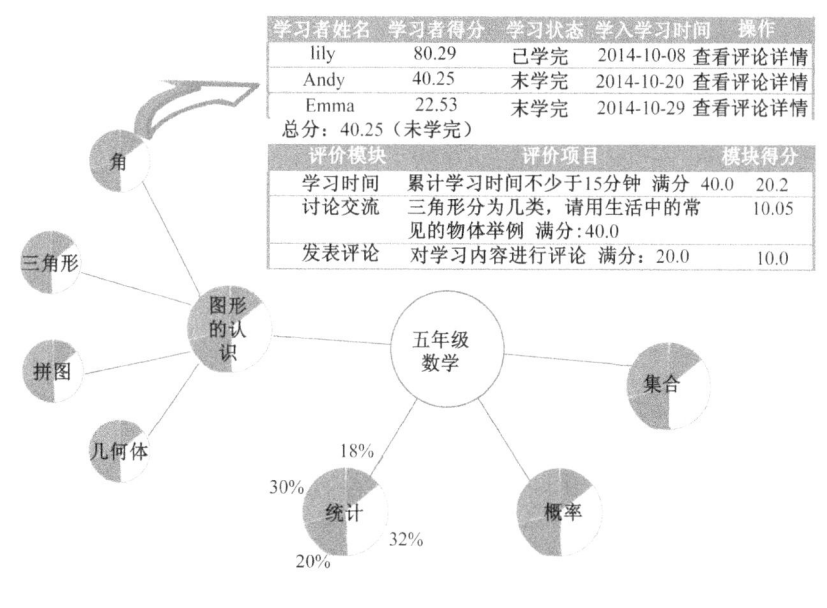

图 5-24 课程知识地图

圈的章节点，根据班级所有学生，对本章中所有课程教学单元的三种掌握水平所占的百分比，以饼状图的方式进行展示；对于第二圈的课程教学单元节点，同样根据班级所有学生，在该课程教学单元的三种掌握水平所占的百分比，以饼状图的方式进行展示。利用知识地图，教师能够实现对学习者的形成性评估，可以直观及时地发现课程中学生掌握薄弱的章节知识点。关于角的知识点，掌握一般和掌握较差的学生非常多，教师可以选择查看每位开始学习角的学生，学习掌握详情以及具体的学习路径（见图5-25），如学生做了哪些操作、查阅了哪些资料、参加了哪些活动、表现如何、学习顺序如何等，从而帮助教师明确不同学生的学习路径，发现学生在学习中存在的问题和困难，反思课程设计，并提供相应的学习资源和辅导，以提高学生的学习效果。

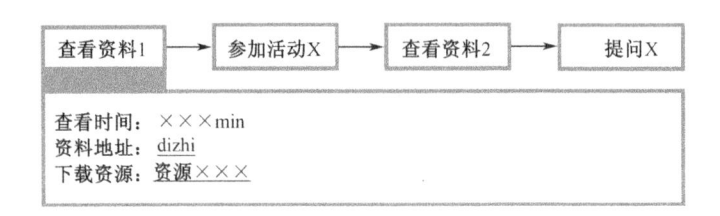

图 5-25　知识点学习路径

04 碎片化资源的高效管理和应用

5.4.1 轻松管理自己的碎片化知识

当今社会的知识不再是系统、完整,而是变为无序、零散和互不关联的碎片化知识[64]。碎片化知识的更新速度加快、获取渠道更加丰富,是信息时代构建"个人知识体系"不可或缺的组成部分。理想的"新知识体系"拥有信息本身再加工的无限自由[65],而碎片化知识正好具有拆分、重组、建构的可能性,单个的碎片化知识具有零散、琐碎、关联性差的特点。然而,对大量的碎片化知识有效管理之后,将会与原有知识结构融合,从而形成新的完备的知识体系。

信息时代,碎片化学习是碎片化知识加工与管理的过程。因此,在开展碎片化学习过程中,首先,要从海量的碎片知识中筛选出有价值的碎片化知识,即满足学习者学习需求的碎片知识;然后,又从有价值的碎片知识中选择对解决现实问题所需要的、有用的碎片知识。这些学习者从海量的碎片知识中选择自己所需要的知识碎片的过程,就涉及碎片化知识的管理和知识体系的构建(见图 5-26)。

为了减少无意义碎片知识的干扰,方便查找有价值的碎片知识,并整合到已有的知识体系中,需要加强对自己碎片化知识的管理。具体管理策略包括以下三方面内容。

---

[64] 王竹立. 新建构主义:网络时代的学习理论[J]. 远程教育杂志,2011(2):11-18.
[65] 黄鸣奋. 碎片美学在"超现代"的呈现[J]. 学术月刊,2013(6):36-46.

图 5-26　信息时代碎片知识层次关系

1. 化零为整，重塑个人知识体系

单个碎片化知识具有无序、零散和关联性差的特点，碎片化知识的管理是建立"个人知识体系"的过程，同时也是学习者自身对碎片化知识进行"再加工""化零为整"的过程。信息时代解决碎片化知识的方式是帮助学习者建构新的知识体系[66]。学习者在将碎片化知识与自身已有知识融合、构建新的个人知识体系的过程中，从整体把握碎片化知识。

利用碎片化重塑个人知识体系的过程（见图 5-27）。在个人知识体系建构的过程中，学习者对大量的碎片化知识进行整理、剔除、加工等操作，在系统化思维的指导下，从大量的知识碎片中筛选对工作、学习有意义的知识碎片，确定有价值的知识点之后对这些知识点进行整合与建构，进而形成知识体系。

图 5-27　碎片化知识构建个人知识体系的过程[67]

2. 随身而行，建立可移动的个人知识库

随着网络通信技术和移动设备在社会生活中的普及，每个人在不同的设备上（如家中电脑、办公室电脑、智能手机等）都有关于不同主题的碎片化知识，可以使用同步设备（如百度云盘、腾讯微云等）把分布在不同设备上的所有文件进行统一管理，满足人们随时随

---

[66] 王竹立. 新建构主义：网络时代的学习理论[J]. 远程教育杂志，2011（2）：11-18.
[67] 王承博，李小平，赵丰年. 大数据时代碎片化学习研究[J]. 电化教育研究，2015（10）：26-30.

地学习的需求。无论何时何地都可以使用云笔记随时记录个人感想。如果想要调用文档，只要手机或电脑登录云端设备（如百度云盘、腾讯微云等），即可实现预览或下载，获取方便。通过对知识的挖掘、筛选、删除、修改等，构建个人知识库（见图5-28）。

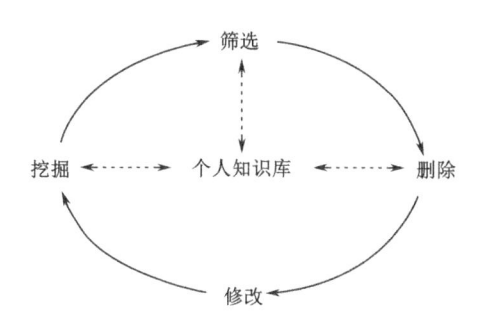

图 5-28 个人知识库的构建

3. 提高效率，强化碎片化时间管理能力

当前，我们的工作时间经常被邮件、微博、微信、QQ等社交媒体打断，工作时间越来越呈现碎片化趋势。在碎片化时间模式下，合理利用碎片化时间，学习碎片化知识，既能保持连续和整体化的思考，又不丧失对时代的快速反应能力。正如鲁迅先生所说"哪有什么天才，我只是把别人喝咖啡的时间用在工作上"。利用"喝咖啡"这一碎片化时间来完成碎片化知识的学习，进而完成大块的知识学习，提高碎片化时间的支配自由度，增强碎片化时间利用能力。如：利用坐公交或等车的时间，使用手机App学习英语，利用云笔记记录学习要点，通过思维导图（如 Xmind，Freemind）绘制思路，日积月累，通过碎片化知识的学习来完成知识的系统化。

5.4.2 利用碎片化资源开展微型学习

随着移动网络的迅速发展与智能移动终端的普及，微型学习给用户带来了更为便捷的用户体验，受到更多青睐。微型学习（Micro-Learning）是以特定的学习目标为依据，具有时间短、内容精练等特点，在信息化环境下，充分发挥学生主体作用的一种学习活动[68]。微型学习的主要特点包括：①微型学习目标明确，容量小，具有相对独立性；②微型学习时间短，学习者可以集中注意力解决一个问题；③微型学习内容选择范围广泛，涵盖人生

---

[68] 李龙. 全国教育科学"十二五"规划国家课题《信息技术促进区域教育均衡发展的实证研究》开题报告[R]. 深圳：中国教育技术协会年会，2011-12-3.

发展各个阶段；④微型学习以学习者为中心，重视学习资源、情境与活动的创设；⑤微型学习在信息化环境的支持下开展[69]。

碎片化学习资源能够满足学生微型学习的需求，针对不同的学习内容和学习者的学习特点，可分为：图文型、视频型、富媒体型、触媒体型、PPT 型等。在微型学习过程中，所使用的碎片化学习资源并不是一种，是多种类型资源的有效组合。

近年来，微视频资源凭借其容量小、时间短、自足性、易传播、多用性、复用性等特点和优势[70]，广泛应用于教育领域，并受到广大师生的热捧。在利用碎片资源开展微型学习的过程中，碎片化资源要符合学生的实际情况，吸引学生注意力。朱学伟等从学习者特点出发，提出了碎片化微型学习总体设计流程图[71]（见图 5-29），包括资源分割、设计媒体形式、选取碎片化应用种类、设计应用程序、应用上线测试五个模块。

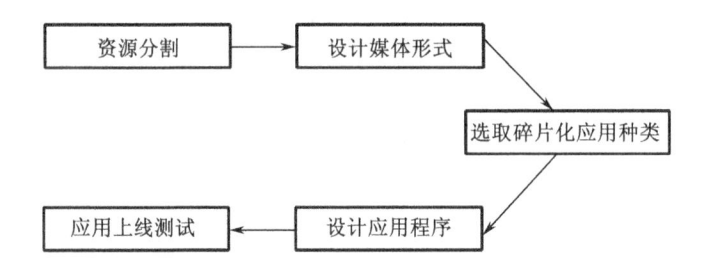

图 5-29　碎片化微型学习总体设计流程

利用碎片资源开展微型学习，是对碎片化学习资源应用的一次拓展，方便学习者获取感兴趣、有价值的信息资源。由于微视频资源过多，在基于微视频的学习中，部分学生反映总是心里不踏实，总觉得没有彻底掌握。另外，学生还反映知识的体系性也不强，有点知识被"碎片化"了的感觉。微课作为承担碎片化学习的主要形式，具有时间短，内容精的特点，符合学习者短注意力、视觉化的学习需求。碎片化知识并不意味着无序学习，而是通过碎片化资源的"链接""聚合""可视化"，提供有序的、逻辑性资源，有利于学习者轻松管理自己的碎片化知识，更好地发挥碎片化学习价值。

---

[69] 李龙. 论"微型学习"的设计与实施[J]. 电化教育研究，2014（2）：74-83.
[70] 刘名卓，祝智庭. 视频微课的实用学分析[J]. 开放教育研究，2015，21（1）：89-96.
[71] 朱学伟，朱昱，徐小丽. 基于碎片化应用的微型学习研究[J]. 现代教育技术，2011，21（12）：91-94.

5.4.3 利用碎片化资源构建社会认知网络

1. 发挥碎片化资源的人际关系纽带作用

时间的碎片化，决定了人们学习方式的碎片化。现代社会的快节奏生活，可自由支配的大块完整时间越来越少，碎片化时间被学习者充分利用。古人常用"马上、枕上、厕上"来形容零碎的时间。《在线教育用户行为研究报告》对各地学习用户如何利用碎片化时间进行调查，共分为四段时间：起床后在家使用、上下班路上使用、晚上睡觉前使用、午休时间使用。结果显示，起床后在家使用的，河南省占 26%，上海市占 18%，山西省占 13%；上下班路上使用的，上海市占 23%，北京市占 17%，广东省占 12%；晚上睡觉前使用的，浙江省占 30%，湖北省占 29%，江西省占 28%；午休时间使用的，上海市占 36%，福建省占 15%，四川省占 15%[72]。学习日益碎片化与非正式化。碎片化学习往往利用社交网站（SNS）、各种超链接（Tags）、平台或工具（QQ 群）形成以碎片化学习主题为重要节点、动态发展、相对稳定的学术交流群体，随时随地开展交流与对话。交流与对话围绕某一学习主题展开，包含着大量的碎片化信息。通过对这些碎片信息的挖掘、分析，逐步建立起新的人际网络。

碎片化资源除了可以实现知识学习、构建知识网络外，还可以利用协同创作、分享碎片化知识等途径，构建自己的社会网络，发挥资源的人际关系纽带作用。社会网络的本质是关系结构，并且反映行动者之间的社会关系[73]。传统的 e-Learning 资源常常作为用户汲取知识营养、提升技能的消费对象，而忽视了资源的另外一种重要作用——人际关系的纽带。随着多样化学习终端（PDA、智能手机、PC、TABLET PC、ipAD、学习机、移动电视等）的普及和社交、连通、共同体、协同等概念的流行，虚拟环境中人际交往的价值变的越来越重要。碎片化资源能够发挥人际关系的纽带作用，有助于进一步提升学习资源在整个学习生态中的地位，同时也将对新型学习平台中人际网络的构建带来重要影响和启示。

2. 提升社交应用的碎片化资源价值

分享是社交应用的根本，通过分享碎片化资源逐步建立与他人的联系。我们生活在碎片化的时代，应该妥善处理好碎片化资源，构建自己的社会认知网络。首先要有机制能够

---

[72] 2015 在线教育用户行为研究报告[DB/OL]. http://www.199it.com/archives/411766.html，2016-02-15.
[73] 林聚任. 社会网络分析：理论、方法与应用[M]. 北京：北京师范大学出版社，2009：48.

保证用户可以过滤碎片化资源，例如可以将碎片化资源随着时间的推移逐渐消失，说明该资源并不重要，这是一个很好的过滤机制。其次要建立用户拥有选择权的机制，让用户将认为有价值的碎片化资源长期保留，即使在闲聊过程中产生的有价值的信息也可以保存；最后要有分类、归纳和聚合的机制，让用户能够将"点"状的碎片信息串成"线"状或者"面"状的信息，针对同一主题的信息进行聚合。把自己认为有价值的信息分享给自己的熟人圈，逐步构建自己的社会认知网络。

第 6 章

用户能生成可靠的学习资源吗

传统的预设性学习资源存在生产机制僵化、资源更新缓慢、难以激发学习兴趣、难以支持个性化学习等不足，无法很好地支持互联网+教育的发展。用户生成内容（UGC）已成为互联网用户的一种重要生活方式，也成为各大内容网站的主要转型方向，同时催生了生成性学习资源的产生和快速发展。生成性学习资源是指网络用户根据自己的兴趣、喜好主动创作或者完善的学习资源，具有过程性、情境性、开放性、创造性和发展性等特征。基于生成性学习理论和知识建构理论，研究构建了在线课程资源的动态生成模式。实践结果表明：该模式的应用能够有效实现课程资源的动态生成，且生成资源的质量较好；在课程活动中学习者的参与度较高，学习者平台交互情况良好；在课程实施过程中存在多种有利于资源生成的行为路径。此外，从"进化"的视角出发，在借鉴已有资源评价规范的基础上，采用文献分析法和专家访谈法，构建了生成性学习资源的评价指标体系和评价量表。

01 预设的未必是好的

在互联网开始起步的时候，由于技术和理念的限制，网络资源大多采用少数资源开发商、教师、专家单方面生产、传递、管理学习资源的传统资源建设模式。尽管当时这种学习资源建设模式在很大程度上满足了学习者的需求，但是随着社会的发展，这种预设性资源也显示出了很多不足（见图 6-1），如生产机制僵化、资源更新缓慢、难以激发学习者的学习兴趣、难以满足群体的个性化学习需求等。

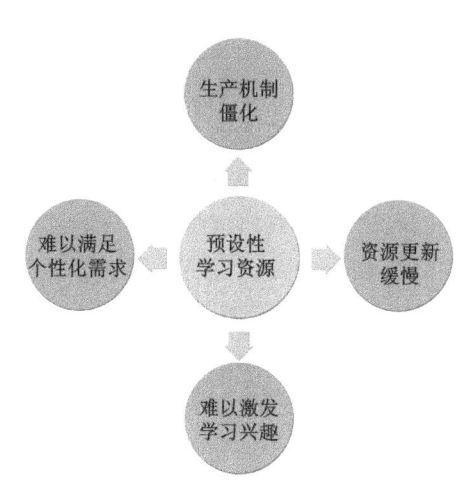

图 6-1　预设性学习资源存在的不足

6.1.1　预设性资源的生产机制单一

所谓预设性学习资源是指由教学者、设计者或专家提前设计好的学习资源。这些学习资源的生产开发职能掌握在他们手中，他们根据教学目标的要求、自己对教学内容的认识以及习惯性的教学流程进行资源的设计与开发。这种单纯从专家、教师角度生产建设的学习资源难以满足学习者的学习需要，而学习者只能单方面地接受这些易过时、不符合自己期望的资源，导致他们从学习的主动加工者沦为知识的被动接受者（见图6-2）。

图 6-2 预设性资源生产方式

在这种单一资源建设方式下生产的网络学习资源，仅作为生产者经验的衍生物，没有考虑到学习者的主体地位和学习的自主性，这在很大程度上不利于学习者的学习。预设性学习资源的开发过程受到设计开发者的经验影响，从立项到分析设计再到开发都是由生产者全权负责，而在整个过程中资源的使用者无权干涉。这使得预设性资源极容易禁锢于教材或者设计开发者的经验，导致建设的学习资源成为简单的千篇一律式的教材搬家、资源堆砌。

6.1.2 预设性资源更新缓慢

由于资源生产者的数量和精力有限，大多数预设性资源建设后得不到及时的更新与维护，这就使得资源内容过于陈旧，不能适应时代发展。这种缺少后续支撑性维护和更新的情况使得预设性资源以一种固定的形态出现，无法满足学习者在学习过程中对新鲜教学资源的需求。以网络精品课程为例[1]，国家级网络精品课程 76%在半年内没有更新，有的甚至自申报以来对内容没有任何增减或维护。一方面，社会需求的转变、技术的革新导致课程资源在一定程度上可能无法适应时代的需求；另一方面，随着学习者网络学习活动逐步深入，学习者的学习需求、学习程度等均会发生变化，最终使得一部分网络学习资源失去其原有的使用价值，逐渐衰老沦为无用资源。此时如若资源管理者未进行资源更新，这些资源最终将会形成信息孤岛，并逐步被废弃。

6.1.3 预设性资源难以激发学习兴趣

典型的单向传递是以资源设计开发者为中心的一对多的广播式知识传递，这使得学习者

---

[1] 张立新，米高磊. 高校网络课程中生成性学习资源的开发与利用[J]. 教育发展研究，2013（19）：72-76.

只能处于"被学习""被接收"的状态，进而忽视了学生的主动性和主体地位。面对封闭的、结构化的预设性资源，学习者只是被动地接受学习资源中的内容和活动，而这些资源内容和活动的安排很难促进学习者主动投入认知、难以促进学习者的知识建构、难以激发学习者的学习兴趣。

然而当前的学习群体是所谓的"数字土著"或数字一代，信息技术对他们的认知、态度及行为习惯的塑造是空前的。数字土著偏好多源头快速接收信息，多任务平行处理，喜欢图片、声音和影像，超链接资源，实时互动，用户生产的内容，及时、关联和趣味的学习[2]。因此这种由"权威"根据自身经验设计的预设性资源不符合学习者的学习特征，不能满足学习者的学习需要，更难以激发出学习者的学习兴趣。

6.1.4 预设性资源难以满足群体的个性化需求

网络资源开发的目的是为学习者营造一个开放的网络学习环境以支持个性化学习，学习者是整个开发、利用过程的中心。然而目前网络资源的开发职能掌握在教学者、设计者手中，资源的设计、编制及呈现，多从教的角度出发，依照教学目标、教学流程，预设结构化的资源，忽视了学习者动态的学习过程，其结果是预设性资源能较好地支撑线性学习，却无法满足学习者的个性化学习，使学习者成为接受知识的容器，而非加工知识的能动者。

在网络学习中学习者学习的目的、需求、特征是多种多样的，因此对于学习资源的需求也迥然不同，预设性资源更加符合设计者教的愿望而非使用者学的需求。相对于学的经验而言，教的经验往往更加稳定、刻板，而由此衍生的资源也不可避免地呈现出循规蹈矩的特性[3]，难以满足广大学习者的个性化学习需求。

---

[2] 黄荣怀. 智慧教育的三重境界：从环境、模式到体制[J]. 现代远程教育研究，2014（6）：3-11.
[3] 李远航，秦丹. 利用 Web2.0 技术实现网络课程资源再生研究[J]. 中国电化教育，2011（4）：82-85.

02 用户生成内容渐成趋势

6.2.1 UGC 开始流行

互联网时代 UGC 概念（见图 6-3）（互联网术语，全称为 User Generated Content，即用户生成内容，也称 UCC User Created Content）风靡一时。UGC 概念最早起源于互联网领域，即用户将自己原创的内容通过互联网进行展示或者提供给其他用户。UGC 是伴随着以提倡个性化为主要特点的 Web2.0 概念兴起的。2005 年左右网友开始在网络上上传海量图片、视频、评论、问答等内容，之后博客、微博、微信等网络社交平台的出现，为用户自主生成的内容提供了平台和依托。UGC 并不是某一种具体的业务，而是一种用户使用互联网的新方式，即由原来的以下载为主变成下载和上传并重。Wiki、豆瓣、YouTube、MySpace 等网站都可以看做是 UGC 的成功案例，社区网络、视频分享、博客和播客（视频分享）等都是 UGC 的主要应用形式。

Wiki 是一种网上共同协作的超文本系统，可由多人共同对网站内容进行维护和更新，是典型的靠 UGC 运作的系统。其中，Wiki 利用 UGC 概念，使网站的内容制作和编辑成本最小化，同时也能够实现领域知识的积累和最大化。用户可以通过网页浏览器对 Wiki 文本进行浏览、创建、更改，与其他超文本系统相比，Wiki 具有使用方便及开放的特点，所以 Wiki 系统可以帮助用户在一个社群内共同收集、创作某领域的知识，发布所有领域用户都关心和感兴趣的话题。Wiki 使用了 UGC 概念，这蕴含了"与他人同创共享"的理念。某 Wiki 系统的开发者曾经指出，Wiki 是一种纯粹的用户内容服务，如果网站的诸多内容都指向其域名，那么搜索引擎将被更多用户发现，也将会吸引更多用户的参与。

豆瓣网同样依靠聚合 UGC 力量进行发展。该网站创办于 2005 年 3 月，几乎没有任何商业宣传，但截至 2012 年拥有 5600 多万注册用户，ALEXA 排名稳定在 1600 名左右，原因在于其独特的内容生成机制。豆瓣网所有的内容，分类、筛选、排序都由成员产生和决定，完全自动。在豆瓣网，用户和用户之间有很多互动的可能。豆瓣内容形成的起点，是主动型网民提供自己读过的书、看过的电影、听过的音乐的清单，相关评论和博客。这些内容提供了很多个基础节点，这些节点之间又因为网站技术系统所提供的相应功能，例如"条目""标签"或网站推荐，开始产生各种联系，从而编织出内容的基本网络。豆瓣的社区提供了一种以"兴趣爱好"为纽带扩展人际关系的可能。这种关系的形成无须刻意，它更多的是伴随着内容关系的形成而自然形成。但是，也正是这种基于兴趣的人际关系，才会更加富有黏性，更加牢固。

图 6-3 用户生成内容（UGC）

越来越多的网站采用或者转型 UGC 的运营模型，而用户也越来越习惯和喜爱自己创作内容，并与他人分享。DCCI（互联网数据中心）统计结果表明，在 2010 年 6 月用户生成内容的流量超过了网站专业制作的内容流量[4]，网络问答、网络论坛和网络百科都是用户生成信息资源的典型代表。UGC 已经成为很多网民的生活方式，例如 UGC 模式运营较为成功的起点中文网、开心网、酷六网及新浪微博等，都积累了大量的用户群体，并且仍在增长。这些事例都说明 UGC 已经潜移默化地成为网民上网不可缺少的一部分，已经成为一种网络流行文化。

6.2.2 UGC、PGC 和 RGC

互联网内容每天以数亿字节的数量增加，这与 UGC 有着莫大的关系，但随着互联网的发展，网上内容的创作又被细分出了 PGC（Professionally-generated Content，专业生产内容，也称 Professionally-produced Content，PPC）。所谓 PGC 是指由专业人员（专家）生成生产的内容。UGC 与 PGC 之间既有密切联系又有明显的区别。一个平台（网站）的 PGC 和 UGC 有交集，表明部分专业内容的生产者，既是该平台的用户，也以专业身份（专家）贡

---

[4] 用户产生内容流量首超专业制作 Web2.0 仍受困盈利模式不清晰[DB/OL]. http://finance.sina.com.cn/roll/20100728/07588376339.shtml，2016-3-6.

献具有一定水平和质量的内容,如微博平台的意见领袖、科普作者和政务微博。而 UGC 和 PGC 的主要区别是有无专业的学识、资质,在所共享内容的领域是否具有一定的知识背景和工作资历。

PGC 是在用户数量达到一定的规模后出现的,以满足用户对高质量内容的需求为目标。在 UGC 模式下,所有用户都可以参与到内容生成中,他们输入的所有字节都作为贡献的内容,但这种情况难以保证内容的质量,而高质量的内容才是多数用户的最终追求,因此 PGC 模式得到了快速的发展(见图 6-4)。

图 6-4 PGC 模式(左)和 UGC 模式(右)

PGC 模式分类更专业,内容质量也更有保证,因此现在的电商媒体,特别是高端媒体采用的也是 PGC 模式,其内容设置及产品编辑均非常专业。目前最典型的是微信公众平台。通过注册微信公众号,可以为订阅的用户提供专业的服务、信息等,很多微信公众号的用户数量已经达到百万级。微信公众号的数量以燎原之势迅速增长,各大内容平台也开始眼红,特别是原创类型的内容,网易、搜狐、腾讯、凤凰、百度等,吸收 PGC 内容的平台短期内达到了二三十个,原有的传统媒体记者也开始往这些平台上转移,这不失为一条新的出路,记者的加入,让 PGC 的人数得到了增加。如百度百科最初的作者不到 100 名,而现在仅互联网类的作者人数就达到了 400 多名,其他如钛媒体、今日头条等作者的数量也开始大大增加,尽管这些平台采用 UGC 模式,但并非普通用户就能够在平台上发表内容,本质上还是 PGC 模式[5]。

除了 PGC 以外,将来还会有新兴的内容生成方式——机器人生成内容(Robot-generated Content,RGC)(见图 6-5)。在人工智能技术的支持下,有可能出现一种提供内容检索、组装、分类、改编、转换、打包等服务的专业机器人,帮助人们完成内容建设生成工作。

---

[5] PGC 的爆发加剧 UGC 内容快速生长[EB/OL]. http://www.chinaz.com/manage/2016/0218/505459.shtml,2016-3-6.

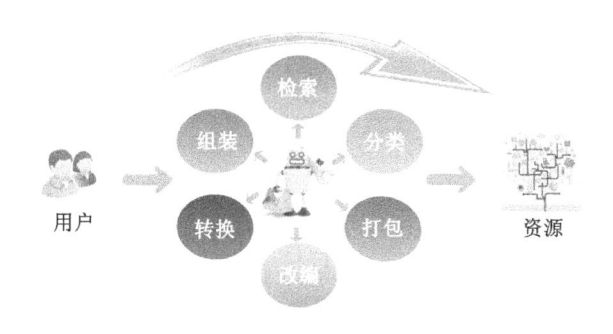

图 6-5　RGC 模式

在 RGC 模式中，负责内容生成的专业机器人根据用户提出的需求或者发布的指令，自动检索云端已有的相关内容，并对检索出的相关内容进行自动筛选、编辑、重组、转换、打包，从而形成初步的内容。用户对机器人生成的初步内容，进行审查、编辑，改善内容中不足，最终形成完整的新内容。若是用户对机器人生成的初步资源有疑问，还可以重新发布指令，使机器人再次进行检索、编辑、重构等工作。机器人生成的内容是不完善的内容，还需要人工进行进一步地修改完善，由此形成了一种人机协同的内容生成模式。

比如在 RGC 模式下，若想了解"红楼梦"相关的内容，那么用户只要输入对资源的要求（类型、长度、大小、主题等），资源机器人根据这些限制信息采用云计算、大数据等技术对已有的相关内容进行检索、筛选、切割、重组、打包等操作，形成初步的内容，并将生成的内容反馈给用户。用户根据自身的认知和要求对机器人生成的内容进行修改、完善，最终形成高质量的内容。在这个过程中，机器人的初步内容整理减少了机构人员的工作负担和时间，使得他们能够将时间用到高质量的内容生成上。

6.2.3　UGC 带来了哪些改变

1. 内容种类和数量剧增

自 UGC 流行以来，网络上数以亿计的用户都从单纯的信息消费者转变为信息生产者，导致网络上内容急剧增加，无论是数量还是种类上都呈现出爆炸式的增长。《2015 年全球互联网发展趋势》中指出，与 2014 年相比，2015 年的图片社交网站数量增长 75%，视频网站视频播放量增长 83%，每月超过 1100 万次，免费电子书社区文章数量增长 140%，Airbnb 评论数增长 140%，Snapchat 中每天有 65% 的用户（日活跃用户约为一亿）生产原创内容[6]。

---

[6]　全球互联网 2015 年发展趋势[EB/OL]. http://mt.sohu.com/20150610/n414792040.shtml，2016-3-10.

2. 转换网络话语权

UGC 给用户带来了实现话语权的场所和空间,极大地扩展了用户表达的渠道,促使网络话语权从专门人员、专家等人的手中转移到普通的网络用户手中。用户可以根据自身的知识水平、兴趣爱好、专业技术等发布任何不违背法律道德的内容。专业型 UGC 网站一方面降低了专业用户发布专业内容的门槛,另一方面也降低了普通用户发布内容的门槛,即使很业余、很"无知"的用户,也可以随意发表自己的见解。

3. 展示个性化认知

UGC 是某个用户或者某个团体组织在互联网上自己创造出来的内容(如文本内容、图片和视频内容等),或者按照自己的喜好重新编辑的内容。这些创造出来的内容具有很强的个性化色彩。在 UGC 时代用户已不再是被动的信息接受者,他们的身份已转变成主动的信息发布者。网络用户可以在各种网络平台上发表个人见解或分享个人知识,并积极参与到各类形式的在线交流与个人内容创建中,彰显出自己的个性化特色。

4. 分享创新性观点

用户或团体组织在创造内容时,往往会加入一定的创意。例如用户在上传自制视频前,会事先录制或者编辑视频,使之成为新的含有自己创意的视频。在各种 UGC 平台,用户生成的内容都包含很多的创新性观点。何向阳等人以 5 分制对百度知道(互动式网络问答平台,用户在平台上提出问题,其他用户有针对的给予回答)的最佳回答的创新性进行评价,回答的创新性度平均值为 4.31,其中得分为 4 分或 5 分的达到了 82.9%[7]。

5. 改善发布内容动机

UGC 内容一般不由专业团体和机构来运作,通常由普通的网络用户自主创作生成。以往的网络内容需要专门人员来创作,同时这些创作者会得到一定的报酬。而在 UGC 中,用户生成的内容完全凭借自己的兴趣爱好。发布内容的动机就从单纯的利益驱动转换为其他激励因素,如为了实现一定程度的名气、威望和愿望,或者为了表达自己的想法和展示自己的特色等。

6. 改变内容发布机制

对于大多数传统媒体而言,内容出版是有时间设置的,所以电视台、电台节目都被称为 Program(一种可以事先设定的程序)。但 UGC 不是,它的内容发布呈现随意性。任何用户都可以在任意时间、任意地点发布任意内容,打破了原有的时间、地点和人物的限制。

---

[7] 何向阳,熊才平,郑娟. 论网络信息资源的再生与利用[J]. 电化教育研究,2013(4):47-52,58.

互联网的普及让更多的用户有渠道接触 UGC，大环境的发展变化帮助 UGC 平台向零门槛的趋势发展，让更多的普通用户随时随地自建和发布内容。

6.2.4　UGC 对教育有何启示

UGC 的流行改变了互联网的经营模式，改变了人们的行为意识，使得人们更加注重参与感，这些改变也逐渐蔓延到了教育行业。学生作为独立的个体，具有自己的思想意识。他们并不是教师的附属品，也不是单纯的教育承受者。他们更应该成为教育的主动参与者，学习的真正主人。UGC 为实现学生的主体地位，促进学生主动参与教学，提高教学过程的交互程度提供了新的思路——学生参与内容生成（Student-Generated Content，SGC）。

所谓 SGC 是指让学生参与到课程资源的生成建设中。学习的知识创造隐喻表明学习是协同分析学习对象和内容的过程。根据知识创造隐喻可以看出 SGC 是一种典型的协同创作知识对象（用来描述教学内容的最小单元）的过程。学生在学习过程中能够持续自主地生成教学资源，在生成资源过程中不断建构、修正、完善自身的知识框架，发展自身的思维能力。SGC 能够充分体现学生的主体地位，发挥学生的主动性，提高学生的参与度，实现学生自身的知识建构，从而提升学生的创造力、改善教学资源的生成方式、提高当前的教学质量。

当前的主要学习群体是与众不同的，他们伴随飞速发展的通信技术而成长，且离不开这些数字化的通信方式。他们在生活、工作和学习中大量地使用电子邮件、因特网、万维网以及各种可用的移动通信技术。因为成长过程中伴随着便利的数字通信技术，并受到丰富的信息技术文化的长期洗礼，新一代学习者形成了数字化的生活方式和思维方式[8]。他们被称为"数字土著"，也被称为网络一代。他们具有鲜明的特征，他们对信息技术并不陌生，且能够很好的接纳和运用新的技术；他们更喜欢通过数字化的方式来获取信息、与外界沟通交互，而且他们更愿意主动地参与到信息的制作、贡献与分享中；他们能够自发地形成学习共同体、兴趣团队，对感兴趣的话题进行持续地建设、关注和共享。

与传统的教学方式相比，SGC 能够让学生主动参与教学以及课程资源的生产过程，更符合"数字土著"们的学习和认知特征，也更能激发起学习者的学习动机和学习热情。"数字土著"具有生成教学资源的能力，同时也愿意参与到教学资源的生成过程中来。在这个过程中他们能够充分地表达自身的观点、广泛地分享自己的认知、持续关注自己感兴趣的内容，实现自己的学习自己做主的主人翁愿望。

---

[8] 顾小清，林仕丽，汪月. 理解与应对：千禧年学习者的数字土著特征及其学习技术吁求[J]. 现代远程教育研究，2012（1）：23-29.

03 生成性学习资源受到关注

6.3.1 何谓生成性学习资源

1. 生成性资源的概念

随着 UGC 的流行,一种新型的学习资源出现了,即与预设性学习资源相对的生成性学习资源。所谓生成性学习资源泛指网络用户根据自己的兴趣、喜好主动创作或者完善的学习资源,包括图文、音频、视频等资源。生成性资源并不是提前计划或者预设好的学习资源,而是网络用户在学习、反思和交流互动中产生的包含一定过程和情景信息的资源。生成性资源也不是为特定用户制作的而是面向所有网络用户,任何用户都可以参与到生成性学习资源的建设过程中。

生成性学习资源的建设者需求各异,身份也往往不同于网络学习者。他们带着一定的目的和需求学习生成性学习资源,因他们各自的知识背景以及学习经验的不同,学习者会根据自己了解的其他相关知识,对生成性学习资源的不足或是欠缺的部分主动进行修改完善,最终形成体现自身个性化特征的资源。在这个过程中,学习者还可以不断的修正和完善自身的知识,同时通过与其他学习者进行交流互动还能形成一定的知识网络和关系网络,保留生成性资源建设的过程性和情境性信息。

2. 生成性资源的特征

生成性资源与预设性学习资源不同,具有过程性、情境性、开放性、创造性和发展性等特征[9]。

---

[9] 万力勇,赵呈领,黄志芳,等. 用户生成性学习资源:数字化学习资源开发与利用的新视角[J]. 电化教育研究,2014(5):53-58.

1）过程性

用户生成性学习资源不是简单的结论性知识的呈现，而是要经历用户的不断思索、交流和探究而形成，是一种过程性资源。资源的生成蕴涵于丰富的网络交互活动中，是用户与网络交互过程中多种因素以多种形式相互作用的过程[10]。

2）情境性

情境性主要是指用户生成性学习资源的产生与存在依赖于某种具体的情境，伴随着相关因素在一定的情境中产生或表现出来。这种情境主要由多个用户主体共同进行的网络对话与交流活动及具体活动环境所组成。情境的复杂多变性也决定了生成性学习资源的产生是难以预设和预见的。

3）开放性

开放性主要是指用户生成性学习资源产生的空间、时间和过程都是开放的。开放的空间，用户可以根据需要自主选择自己喜欢的生成性平台进行资源的创作，而不必受任何限制；开放的时间，用户可以灵活安排资源生成的时间，不只局限于日常的教学或学习活动；开放的过程，用户在资源生成过程中是一种自由、民主、平等、互动的关系，开放式地进行交流、对话和沟通。

4）创造性

创造性主要是指用户生成性学习资源是基于用户个性化的建构，是对给定学习资源的变革与创新，融入了用户自身对知识、技能、过程、方法、情感、态度与价值观等的全新建构，这种生成性资源有助于使用者对某一知识产生多元化的理解[11]。

5）发展性

发展性主要是指生成的资源并非一成不变，伴随着生成过程的开放性，其在展示和使用过程中还会经历使用者的评论、编辑和修改，从而使资源结构和内容不断完善，质量不断提升，最终成为具有较强使用价值的资源。

3. 生成性资源的类型

与一般的数字化学习资源相比，用户生成性学习资源更具复杂性和多样性，这也决定了其具有更为丰富的内涵。用户生成性学习资源可以从外在表现形式、内容属性和生成方式三个维度来进行分类。

---

[10] 武鹏，张勇. 韩国中小学"课外学校"政策的发展现状及其经验启示[J]. 教学与管理，2012（5）：85-88.

[11] 许政法. 国内课后补习研究回顾与展望[J]. 教学研究，2009（1）：56-59.

1）按资源外在表现形式分类

按资源外在表现形式，可以将其分为视音频、图片、应用程序和文档四个大类。其中视音频主要指由用户录制、编辑并上传，可以公开获取的数字视音频资源，或在已有作品基础上进行二次创作的视音频资源，其代表性生成平台有播客、P2P、SNS或流媒体等。图片是指由用户拍摄并上传、可公开获取的数字图像资源，或是在已有作品基础上进行二次创作而成的图片资源，其代表性生成平台有博客、SNS等。应用程序主要指网络共享应用程序，指个人开源上传或在开源代码基础上进行二次创作而形成的应用程序，其代表性生成平台如开源社区和SNS等。文档包括聚合型文档和百科知识型文档，其中聚合型文档主要指聚合性的学习资源，如学习内容的聚合、社会化标签的聚合、评论内容的聚合和超链接的聚合等，其主要生成平台有RSS、博客和微博等；百科知识型文档主要指由网络用户协同开发的知识性内容资源，其代表性生成平台有网络百科全书和问答社区等。

2）按资源内容属性分类

按资源内容属性来分类，可以将其分为标准化资源和多元化资源。所谓标准化资源是指在资源生成过程中遵循至善和科学性原则，其所包含的知识必须不断接近正确。在这种生成情境中，资源提供的往往是一种标准化的服务，即用户对此类资源的需求一般是同质的。其代表性例子是网络百科全书，如维基百科和百度百科等。而多元化资源是指资源生成过程中某种知识主题或问题是没有唯一答案的，即其答案可以是多元化的，这种资源生成的目的是为了满足人们对多元化知识的需求。此类资源提供的往往是一种个性化的服务，并且用户对这种资源的需求是异质的[12]。其代表性例子是各类教育社区和论坛，围绕某论题形成多元化的知识资源。

3）按资源的生成方式分类

按资源的生成方式来分类，可以将其分为个体生成性学习资源和群体生成性学习资源。个体生成性学习资源是指学习者个体在一定的学习情境中，充分调动自身认知，对所学习的知识进行主动解释，生成个人的独特理解，并将个人学习所得放在网络上共享所形成的学习资源，如学习者在博客上留下的个人学习心得、学习笔记、学习反思以及网上资源链接等；群体生成学习资源是指多个网络用户或学习者通过网络媒介进行交流和碰撞，相互启发和补充，在此过程中分享彼此的学习心得和经验，求同存异，进而产生对某一知识的深刻认识，比如在群体性交流中所产生的新的学习思路和新的解决方案等。

---

[12] 彭湃，周自波. 城市义务教育阶段课后补习研究——基于湖北武汉市H区的抽样调查[J]. 中小学管理，2008（4）：22-25.

6.3.2 生成性学习资源的优势

随着生成性教学观念逐步被教育工作者所接受，生成性学习资源的开发与应用也逐渐引起了关注。依据学习资源产生方式的不同，可以将学习资源分成预设性资源和生成性资源。

传统的数字资源大多属于预设性学习资源。预设性资源在开发之前，资源的内容、结构、界面、教学目标、学习活动、应用方式等就已有了清晰、完善的设计，有开发周期短、针对性强、易实施等特点，其不足在于资源缺乏灵活性、进化能力弱、更新不及时、扩展性和实用性较差。当前数字化学习领域的大多数课程和课件都属于预设性资源。

与预设性资源相比（见表 6-1），生成性资源具有更强的扩展性、进化性和适应性，可以根据教师的教学需求和学生的学习需求进行动态调整。因此在实际应用中，生成性学习资源更能满足学习者的学习需求、激发学习者的学习兴趣。

表 6-1 预设性资源与生成性资源的特征

特 征	预设性资源	生成性资源
开发周期	短	长
资源结构	封闭	开放
进化能力	弱	强
更新速度	慢	快
灵活性	弱	强
扩展性	弱	强
质量控制	易控制	难控制
适应性教学支持	弱	强

典型的生成性资源包括维基百科、学习元、生成性网络课程等。以学习元[13]中生成的学习资源为例。学习者在学习过程当中，如果发现某段学习内容有不妥之处，或有需要补充之处时，可以利用协同编辑功能对该内容进行修改或补充，从而使资源的信息更加丰富、内容更加全面。这样增加了学习资源的完整度，促进了学习资源的进化，扩展了学习资源的范围。

6.3.3 生成性学习资源研究进展

国家出台的《国家中长期教育改革和发展规划纲要（2010—2020 年）》以及《教育信

---

[13] 学习元[EB/OL]. http://lcell.bnu.edu.cn，2016-3-10.

息化十年发展规划（2011—2020年）》这两个重要政策文件中都明确提到要加快发展教育资源的开发、应用和共享进程，要生成特色鲜明、内容丰富、风格多样的优质资源，帮助所有师生和社会公众方便选择并获取优质资源和服务，实现优质资源的共享和可持续发展。教育信息资源的动态化、情景化和个性化成为当前教育信息资源建设的主流。

在传统信息资源建设过程中，信息资源建设者重视资源内容的系统性和体系结构的合理性，学习者只能被动利用已建设好的信息资源，学习者的个性化、情景化的信息需求难以得到满足。学习资源必然从目前的单向、静态和固化走向开放内容、协作共创的模式[14]，在设计上也要更加关注学习的泛在性、情境性、社会性、个性化、非正式性等[15]。生成性学习资源具有的多人参与、可进化性以及灵活性等特征使得它能够满足学习者的个性化学习需求。

生成性学习资源的生成进化将用户的参与行为作为动力来源。用户参与资源的生成进化主要受到内部因素和外部因素两方面的影响。内部因素是与用户自身相关的因素如用户的基本需要、兴趣爱好、自我实现以及用户以往的经验和体验等。Sheizaf等人[16]认为用户参与维基百科主要是出于基本需要、个人成长和自我实现、个人偏好、固定程序和仪式、习惯五方面的原因。Chin等人[17]的调查研究发现个人乐趣、利他主义、个人声望、社区认同感和个人态度对博客参与有显著影响。而外部因素是指资源创作平台的运行机制，如技术接受、技术任务匹配、互动准则和规范、网站内容、网站参与者数量等。万力勇等人[18]利用百度百科证明了平台感知的易用性、感知的有用性、技术可靠性和内规则设置是影响用户参与资源建设的主要因素。

但是众多用户的参与也会导致学习资源的质量难以得到保障，出现"杂乱生成"的现象。为了有效保证生成性资源的质量，需要对资源的质量进行控制，对资源的生成进化过程进行"监控"。Eugene等人[19]提出对用户生成内容的属性进行分级，建立基于社区的用户交互模型，综合内容本身、用户对内容的交互行为和用户对内容浏览的统计属性几个方

---

[14] 程罡，徐瑾，余胜泉. 学习资源标准的新发展与学习资源的发展趋势[J]. 远程教育杂志，2009（4）：6-12.

[15] 余胜泉，程罡，董京峰. e-Learning新解：网络教学范式的转换[J]. 远程教育杂志，2009（3）：3-15.

[16] Sheizaf R, Yaron A. Online Motivational Factors：Incentives for Participation and Contribution in Wikipedia[EB/OL]. http://citeseerx.ist.psu.edu/viewdoc/ download?doi=10.1.1.158.1212&rep= rep1&type=pdf.

[17] Chin-Lung Hsua, Judy Chuan-Chuan Lin.Acceptance of Blog Usage：The Roles of Technology Acceptance，Social Influence and Knowledge Sharing Motivation[J]. Information & Management，2008（1）：65-74.

[18] 万力勇，黄志芳，邢楠，等. 用户生成性学习资源建设的驱动因素研究——以百度百科平台为例[J]. 电化教育研究，2015（2）：50-57.

[19] Eugene A，Castillo C，Debora D. Finding High -Quality content in Social Media [C]. 2008 ACM International Conference on Web Search and Data Mining，2008：67-73.

面，对内容质量进行评价。赵宇翔[20]等人选取视频类生成性资源内容为研究对象，提出了一套多层次、多维度、多方法的生成性资源质量测评框架。该框架分为三个层次：对象层、维度层和测度层。对象层主要研究具体的应用情境；维度层主要考查信息资源质量在多维度上的描述与表现；测度层主要考查具体的测度方法和技术，他们提出了自动监测、同行评议及用户评价三种评价方法。杨现民等人[21]提出依据用户的编辑内容与资源语义基因的语义相似度和用户的信任级别两方面的信息，综合判断每次内容编辑的可信程度，最终决定是否采纳此次内容编辑，从而达到对内容进化过程的智能控制。

生成性资源因其灵活性、多样性以及可进化性特点，对于教育教学存在的学生参与度低、浅层次学习严重、学习效率低、积极性较弱等问题有很好的改善作用。余胜泉等人[22]利用学习元平台资源生成与进化的特征，设计和实施了一门师生协同建构、互教互学的课程，通过生成性教学目标、开放性教学活动、个性化课程资源、同伴互助的知识建构、交互性学习过程、发展性教学评估等方式，激发了学生主动参与各项学习活动和教学过程的热情，提升了学生的认知投入水平，促进了学生的深层次学习，培养了学生的创新意识。何向阳等人[23]以认知弹性理论为指导，基于生成性资源的特点，提出生成性资源的利用过程可以细分为利用现有网络信息资源、贡献自己所拥有的信息资源、与同伴进行交流与互动、重构自己的知识体系四个过程，并由此提出再生资源利用中重视学习者的交互行为、鼓励学习者进行深度交互和创建良好交互氛围三个关键性问题。

---

[20] 赵宇翔,朱庆华. Web 2.0 环境下用户生成视频内容质量测评框架研究[J]. 图书馆杂志,2010（4）：51-57.

[21] 杨现民，余胜泉. 开放环境下学习资源内容进化的智能控制研究[J]. 电化教育研究,2013（9）：83-88.

[22] 余胜泉，万海鹏，崔京菁. 基于学习元平台的生成性课程设计与实施[J]. 中国电化教育,2015（6）：7-16.

[23] 何向阳. 网络教育信息资源再生与利用研究[D]. 华中师范大学,2013.

04 学习资源动态生成模式

6.4.1 理论基础

1. 生成性学习理论

  Harlen 和 Osborne 认为,"学习要通过个人消化"[24]。生成性学习理论的创始人 Wittrock 强调学习者不是信息的被动接收者,而是学习过程的主动参与者,学习的产生是由于学习者对环境中的信息建构了有意义的理解。Wittrock 指出:"虽然学生可能不理解老师对他所说的话,但他肯定理解自己加工生成的语句"[25]。Wittrock 对认知过程进行研究[26],并建构了基于大脑功能的神经模型[27],该模型由四个部分组成(生成过程、动机、学习过程和知识创造过程),在教学设计时,应该用整体化的视角进行研究。图 6-6 所示的概念图阐释了 Wittrock 著作中的观点以及 Grabowski[28]关于生成性学习过程概念图中所体现的观点[29]。

---

[24] Harlen W, Osborne R. A model for learning and teaching applied to primary science [J]. Journal of Curriculum Studies, 1985, 17 (2): 133-146.

[25] Wittrock M C. A generative model of mathematics learning [J]. Journal for Research in Mathematics Education, 1974: 181-196.

[26] Wittrock M C. Generative learning processes of the brain [J]. Educational Psychologist, 1992, 27 (4): 531-541.

[27] Luria A R. The working brain: An introduction to neuropsychology [M]. Basic Books, 1976.

[28] Grabowski B L. Generative learning contributions to the design of instruction and learning [J]. Handbook of research on educational communications and technology, 2004 (2): 719-744.

[29] 任友群,焦建丽,刘美凤,等. 教育传播与技术研究手册[M]. 上海:华东师范大学出版社,2009,135.

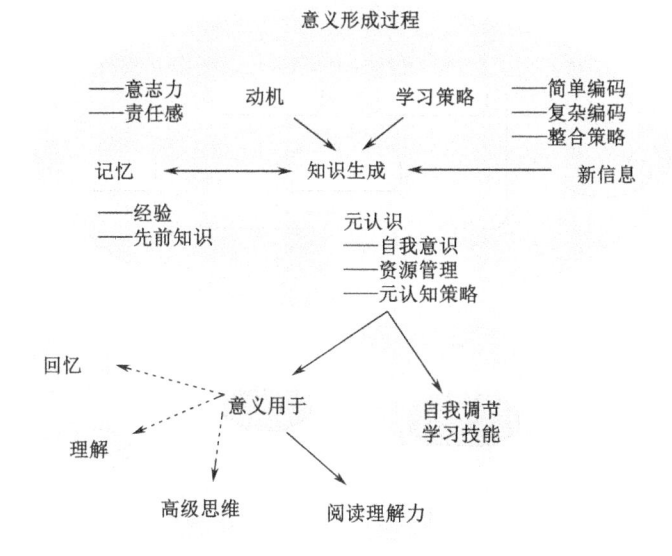

图 6-6　对生成性学习的概念性理解

生成性学习的实质是知识生成，只有通过学习者自己生成关系和理解，才能有意义地生成知识。学习者不仅要生成有组织的或整体性的联系，而且要建构个人的意义。一部分意义的生成来源于将记忆中的先前概念、抽象知识、日常经验、专业知识和新信息建立联系的过程。

动机作为生成性学习的主要组成部分，能够提升学习或完成任务的动力和意愿[30]。在知识生成过程中，持久且持续的兴趣是模型中动机过程的一个重要成分。只有当学习者将成功归因于自己在知识生成方面所作出的努力时，兴趣才能被提升[31]。

为了将已有知识和新知识联系起来生成意义，学习者需要使用从简单编码到整合策略的多种学习策略。根据其动机水平和已有知识，如在专业领域的以往学习情况、学习策略、学习者的偏好，学习者会在知识生成的过程中使用不同的学习策略。生成性学习理论不仅强调信息的转化，而且强调生成新的概念性的理解。

最后，Wittock 强调学习者应该控制自己生成意义的过程。元认知调控着个体在学习过程中的认知活动。自我监控在这里也是一个至关重要的过程，因为它使学习者能够了解自己的进步[32]。在自我监控的基础上，学习者对自己的努力程度和可获得的资源进行管理，

---

[30] Corno L. Volitional aspects of self-regulated learning [J]. Self-regulated learning and academic achievement: Theoretical perspectives，2001（2）：191-225.

[31] Wittrock M C. Generative teaching of comprehension [J]. The Elementary School Journal，1991：169-184.

[32] Schunk D H，Zimmerman B J.（Eds.）. Self-regulated learning: From teaching to self-reflective practice [M]. Guilford Press，1998：1-19.

并调整他们的学习策略来生成意义。总之，生成意义实际上是学习者在已有记忆与信息之间建立联系。学习者在这个知识生成过程中积极思考并使用各种学习策略，并以元认知的方式来自我调节这个过程。

生成性学习理论不是发现式学习，而是以学生为中心的学习，采用了一些积极建构意义的活动。生成性学习活动要求对外部刺激进行内部处理。生成性学习环境中不仅包括为学习者提供的可自由回答的资源，还包括为促进学习者进行知识加工所精心设计的外界刺激。生成性活动是存在于外界刺激和学习者之间的。该理论并没有假设学习者或教师（或教学）的主导地位，而是认为他们在学习过程中是一种伙伴关系。

由于与建构主义及行为主义具有或近或远的亲缘关系，生成性学习理论可以很容易地被应用于任何学习或教学环境。有证据表明，生成性学习理论非常适合应用于教学设计领域[33]。

2．知识建构理论

1988年知识建构（Knowledge Building）一词在一个由苹果公司资助的研究项目中正式提出，该项目名称为"知识建构环境的设计"，但并没有详细系统的介绍。1994年Scardamalia、Bereiter和Lamon在一篇文章中对知识建构理论进行了较详细的阐述，对学习和知识建构进行了区分[34]。Scardamalia和Bereiter把知识建构定义为对社区有价值的观点的提出和持续改进。历经20多年的发展之后，知识建构的理论体系、教学法和技术手段都已形成完整的系统。

教育最基本的任务是帮助年轻人融入知识创造的文明中，使他们找到自己在其中的位置。知识建构尝试以最基础的方式重塑教育，并试图将学生引入一个创造知识的文化中。知识建构的过程不仅发展了学生的知识建构能力，同时也让他们认识到自身的努力也是人类开拓知识领域工作的一部分。知识建构理论的核心观点是[35]：知识进步是共同体而不是个人的成果；知识进步是观念的更新，而不是通向正确或者合理信息的过程；了解与知晓；通过合作解决问题，而不是争论；建设性地使用权威信息；理解是一个认知突显的过程。

知识建构的一个要素是"认知制品"（Epistemic Artifacts）的创造，该制品用来进一步增进知识[36]。在教育中认知制品特别重要，初始知识的主要用途是创造更多的知识。学生

---

[33] 任友群，焦建丽，刘美凤，等．教育传播与技术研究手册[M]．上海：华东师范大学出版社，2009：145．

[34] MIT. The CSILE Project: Trying to Bring the Classroom into World 3. Classroom Lessons: Integrating Cognitive Theory and Classroom Practice [C]. CA：The MIT Press，1994：201-228.

[35] The Cambridge handbook of the learning sciences [M]. New York：Cambridge University Press，2006.

[36] Sterelny K. Externalism，epistemic artifacts，and the extended mind. In R. Schantz （Ed.）[M]. The externalist challenge. New York：de Gruyter，2005.

需要在"认知制品"的基础上实现"对共同体有价值的知识创新和进步",实现认知的前反馈效应(Feedforward Effect),新知识涌现并加速更新知识的产生[37]。

知识建构理论将"进步"作为衡量知识本身的标准,即知识的进步是观念的更新。工程师和设计师认为不存在最终完美状态[38]。同样科技进步带来了亟待解决的新问题,也为其进一步提高带来了新的可能性。衡量进步的方法不是与开始状态相比,而是通过与预定终点的远近来衡量。致力于观念更新的教育计划需要留出反复思考的时间。理论上来说,反复思考然后加以改进的过程是无止境的,但实践中受当前进度、需求和机遇等因素的影响,学习者可以选择是继续还是转移到另一个主题。

认知科学家们主要关注两大类知识:陈述性知识和程序性知识[39]。从实用角度来看,更为有用的分类是对比对事物的了解(Knowledge About)与知晓(Knowledge of),了解等同于陈述性知识,而知晓是一个比程序性知识更宽泛的概念。在当今这个知识社会里,单纯地记忆相互独立的陈述性知识和按部就班的程序性知识是远远不够的。在知识建构中,学生只有在问题中进行学习才能导致深度结构知晓的产生。

话语(Discourse)在 50 年前就在学校盛行,至今依然在学校学科教学中占据重要地位,话语是共享知识和提出反对意见的主要方式,包括书面出版物、口头演讲以及之后的问答部分[40]。Lakatos 挑战这种观点,认为话语具有创新作用—推动了观念更新—而不仅仅扮演关键过滤器的角色[41]。最近的科学话语的实证研究支持了 Lakatos 的这一观点[42]。在知识建构中话语的目标是知识状态的进步(观念更新),含有一系列的承诺这是它与其他话语的主要区别[43]。知识建构中的话语致力于促进学习者取得进步;旨在使学习者寻求共同的理解而不只是达成协议;旨在拓展学习者彼此接受的事实基础。在课堂中知识建构话语应当更有建设性和积极性[44]。

---

[37] Scardamalia M,Bereiter C. Knowledge1 building. In encyclopedia of education [M]. New York:Macmillan Reference. 2003,1370-1373.

[38] Petroski H. Invention by Design [M]. Universities Press,1997.

[39] Anderson J R. Cognitive psychology and its implications [M]. WH Freeman/Times Books/Henry Holt & Co,1990.

[40] The Cambridge handbook of the learning sciences [M]. New York:Cambridge University Press,2006.

[41] Proofs and refutations:The logic of mathematical discovery[M]. Cambridge university press,1976.

[42] Dunbar K. How scientists think:On-line creativity and conceptual change in science[J]. Creative thought:An investigation of conceptual structures and processes,1997:461-493.

[43] Bereiter C. Implications of postmodernism for science,or,science as progressive discourse[J]. Educational Psychologist,1994,29(1):3-12.

[44] Bereiter C,Scardamalia M,Cassells C,et al. Postmodernism, knowledge building, and elementary science[J]. The Elementary School Journal,1997:329-340.

自从以学生为中心的教育和建构主义教育出现以来，教育者就需要面对权威信息如何使用的问题。根据知识建构观点，不同种类的信息，无论是一手的还是二手的，只要对知识建构有用，它便有价值。评判信息的质量不是独立于知识建构的问题，它是知识建构的一部分。评判信息的质量同样会涉及争论，但是这种争论将为总体任务的达成提供帮助。因此在知识建构过程中要建设性地使用权威信息（见图6-7）。

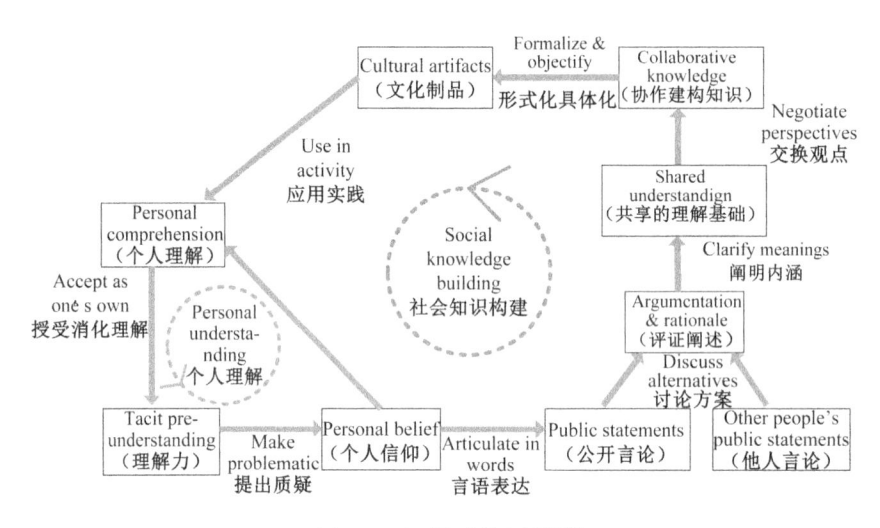

图 6-7 知识建构过程[45]

为了帮助人们理解知识建构与其他教学思想的不同，Scardamalia 总结了包括观点、社区和工具等方面的 12 条知识建构原则[46]，这些原则成为设计知识建构教学法和技术平台的基本准则。

（1）讨论投入，联系现实（Real ideas, authentic problems）：探讨的问题是学习者真正需要的，是与实际学习生活息息相关的。

（2）不断钻研，完善观点（Improvable ideas）：力求完善，追求意念的不断改变。

（3）多元观点，正反并现（Idea diversity）：运用多角度思考，从多元化的观点中学习。

（4）融会总结，升华超越（Rise above）：深化讨论，提升讨论深层次，拓展新的方向。

（5）追求知识，自主自立（Epistemic agency）：学习者主动学习，主理自己的学习过程，对自己的学习负责任。

（6）共同承担，知识无限（Community knowledge）：建立协作学习群体，协作群体进步，共同对学习负责，共享学习成果。

---

[45] Mahwah NJ: Erlbaum. Fourth international conference of the learning sciences [C]. Psychology Press，2000.

[46] Scardamalia M. Collective cognitive responsibility for the advancement of knowledge [J]. Liberal education in a knowledge society，2002（97）：67-98.

（7）知识面前，平度参与（Democratizing knowledge）：照顾所有学习者的学习需要，每个学生都有公平的机会参与知识建构和知识提升。

（8）跨组参评，共同成长（Symmetric knowlege advancement）：学习群体不单在内部交流，还与外界不同背景的群体建构知识。

（9）知识建构，无处不在（Pervasive knowledge building）：知识建构不单局限于特定的场所（如教室内），还可遍及校内、外。

（10）善用权威，助己发威（Democratizing knowledge）：适当地使用可靠的参考资料，促进知识的建构。

（11）讨论交流，优化建构（Knowledge building discourse）：通过讨论交流，参考不同的意见，互相修订，加深对知识的理解，从而创建新知。

（12）时刻反思，改进认知（Embedded and transformative assessment）：促进学习的评估，目的是提升和改进群体，评估与知识建构的过程结合。

6.4.2 生成模式设计

以生成性学习理论以及知识建构理论的核心观点为基础，以"共创生、深研讨、聚智慧、共发展"为模式设计的核心思想，结合教学的五项基本原则——以任务为中心的教学原则（Task-centered Approach）、激活原则（Activation Principle）、展示原则（Demonstration Principle）、应用性原则（Application Principle）、整合原则（Integration Principle）[47]，本研究设计了在线课程资源动态生成模式（见图6-8）。

模式图由三部分组成：教学流程以及学生行为、教师行为，其中教学流程是核心，师生行为是为提高模式的可操作性对应教学流程的相应环节提出的。教学流程分为学习目标确定、小组议题分配、小组协作、公开阐述和组间协作五个环节。其中小组协作和组间协作是整个教学流程的关键，由若干子环节构成，此外小组协作、公开阐述以及组间协作通过议题交换环节形成一个递进循环过程，目的是扩大资源协作的范围，提高知识建构的层次，保证资源的质量。

---

[47] Merrill M D. First principles of instruction[J]. Educational technology research and development，2002，50（3）：43-59.

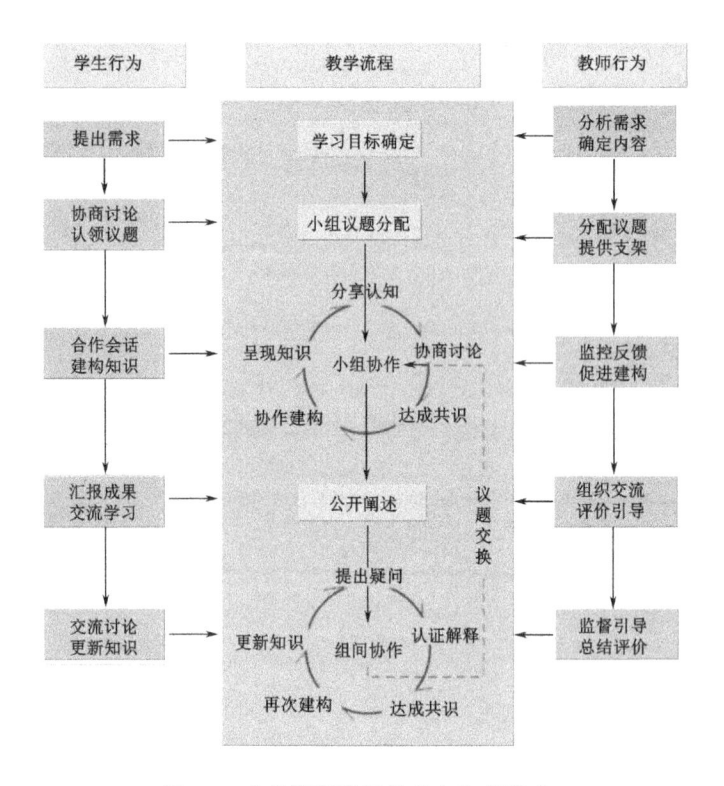

图 6-8 在线课程资源的动态生成模式

课程实施流程分为以下 5 个关键步骤。

1. 学习目标确定

确定学习目标是课程实施的首要步骤，学习目标是课程内容、议题等确定的基础，也是学习者生成课程资源的基本方向。学习目标由学习者提出，教师进行汇总分析，结合课程教学基本要求确定课程教学大纲。课程学习目标由学习者提出，一方面有助于激发学习者的学习兴趣，另一方面有助于教师了解学习者的认知水平。在线课程资源动态模式应用中，学习目标具有一定的开放性。学习目标的开放性一方面是指学习目标是由学习者提出的，是为满足学习者需求设计的；另一方面是指课程实施开展过程中，目标可以不断扩充、调整，具有动态发展性。

2. 小组议题分配

根据课程教学大纲将课程划分成若干单元，每个单元课程内容由若干议题任务组成。学习者以小组为单位自主选择议题建构任务。小组议题的确定是资源动态生成的入口，需要让学习者对议题有基本的了解才能保证学习者后续积极生成内容，因此小组议题的确定需要给学习者预留一定的时间对议题进行初步了解，小组协商讨论对于议题选择达成一致，并通过课程平台公开认领。议题建构任务开始前教师需要为学习者提供一些基础性支架（例如相关资源、关键点等）以帮助、引导学习者有效建构资源，并通过平台设置议题周期与具体要求以保证课程进度。

3. 小组协作

小组协作是课程实施过程中最重要的环节，是课程资源动态生成的关键。基于网络的协作学习可以使学生自由组合成若干组，利用网络信息资源在小组内进行交流、协作，共同完成学习[48]。小组协作由以下五个关键步骤组成。

（1）分享认知：小组成员对小组议题进行个人自主学习，通过网络搜索、查阅书籍等方式形成对议题的初始认知，并以线上或线下的方式与小组成员分享自己的认知以及获取的相关资源。

（2）协商讨论：在个人形成一定认知后，小组成员集中对议题进行协商讨论，对存在的认知差异进行分析探讨，集小组力量解决小组成员的困惑，对议题进行深入讨论，在协商讨论中生成新的认知。

（3）达成共识：通过协商讨论，小组成员间对议题形成一致、明确的理解和认知，并确定议题构成以及后续协作建构的小组分工。

（4）协作建构：在达成共识后，小组成员搜索资源、分析总结、分工合作构建知识内容，在建构知识的过程中小组成员及时分享获取的新资源，讨论对问题的新认知，不断生成完善协作建构的资源内容，产出"认知制品"。

（5）呈现认知：小组成员通过协作建构呈现对议题的认知（初始创生资源），包括基本内容和生成内容（学习者的个人理解、观点等），作为后续小组公开阐述、组间协作的基础材料。呈现认知即知识输出，包括知识的呈现和知识的阐述。知识的呈现指学习者能够将交流对话过程中产生的观点、认知、问题等隐性知识整理分析转化为可阅读学习的显性知识。知识的阐述指学习者能够对其知识进行有效阐述和论证。

小组协作的这五个环节在小组合作周期内容是循序渐进、持续循环的，始于分享认知终于呈现认知。教师在小组协作过程中负责监督学习行为，提供学习帮助，确保小组协作有效、有序进行。

4. 公开阐述

公开发言和论证阐述是知识建构过程中的重要环节[49]，能够促进学习者进一步建构内容生成知识。公开阐述要求议题负责小组以公开发言的形式阐述对议题的认知，为其他学习

---

[48] 陈琳，王蘅，陈耀华. 终身学习信息资源建设的战略意义与模式创新[J]. 现代远程教育研究，2012（4）：41-46.

[49] Mahwah NJ: Erlbaum. Fourth international conference of the learning sciences [C]. Psychology Press, 2000.

者进行答疑解惑，听取师生对小组建构内容的点评，吸取师生讨论交流中的新观点，为进一步修改完善小组建构内容做准备。除议题负责小组外其他学习者在公开阐述环节中能够了解议题核心内容、精华部分，在交流讨论、老师总结点评的过程中加深理解。此外，公开阐述是组间协作的开始和基础，有助于激发学习者继续深入探讨的兴趣。

5. 组间协作

组间协作是在线课程资源动态生成模式的又一重要环节，能够实现更大范围的知识共享、建构和生成，促进资源进一步优化发展。该环节由以下五个关键步骤组成，这五个步骤是一个持续循环的过程，是促进资源持续进化的关键。

（1）提出疑问：在课堂交流后，学习者通过课程平台查看完整资源内容，进行深入自主学习，同时发表观点、评价打分、提出疑问。

（2）论证解释：课堂时间有限，课程平台为学习者全面深入阐释论证提供了途径，是课堂讨论的延续。内容建构者通过课程平台与其他学习者进一步交流互动，对提出的疑问进行全面的论证解释，并进行深入协商讨论。

（3）达成共识：资源建构者与资源学习者针对资源内容中存在的问题、不足等进行协商，最终在多数学习者中达成一致。资源创建者还可以通过课程平台对于争议较大的问题，组织专题学习活动，一方面有助于问题的解决，另一方面能够促进新知识的生成。

（4）再次建构：根据上一环节中达成的一致认知，资源创建者再次建构资源（完善、补充）。资源建设者可以邀请其他学习者对资源内容进行补充完善，组间合作建构资源内容，生成新的知识。

（5）更新知识：课程学习者对新建构的资源内容进行学习，更新自己的知识，形成新的认知。相比小组协作，教师在组间协作环节除了监督引导外，更多的是进行评价总结，对组内以及组间协作的资源进行评价总结，保证资源的质量，促进学习者对知识的理解。在小组协作之后，为了扩大协作范围、加深学习者对创生内容的理解、提高生成资源质量，各小组间交换议题对已完成议题进行二次协商完善。

6.4.3 模式实施条件

为了明确在线课程资源的动态生成模式的适用性，保证模式应用的有效性，需要对模式实施条件进行说明。课堂教学环境中需配有基本的多媒体展示设备，如计算机、投影仪、音响等设备以支持学习者进行课堂展示汇报，授课教室需具备上网条件，方便学习者及时登录课程平台进行展示和学习。课程平台能够支持学习者在线协同创作内容，并能够记录学习者生成内容的历史数据以及生成过程中的学习者行为数据。支持同步、异步交流，包括评论、打分、论坛等。能够开展学习活动（讨论活动、提问活动等），为学习者在线协作交流提供更丰富、有效的途径。允许学习者获取、上传外部资源，下载分享课程社区资源。

课程学习行为数据全记录,方便教师及时监控、引导、评价,保证课程教学效果。

在线课程资源动态生成模式的有效开展,对课程参与者的能力有一定的要求。课程学习者需具备较好的信息技术素养,能够熟练地进行网络活动(搜索信息、评价、发帖等基本操作),学习者最好具备一定的在线课程学习经历和团队协作经验,以确保课程活动的快速有效开展。此外,为确保实验的顺利开展,每位课程学习者需配备一台计算机且具有上网条件,以便开展课前自主学习和协作学习。除学习者外,授课教师也需要具备一定的网络教学经验,熟悉学习管理系统,具有较好的课堂把控能力,能够有效组织学习者开展课堂交流讨论。

6.4.4 一项研究的结果分析

江苏师范大学教育技术专业本科三年级选修课《移动学习理论与实践》(2 个学分)进行模式应用实践,课程持续 12 周,49 名学习者随机分成 12 组(4~5 人)。课程实施平台选择"学习元"平台(Learning Cell System,LCS)[50](见图 6-9),该平台具有多元交互、协作内容编辑、组织管理、学习活动开展与监控等功能。

图 6-9 学习元首页

在本研究中,教师可以建立课程学习社区,给小组分配学习任务,通过平台公告将课程通知发送到用户注册邮箱,对学生的学习活动进行监控、指导和评价;学生可以利用 LCS 协作建构知识,通过批注、评论等方式进行交流互动,以上传、下载的方式分享资源,在讨论区发帖进行协商讨论。LCS 后台数据库能够自动存储用户的所有操作数据,为统计分析、行为分析以及社会网络分析提供了数据基础(见图 6-10、图 6-11)。

---

[50] 杨现民,程罡,余胜泉. 学习元平台的设计及其应用场景分析[J]. 电化教育研究,2013(3):55-61.

图 6-10　《移动学习理论与实践》课程社区

图 6-11　课程社区课程要求讨论区

1. 课程资源质量

该课程共动态生成 5 个专题、29 个学习元，内容涵盖移动学习理论、移动学习平台建设、移动学习资源开发和活动设计等多个方面。学习内容以图文并茂的形式呈现，含有大量的参考资源、外部链接、视频资料等（见图 6-12）。

29 个学习元基本信息（见表 6-2）。平均而言，学习者为提高学习元质量，对每个学习元进行持续一个月的建构。每个学习元有大量修正版本以及交流互动信息（例如评论、发帖和批注）。大约有 1/4 的学习者参与了（例如通过批注）每个学习元的构建发展。此外，每个学习元的平均内容长度是 8801.41 个字。表 6-2 表明，课程资源是在一段时间内动态持续生成的，且生成资源内容丰富。

图 6-12　学习元界面

表 6-2　学生生成学习元基本情况

项目	编辑次数*	版本数	评论数	批注量	发帖量	贡献人数	内容长度（字）
最大值	49	199	76	16	14	19	20621
最小值	15	41	35	2	0	8	3340
平均值	36.52	85	49.34	8.66	3.10	11.69	8801.41
标准差	11.18	37.44	10.17	3.80	3.89	2.02	4374.08

*编辑次数=最后修改时间-创建时间，以天为计量单位。

由两位移动学习与资源建设领域的专家对 29 个学习元质量进行了评估打分，详细数据（见表 6-3）。总体而言，由学习者生成的资源质量是良好的、被认可的（平均分=3.99），在四个维度的得分都约等于 4 分（满分 5 分）。绝大部分学习元资源结构完整、格式规范、条理清晰，具有较高的形式质量。专家评分以及学习者自评均显示资源内容，同样具有较高的质量和较高的使用价值。表 6-3 说明，学习者生成的课程资源在质量上令人满意。

表 6-3　学习元质量评价结果

项目	内容	结构	教学价值	规范性	整体
最大值	4.75	5.00	3.00	3.00	4.50
最小值	3.25	3.50	4.67	4.67	3.50
平均值	3.97	4.19	3.91	3.95	3.99
标准差	0.47	0.51	0.41	0.36	0.35

此外，对学习者交互次数与内容长度，以及交互次数和资源质量进行了相关分析，表6-4 显示交互次数与内容长度显著相关（r=0.483），同样交互次数与资源质量也具有显著相关（r=0.629）。

表6-4 相关分析结果

项目		内容长度	资源质量
交互次数	r	0.483**	0.629**
	p	0.008	0.000

** p<0.01

由此可见，学习者生成课程资源在大学课程中是可行的。大学生有能力实现在线课程资源的持续动态生成。学习者在资源持续动态生成过程中既是内容的创建者也是消费者，通过组内协作、组间协作和多元交互等方式生成课程资源，并不断提高课程资源的质量。在课程开展过程中教师也扮演了重要的角色，即作为学生生成内容活动的组织者、领导者和监控者。Wheeler 等[51]指出"教师应该是主持人而不是教导员，需要控制自己的直接行为，以集群众智慧，原则促进内容的自由、民主发展"。

综合以上分析可见，在资源动态生成过程中，课程资源依靠学习者生成，教师仅以"学习同伴"的角色进行引导，学习者在对已有资源进行学习引用的同时，也将新的理解认知通过课程平台进行展示，创生出新的知识内容。通过对资源生成过程的平台数据进行分析发现，资源内容的生成具有动态持续性，符合资源动态生成的评价标准。

在线课程资源动态生成模式采用组内协作、组间协作、再组内协作的合作方式。两次组内协作能够有效促进学习者参与，组间协作能扩大协作范围、增加协作人数。此外，模式评价机制中采用同伴互评策略，有助于促进资源内容质量持续进化，同伴互评的有效性已经在很多科目教学中得到证明[52][53]。课程平台的开放性允许任何课程参与者对其他学习者创生的内容进行在线评分、评论，资源创建者可以进行阐述和提问，同伴评价可以激发学习者建构资源，提升内容质量的积极性。在此过程中，教师在资源内容的准确性方面应尽量及时、有效地把控，确保资源进化方向的正确性，同时对学生的课堂汇报进行点评并提出改进建议，经常推荐一些相关网站和学术论文拓展学生的视野和知识面，也有助于学

---

[51] Wheeler S，YEoMAnS P，Wheeler D. The good，the bad and the wiki：Evaluating student- generated content for collaborative learning[J]. British journal of educational technology，2008，39（6）：987-995.

[52] Van Zundert M，Sluijsmans D，Van Merriënboer J. Effective peer assessment processes：Research findings and future directions[J]. Learning and Instruction，2010，20（4）：270-279.

[53] Gielen S，Dochy F，Onghena P，et al. Goals of peer assessment and their associated quality concepts[J]. Studies in Higher Education，2011，36（6）：719-735.

习者丰富课程资源内容。

如表 6-4 所示，学习者交互和内容质量有显著相关关系，由此可见交互量可以作为资源质量的一个预测指标。因此在开展学习者生成资源内容的活动时，应该有意促进学习者之间的有效交互以促进资源内容质量的提升。

此外，通过专家评分和内容检查也发现一些亟待改进之处。首先，平台应集成引用和参考文献自动检查功能，以加强参考文献的引用规范。其次，有关资源内容的学习活动设计不够丰富和灵活，不同于维基百科，采用户生成内容模式的学校正规课程教学应该开展多种形式的学习活动。这意味着学习者在完成学习内容创建的同时要积极开展学习活动设计，教师可以为学习者提供一定的资源，帮助学习者设计学习活动，例如设计原则、模板和典型案例等。

2．平台交互情况

为了探索分析在线课程资源动态生成模式应用过程中学习者的交互情况，本研究使用 Ucinet[54]进行社会网络分析。社会网络研究通常从凝聚力、中心度以及影响范围等方面进行描述和分析[55]，其中凝聚力和中心度是最基础也是最常被用于分析的[56]。本研究主要对 12 个小组的交互网络中的凝聚力和点度中心度进行分析。

本研究将课程参与者的双向交互行为数据（共 3886 条操作记录）提取到一个有向的社会网络中。图 6-13 显示了组间交互和组内交互在全部交互中所占百分比的情况。从平均值来看，组内交互的 57%明显高于组间交互的 43%，这表明在协作创生学习过程中，学习者花费了较多的时间和精力与小组内部成员进行交互进而完成小组任务。从各组交互情况来看，多数小组组内交互多于组间交互，其中 G10（组内 76%，组间 24%）和 G12（组内 79%，组间 21%）组内交互与组间交互的差异尤为显著，此外 G4、G5、G11 组间交互多于组内交互，G11 最为突出（组间交互 59%，组内交互 41%）。

社群图能够清晰直观的体现一个小型社群的交互网络。在社群图中，节点代表活动参与者，线条代表活动参与者之间的联系，箭头代表信息流向[57]。图 6-14 是根据在线课程资源动态生成模式应用过程中小组交互数据形成的交互网络。

---

[54] Borgatti S P，Everett M G，Freeman L C. Ucinet for Windows: Software for social network analysis.2002.
[55] Aviv R，Erlich Z，Ravid G，et al. Network analysis of knowledge construction in asynchronous learning networks[J]. Journal of Asynchronous Learning Networks，2003，7（3）：1-23.
[56] Cho H，Gay G，Davidson B，et al. Social networks，communication styles，and learning performance in a CSCL community[J]. Computers & Education，2007，49（2）：309-329.
[57] Haythornthwaite C. Social network analysis: An approach and technique for the study of information.

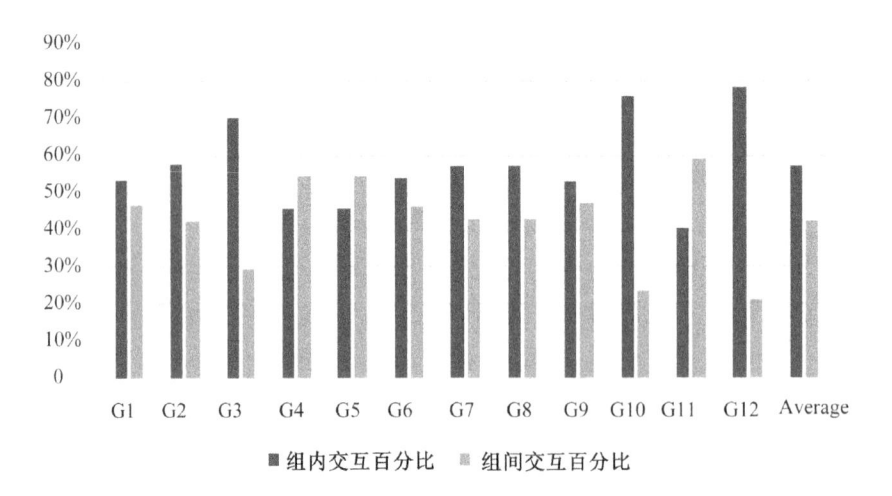

图 6-13 组间交互与组内交互百分比对比

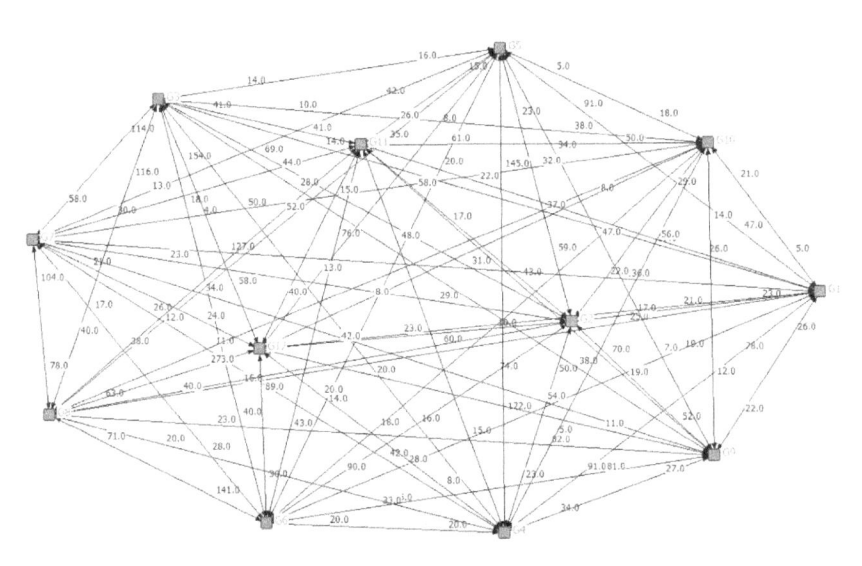

图 6-14 资源动态生成产生的社群图

从图 6-14 可以看出，所有小组均可直接进行连通，表明整个社区是一个连通的网络，任何小组间交流互动不存在障碍。凝聚力指标用来衡量活动参与者间是否存在突出的社交关系[58]。在一个有向网络中，点入度表示活动者被访问的情况，点出度表示活动者访问其他成员的情况[59]。表 6-5 是在线课程资源动态生成模式应用中、各小组入度与出度汇总情况，其中 G3 出度值最高在网络中具有较高的影响力；G8 获得了最多的信息，相比获得信

---

[58] Haythornthwaite C. Social network analysis：An approach and technique for the study of information exchange[J]. Library & information science research，1996，18（4）：323-342.

[59] Worrell J，Wasko M，Johnston A. Social network analysis in accounting information systems research[J]. International Journal of Accounting Information Systems，2013，14（2）：127-137.

息而言 G8 分享信息较少，但整体而言属于小组中交互最活跃的小组；G10 在各小组中入度与出度值上均是最低，可见 G10 是 12 个小组中交互情况最差的。

整体而言，在线协作生成资源活动中形成的交互网络是通畅的、平衡的。然而在个别小组方面也存在一些问题。例如，相比其他小组，G9 和 G10 较少参与其他小组的资源建构活动，反过来也会影响其他学习者对其贡献资源的态度和行动。而 G9 和 G10 参与较少的原因需要进一步的详细调查分析。有研究表明，评价和奖励对于知识分享行为有重要影响[60]，因此为了进一步促进协作创生资源过程中的组间交互行为，在教学实践中应该制定更有针对性的激励评价机制，此外对于个别小组交互行为较少的情况应该设置更加有效地监控系统以便教师及时进行干预和引导。

表 6-5　交互网络中各小组的入度与出度值

项目	G1	G2	G3	G4	G5	G6	G7	G8	G9	G10	G11	G12	Mean	StdDev
OutDegree	423	465	628	411	434	485	457	412	405	350	460	610	461.667	78.116
InDegree	472	472	393	540	345	532	623	960	333	161	360	349	461.667	190.169

3．行为模式分析

学生行为是指学习者在课程平台的一切操作行为。在学习者协作建构课程资源的过程中，课程平台（LCS）记录存储了用户的多种行为，本研究重点分析在资源建构过程中与知识创生和知识共享有直接关系的行为，包括编辑内容、编辑基本信息、邀请协作者、评分、评论、发帖、批注以及分享，对这 8 种用户行为进行行为序列分析，以分析探索学习者在协作生成资源过程中的行为模式。平台数据库对用户行为进行自动识别分类，无须人工手动编码，保障了行为编码的准确性和可靠性（见表 6-6）。

表 6-6　用户行为编码表

编码	行为	解释
EC	编辑内容	用户编辑资源内容
ED	编辑基本信息	用户编辑修改资源基本信息，例如标题、标签、分类、摘要等
IC	邀请合作者	资源创建者邀请其他用户参与资源创建
SC	评分	用户从整体上对资源进行评分
CM	评论	用户对资源内容、结构、规范性等进行评论
PS	发帖	用户在论坛进行讨论
AN	批注	用户对资源内容的某个部分进行标注、提出意见
SH	分享	用户将资源推荐到其他社区，与其他用户进行分享

---

[60] 王白英. 基于 CBI 的教育学专业英语教学研究[J]. 太原理工大学学报：社会科学版，2013（1）：78-80.

根据以上编码，本研究首先对用户行为进行了频率分布分析，对 3442 条学习者行为进行编码后，不同行为的频率分布（见图 6-15）。

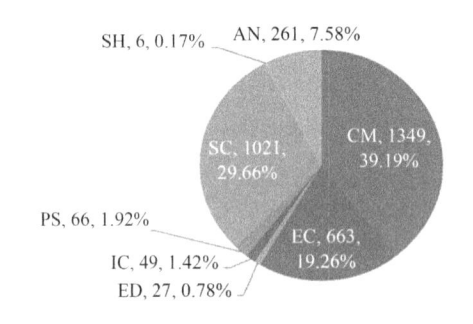

图 6-15　不同行为所占百分比

最常发生的行为是评论（CM,39.19%）、评分（SC,29.66%），编辑内容（EC,19.26%）。这表明用户在进入学习元页面时倾向于进行内容编辑、围绕主题进行讨论并且对资源进行评分。在本研究中学习者可以通过三种方式进行交互：评论、发帖和批注，图 6-15 显示与批注和论坛相比，学习者更喜欢在资源页面通过发表评论的方式进行交流。

接下来，为了识别学习者在生成内容过程中的显著行为序列，进一步探索资源创生过程中学习者的行为模式。本研究以学习元为单位进行了滞后行为序列分析（Lag Sequential Analysis，LSA）。滞后序列分析由 Sackett 提出，用于估算任何行为的发生概率与时间的变化[61]，主要用于检查某些人类行为之后另一个行为的发生是否具有统计学意义[62]。近年来，有许多学者利用 LSA 对在线学习行为进行了分析，探索师生在讨论交流、知识获取过程中的行为模型[63~65]。本研究以时间先后顺序对每个学习元上的用户构建知识行为和分享知识行为进行编码，表 6-7 显示了调整后的残差表。如果 z-score>1.96 表明该行为路径具有显著意义[66]。

---

[61] Sackett G P（Ed.）. Observing Behavior：Theory and applications in mental retardation（Vol. 1）[M]. University Park Press. 1978.

[62] Harlen W，Osborne R. A model for learning and teaching applied to primary science[J]. Journal of Curriculum Studies，1985，17（2）：133-146.

[63] Jeong A C. The sequential analysis of group interaction and critical thinking in online[J]. The American Journal of Distance Education，2003，17（1）：25-43.

[64] Hou H T. Exploring the behavioral patterns of learners in an educational massively multiple online role-playing game （MMORPG）[J]. Computers & Education，2012，58（4）：1225-1233.

[65] Eryilmaz E，Pol J，Ryan T，et al. Enhancing student knowledge acquisition from online learning conversations[J]. International Journal of Computer-Supported Collaborative Learning，2013，8（1）：113-144.

[66] Bakeman R. Observing interaction：An introduction to sequential analysis[M]. Cambridge university press. 1997.

表 6-7　调整后残差表（z-scores）

Code	EC	ED	IC	SC	CM	PS	AN	SH
EC	23.00*	0.58	10.16*	−5.80	−16.92	2.33*	1.54	0.03
ED	5.14*	−0.44	1.06	−2.49	−2.13	−0.71	−0.73	10.09*
IC	2.64*	28.35*	0.40	−3.61	−2.97	−0.97	−0.91	−0.27
SC	−15.85	−3.28	−4.56	−17.03	36.58*	−4.50	−9.14	−1.46
CM	−6.83	−3.17	−3.46	23.34*	−14.40	−3.39	0.70	−0.86
PS	0.29	−0.70	−0.97	−3.14	−3.52	19.00*	1.90	2.96*
AN	2.42*	−1.44	−0.91	−0.55	−7.64	0.96	11.94*	−0.64
SH	1.23	−0.19	−0.27	−1.46	0.02	2.96*	−0.64	−0.09

*$p<0.05$.

根据调整后的残差表提取出 14 条有意义的行为序列，并绘制了行为序列转换图（见图 6-16），在学习者协作建构分享知识的过程中达到有意行为序列的是：编辑内容→编辑内容（EC→EC），编辑内容→邀请学习者（EC→IC），编辑内容→发帖（EC→PS），编辑基本信息→编辑内容（ED→EC），编辑基本信息→分享（ED→SH），邀请学习者→编辑内容（IC→EC），邀请学习者→编辑基本信息（IC→ED），评分→评论（SC→CM），评论→评分（CM→SC），发帖→发帖（PS→PS），发帖→分享（PS→SH），批注→编辑内容（AN→EC），批注→批注（AN→AN），和分享→发帖（SH→PS）。

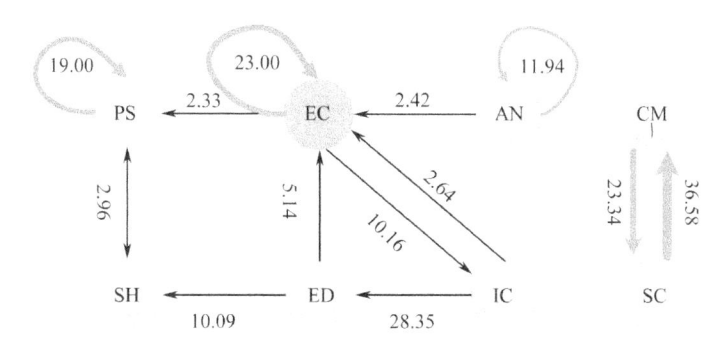

注释：节点：行为分类；数值：Z-value；箭头：行为方向；线条粗细：显著程度

图 6-16　行为转换图

根据滞后行为序列分析（LSA）分析结果可以对在线课程动态生成中学习者的多数学生行为进行如下描述。

（1）学习者倾向于在一定时间段内反复编辑内容（EC→EC，Z-score=23.00）。

（2）当学习者完成内容编辑后可能会邀请协作者共同编辑内容（EC→IC，Z-score=

10.16），然后对资源基本信息进行修改完善（IC→ED，Z-score=28.35），或者再次进行内容编辑（IC→EC，Z-score=2.64）。

（3）学习者会在修改资源基本信息后将其分享到其他社交网站或社区中（ED→SH，Z-score=10.09）。

（4）学习者喜欢在一定时间段内连续进行批注（AN→AN，Z-score=11.94）或发帖行为（PS→PS，Z-score=19.00）。

（5）学习者在完成批注后倾向于对内容进行编辑（AN→EC，Z-score=2.42）。

（6）学习者通常会相继进行评论和评分（CM→SC，Z-score=23.34；SC→CM，Z-score=36.58）。

以上分析结果发现，学习者同一操作行为一定时间段内存在持续反复，表明学习者的协作建构行为在时间上存在连续性和集中性。类似操作行为间存在明显的前后连续，例如评论和评分、编辑内容与批注，可见学习者在一定时间段内倾向于采用类似的协作行为建构资源。编辑内容到邀请协作者（EC→IC）以及编辑基本信息到分享（ED→SH）行为的显著性，表明学习者能在资源建构过程中主动进行邀请与分享，这对于协作生成资源非常重要。评分到评价以及邀请协作者到编辑资源基本信息在行为模式图中尤为显著，分析认为这与操作行为的功能按钮相邻有关。操作行为的功能按钮相邻能使学习者在进行一项操作时注意到另一项操作的途径，因此在界面设计时，可以将需要强化的操作行为的功能按钮与核心操作行为功能按钮相邻。

图6-16分析发现，有两条重要的行为序列没有出现：评论→编辑内容（CM→EC）和批注→编辑内容（PS→EC）。这表明当学生完成一定时间的讨论交流后，他们不会根据交流过程中生成的建议和观点对内容进行及时的修改完善。为了促进知识的内化和外化，需要通过一定的行为引导策略加强CM→EC和PS→EC的行为序列，例如设置弹出信息框，提示用户完善资源内容。此外，评论→评论（CM→CM）作为另外一条关键行为序列同样需要加强。反复的深度交流讨论能够有效提高学习者的高阶思维能力[67]。因此，有必要对学习元平台的讨论区进行优化设计以促进持续讨论交流。例如，类似知识论坛一样使用分层结构[68]使线性讨论更加清晰流畅。

---

[67] Lewis A，Smith D. Defining higher order thinking[J]. Theory into practice，1993，32（3）：131-137.
[68] Scardamalia M. CSILE/Knowledge forum®[J]. Education and technology：An encyclopedia，2004，183-192.

05 如何评价生成性资源

6.5.1 传统数字资源的评价体系

为了有效保证数字资源的质量，教育部先后发布多个规范对教育资源的设计开发、建设使用等方面进行明确规定。比如《教育资源建设技术规范》（CELTS-41）和网络课程评价规范》（CELTS-22.1）。《教育资源建设技术规范》是一个较为宽泛的标准，侧重点在于统一资源开发者的开发行为、开发资源的制作要求和管理系统的功能要求，主要从两个方面进行规定：一是从用户的角度，二是从管理者的角度[69]。《网络课程评价规范》则通过定义网络课程评价的基本框架和指标体系，来规范和指导网络课程的质量评价。该规范定义了网络课程的课程内容、教学设计、界面设计和技术等四个维度的特性，每个维度下包含有具体的评价指标，以最小的重迭描述了网络课程的质量特性，具有较强的可操作性[70]。

由于数字图书馆的建设与数字资源息息相关，因此图书馆领域也非常关注数字资源评价，从不同角度建立的数字资源评价体系不断涌现。周东等人[71]在分析现有数字资源评价指标和模型的基础上，引入不同身份评价者这一研究对象，着重进行不同类型的评价者对于评价指标的可得性研究和评价权重设计，并以此构建面向对象的二维数字资源评价模型。评价者分为专家教授、普通教师、学生、学科馆员和数据库服务商五个对象，分析其对数据库内容、数据库检索系统、数据库利用、数据库效用、数据提供商服务 5 个一级指标和 25 个二级指标的可获得性。董小英提出"信息准确性""信息发布者权威性""提供信息的广度和深度"等九项评价标准[72]；卢扬等人[73]以 E-Metrics 评价指标体系为基础，并且根

---

[69] CELTSC.教育资源建设技术规范[EB/OL]. http://doc.mbalib.com/view/5028e3ce16 be285a4b970fa0fab2cf25.html，2016-3-6.
[70] CELTSC.网络课程评价规范[EB/OL]. http://jwc.dgpt.edu.cn/xzzx/2014-05-15-145. html，2016-3-6.
[71] 周东，王炜，施芒. 面向对象的图书馆数字资源二维评价系统分析与设计[J]. 图书馆论坛，2014（3）：113-118.
[72] 董小英，陶锦. 中国学术界用户对互联网信息的利用及其评价[J]. 图书情报工作，2002（10）：34-36.
[73] 卢扬，田红梅，任延安. 基于结构方程的高校图书馆数字资源评价实证研究[J]. 图书情报工作，2015（S1）：88-90.

据南京部分高校图书馆数字资源建设发展的实际情况,提出包括资源建设、技术支持、资源成本以及资源服务4个一级指标和20个二级指标的高校图书馆资源评价体系。

除了图书馆领域学者关注信息资源评价外,教育技术领域的研究者也对数字化学习资源的评价问题进行了探讨。万力勇[74]根据已有的数字资源评价体系,从资源内容、资源组织形式、资源支持系统和资源使用绩效四个方面,提出了一个多层面的数字化学习资源质量的评价指标体系。资源内容包括准确性、完整性、创新性、教育性、知识性、相关性;资源组织形式包括易用性、精简性、标准化、艺术性、可重用性;资源支持系统包括可访问性、快速响应性、可靠性、互操作性;资源使用绩效包括适量性、利用率、价值增值性。谢海波从使用者、管理者和开发者三个不同的视角,设计出了数字化学习资源质量评价的指标。使用者视角包括资源的易获得性、易操作性、共享性、可编辑性和可移植性;开发者视角包括资源的创新性、兼容性、知识性、艺术性、适用性、技术性和教育性;管理者视角包括资源的系统性、丰富性、组织性、准确性、高效性、安全性和稳定性[75]。

6.5.2 生成性资源需要新的评价机制

生成性学习资源是指学习者根据自身个性化的学习需求,对学习资源进行的内容和结构的完善和调整。生成过程包括内容生成和关联进化。内容生成指学习资源通过开放的组织方式吸引多个用户参与协同编辑,实现资源内容的快速更新和逐步完善,主要表现为资源内容版本的不断更迭和发展。关联进化指学习资源在生长过程中,不断与其他资源实体建立语义关系,是资源外部结构的持续发展和完善。因此在对生成性学习资源进行评价的时候,不仅关注资源本身更关注资源的生成进化过程。

然而,传统数字资源的评价体系主要关注于数字资源内容、技术、组织、使用等方面,并没有涉及资源的进化过程。因此,传统的数字资源评价体系难以直接移植到生成性学习资源评价中,生成性学习资源需要新的评价机制。

生成性学习资源的评价涉及资源个体和资源群体两个层面[76]。资源群体的生成评价依赖于资源个体的评价结果,除此之外,还涉及资源群体数量的增长。因此,首先需要设计资源个体的评价指标,然后通过个体评价结果加上资源数量来综合判断资源群体的生成效

---

[74] 万力勇. 数字化学习资源质量评价研究[J]. 现代教育技术, 2013(1): 45-49.

[75] 谢海波. 高校网络教育资源评价的探讨[J]. 远程教育杂志, 2011(4): 60-64.

[76] 杨现民, 余胜泉. 生成性学习资源进化评价指标设计[J]. 开放教育研究, 2013(4): 96-103.

果。资源个体评价需要达到两个目标：一是要能从生成结果的角度，真实评价资源个体当前的生成结果，即资源个体当前的质量；二是要能从生成过程的角度，真实反映资源个体在整个发展历程中的生成进化情况，同时预测未来的进化效果。

生成性资源评价原则的确定是构建生成性学习资源评价指标、开展评价工作的重要前提。国内学者对网络课程资源的评价原则进行了一些探讨。朱凌云等指出，网络课程的评价原则包括全面性、客观性和唯一性[77]。王正华提出个性化与双向性、定性评价与定量评价相结合、目的性与发展性、易操作性等评价原则[78]。生成性资源的评价除了需要遵循上述原则外，还需要结合自身的特征和生成评价需求，制定特殊的评价原则。

（1）注重生成过程（过程性），学习资源生成是个持续的过程，不仅要能评判资源生成结果的质量，还要能对资源生成的过程进行有效评价。

（2）突出关联进化（关联性），学习资源间丰富的语义关联可以增强资源个体之间的连通，提高各自被浏览或编辑的概率，促进资源的快速生成进化。

（3）强化预测功能（预测性），通过对资源生成结果和过程的分析，既要能够准确判断资源的生成现状，还要能够预测其未来的进化潜力和趋势，以便提前干预，使资源朝着预期方向持续进化。

（4）关注内容更新（时效性），知识更新速度越来越快，陈旧的知识应当被及时淘汰，学习资源要反映该领域的最新进展，体现较强的时效性。

6.5.3 生成性资源的评价指标体系

本研究采用文献分析法和专家访谈法构建生成性学习资源的进化评价指标。对网络课程、在线课程、e-Learning 课件、资源库等评价方面的学术文献，以及我国教育部颁布的网络课程评价规范（CELTS-22.1）（教育部教育信息化标准委员会，2002）和一些美国高校制定的在线课程评价标准（Monterey Institute for Technology and Education[79]；University of Illinois[80]；Wright[81]），进行详细的调研分析。选择其中有关课程内容、结构、教学性

---

[77] 朱凌云，罗廷锦，余胜泉. 网络课程评价[J]. 开放教育研究，2002（1）：22-28.

[78] 王正华. 网络课程评价新体系的构建刍议[J]. 湖北广播电视大学学报，2010（2）：13-14.

[79] Monterey Institute for Technology and Education（2010）. A tool to assist in the design, redesign, and/or evaluation of online courses[DB/OL]. http://www.montereyinstitute.org/pdf/OCEP%20Evaluation%20Categories.pdf.

[80] University of Illinois（2011）. Quality mattersTM rubric standards 2011 - 2013 edition with assigned point values[DB /OL]. http://www. ion. uillinois. edu /initiatives / qoci /docs /QOCIRubric. rtf.

[81] Wright C R. Criteria for Evaluating the Quality of Online Courses [DB/OL]. Retrieved from http://e-Learning.typepad.com/thelearnedman/ID/ evaluatingcourses.pdf，2010，6.

等方面的评价指标，进行适当地修改和完善，初步得到如表 6-8 所示的资源进化评价指标体系。该指标体系共包括资源内容、资源结构、标注规范、资源关联 4 个一级指标，16 个二级指标。

表 6-8　资源进化初始评价指标体系

一级指标	二级指标	指标描述
资源内容	内容目标一致性	资源的学习目标和内容相一致
	内容科学性	资源的内容科学严谨
	内容完整性	资源的内容完整可靠
	内容客观性	资源的内容客观真实
	内容准确性	资源的内容表达准确
	内容逻辑性	资源的内容表达富有逻辑
	内容拓展性	提供合适的外部参考资源或链接
	内容版本数量	资源内容的所有历史版本总数
资源结构	结构合理性	资源的目录结构组织合理
	结构清晰性	资源的结构富有层次、清晰
标注规范	文献标注清晰性	参考文献、资料来源标注清晰
	文献标注准确性	参考文献、资料来源标注正确
	语义标注完整性	资源的语义描述信息丰富完整
	语义标注准确性	资源的语义描述信息准确合理
资源关联	资源关联数量	资源与其他资源之间建立的关联数量
	资源关联准确性	资源与其他资源之间建立的关联准确合理

将上述评价指标体系通过 E-mail 发给 7 名教育技术领域从事数字化学习资源研究的专家，设计了表 6-9 所示的引导性问题。专家对进化指标进行评价反馈，通过 E-mail 返回。

表 6-9　用于专家评价的引导性问题

编　号	问　　题
1	四个维度是否合适？是否还有新的维度
2	各维度内的指标是否考虑全面？有无交叉的指标
3	还有哪些指标需要考虑

其中，有 5 名专家对资源进化评价指标进行了评价反馈，部分评价反馈内容如下。

（1）除了版本的数量，内容实质性的丰富、完善也应是重要的考察选项（Prof. Yu）。

（2）作为"进化"中的资源，建议增加内容时效性因素。资源的教学性满足是其中重要的方面，应该可以成为一个独立的维度，这在美国的 e-Learning 在线课程资源规范中是有的（Dr. Li）。

（3）内容科学性、内容准确性、内容客观性、内容逻辑性四项可能有交叉，望进一步考虑（Prof. Yang）。

（4）对于学习资源进化的评价，我直观的感觉应该是评价①资源价值或资源活性，价值越高或活性越高，进化的效果越好；②资源进化水平，包括资源的再创新、资源的更新、资源的共享度、资源的目标适切性；③进化的可持续性，从个体进化到群体进化是否可持续（Prof. Wu）。

（5）"内容"指标太复杂，可能存在重复，如"科学"与"客观"，"准确"与"逻辑"（Dr. Wei）。

依据专家的反馈对指标体系进行了修改调整，并发送给专家重新评价。经过两次的评价反馈、修改完善，得到最终的资源进化评价指标体系（见表6-10），包括5个一级指标，22个二级指标。

表6-10 生成性资源进化评价指标

一级指标	二级指标	指标描述
资源内容	内容完整性	资源的内容全面完整
	内容准确性	资源的内容表达准确
	内容逻辑性	资源的内容表达富有逻辑
	内容拓展性	提供合适的外部参考资源或链接
	内容时效性	资源的内容反映领域知识最新进展
	内容创新性	资源的内容具有创新价值
资源结构	结构合理性	资源的目录结构组织合理
	结构清晰性	资源的结构富有层次、清晰
标注规范	文献标注清晰性	参考文献、资料来源标注清晰
	文献标注准确性	参考文献、资料来源标注正确
	语义标注完整性	资源的语义描述信息丰富完整
	语义标注准确性	资源的语义描述信息准确合理
资源教学性	学习目标清晰性	资源的学习目标表述清晰
	目标与内容一致性	资源的学习目标与内容高度一致
	学习活动丰富性	资源中的学习活动设计较为丰富
	学习活动合理性	资源中的学习活动设计科学合理
资源活性	关联的资源数量	资源与其他资源之间建立的关联数量
	关联资源的速度	资源与其他资源之间建立关联的速度，用平均每月关联的数量来表示
	内容版本数量	资源内容的所有历史版本总数
	版本更新速度	资源内容的版本更新速度，用平均每月产生的版本数量来表示
	关联的用户数量	与当前资源相关的用户数量，包括订阅者、收藏者、协作者等
	关联用户的速度	资源关联用户的速度，用平均每月关联的用户数量来表示

前4个一级指标（资源内容、资源结构、标注规范、资源教学性）主要用于对资源当前生成结果（资源质量）的评价，而资源活性则主要从关联的资源数量、关联资源的速度、内容版本的数量、版本更新速度、关联的用户数量、关联用户的速度等方面来评价资源的

生成过程，评价的结果可用于预测其未来的进化效果。

6.5.4 生成性学习资源评价量表编制

依据生成性学习资源评价指标体系，本研究编制了生成性学习资源进化评价量表。该量表采用李克特五点评分机制，共包含 5 个部分 22 道试题（见表 6-11）。

表 6-11　生成性学习资源评价量表

一、资源内容
1. 资源内容比较完整？（　　） 　a. 很同意　　b. 同意　　c. 一般　　d. 不同意　　e. 很不同意
2. 资源内容描述的比较准确？（　　） 　a. 很同意　　b. 同意　　c. 一般　　d. 不同意　　e. 很不同意
3. 资源内容的逻辑性比较强？（　　） 　a. 很同意　　b. 同意　　c. 一般　　d. 不同意　　e. 很不同意
4. 资源提供了丰富的拓展性内容？（　　） 　a. 很同意　　b. 同意　　c. 一般　　d. 不同意　　e. 很不同意
5. 资源内容反映了领域知识最新进展？（　　） 　a. 很同意　　b. 同意　　c. 一般　　d. 不同意　　e. 很不同意
6. 资源内容具有创新价值？（　　） 　a. 很同意　　b. 同意　　c. 一般　　d. 不同意　　e. 很不同意
二、资源结构
7. 资源的目录结构组织的比较清晰？（　　） 　a. 很同意　　b. 同意　　c. 一般　　d. 不同意　　e. 很不同意
8. 资源的目录结构组织的比较合理？（　　） 　a. 很同意　　b. 同意　　c. 一般　　d. 不同意　　e. 很不同意
三、标注规范
9. 资源的参考文献（资料）标注的比较清晰？（　　） 　a. 很同意　　b. 同意　　c. 一般　　d. 不同意　　e. 很不同意
10. 资源的参考文献（资料）标注的比较准确？（　　） 　a. 很同意　　b. 同意　　c. 一般　　d. 不同意　　e. 很不同意
11. 资源的语义信息标注的比较完整？（　　） 　a. 很同意　　b. 同意　　c. 一般　　d. 不同意　　e. 很不同意

12. 资源的语义信息标注的比较准确？（   ）
    a. 很同意   b. 同意   c. 一般   d. 不同意   e. 很不同意

四、资源教学性

13. 资源的学习目标描述的比较清晰？（   ）
    a. 很同意   b. 同意   c. 一般   d. 不同意   e. 很不同意

14. 资源设定的学习目标与资源内容比较一致？（   ）
    a. 很同意   b. 同意   c. 一般   d. 不同意   e. 很不同意

15. 资源中的学习活动设计的比较丰富？（   ）
    a. 很同意   b. 同意   c. 一般   d. 不同意   e. 很不同意

16. 资源中的学习活动设计的比较科学合理？（   ）
    a. 很同意   b. 同意   c. 一般   d. 不同意   e. 很不同意

五、资源活性

17. 与其他资源之间建立的关联比较多？（   ）
    a. 很同意   b. 同意   c. 一般   d. 不同意   e. 很不同意

18. 与其他资源之间的关联关系建立得比较快？（   ）
    a. 很同意   b. 同意   c. 一般   d. 不同意   e. 很不同意

19. 资源的历史版本数量比较多？（   ）
    a. 很同意   b. 同意   c. 一般   d. 不同意   e. 很不同意

20. 资源的历史版本变化比较快？（   ）
    a. 很同意   b. 同意   c. 一般   d. 不同意   e. 很不同意

21. 与当前资源相关的用户数量比较多？（   ）
    a. 很同意   b. 同意   c. 一般   d. 不同意   e. 很不同意

22. 资源关联用户的速度比较快？（   ）
    a. 很同意   b. 同意   c. 一般   d. 不同意   e. 很不同意

邀请教育技术领域的 2 名博士生（熟悉 LCS、具有较强的专业素质）应用上述评价量表，对从 LCS 中选取的 15 个属于教育技术学科的学习元进行资源进化效果的预评价。每个学习元的评价结果为所有题项得分的平均分，采用四舍五入法转换为五级资源进化等级，进行 Kappa 一致性检验。统计结果表明，两位评价者的评价一致性系数 Kappa=0.795>0.75（见图 6-17），证明两位评价者的评价具有很好的一致性。然后，重新选择 80 个学习元（教育技术学科），每名博士生负责评价 40 个学习元。评价对象和评价量表通过 E-mail 方式发送，评价数据通过标准的 Excel 表格返回。

	Value	Asymp. Std. Error[a]	Approx. T[b]	Approx. Sig.
Measure of Agreement Kappa	0.795	0.127	4.560	0.000
N of Valid Cases	15			

[a]. Not assuming the null hypothesis.
[b]. Using the asymptotic standard error assuming the null hypothesis.

图 6-17 两位评价者的评价一致性检验

应用 SPSS13.0（SPSS Inc.，Chicago，IL，USA）对结果数据进行统计分析，验证资源进化评价量表的信效度。信度方面，由于 LCS 的资源处于不断的更新过程中，因此难以进行重测信度检验。克朗巴赫 a 系数是目前最常用的信度指标之一，该系数表明量表中条目间得分的一致性。本研究对量表的各部分及量表总体进行了克朗巴赫 a 系数和分半系数检验，检验的结果（见表 6-12）。

表 6-12　评价量表各部分及总体的克朗巴赫 a 系数和分半信度

部分	部分名称	条目数	克朗巴赫a系数	分半系数
第一部分	资源内容	6	0.876	0.730
第二部分	资源结构	2	0.899	0.899
第三部分	标注规范	4	0.750	0.374
第四部分	资源教学性	4	0.809	0.556
第五部分	资源活性	6	0.904	0.865
总体	整个量表	22	0.923	0.814

由表 6-12 可知，在五个部分中，第三部分的克朗巴赫 a 系数较低为 0.750，其他部分及量表总体的信度值均高于 0.8。分半信度与克朗巴赫 a 系数结果相似，即第三部分的分半系数最低为 0.374<0.6，其他部分以及整个量表的信度值均较好。量表的整体克朗巴系数和分半信度值分别为 0.923 和 0.814。一般认为 Crobach's alpha＞0.8 表示内部一致性极好[82]，因此，该量表具有较高的可信度。

效度方面，由于有关学习资源进化评价的研究不多，没有可供参照的标准，无法进行效标效度的考察。内容效度方面，由于本研究在评价指标体系构建时征求了多位领域专家的意见，根据反馈已经进行了一级指标和二级指标的增删，可以保证内容效度。因此，本研究只进行了结构效度检验。

首先应用 SPSS13.0 进行因子分析检验（见图 6-18），得到 Bartlett's 值=1620.616，P<0.001，表明量表的相关系数矩阵不是单位矩阵，可以进行因子分析。此外，KMO 值=0.798，表明比较适合用因子分析法进行结构效度分析。按照特征根大于 1 的原则提取公共因子，共得到四个因子，累计贡献率达到 72.061%，说明这四个公共因子具有良好的解释度，基本反映了量表的设计结构，证明该量表具有较高的结构效度。各因子的特征根、贡献率及累计贡献率结果（见图 6-19）。

Kaiser-Meyer-Olkin Measure of Sampling Adequacy.		0.798
Bartlett's Test of Sphericity	Approx. Chi-Square	1620.616
	df	231
	Sig.	0.000

图 6-18　资源进化评价量表的 KMO 和 Bartlett's 检验结果

---

[82] 马文军,潘波. 问卷的信度和效度以及如何用 SAS 软件分析[J]. 中国卫生统计，2000(6)：364-365.

Component	Extraction Sums of Squared Loadings			Rotation Sums of Squared Loadings		
	Total	% of Variance	Cumulative %	Total	% of Variance	Cumulative %
1	9.005	40.931	40.931	5.623	25.560	25.560
2	3.313	15.060	55.991	4.856	22.072	47.632
3	1.849	8.406	64.397	3.242	14.734	62.366
4	1.686	7.664	72.061	2.133	9.695	72.061

Extraction Method: Principal Component Analysis.

图 6-19 资源进化评价量表因子分析的总方差解释结果

本研究构建的资源进化评价指标体系具有较好的完整性，能对资源进化评价提供系统指导；依据进化评价指标编制的资源进化评价量表，具有较强的可操作性，可以有效评判资源的进化结果和进化过程。对于开放环境下数字学习资源的建设与管理具有如下两点启示：①不仅要重视资源建设与共享，还要关注学习资源进化，资源进化机制的设计是实现资源内容及时更新、促进资源可持续发展的重要保障；②从进化的视角看待资源建设与管理，通过学习资源进化评价，"以评促建"推动开放环境下优质教育资源的持续涌现和有效共享。

不足在于，评价量表的编制仅做了结构效度检验、克朗巴赫 a 系数和分半系数检验，评价量表的信度可以保证，但在效度方面还有待进一步检验。因此，接下来还需要进行较大规模的应用研究，将资源进化评价指标体系和量表推广运用到其他开放知识社区中，以进一步检验和完善评价指标体系与评价量表。

第 7 章
Chapter 7

设计更吸引"眼球"的移动课件

随着移动计算技术、无线通信技术的迅猛发展，移动学习已成为当今社会的重要学习方式。移动学习需要较高的注意力才能获得较好的学习效果，而碎片化的时间和复杂的学习环境常会导致注意力分散效应，使学习者很难维持较长时间和较高水平的学习专注度。本章从注意力视角出发，并在迈耶多媒体理论的指导下，探讨了视觉型、听觉型和视听型三类移动课件的设计原则和策略。高质量的移动课件一定要能够"抓住"学习者的注意力，一方面应遵循"模块呈现，短小精悍""视听引导，聚焦要义""美化设计，愉悦体验""游戏学习，持续参与""生活体验，激发兴趣"的基本设计原则；另一方面可以通过问题导入、提示引导、交互方式、字幕呈现、重音停顿、背景音乐等策略的合理应用提升移动学习注意力。随着 3D 打印、增强现实、移动互联网等新技术的不断发展，移动课件正呈现游戏化、虚实融合、生活化、富媒体化、强交互以及基于 HTML5 技术的跨平台运行等发展趋势。

01 注意力与移动学习

随着网络技术的发展，人类已步入注意力经济时代，注意力在经济领域发挥着非常重要的作用。著名的诺贝尔奖获得者赫伯特·西蒙在对当今经济发展趋势进行预测时指出："随着信息的发展，有价值的不是信息，而是注意力"[1]。在当今信息过剩的社会，注意力不仅是一种心理活动，更是一种经济资源。通过吸引大众的注意力，培养潜在的消费者，从而形成商业价值，获取经济利益，由此，注意力经济也被称为"眼球经济"。

随着移动计算技术、无线通信技术的迅猛发展，移动学习成为当今社会的重要学习方式。移动学习是学习者在需要学习的任何时间、任何地点，通过移动设备（如手机、具有无线通信模块的 PDA 等）和无线通信网络获取学习资源，与他人进行交流和协作，实现个人与社会知识建构的过程[2]。作为一种"碎片式"学习方式，时间的碎片化和复杂的学习环境常常会分散学习者的注意力，使移动学习者难以维持较高水平的注意力。已有研究表明[3]，无论是在传统教室环境还是数字化环境，注意力都是影响学习效果的重要因素之一。如何设计能吸引和维持学习者注意力的移动课件、学习活动及学习平台等，已成为移动学习研究和实践领域亟待解决的问题。目前，国内外移动学习研究主要聚焦在资源设计与开发[4,5]、平台的设计与应用[6,7]和基于不同对象的学习系统[8]等方面，从注意力视角探讨移

---

[1] 百度百科.注意力经济[EB/OL].http：//baike.baidu.com/view/128883.htm，2015-12-10.

[2] 余胜泉. 移动学习——当代 e-Learning 的新领域[J]. 中国远程教育，2003（22）：76-78.

[3] Berge Z L，Huang Y P. A Model for Sustainable Student Retention: A Holistic Perspective on the Student Dropout Problem with Special Attention to e-Learning[J]. DEOSNews，2004，13（5）：1-26.

[4] 杨叶，陈琳，董启标. 基于 PhoneGap 的跨平台移动学习资源设计与开发探究[J]. 现代教育技术，2014（2）：100-107.

[5] 李浩君，华燕燕，项静. 基于概念图的片段式移动学习资源设计有效性研究[J]. 电化教育研究，2014（3）：72-76.

[6] 王萍. 微信移动学习平台建设与应用[J]. 现代教育技术，2014（5）：88-95.

[7] 朱学伟，朱昱，徐小丽. 微信支持下的移动学习平台研究与设计[J]. 中国远程教育，2014（4）：77-83.

[8] 杨超，高永祥. 一种基于自主短信平台的移动学习系统[J]. 现代教育技术，2011（5）：126-129.

动学习发展的文献较少。虽然有一些学者提出了移动学习注意力的问题,认为注意力在移动学习过程中发挥重要作用,但是如何设计吸引并维持学习者注意力的移动学习课件还未有学者深入探讨。

7.1.1 注意力是学习的首要门户

俄罗斯教育家乌申斯基[9]指出:"注意"是我们心灵的唯一门户,意识中的一切必然都要经过它才能进来。注意是对一定对象的指向和集中,是心理活动的重要组成部分。20世纪60年代,随着认知心理学的兴起与发展,人们越来越认识到注意力的重要性。认知心理学家认为,人们通常是选择性地感知外面的世界,并且常常仅对一部分的外界信息做出反应,这种心理和神经机制调节选择性感知的过程被称为注意力[10]。注意力是智力的五个基本因素之一,是记忆力、观察力、想象力、思维力的准备状态,所以又被人们称为心灵的窗户。

注意力和人们的认知过程是紧密相连的,没有注意力的参与,任何学习活动都将无法维持与进行,学生的学习成绩和效果与其密切相关。美国心理学家梅耶[11]提出了简洁、通用的学习过程模式,指出了注意力对学习的重要性。在他提出的学习过程模式中,学习者在外界刺激的作用下,首先产生注意,通过注意的指向性来选择与当前学习任务有关的信息,同时利用注意的集中性忽视其他无关刺激,激活长时记忆中的相关知识。因此,集中注意力有助于提高学习效率,有助于人类学习器官和思维记忆等相关因素的相互协调与良性发展,对学习者尤为重要。如果长期注意力不集中,会造成学业不良,导致个体自尊水平和社会认可度下降,损害人们的心理健康。例如,同一个班上,总会出现成绩非常好的学生和成绩非常不好的学生,观察其上课的表现会发现,成绩好的同学总是很专心,视线总在老师或黑板上,然而那些成绩不好的同学却恰恰相反,抠耳朵、挖鼻孔、抓头皮、和同桌逗闹一下、打瞌睡等,这都是注意力不集中的表现。影响学生学习成绩的因素有很多,其中包括学习能力、家庭环境以及社会环境等。其中学习能力无疑是最重要的因素,而注意力是学习能力中的一项主要因素。因此,注意力是学习过程中不可或缺的一种品质,是开展有效学习的基础。

---

[9] 王超. 心理调节术[M]. 北京:中国华侨出版社,2013.

[10] Yantis S. Goal-directed and stimulus-driven determinants of attentional control [J]. Attention and performance,2000(18):73-103.

[11] 全国高等教育自学考试指导委员会组编,张厚粲主编. 全国高等教育自学考试指定教材—教育类专业公共课—心理学[M]. 天津:南开大学出版社,2002.

7.1.2 移动学习对注意力的挑战

1. 移动学习具有四个显著特征

移动学习之所以能成为当今社会的主要学习方式，除了受到通信技术、移动设备等的支持外，它还契合了人类生活、学习方式的转变，符合人类快节奏、高效率的生活要求。移动学习被认为是一种未来的学习模式，与传统的课堂和网络学习相比，移动学习有四个显著特征：移动性、情境性、片段性和交互性。

（1）移动学习之移动性。移动性是移动学习与传统学习和网络学习之间最大的区别。学习者不再受到传统课堂和校园围墙的束缚，学习可发生在任何地方，如公交车、地铁、公园或行走的途中。学习者通过智能手机或平板电脑等便携的移动设备，根据自身所处的环境，充分利用零散时间，随时随地的进行学习。随着科技的不断进步，移动设备体积越来越小，通信能力越来越强，可携带性越来越好，这些优势将帮助学习者更好地安排自己的生活、学习和工作。

（2）移动学习之情境性。情境是移动学习的核心要素之一，情境性是学习的本质属性，任何有意义学习都是在知识产生与实际运用的情境中进行的，如果脱离实际情境学习，只能获得一些惰性知识，无法形成解决实际问题的能力[12]。移动设备能够创设出更广阔的、更分散的学习情境，这种情境可以是模拟的或是真实的自然情境。学习者在真实或仿真的情境中进行体验式的学习，有助于促进知识的理解与运用。

（3）移动学习之片段性。移动学习是碎片化的学习，学习者可充分利用零散的时间（例如等车、散步、坐公交等）。时间的碎片化决定了学习内容也是不够连续的，是由一个个小的片段组成，这就要求内容设计者要注意知识的片段化，同时还要注意细小片段之后的整体性、逻辑性。学习者通过利用零散的时间来分段学习，从而获得完整的知识。

（4）移动学习之交互性。移动互联网技术的不断发展，使得学习和社会联为一体，社会性逐渐成为移动学习的一种内在属性。在移动学习中，学习者可以利用新技术条件下学习环境赋予的独特优势，根据自身需要进行师生交互、生生交互、学习者和资源的交互等，共同创建学习实践共同体，构建社会认知网络。

---

[12] 詹青龙，张静然，邵银娟，等. 移动学习的理论研究和实践探索——与迈克·沙尔普斯教授的对话[J]，中国电化教育，2010（3）：1-7.

2. 移动学习面临注意力挑战

移动学习以智能手机、平板电脑等移动设备为学习提供了一种知识存储与传播的媒体工具，同时运用先进的技术创设情境、增强交互，融入了先进的学习理念。与此同时，移动学习还展现了多样的学习方式，如体验式学习、游戏化学习等，符合数字化一代人的认知习惯和现代社会的需求。但是，移动学习存在诸多优势的同时也面临一系列挑战，例如对学习注意力的挑战、对优质学习资源的挑战、对移动设备性能的挑战以及人类情感交流的挑战等。其中移动学习面临的最大挑战是学习注意力不集中。不能集中注意力主要有两种表现形式，分散与分心[13]。注意力的分散指由外在客观因素影响而引起的注意力不集中，如弈秋"当奕之时，有吹笙过者，倾心听之"；隶首"当算之时，有鸿鸣过者，弯弧拟之"，就是指注意力的分散。注意力的分心指由内在主观因素作用而引起的注意力不集中，如弈秋的一个学生正在听讲时，却"一心以为有鸿鹄将至，思援弓缴而射之"，便讲的是注意分心[14]。由此，影响注意力的因素主要有两个方面，外在的客观因素和内在的主观因素。

心理学中注意力有四个品质，即注意力的稳定性、注意力的广度、注意力的分配性和注意力的转移性，是衡量一个人注意力好坏的标志。移动学习的移动性、情境性、片段性和交互性等特点对注意力提出了以下几个方面的挑战。

1）移动学习对注意力稳定性的挑战

注意力的稳定性表现了注意的时间特征，它一方面受到客观事物或客观活动本身特点的影响，例如精彩刺激的视频比单调的图像或文字更能吸引人们的注意力。另一方面它也受人们自身不同心态的制约。如果个体能够对某一事物进行不断变换角度的观察、联想，则可以维持长时间的注意力。人的注意力无法长时间地保持不变，而是经常间歇地加强或减弱。这种周期性的变化，是注意力的一种基本规律，称为注意力的起伏，或称为注意力的动摇[15]。

移动学习中复杂的学习环境、碎片化的时间、多样的学习情境以及多样的交互方式都直接影响学习专注度。移动学习过程中，学习者多数是在行动之中的，可用于学习的时间有限；移动学习情境中，学习环境可以是嘈杂的大街、公交车、地铁、咖啡馆、公园等，学习者周围存在诸多干扰因素，例如噪声的干扰、视线的干扰等；交互过程中存在的易导致注意力分散的因素，例如网络的新奇信息、与知识不相关的交互内容等。这些因素直接导致学习者学习注意力时间短，或者很难集中。此外，移动设备给学习带来方便的同时，

---

[13] 魏玉萍. 小学生课堂注意力分散及其干预研究[D]. 鲁东大学，2013.

[14] 燕国材. 智力因素与学习[M]. 上海：教育科学出版社，2002.

[15] 苗治平，吕振中，林波，等. 注意力先天发育水平的表现因素及实验研究[J]. 未来与发展，2010（7）：49-53.

也存在一定的问题，相比于 PC 端来说，移动设备在系统性能、屏幕分辨率、操作等方面仍存在一定的局限性。移动设备屏幕的分辨率低可能导致知识内容呈现不清晰，系统性能低可能导致运算，运行缓慢、迟钝等，屏幕小可能导致操作出错等问题。这些问题看似微小，但很容易导致学习者产生厌烦感，影响学习者的内部动机，间接地导致学习者注意力稳定性降低。

2）移动学习对注意力广度的挑战

注意力的广度是指个体对于所注意的事物，在一瞬间内清楚地觉察或认识对象的数量。以信息加工的观点给出操作性定义，即在注意点来不及移动的很短时间内（1/10 秒）所能接受的同时输入的信息量，注意到的对象数量越多，说明个体的注意广度越大。注意力广度在生活和学习实践中有很重要的意义，注意力广度大有助于一个人在同样的时间内获取更多的信息，提高工作效率。影响注意力广度的因素有很多，例如学习对象的特点、学习目的、任务的难易程度以及个人的经验等。如果被注意的对象具有现实意义，容易被理解，对象排列整齐有序，构成相互联系的整体，则注意力的广度较大，反之缩小；任务简洁、目标明确会使注意的广度增大；个人经验丰富、整体性知觉较强等，注意力的广度就会较大。

相比于传统的 PC 端和纸质图书学习而言，移动设备屏幕较小，一个页面内呈现的内容少，知识组块很难进行整齐有序地排列，很难构成相互联系的整体。这会导致注意力广度缩小。此外，对于一些移动学习经验较少的学习者来说，知识的整体性知觉较弱，很难整体把握不同页面知识点之间的联系，不利于扩大注意的范围，从而导致注意力广度的缩小。注意力广度可以通过平时训练来扩大，阅读书籍、材料时要有自信，集中注意力，有意识地注意更多的内容，争取做到"一目十行"。同时，还要注意不断提升自己的专业知识水平，这都会扩大自己的注意力广度，提升学习效率。

3）移动学习对注意力转移性的挑战

注意力的转移性是指个体能够主动地、有目的地及时将注意力从一个对象或者活动调整到另一个对象或者活动上，即个体的注意力转移能力。注意力转移速度是思维灵活性的体现，也是快速加工信息形成判断的基本保证。例如，学生在课上听语文老师讲述趣味故事后，需要迅速转移到数学老师讲解数学的答题思路。人们在生活中，随着活动的变化，任务的更新，需要人们的注意能及时迅速地转移，以保证新任务的完成。每一次注意的转移都需要一个过程，那就是放下前一任务的注意，来关注新的任务。人们常说的"万事开头难"也有这么一层意思，就是指人们的注意很难完全地从之前的活动转移到新的事情上来。注意转移的快慢和难易程度常常会受到前一活动的性质以及前后活动关系的影响，如前一活动中过度紧张，人们沉浸度很高，或者前后活动差别很大，注意的转移就会很困难。

此外，注意力的转移性还会受到人们的神经类型和已有习惯的影响[16]。神经类型灵活的人比那些不灵活性的人注意转移要迅速且容易些；已养成良好转移注意习惯的人比没有养成良好习惯的人更能迅速转移注意力。

移动学习过程中，场景变化、知识变化、外界干扰等一系列问题都要求人们要有较高的注意转移能力。新的情境、新的知识点以及突发事件等都会转移注意，如不能迅速地转移注意，那么学习就很难在较短的时间内产生较好的效果。另外，如果移动学习者经常转移注意力，养成了快速转移注意的习惯，这可能又会导致注意力很难集中、易分散等各种问题。

4）移动学习对注意力分配性的挑战

生活中我们总会遇到在同一时间内要做几件事的情况，这需要将注意力分配给不同的对象，所谓"眼观六路，耳听八方"指的就是注意力的分配。注意力的分配性是指个体在进行两种或多种活动时，能够把注意指向不同的对象。比如，学生能够在课堂上一边记笔记，一边听老师精彩的讲课；一般个体能够一边炒菜，一边听音乐等。人的注意力总是有限的，不可能什么东西都关注。如果要求自己什么都要注意，那最终可能什么东西都注意不到。但是，在注意的目标熟悉或不是很复杂时，却可以同时注意一个或几个目标，并且不忽略其中任何一个目标。注意的分配是完成复杂工作任务的重要条件。影响注意力分配的因素有很多，如学习者对不同任务或对象的了解程度、不同任务之间的关系等。

移动学习可能发生在会场、公交、公园等不同的场景下，在学习进行的同时可能也会进行其他的事情。多种事情的出现必然会分散学习者的注意力，不仅要注意学习内容，还要注意开会内容，到站情况以及各种干扰声音等。此外，如进行移动设备支持的情境学习，情境内容和学习内容具有相关性，学习者可把各个对象活动组合成为一个整体的系统，这样注意的分配就能够顺利进行。但是大多数的移动学习并不是发生在学习情境之中的，各种干扰环境很难和学习内容建立相互关联。这就对移动学习的注意分配提出一个挑战。在同时进行几种活动时，可将注意力主要分配在自己不是很熟悉的对象上，因为其他熟悉的活动需要较少的注意就能轻易地做到。另外，我们在平时的移动学习中可有意识地培养和锻炼自己的注意力分配能力，通过自身的训练也会容易把握知识内容和情境的关系，从而促进学习效果的提升。

7.1.3 注意力的常用测量技术

通常用于对学习者注意力测量的方式有两种，一种是通过让学习者填写测试量表的形式

---

[16] 杨善堂. 心理学[M]. 北京：人民教育出版社，2005.

来决定学习者是否对学习目标集中注意力；另一种是通过分析人类行为和生理信号等方式来识别学习者注意力的水平，即开发支持学习者注意过程的系统（Attention Aware System，AAS）[17]。AAS 能识别学习者实时的注意力水平，评估学习者潜在的注意力状态，能够创建深层次的策略[18]。这种方法被广泛应用于测试持续性注意和选择性注意力，被 Rosvold 等人定义为持续性注意操作测试（Continuous Performance Test，CPT）[19]。

传统的注意力测验即通过测试量表等方式进行的测试，主要有划消测验、同步听觉系列加法测验（PASAT）、符号——数字模式测验（SDMT）、连线测验、Stroop 颜色词干扰测试等。而一般的颜色——形状分类测验、威斯康辛卡片分类测验（也作为检测执行功能）、范畴测验等作为知觉测验的概括能力测验，PORTEUS 迷津测验、流畅性测验、STROOP 字色干扰测验、钉板测验、伦敦塔测验、失用症测验等作为知觉测验的执行功能与运动操作测验，有时也作为注意功能测验[20]。传统的测试方法时间分辨率差，缺乏特异性，对注意能力的评定要依赖记忆和视觉空间，而难于分离出这种基础成分，只能定性而不能精确定量地检测注意缺损。

通过开发相关系统和软件分析人类行为和生理信号等的方式来识别学习者注意力的方式是目前比较常用的方式。相比于传统的注意力测试方式，这种方式能够实时洞察学习者的注意力状态，帮助教育者实时掌握学习者的注意力，从而对教学有所掌控。目前，许多人类的行为，例如头部姿势跟踪、面部跟踪和眼球跟踪等都成为注意力测量的方式。此外，人类的生理信号也越来越受到心理学的关注，心率样式、脑波分析等都用于人类注意力的分析。常用的注意力测量技术有瞳孔变化测试仪、眼动仪（视觉记录仪）、瞬间显示器、生物电波测试、"注意力景色"测量法和会议注意力评估方法等。其中比较适合移动学习注意力测量的方法有瞳孔变化测试仪，视觉记录仪，瞬间显示器，生物电波测试等。

1. 瞳孔变化测试仪和眼动仪

眼睛是心灵的窗户，通过眼睛的变化来测量注意力是目前比较常用的测量方法。瞳孔变化测试仪是通过记录瞳孔的变化来判断当前对象是否引起被试者的兴趣，当人在注视感兴趣的事物时瞳孔就会变大。当人在观察一个对象时，视线不是停留在某点不动，而是处于不停移动的状态，眼动仪就是根据人眼的这一特性制定而成，能够跟踪记录眼部的运动轨迹。一般眼动仪主要的测量指标是注视时间、注视次数、眼动轨迹、注视点序列、平局

---

[17] Roda C, Thomas J. Attention aware systems: Theories, applications, and research agenda[J]. Computers in Human Behavior, 2006, 22（4）: 557-587.
[18] Chen C M, Wang J Y, Yu C M. Assessing the attention levels of students by using a novel attention aware system based on brainwave signals[J]. British Journal of Educational Technology, 2015（10）: 1-22.
[19] Rosvold H E, Mirsky A F, Sarason I, et al. A continuous performance test of brain damage[J]. Journal of consulting psychology, 1956, 20（5）: 343.
[20] 田国强, 甘建光. 连续操作测验检测持续性注意功能[J]. 中国临床神经科学, 2009, 6: 653-656.

注视驻留时间、第一次到达目标兴趣区时间等[21]。现在市场上的眼动仪一般也可以记录瞳孔的变化，而且可以和移动终端设备相连，记录被试者利用移动终端进行学习时的眼部运动情况。

2. 瞬间显示器

瞬间显示器也叫速视器，主要用于测量广告各要素的注目程度、位置效果以及文案、商标的易读、易认程度，也可以用来测量注意力的广度。测试时采用 1/2 秒，1/10 秒或者更短的显露时间显示刺激物，若是被试者辨认不出刺激物，则逐渐延长显示时间直到被试者能够确认刺激物，然后让被试者在白纸上画出所看到的刺激物。

3. 生物电波测试

人在注意对象时还会有其他生理反应，例如皮肤电反应、脑电波变化等，如果吸引注意力的对象使人的情绪兴奋，那么皮肤的电位和导电性会发生变化，脑电波也会发生变化，测量皮肤的电位变化或者脑电波的变化，一般来说如果是愉快的付出注意，出现的是 14~25Hz 的低幅快波，如果是付出的注意不能引起愉快的情绪，则会出现 8~13Hz 的高幅慢波[22]，通过生物电波测试就可以了解对象是否吸引人的注意，以及对人注意的吸引情绪反应情况。随着人类生理信号评估的进步，电子学习研究越来越多的使用生理信号来评估学生的注意力水平，脑波信号被成功应用于以计算机为基础的注意力评估，基于人类的脑波信号开发出了持续性注意操作系统（Continuous Performance Test，CPT）。

CPT 是检测注意较常用的工具之一，是一种计算机辅助信息处理测验，具有结果客观，不易受主观影响的特点。目前常用的测试持续性注意的方法工具有应用认知心理学软件 DMDX、整合视听连续执行测试 IVA-CPT、日本太田克也氏研发的持续性操作测验 CPT、中南大学湘雅二医院精神卫生研究所编制的 CPT 软件等[23]。另外，还有一些心理学实验生成软件 E-Prime、Inquisit、Presentation、DirectRT、SuperLab、Stim 等，也可用于注意力的测试。以上软件都是基于 Windows 的开放性实验系统，但在生成的实验形式及领域上又各有侧重，研究者需综合研究的主题、实验室条件及自身的特点，并加以选择。

---

[21] 孙瑞山，陈农田. 眼动分析技术及其在航空领域的应用进展[J]. 中国民航大学学报，2009（8）：1-4.

[22] 张雷. 注意力经济学[M]. 杭州：浙江大学出版社，2002.

[23] 田国强，甘建光. 连续操作测验检测持续性注意功能[J]. 中国临床神经科学，2009（6）：653-656.

02 移动课件现状透视与趋势分析

7.2.1 移动课件的分类

移动课件是运用移动技术开发的、可以运行在移动设备上的多媒体课件或软件。网络技术的快速发展使移动课件如雨后春笋般大量涌现，给学习者带来更多选择的同时也带来了一些不便。面对优劣混杂的课件，学习者在检索、甄别和选择所需课件时会无从下手。分类对认识事物、区分事物、组织事物具有积极的作用。一种好的分类方法能有效地组织该研究领域涵盖的内容，促进该领域的发展[24]。对移动课件进行分类研究，不仅有利于移动学习资源建设，而且能帮助学习者快速选择所需的课件、方便对课件进行评价，以促使移动学习的有效开展。

目前，对移动课件的分类还没有确切的标准，常见的分类有以下两种。按照课件运行的载体和环境，可以分成三类：第一类是可以在移动设备上独立运行的移动学习软件，如移动教育 App、移动教学游戏等；第二类是使用移动设备浏览器在线访问的 WAP 学习网站、在线课程等；第三类是在移动设备上本地存储的多媒体学习资源，如微课、听力材料、PPT 课件等。根据课件的内容和作用可以分为讲授型、演示型、工具型、模拟型、练习型、游戏型（见图 7-1）。

上述两种课件的分类方式都有其合理性。本研究从注意力视角出发，根据迈耶的多媒体认知理论中的双通道假设，将移动课件分为视觉型、听觉型和视听型三种。视觉型移动课件是指通过视觉信息的传递来完成学习者与学习内容的交互、沟通，触发学习者对学习内容及相关知识的进一步理解和建构的多媒体课件，如 PPT 课件、电子书和无声动画等。听觉型移动课件是指通过刺激学习者听觉感官，使其专注于与学习内容的音频文件，如英语听力材料、名师演讲音频等。视听型移动课件是指通过视觉和听觉双向通道向学习者传

---

[24] 顾小清，查冲平，李舒愫，等. 微型移动学习资源的分类研究：终身学习的实用角度[J]. 中国电化教育，2009（7）：41-46.

递信息，采用图、文、声、像等多种形式的信息载体，全方位调动学习者视觉和听觉感官，使其积极参与到记忆、理解等学习过程中的多媒体课件，如微课等。

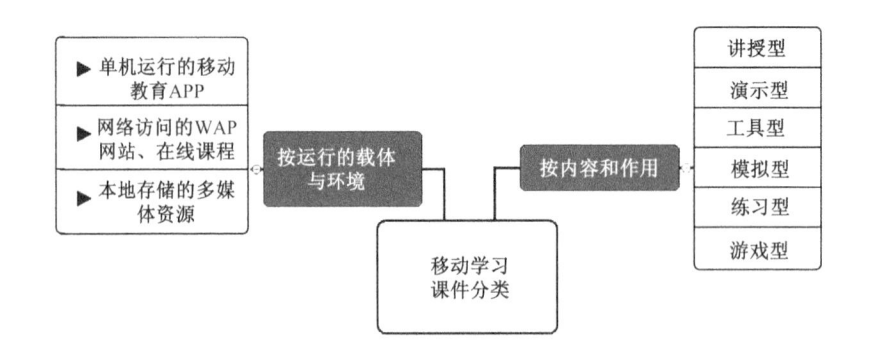

图 7-1　移动学习课件的分类

7.2.2　移动课件现状与问题

移动课件作为移动学习资源的重要组成部分已经越来越受到广大学习者的青睐，其开发建设也受到政府部门、学校和企业的高度重视。教育部—中国移动联合实验室制定了"移动课程 App 生成器"，可用于在线开发移动课程和在线生成移动 App。与此同时，我国很多高校都研发了校园 App，并包含课程学习模块。此外，还有部分大学开发了专门的移动学习平台，用于支持师生和广大社会人员的学习。比如，上海交通大学自主开发了移动学习平台（e-Learning Lab）。该平台每学期向社会免费开放 250 余门数字化移动课程、近 3000 个课件。目前，清华大学和台湾新竹交通大学的教师也纷纷为上海交大提供好的课件资源。还有中国人民大学的"微人大"移动平台[25]，其中的课程中心模块汇聚了校内教师的教学视频和课件资源。此外，国内很多企业也积极加入移动课件资源的建设队伍。如深圳问鼎咨询公司开发了"问鼎云学习"移动学习平台，其汇聚了大量精品微课程，其客户端支持对图文、音频、视频等常见类型学习课件的浏览解析。上海时代光华是国内较大 e-Learning 课程提供商，开设了专门的移动学习平台，其具有视频播放课件、学习记录同步、企业微博等功能。此外，好多企业都根据需要开发了移动学习课件，用于企业员工的培养。如金陵石化为员工制作的游戏化移动课件；百度为新员工制作的"游在百度、戏中成长"的《新人成长指南》等。

我国对移动课件资源的建设在整合了微型学习理论、泛在理论和学习对象理论等学习

---

[25] 上海交通大学：移动学习手机客户端[J]. 中国教育网络，2015（4）：31.

理论的基础上，充分利用技术手段进行资源的设计与开发，如 Web 技术、WAP 技术、J2ME、Flash Lite 技术、HTML5、云技术等。值得注意的是，HTML5 技术制作的移动课件具有支持跨平台特性，能实现良好的交互并能够融合多种课件形式，可以说是未来移动课件开发技术的方向标。另外，越来越多的智能移动课件制作工具开始出现，如开元的移动课件开发软件 The-M-Project、移动游戏课件开发工具 LimeJS 等，对移动资源的建设起到了很大的推动作用。

随着移动学习的快速发展，移动课件资源的开发建设已经取得了一定的进展。虽然在数量上已经有了很大突破，但是质量却没有得到保障。目前的移动课件资源仍存在一些问题。

1．e-Learning 课件简单迁移，应用体验不佳

互联网时代是一个十分注重用户体验的时代。在移动学习领域中，评判移动课件资源优劣的一个非常重要的指标是用户体验。然而，目前我国大多数移动课件资源并非专门为移动学习设计，而是 e-Learning 课件的简单迁移。当这些原本适用于 PC 端的课件资源在移动设备上呈现时，就出现了屏幕不适应、画面不清晰、文字和声音丢失等一系列问题。这些问题直接导致移动课件资源的应用体验差，会使学习者产生反感，影响学习效果。

2．缺少精细化的教学设计，难以达成有效学习

新课程教学观指出，教学的本质是实现学生的有效学习。为促使学生开展有效学习，就需要对学习资源进行精心地设计，突出学习者的主体地位，培养学习者的自主学习能力。然而，我国大部分移动学习课件资源仍以教师为主导，更多的是以讲授为主，缺少以学习者为中心的精细化教学设计。一方面，部分移动课件资源是由不熟悉教学的企业人员开发，没能与一线教师做好交流沟通；另一方面，当今的技术条件还不能满足个性化的资源定制，资源建设不能针对个体差异来进行设计。

3．技术门槛较高，不便于大众参与

随着网络技术的发展，资源建设模式从 PGC（Professionally-Generated Content）走向 UGC（User-Generated Content）的趋势已经非常明显。但是，移动课件资源开发需要较高的专业技能，技术门槛较高，普通的教师、学习者很难参与进来。比如目前常用的移动课件开发技术 HTML5，并不是所有人都能熟练掌握的，仍旧需要有一定的 JavaScript 和 CSS 的编程基础。另外，虽然国内外出现了越来越多、越来越智能的移动课件开发工具，但是仍旧很难找到具有普适性、可大范围推广的工具。此外，对大众人群进行资源的开发培训工作并没有得到重视。

4．跨终端运行难，成本较高

支持跨终端运行的移动课件是学习者对资源建设的美好期望，也是移动学习资源发展的重要方向。但是，当今市场上 Android、iOS 和 Windows 三大系统的移动终端设备"三分天下"，其软件程序、资源等很难实现跨平台的运行。目前的移动课件自适应能力较差，很难在不同尺寸屏幕、不同系统和不同解析软件之间顺畅地运行。同样内容的资源，需要针对不同的系统分别开发，无形中增加了移动课件资源建设的成本。一方面市场上支持跨平台的资源开发技术较少；另一方面市场上没有能够实现不同类型资源的转换工具。

7.2.3 移动课件发展新趋势

近年来，越来越多的用户将移动终端作为学习的载体和工具，移动学习呈现从年轻人逐步向低龄化和高龄化群体蔓延的趋势，成为支持全民终身学习的重要学习方式。科技发展的速度远远超过人们的预期，3D 打印、增强现实、移动互联网等新技术已经开始融入日常工作和生活，推动了移动学习平台、工具、资源与环境的优化升级。在新技术的推动下，移动学习课件的设计与开发呈现如下趋势。

1．游戏化移动课件备受欢迎

游戏可以提高用户沉浸感和参与度，越来越受到教育领域和企业的广泛关注。《新媒体联盟地平线报告》在 2011—2014 年连续 4 年提到基于游戏的学习和游戏化，并指出游戏正成为教育领域学习和培训的有效工具，游戏化的理念对培养学习者的创造性及调动员工的积极性有重要作用。如百度公司对新员工培训中，设计出"游在百度，戏中成长"的网页端游戏，新员工可随时随地通过手机或平板进行学习，其效果远远超出文字版的《新人成长指南》。游戏的过程其实就是富有探索的学习过程，学习者通过玩游戏的方式学习，在兴趣盎然、心情愉快的情绪中进行知识探索。相比于普通的学习方式，游戏更能吸引并维持学习者的注意力，对学习效率的提升具有促进作用。2015 年 e-Learning 发展趋势中调查显示，80%的学习者表示如果他们的课业或工作能更游戏化一些，则效率会更高。近年来，随着手机和平板电脑的发展，人机交互方式越来越简单便捷，基于移动终端的游戏课件也将受到欢迎。

2．AR 型移动课件引领潮流

增强现实（Augmented Reality，AR）可以同时呈现虚拟世界信息和真实世界信息，构造出较为真实的学习情境，具有即时交互的特性，有助于学生获得良好的学习体验。如今，基于移动平台的增强现实系统得到了迅速发展，增强现实正在从桌面端走向移动端。移动设备通过二维码扫描、射频识别技术（RFID）、可穿戴设备和图像识别等技术感知学习对象，通过计算分析，呈现三维立体模型，从而同时展现虚拟和真实世界的信息。如以 Google Glass 为代表的可穿戴设备，在增强现实技术的支持下，完美融合虚拟和真实场景，对认识事物起到了积极的作用。随着移动技术的发展，增强现实技术将在移动课件中完美展现，

AR 型移动课件将受到广大用户的欢迎。如 Star Walk（星空漫步）是一款基于 iOS 系统的天文地理学习软件，当学习者开启 Star Walk 后，软件将对屏幕内的对象信息进行分析处理，呈现增强互动三维模型。

3. 融入真实生活体验的移动课件

体验式学习体现的是做中学的思想，强调直接经验的重要性。将学习内容放置到真实的生活场景中，不仅可以促进学习过程中的情节记忆与情绪记忆，还能培养学习者的自我调节能力，培养学习中的自我决定感和责任感，同时能发展学习者的"实用智力"[26]。如今，虚拟现实、增强现实技术的发展使得移动设备能轻松创设出较为真实的学习场景，对体验式学习提供了便利的条件。移动学习不受空间场所的限制，与传统的课堂相比，它更具有体验的特征。目前，越来越多的移动课件开始融入生活体验之中。例如，新墨西哥大学的一款西班牙语的学习软件[27]，通过手机或 iPad 建立一个虚拟的世界，创设一个谋杀的故事情境，让学习者走出教室，与虚拟的玩家、当地居民进行交流，侦破案件，从而学习西班牙语。

4. 富媒体课件让移动学习"肥"起来

互联网的迅速发展奠定了富媒体在信息传递中的主流地位，彻底颠覆了以实体为基础的知识载体和传递方式，从有形到无形，从个人消费到社会化学习。富媒体技术不仅支持资源有效呈现，表现资源的可阅读性，还能更好地支持移动环境的创设，促进学习者的主动交互[28]。富媒体技术可使移动课件拥有多样的界面、丰富的网络资源、生动的学习场景及跨平台的适应性，能让本来短小的移动课件呈现出小而清、小而美、小而壮的特色，使移动课件呈现出"肥"的形态。富媒体融入到无线、移动端是未来发展的一大趋势，随着移动通信技术和移动硬件的迅速发展，网速、流量、存储空间和屏幕都不再是问题，富媒体技术将在移动课件中完美展现。例如在移动智能终端领域，拥有富媒体技术特性的 Widget 已在电子阅读、娱乐、生活信息服务等多个领域得到了广泛的应用。

5. 强交互课件让移动学习"动"起来

交互能力是衡量课件优劣的重要指标，在全国教育教学信息化大赛、全国多媒体课件大赛等评价标准中，交互都占有一定的比例。对于移动课件来说，好的交互设计可以激发学习者的兴趣，维持学习者的注意力，增强学习动机和学习效果。移动学习中的交互主要分为三类[29]：学习者与操作界面的交互；学习者与教学要素之间的交互；学习者与学习情

---

[26] 庞维国. 论体验式学习[J]. 全球教育展望，2011（6）：9-15.
[27] 移动学习前沿. 布伦达：增强现实和 3D 技术在移动学习中的应用[EB/OL]. http://dwz.cn/27pHAy，2015-10-31.
[28] 傅伟. 富媒体技术在数字化学习终端上的应用探索[J]. 远程教育杂志，2011（4）：95-102.
[29] 侯志鑫，李章顺. 让移动学习交互起来[J]. 中国教育网络，2014（1）：82-84.

境的交互。随着技术的发展，移动学习中的交互变得简单便捷，与操作界面的交互可以通过语音识别和手指的滑动来完成。随着增强现实技术和虚拟现实技术的发展，学习者与学习内容和情境的交互将越来越受到欢迎。如《Medical Physiology：The Big Picture（LANGE The Big Picture）》是一本交互式的书籍，通过 iPad 等设备立体展现书里边的内容，像心脏模型图、细菌立体图等，学习者可直接用手点击转动，全方位的观察学习。此外，还有一些与情境的交互，如我们在景区游玩时，通过使用手机等设备对建筑或树木拍照，就可以知道被摄对象的具体信息。

6. HTML5 技术主导移动课件开发

如今移动设备更新换代速度快，支持的平台系统不统一，移动学习资源存在难以跨平台运行的问题，无形中增加了移动学习资源的建设成本。如市场上基于 iOS 系统的移动课件不能在安卓系统的移动终端上运行，同样，基于安卓系统的课件也不能在 iOS 系统上运行。同样的学习内容需要分别开发，资源的应用面窄，造成了资源的极大浪费。当今，HTML5 技术以其自身的优势彻底颠覆了传统的网页，使得页面的可访问性、兼容性大大提升，解决了资源的跨平台问题，在移动学习资源的设计与开发中受到欢迎，HTML5 技术将主导未来移动课件的开发。HTML5 技术拥有描述性更强的标签、完善的本地存储机制以及配合 CSS3 的更精美的界面设计，能够融合多种课件形式，实现文本、图片、声音、动画、表格、视频、交互和创意等的有机结合，同时支持跨平台学习，有助于在不同移动终端获得一致的良好体验。目前越来越多的移动课件的制作工具支持 HTML5 技术，如 i Spring Converter、Articulate Studio 12 和 Lectora 等。

03 注意力视角下的移动课件设计

7.3.1 移动课件设计的五条黄金法则

国内学者对移动课件设计已经开展了一些研究,分别从不同视角出发,提出了不同的设计原则。王阳[30]提出了设计规范化移动课件的实用性原则、组块化原则、连通性原则、交互性原则和规范化原则。陈锐浩[31]认为,移动课件设计应遵循内容适合性原则、知识点零散性原则、简约性原则、输入少原则和自适应原则。郑炜[32]指出,移动课件的界面设计要尽可能的简化,突出学习内容,方便学习者操作等。结合上述指导原则,本研究从注意力视角出发,在迈耶的多媒体认知理论的指导下,概括了移动课件设计的五条基本原则(见图7-2)。

图 7-2 移动课件设计的基本原则

1. 模块呈现,短小精悍

美国斯坦福大学(Stanford University)研究表明,学习者在移动学习的过程中,很难集中注意力,他们的注意力与关注点是分散且相关的[33]。一个完整的学习内容包含的知识点较多,在移动学习较为零散的时间内很难一次性完成。因此,需要将学习内容按照逻辑的知识框架分为一个个小的知识点或知识组块,以模块组合的方式呈现出来。模块化、时

---

[30] 王阳. 基于 SCORM 的规范化移动学习课件设计研究[D]. 上海:华东师范大学,2009.
[31] 陈锐浩. 基于 Android 平台的移动课件的设计及制作[J]. 现代计算机,2013(4):55-58+72.
[32] 郑炜,厉毅. 基于 Mobile 的移动学习课件的设计与开发[J]. 电脑知识与技术,2011(34):8973-8975.
[33] 李瑞,陈新,袁晓斌. 移动学习资源建设策略探讨[J]. 现代教育科学,2007(12):78-79.

间短的学习课件不仅方便开发，更符合移动学习的非连续状态、适合随时随地的学习。移动学习课件的设计中，模块大小应取决于知识内容的规模与难度，根据具体情况将知识分为不同级别的模块，发挥模块优势的最大化。此外，知识点的划分不仅要考虑小知识点的相对独立，还要考虑到小知识点之间关联的整体性，促使学习者利用零散的时间，完成连续性知识的学习。

2. 视听引导，聚焦要义

现有部分移动课件中页面信息量大，重点知识不够明确，容易引起学习者注意力的分散效应，加重认知负荷，不利于激活长时记忆的相关知识和学习效率的提升。因此，移动课件内容要设置相关指示引导。国外学者 De Koning[34]指出，提示可以引导注意力到特定的位置，可以组织强调内容结构，解释表面和内部元素之间的关系。通过提示指引，直击知识重难点，有助于提升学习专注度，利于人类学习器官和思维记忆等因素的协调发展。移动课件的引导设计要有视觉和逻辑的相关性，视觉引导要符合大众的视觉规律，符合从上到下，从左到右的顺序；引导要遵循知识内容的层级关系，由易到难，由表象到抽象。通过对移动课件内容设置引导，使学习者轻松地把握重难点内容，提高学习效率。

3. 美化设计，愉悦体验

色彩能促进人们对事物的感受，增强兴趣，改进学习过程中的理解和记忆能力[35]，使学习者有一种心情舒畅的感觉，不会短时间内引起视觉疲劳。因此，移动课件内容呈现形式上要遵循视觉舒适的原则。色彩搭配要符合"整体统一，局部对比"的原则，即课件整体色调风格要保持和谐统一，小范围的色彩可以使用对比色加以强调。页面布局要合理，页面中元素分布要符合视觉或逻辑上的关系，元素之间要对齐，元素和边框之间分布合理。此外，课件要循序可视化原则，将概念性强的知识，通过提取关键字等形式以图形的方式呈现出来。在信息爆炸的时代，图片具有更强的表现力，"读图时代"已经到来[36]，人们更愿意用眼睛去看世界，用脑子去理解世界，与纯文字相比，学习者更青睐于图片。总之，移动课件的美化设计要做到风格统一、文本简练、图文形象，使学习者心情愉悦，高效学习。

---

[34] De Koning B B，Tabbers H K，Rikers R M J P，et al. Towards a framework for attention cueing in instructional animations：Guidelines for research and design[J]. Educational Psychology Review，2009，21（2）：113-140.

[35] 朱成斌. PPT 演示文稿的设计与美化[J]. 中国教育信息化，2012（2）：64-66.

[36] 胡建芳. 基于智能手机的移动学习资源设计研究[D]. 内蒙古：内蒙古师范大学，2014.

4. 游戏学习，持续参与

游戏化学习指将学习内容设计成游戏，或通过参与游戏活动的形式来学习知识的过程，体现了先提高兴趣再学习知识的理念。青少年具有对游戏天生的爱好心理和对新鲜事物的好奇心，通过游戏的方式能使学习者高度集中注意力并持续地参与学习。早在 18 世纪，德国文学家席勒[37]就曾指出："只有当人是完全意义的人的时候，他才游戏；只有当人游戏时，他才是完全的人。"通过游戏进行学习，可使知识传递更加生动，同时将互动的元素引入到沟通的环节，让学习者在轻松、愉悦的环境下学习，有利于培养学生的创造性思维和多元智力因素。游戏化学习有助于调动学习者的兴趣和积极性，但是并不是所有的内容都适合以游戏化的方式呈现。这就需要开发者根据知识的特征，结合用户的实际需求来设计开发优质的移动游戏课件。

5. 生活体验，激发兴趣

生活是一个大课堂，蕴含着丰富的课程资源，从生活实践中不仅能学到知识，还能培养处理事务的能力。情境认知理论认为[38]，知行是交互的，知识是情境化的，学习是要在一定的社会背景下发生，有意义的情境学习是非常有效的。通过创设与现实生活类似的情境或在生活中体验知识，可以使学生在思想高度集中但精神完全放松的情境下进行学习。因此，移动课件的设计应考虑如何创设情境或将知识融入到真实生活情境之中。课件中情境的设计要与知识内容有较高的相关性，考虑到移动学习时间的零散性和学习者的运动状态，尽可能使学习情境简单自然，学习易于发生。

7.3.2 视觉型移动课件的设计要点

1. 简化页面，凸显重要信息

目前可使用的移动设备与个人计算机相比，在系统性能、屏幕大小、存储空间和输入方式等方面还存在一定的局限性。因此，适用于移动设备的课件不像 PC 端课件那样界面美观、功能完善。移动课件要在保证内容完整的基础上，呈现方式与表现形式要做到简洁明了，风格一致，各要素搭配合理，交互操作的方式要简单便捷。做到简洁而不简单，知识内容要有较强的概括性，重点知识要有所凸显，让学习者关注更多的是知识，而不是界面与操作。

---

[37] 席勒. 审美教育书简[M]. 南京：译林出版社，2009.
[38] 高文. 情境学习与情境认知[J]. 教育发展研究，2001（8）：30-35.

2. 问题或任务导入，激发学习欲望

问题或任务导入指在课件的开篇通过提出问题或用文字描述、图片展示等形式创设出某一特定的任务，使学习者先思考后学习。任务驱动教学体现了"以学生为主"的教学思想，可以激发兴趣、保持学生的学习积极性[39]。在这种以问题和任务为导向的学习中，能够迅速地将学习者注意力集中到学习内容上，有效克服注意力的分散效应。每一个知识点的掌握、每一个目标的实现和每一个任务的完成都会使学生拥有成就感，产生自信，利于激发学习者的学习欲望。设置的问题和任务要贯穿整个课件，最好是课件内容的重点知识，以保证问题和任务的价值性。

3. 精导妙引，引导视觉走向

迈耶等人指出，信号可以分为视觉信号与听觉信号，在学习材料中适时加入视觉与听觉信号可以提示重点教学内容[40]。在移动课件的界面中，当信息丰富或形式较多时，通过语言信号和视觉信号让差异足够清晰，便于引导学习者的注意，使学习者轻松快捷地专注于重点知识。中国台湾学者刘子键[41]在研究中发现，箭头引导可以有效降低注意力的分散效应，提高学习效果（见图 7-3）。此外，Schuller 等[42]研究发现，眼睛注视线索可诱导观察者将注意转移到该线索所指示的方向上。还有研究发现，高亮的文本同样能够吸引学习者的注意力。因此，在设计移动课件时，要在关键信息处通过箭头、字体颜色变换、聚光灯效果或动画等提示策略，引导学习者的视觉走向，减轻学习者的视觉压力，提高学习效果。

图 7-3 箭头提示吸引学习者的注意力

（转引自 Liu, Lin&Paas, 2013）

---

[39] 钟柏昌. 任务驱动教学的反思与重塑[D]. 南京：南京师范大学，2004.
[40] 迈耶. 多媒体学习[M]. 上海：商务印书馆，2006.
[41] Liu T C, Lin Y C, Paas F. Effects of cues and real objects on learning in a mobile device supported environment[J]. British Journal of Educational Technology, 2013, 44（3）：386-399.
[42] Schuller A M, Rossion B. Perception of static eye gaze direction facilitates subsequent early visual processing[J]. Clinical Neurophysiology, 2004, 115（5）：1161-1168.

4. 精细剪辑，过渡自然，增强视觉流畅性

流畅性主要是指个体对信息加工难易程度的一种主观感受，包括感觉的流畅性、知识概念的流畅性等。课件的流畅性就是要保证内容的相关性和画面的连贯性，在画面过渡的过程中保证画面景别的连贯，角度的连贯，主体方位等的连贯性。Reber[43]在研究中发现，流畅性作为一种线索直接影响判断和决策。因此，课件的流畅性对学习者认知有重要的作用。移动课件要在内容与画面的过渡中凸显流畅性，内容过渡要平稳、有衔接，画面过渡要符合大众的视觉习惯，尽量使颜色柔和，避免出现强烈的颜色反差，引起视觉疲劳和厌烦的情绪。重要的知识放在画面的"最佳视域"（上部或中上部）[44]。

7.3.3 听觉型移动课件的设计要点

1. 增大音量，适应环境变化

在对现有移动课件的调研中发现，有些课件的声音太小，即使将播放器的音量调到最大，还是很难听清楚，甚至有的课件嘈杂声大过讲授者的声音，容易使人产生反感。另外，移动学习所处环境的嘈杂度是不同的，每个人的听觉能力也不同。当课件源音量过小时，听觉能力弱的学习者很难进行学习，此外也不利于学习者在嘈杂环境中学习。因此，在设计课件时要增大音量，使学习者能够通过播放器的音量调节来改变音量的大小，使之适合不同学习者听觉感官的要求，满足不同环境下音量调节。

2. 语速可调，满足不同需求

每个人的听觉认知能力是不同的，课件语速的快慢直接影响学习者对知识的吸收。当听力材料语速过快时，学习者会应接不暇，感到疲惫。在设计移动听力课件时，要设置可调语速功能，以满足不同水平学习者的需要。如 VOA 英语听力分为慢速、中速和快速，学习者可根据自己的听力水平选择不同的级别，听力水平低的同学不会因为听不懂而丧失信心，听力水平高的也不会因为过于简单而没有提升。

3. 加强重音，强化信息传达

重音是突出语句目的的中心词，是点燃感情色彩的关键词，对实现语句的逻辑关系、

---

[43] Reber R, Schwarz N. Effects of Perceptual Fluency on Judgments of Truth[J]. Consciousness & Cognition, 1999, 8（3）: 338-342.
[44] 郇海霞. 视觉传达在多媒体课件中的运用研究[D]. 济南：山东大学，2009.

区别词性、确定焦点信息有重要作用。《美国英语发音教程》一书指出[45]，重音能增强语言的乐感，能使重要信息在话语交流中不同程度的突显，还能巧妙地将语言的丰富内涵和微妙的语境充分表达出来。重音使内容响亮、清楚，有助于吸引学习者的注意力，使学习者置身于语境之中，主动参与学习。因此，设计课件时可通过增加音量、拖长音节、抑扬、升降调等方式加强听力重音，从而对重点内容有所强调。

4. 变换音色，吸引学生注意

音色是指人对声音的感觉特性，不同的人，不同的物体发出声音的音色各不相同。同一频率的声音长时间作用会引起听觉疲劳，易导致注意力的分散。在音色对注意力影响方面还没有确切的研究，变换音色是否可以引起学习者的注意、异性的声音是否具有更强的吸引作用等问题还存在争议。移动课件应大胆尝试，制作听觉型课件时，可分段变换朗读者，使移动学习者有一种新奇的感觉，以便于引起学生的注意。

5. 适当停顿，促进内化吸收

人类的听觉认知能力是有限的，长时间的听力作用会引起听觉感受下降，导致理解能力下降。这符合认知负荷理论[46]，信息只有经过工作处理才能存储在长时记忆中，但工作记忆的容量和持续时间有限，若超出它的负载，记忆将会受到影响。在听力材料中，适当的停顿可以引起学习者的注意，调动听话者的思维。因此，在制作听力移动课件时，应结合语境，准确把握时机，在重点难点知识处设置适当的停顿，给学习者反应、理解的时间。此外，还要准确把握停顿时长，停顿太短，听者来不及反应，相当于没有停顿；停顿时间过长，听者有足够的时间思考和心理准备，在接下来的重点处会显得很平淡，失去了强调的作用。停顿的时间设置要符合语境与知识难易度，根据内容、目的、场合而定。

6. 背景音乐可控，减压轻松学习

音乐作为一种外部刺激在很大程度上影响大脑皮层的觉醒水平，从而与认知有很高的相关性。背景音乐不仅可以烘托气氛，渲染环境，还可以突出教学特点、创设教学情境、放松学习者情绪以及提高学习效率。有研究表明[47]，学习时选择与教学内容风格、节奏相适应的音乐可以使注意力集中在所学的任务上，可以使大脑活动增强，思维活跃，有利于数学推理、阅读理解、记忆等问题的解决。因此，在移动课件的制作时可适当添加背景音乐。运用背景音乐时，要注意不同内容背景音乐的使用，在保持总体风格一致的基础上，

---

[45] Avery P，Ehrlich S. Teaching American English pronunciation[M]. Oxford：Oxford University Press，1992.

[46] 百度百科.认知负荷理论[EB/OL]. http：//baike.baidu.com/view/1914460.htm，2015-10-31.

[47] 李宁宁，贾德梅，李洪玉. 背景音乐对学习的影响研究[J].教育科学研究，2006（5）：48-51，54.

根据内容区分进行变换，避免单一曲目的多次重复引起学习者的疲劳。此外，课件制作时，尽量设置背景音乐开关，让学习者自主控制声音。

7.3.4 视听型移动课件的设计要点

1. 巧用字幕，呈现关键信息

字幕指将课件中语音内容以文字的形式呈现，既是屏幕画面和声音的补充，又是内容介绍、呈现信息的重要手段。中国台湾学者连宝静在实验中发现[48]，在学习内容的关键信息处添加显著的即时字幕，学生能自然跟随影片剧情引导，能快速了解影片剧情内容，能维持学生的注意力，降低学生的认知负荷，提高学习效果。Gant Guillory[49]在同一视频材料不同字幕呈现的对比实验中发现，呈现关键字幕和呈现全字幕的学习效果要好于无字幕，呈现关键字幕与呈现全字幕的学习效果无大的差别。因此，字幕对于视听型移动课件具有重要作用（见图 7-4）。在使用字幕时，要充分考虑到字幕与教学内容、色彩、图像和声音以及运动形式等的相互作用，从整体效果出发，力求有创造性、新颖性和视觉冲击力。当然，字幕的制作还要考虑讲解者的语言表达能力、言语标准化和清晰度等因素，如表达能力弱，方言口音重等就需加上全字幕，以帮助学习者对内容的理解。

图 7-4　呈现关键字幕吸引学习者注意力

（转引自中国台湾，连宝静，2011）

2. 延迟呈现，避免注意分散

延迟呈现指在视听型课件中，视觉画面和声音不同时出现。中国台湾学者何诗钦在研

---

[48] 连宝静，林朝清，周建宏，王晓璿. 多媒体之字幕呈现方式在英语学习效益之研究[J]. 中国台湾：育达科大学报，2011（26）：1-29.
[49] Gant Guillory H. The Effects of Keyword Captions to Authentic French Video on Learner Comprehension[J]. CALICO Journal，2013，15（1-3）：89-108.

究学习风格与多媒体呈现顺序对学习效果影响的实验中发现[50]，文本画面和声音的延迟呈现可减轻注意力的分散效应，时间间隔最好为 3 秒。在设计移动课件时，要考虑到不同学习者的类型，先图文后声音的课件适合于听觉型的学生，先声音后图文的课件适合于视觉型的学生。考虑到视觉型学习者占了人群的绝大多数，在实际的建设中移动课件要多做先声音后图文的课件。当然，也可以通过制作可调声音与画面顺序的课件，让学习者根据自己的学习风格来调节，更能体现个性化的学习。

3. 增强交互，让学生动起来

交互可以让学习者主动参与到学习活动之中。课件的交互有两种形式，一种是在虚拟环境下实现的人机交互，通过自动跳转、设置按钮、条件判断、文本输入和按键等形式实现知识问答与练习、虚拟操作等。另一种是学习者与真实环境的交互，通过增强现实技术，更准确的感知真实环境，完成课件中指派的任务。如微软的 HoloLens 全息眼镜运用增强现实技术，通过语音、手势等感知行为传达给用户完整的操作体验与沉浸感。此外，Sims[51] 提出的"演员策略"交互方式是指在课件的设计阶段就将学习者整合到学习环境中，学习者作为演员参与学习过程。总之，移动课件应注重加强交互设计，通过灵活的交互手段让学习者参与其中，拥有丰富的沉浸感，进而持续保持较高水平的学习专注度。

---

[50] 何诗钦. 多媒体教材在行动载具上不同呈现方式之学习成效探讨——以高一生活科技为例[D]. 中国台北：台湾交通大学，2008.

[51] Sims R. An interactive conundrum：Constructs of interactivity and learning theory[J]. Australasian Journal of Educational Technology，2000，16（1）：45-57.

04 移动学习注意力最新研究结果分析

江苏省教育信息化工程技术研究中心，在移动学习注意力方面开展了系列研究工作（见图 7-5），并取得一些研究成果。他们构建了大学生移动学习注意力影响因素框架，分析了兴趣和内容呈现方式对注意力的影响，并对从注意力视角下设计的视觉型、听觉型和视听型移动课件进行了实验研究。后续还将分析先验知识和任务难度对注意力的影响以及大学生移动学习注意力在不同环境、时间段和性别之间的差异等。

图 7-5 移动学习注意力研究框架

研究采取脑波测试与问卷调查相结合的方式，通过收集脑波信号，并结合调查问卷所获得数据综合分析大学生移动学习注意力状况。研究工具有移动学习专注度调查问卷、移动学习兴趣度调查问卷、所学知识的后测试卷和脑波仪。

移动学习专注度调查问卷是用于测试大学生在使用移动设备学习时，学习兴趣和内容呈现形式对学习专注度的作用。该问卷共包含 10 个题目（见表 7-1），这些题目来源于陈奕华[52]的研究和美国加州州立大学的专注度调查问卷，这两个问卷都是用于学校教室的常规学习专注度的测试，并不是专门用于移动学习的注意力测试问卷。本研究通过对以上两个问卷分析、综合并修改了其表达方式，使其适用于移动学习。在完成问卷设计的工作后，

---

[52] Chen I H, Yang Y T C, Hsu S W. Development and evaluation of a concentration questionnaire for students in classroom[C].Proceedings of society for information technology & teacher education International Conference. 2013：4226-4230.

研究人员对其进行了可信度测试，最终得出信度系数的值为 0.83。关于调查问卷的可信度问题，Bland[53]和 Krank[54]等人都曾指出，在进行问卷的信度测试时，当信度系数 Cronbach's 的值大于 0.7 时，问卷的可信度较高。因此，移动学习专注度调查问卷的可信度较高，能够用于移动学习注意力的研究。

表 7-1　移动学习专注度调查问卷

编　号	问　题　描　述
1	使用手机学习时，我尽力不走神，将注意力集中在学习内容上
2	使用手机学习时，我能够忽视周围环境的噪声，专注于学习内容
3	使用手机学习时，我能很容易沉浸到学习中去
4	使用手机学习时，即使内容不是非常有趣，我也会集中注意力
5	使用手机持续学习 15 分钟，对我来说是件很不容易的事情
6	使用手机学习时，我脑海中会想一些无关的事情
7	使用手机学习时，我会忘记刚刚学习的东西，需要重新学习
8	使用手机学习时，我很难注意内容细节
9	使用手机学习时，我能够注意到学习的重点
10	使用手机学习结束后，我能掌握此次学习的要点

移动学习兴趣度调查问卷是用于调查大学生对移动学习的兴趣情况。兴趣度调查问卷共包含 7 个题目（见表 7-2），每个题目都包含李克特五点式的选项，分别为完全同意、同意、无所谓、不同意、完全不同意。此问卷是由工程中心的研究人员设计的，并对其可信度进行了测试，最终测得信度系数的值为 0.82，说明此问卷的可信度较高，能够用于移动学习兴趣情况的调查。

表 7-2　移动学习兴趣度调查问卷

编　号	问　题　描　述
1	我喜欢用手机进行移动学习（检索信息、浏览课件、向别人请教等）
2	用手机学习是一件非常有趣的事情
3	用手机学习常常让我感到很快乐
4	用手机学习能让我充分利用时间
5	用手机学习非常便捷，可以帮助我节省很多时间
6	我认为用手机进行学习将越来越流行
7	今后我愿意继续用手机进行移动学习

---

[53] Bland J M，Altman D G. Statistics notes：Cronbach's alpha[J]. Bmj，1997，314（7080）：572.
[54] Krank M，Stewart S H，O'Connor R，et.al. Structural，concurrent，and predictive validity of the Substance Use Risk Profile Scale in early adolescence[J]. Addictive behaviors，2011，36（1）：37-46.

脑波监测设备使用的是神念科技（Neurosky）公司制造的脑立方耳机（Mindwave Mobile，见图 7-6）和与它配套的佰意通专业脑波测评软件（MindXP 训练分析系统，见图 7-7）。目前，脑立方耳机（Mindwave Mobile）已成为脑波信号研究与应用的最有效工具之一，它在前额部位（神经科学称之为 FP1 区）能够监测出可用于研究领域的高精度脑波信号。Yasui，Yoshitsugu 曾指出[55]，应用 NeuroSky 公司的 ThinkGear 传感器来监测脑波信号，可以较好排除脑内其他杂音的干扰，并获取高灵敏度的脑波信号。

图 7-6　脑立方 Mindwave Mobile 耳机

MindXP 训练分析系统可以对大脑活动产生的信号进行分析，以多样图形化形式实时显示 eSense 指数（专注度和放松度）与脑波数据（Delta 波、Theta 波、Alpha 波、Beta 波和 Gamma 波）。同时，该系统还可实时记录脑波的数值变化，并在学习结束后对学习专注度和放松度进行基本的评判，给出一个最终的数值来评判学习者的专注度情况。

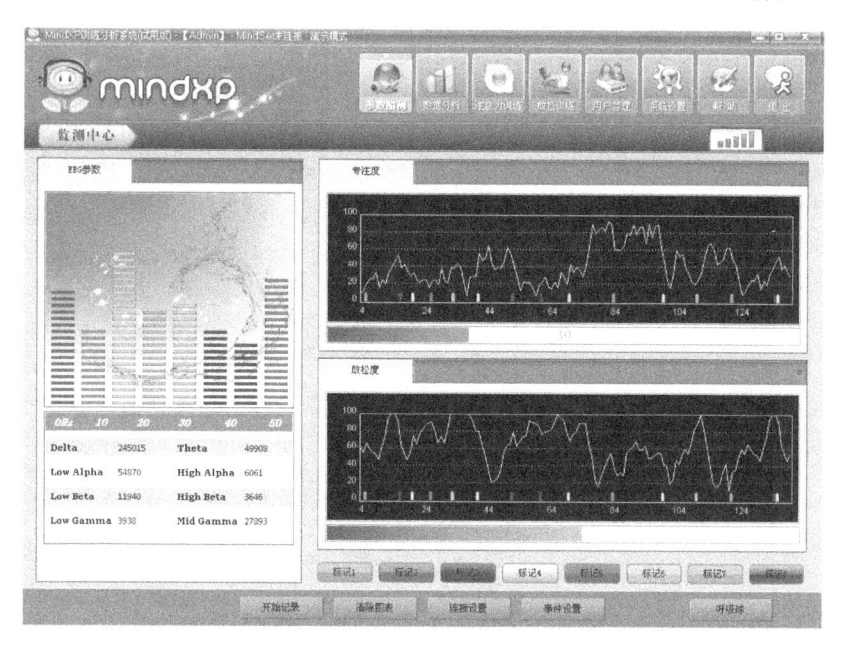

图 7-7　佰意通专业脑波测评软件（MindXP 训练分析系统）

---

[55] Yasui Y. A brainwave signal measurement and data processing technique for daily life applications [J]. Journal of physiological anthropology，2009，28（3）：145-150.

7.4.1 移动学习注意力的影响因素调查

注意力对学习成效有着很大影响，分析其影响因素能够有效降低注意力的分散效应，提升学习成效。Telford[56]、Child[57]等人都对影响注意力的因素进行了划分，指出影响注意力的因素可以分为外在因素和内在因素两种。其中外部因素主要包括刺激的强度、刺激广度、刺激物的运动形式或重复性、刺激物的颜色、声音的改变等；内在因素主要包括兴趣、习惯、需求、期望值以及个人疲劳程度等。本研究旨在通过问卷调查分析大学生移动学习注意力的影响因素，确定其框架，以便有针对性地设计移动学习资源与选择学习活动。

本研究通过对国内外相关文献的调研和对在读大学生的访谈，初步得出 5 个影响大学生移动学习注意力的一级因素和 15 个二级因素。使用德尔菲法（Delphi）对专家进行了两轮意见征询，最后形成大学生移动学习注意力影响因素体系（见图 7-8）。

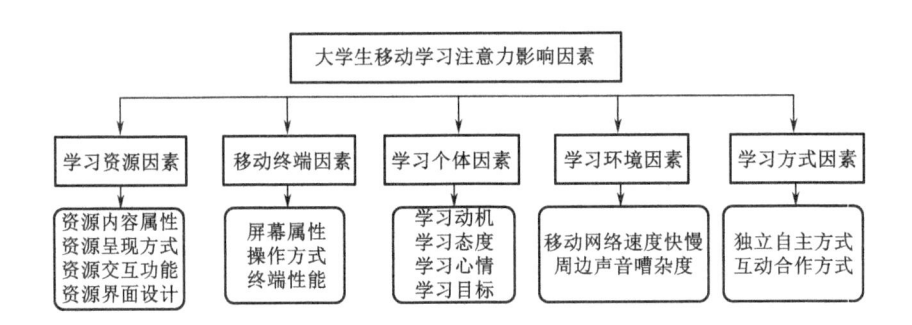

图 7-8 大学生移动学习注意力影响因素框架

根据以上大学生移动学习注意力影响因素体系框架，研究人员设计了调查问卷，并进行了问卷预测和可信度分析。研究人员通过对测试结果进行分析，删除了部分题目，调整了项目顺序，确定了量表的结构，并测得问卷的信度系数为 0.916，最终形成了大学生移动学习注意力影响因素调查问卷（见表 7-3）。

---

[56] Telford C W，Sawrey J M. The exceptional individual[M]. Prentice Hall，1977.
[57] Child J. Organizational structure，environment and performance：The role of strategic choice[J]. Sociology，1972，6（1）：1-22.

表 7-3 大学生移动学习注意力调查问卷

研究变量	操作性题项
移动资源	A1. 在使用移动终端学习时，如果学习内容相对容易，我的注意力比较集中
	A2. 在使用移动终端学习所需时间（10 分钟以内）较短的资源时，我的注意力比较集中
	A3. 在使用移动终端学习内容量较少的资源时，我的注意力比较集中
	A4. 在使用移动终端学习时，资源内容越具有趣味性，我的注意力越集中
	A5. 在使用移动终端学习时，资源内容条理越清晰，我的注意力越集中
	A6. 在使用移动终端学习文本、图片类资源时，我的注意力比较集中
	A7. 在使用移动终端学习音频类资源时，我的注意力比较集中
	A8. 在使用移动终端学习视频类资源时，我的注意力比较集中
	A9. 在使用移动终端学习时，学习资源具有交互性（及时反馈与互动反应），我的注意力比较集中
	A10. 在使用移动终端学习时，资源界面越友好（布局与导航清晰合理），我的注意力越集中
移动终端	B1. 在使用大屏幕（如平板电脑等）移动终端学习时，我的注意力比较集中
	B2. 在使用大屏幕的移动终端观看视频时，我的注意力比较集中
	B3. 在使用大屏幕的移动终端浏览文本、图片时，我的注意力比较集中
	B4. 在使用移动终端学习时，竖屏状态下，我的注意力比较集中
	B5. 在使用移动终端观看视频时，竖屏状态下，我的注意力比较集中
	B6. 在使用移动终端浏览文本和图片时，横屏状态下，我的注意力比较集中
个体因素、学习环境与学习方式	C1. 在使用移动终端学习时，如果学习是我自愿开展的，我的注意力比较集中
	C2. 在使用移动终端学习时，学习动机越强，我的注意力越集中
	C3. 在使用移动终端学习时，学习态度越端正，我的注意力越集中
	C4. 在使用移动终端学习时，学习心情越愉悦，我的注意力越集中
	C5. 在使用移动终端学习时，学习目标越明确，我的注意力越集中
	C6. 在移动学习时，外界网速的快慢会对我的注意力造成影响
	C7. 在外界干扰小，较安静的环境（如图书馆、自习室）中进行移动学习，我的注意力比较集中
	C8. 在使用移动终端学习时，我以独立自主的方式进行学习，注意力比较集中
	C9. 在使用移动终端学习时，我以探究式的方式（以解决实际问题为导向，进行探索发现）进行学习，注意力比较集中

本研究采用抽样调查法进行样本抽样，把江苏省划分为北部、中部和南部三个部分，总共发放问卷 1300 份，其中北部 750 份，中部 300 份，南部 250 份。问卷回收后，删除不符合要求的问卷，保留有效样本量为 1185 份，回收问卷的有效率为 91.15%。

本研究利用 SPSS22.0 对问卷数据进行了处理统计，计算了各影响因素的平均数、方差和标准差等，并用 Amos 结构方程分析方法来研究影响大学生移动学习注意力的因素，最后得出对大学生移动学习注意力产生影响的五大主要因素是移动学习资源、移动学习终端、个体因素、学习环境与学习方式。

1. 移动学习资源

相比于传统的学习资源，移动学习资源在内容和形式上都较为丰富，但是在资源设计上还存在很多缺陷，比如多数移动学习资源是网络学习资源的格式转化，直接由 PC 端移植而来。目前，网络上缺少专门为移动学习设计的资源。

调查发现，移动学习资源的表现形式会直接影响大学生的学习注意力。大部分大学生都渴望具有专门为移动学习设计的资源，认为资源内容越具有趣味性、条理越清晰、界面设计越友好，越能够吸引并维持他们的注意力。移动学习资源的界面设计要友好简洁、风格统一；导航应简单明确、各要素布局合理，做到界面的呈现形式简单但内容却充实。知识内容要符合学习者的认知特征，由浅入深、循序渐进。同时，资源设计者要考虑移动学习的碎片化特征，学习内容应以各个不同的片段独立呈现，每个知识点的学习时间不宜过长，最好在 10~20 分钟；内容呈现形式应尽可能的少出现大段文字，尽量以图文、视频为主。此外，内容设计应注重及时的互动反馈。及时的反馈不仅利于快速发现问题，而且有利于学习者注意力的集中。

2. 移动学习终端

便携的移动终端设备是开展移动学习的基本保障。调查结果显示，大学生所拥有的移动设备大部分是手机或平板电脑，且每个学生每周至少会进行一到两次的移动学习，这说明移动学习已经成为当前大学生学习的一种主要方式。调查发现，移动设备的屏幕大小、系统性能、无线网络连接等因素都会对学习注意力产生影响。例如，视频数据传输量大，无线网络不稳定，视频学习画面播放不够流畅等，都会使学习者烦感，降低注意力。这符合斯坦福大学在"语言教学中的移动电话学习"项目中的研究发现，高度片状化的知识和移动通信技术是导致学习者兴趣度低和注意力分散的主要问题。

3. 个体因素、学习环境与学习方式

学习者本身也是移动学习注意力的主要的影响因素，学习者的学习动机、学习方式以及情绪等都会对学习时的注意力造成影响。此外，在开展移动学习时，学习者容易处在一种边缘性的投入与连续的部分注意状态之中，这会造成移动学习注意力分散效应。为保持较高的移动学习注意力，学习者可以提前制定学习目标，根据自己的习惯选择适合自己的方式进行学习，不断激发学习兴趣，维持连续性注意。

此外，学习者所处的外部环境也是影响注意力的主要因素之一。时间的碎片化和复杂的学习环境会间接地影响学习者的注意力，如在一个嘈杂的环境、网络传输速度差的环境中，学习者很容易受到外界的影响，很难集中注意力。

7.4.2 内容呈现方式和学习兴趣对移动注意力的影响

在学习者运用移动设备进行学习活动时,怎样吸引并维持学习者的注意力,已经成为一个重要的问题。研究学习的专注度和信息的呈现方式,可以为设计学习资源和选择移动学习活动提供一个新的视角。本研究运用了准实验设计调查了兴趣和信息呈现方式对学习专注度和学习成绩的相互影响。

研究选取江苏师范大学教育相关专业的 258 名本科生作为实验对象,将其分为三个组,分别为文本组、图文组和视频组。实验过程中,被试首先完成兴趣度和个人移动学习情况的调查问卷,然后佩戴 MindWave 耳机进行学习,在学习结束后完成知识的后测试卷和专注度的调查问卷。最后通过使用 SPSS22.0 数据分析软件,采用相关分析法、回归分析法和方差分析法,对实验数据进行了整理分析。研究发现[58]:①兴趣和专注度之间以及专注度和学习成绩之间存在显著的相关性。②呈现方式和兴趣对学习成效不存在交互作用,兴趣是专注度的重要预测变量。③专注度和呈现方式对学习成效存在交互作用。

表 7-4 展现了内容呈现方式、兴趣、专注度和后测成绩之间的相关性分析结果。值得注意的是,兴趣和专注度之间与专注度和后测成绩之间都存在着一定的相关性,然而内容呈现方式和其他变量之间却不存在显著的相关性。当学习兴趣为预测变量时,与学习专注度存在显著的线性相关关系,可知,兴趣是影响学习专注度的一个重要的预测变量。当兴趣和专注度作为预测变量时,专注度与后测成绩成正相关关系,然而,兴趣与后测成绩并不存在显著相关关系。

表 7-4 相关性分析结果

	呈现方式	兴趣	专注度	后测成绩
呈现方式	—	—	—	—
兴趣	-0.097	—	—	—
专注度	0.043	0.280**	—	—
后测成绩	-0.033	0.026	0.206**	—

** $p < 0.01$.

兴趣在大学生移动学习中可能发挥着很大的作用。研究发现,在移动学习兴趣和专注度之间存在着显著的线性关系。对于专注度来说,兴趣是一个很重要的因素,不管哪种呈

---

[58] Yang X,Li X,Lu T. Using mobile phones in college classroom settings: effects of presentation mode and interest on concentration and achievement[J]. Computers & Education,2015(88): 292-302.

现方式，兴趣度高的学生专注度总是很高（见图 7-9）。这种结果可以由 Davis[59]的技术接受模型来解释，行为意向直接影响用户的技术信息接受度。如果学生对移动学习的兴趣较低，那么他们通常缺少使用移动设备学习的动机，难以关注学习任务。一般来说，个人对某件事情或某项活动感兴趣时，才会更加专注。

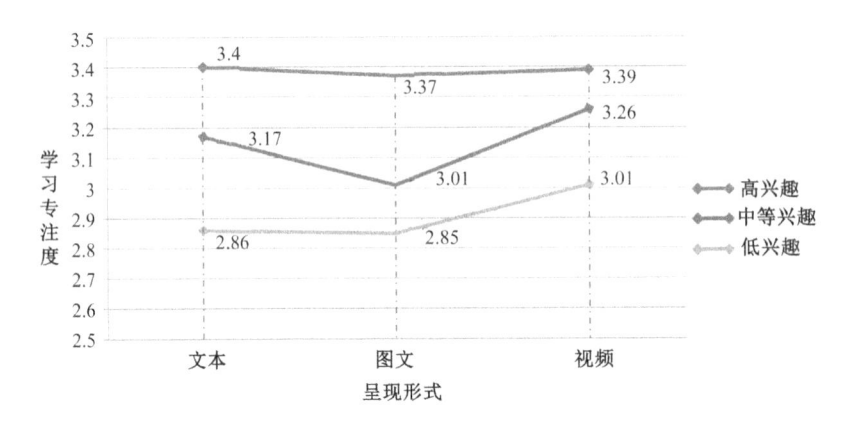

图 7-9 呈现形式和兴趣对学习专注度的交互作用

学习者对移动学习不同程度的兴趣，在三种内容呈现形式中展现了不同的作用（见图 7-10）。学习者在使用视频形式的课件进行学习时，兴趣度高的学习成绩反而较低，可见视频形式的课件对兴趣度高的学习者是不适用的。文本的呈现方式最不适用于兴趣低的学生，同时，这些学生在图像和视频形式下的后测分数也很低。中等兴趣的学生，在三种材料中获得分数大体上是相同的，但是他们使用图文形式课件的分数略高于其他两种呈现形式。

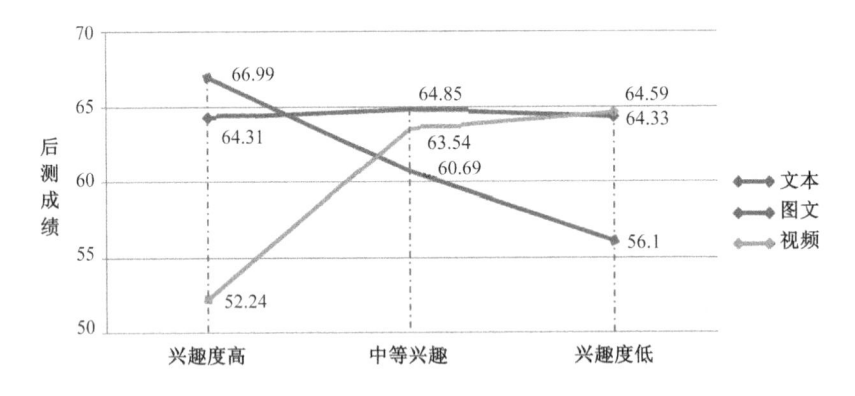

图 7-10 兴趣和呈现形式对学习成效的交互作用

---

[59] Davis Jr F D. A technology acceptance model for empirically testing new end-user information systems：Theory and results[D]. Massachusetts Institute of Technology，1986.

与其他两种呈现形式相比，视频拥有较复杂的结构和丰富的媒体形式，已有研究表明[60~62]，视频形式的课件对提高学习者的学习动机和兴趣有促进作用。但是，这些研究结果可能不适用于移动学习，因为手机上丰富的媒体信息可能会导致认知负荷与注意力的分散。相比之下，用视频形式呈现丰富的信息，会激发那些对移动学习具有低兴趣或者中等兴趣的学习者的学习兴趣或动机。此外，结合迈耶的认知负荷理论中的双通道假设，视频形式对提升学习成效具有重要的作用。对移动学习兴趣低的学生在学习纯文本形式的课件时，会感到很烦躁，学习成绩较低。值得注意的是，图像的形式对不同兴趣的三组没有太大影响。

内容呈现方式和学习专注度对学习成效具有交互作用（见图 7-11）。使用不同呈现方式课件的学生，在三种不同的学习专注度水平下具有不同的学习表现。在纯文本的呈现方式下，不同的学习专注度水平之间的学习成绩不存在显著性差异。然而，在图文与视频的呈现形式下，学习专注度越高的学生获得的成绩越好。同时，在视频形式的课件下，学习专注度高的学生比中等水平和低水平专注的学生，在后测成绩的分数上具有较大的差异。

丰富的媒体元素呈现的学习内容需要更高的专注度来吸收和理解其中的信息。学习成效和学习专注度之间存在显著且正相关的关系。当学习者将注意力集中于学习内容时，他们都将取得较好的成绩。然而，在使用文本形式的课件时，高专注度的学生却表现的不好，可能是因为他们对内容的过度关注而产生了焦虑的情绪。Wine 发现[63]，在注意力和焦虑情绪之间存在正相关关系，他指出在某些情况下，过高的专注度会引起焦虑，会影响学习成绩。研究发现，文本形式的课件并不需要较高的专注度，但是在图文和视频形式下的课件却需要较高的专注度，才能获得较好的成绩。

Churchill 提出[64]，对于概念性知识的学习，视觉呈现效果应该是最主要的内容呈现形式，这适用于传统的数字化学习。内容的呈现形式对概念性知识的学习结果并没有显著的影响，这与 Kang 和 Zhou 的研究发现[65]是一致的。使用移动课件进行学习时，学习结果

---

[60] Smith E E. Interactive video: An examination of use and effectiveness[J]. Journal of Instructional Development，1987，10（2）：2-10.

[61] Secules T，Herron C，Tomasello M. The effect of video context on foreign language learning[J].The Modern Language Journal，1992，76（4）：480-490.

[62] Zhang D，Zhou L，Briggs R O，et al. Instructional video in e-learning: Assessing the impact of interactive video on learning effectiveness[J]. Information & Management，2006，43（1）：15-27.

[63] Wine J. Test anxiety and direction of attention[J]. Psychological bulletin，1971，76（2）：92.

[64] Churchill D. Presentation design for "conceptual model" learning objects[J]. British Journal of Educational Technology，2014，45（1）：136-148.

[65] Kang C，Zhou A B. The effect of representational mode of information and personality traits of learners on the learning in multimedia environment[J]. Psychological Development and Education，2009，25（1）：81-90.

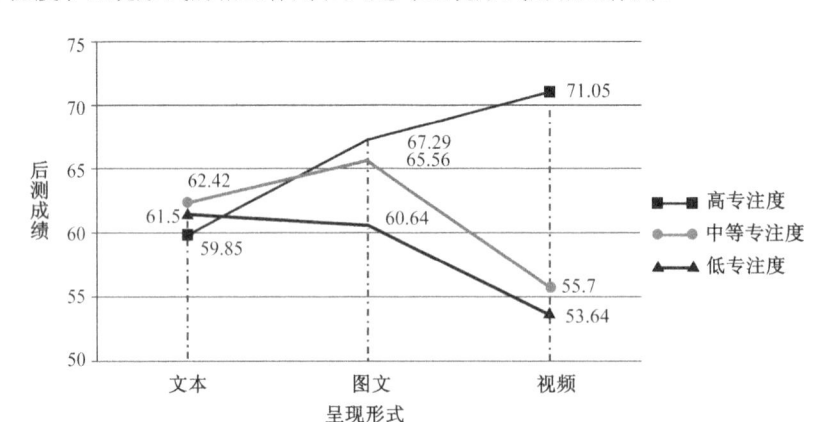

取决于专注度和呈现形式的相互作用和兴趣与呈现形式的相互作用。

图 7-11　专注度和呈现形式对学习成效的交互作用

7.4.3　注意力视角下移动学习课件的脑波实验

根据以上实验结果，内容呈现方式与学习专注度对学习成绩具有显著的影响。本节对内容呈现形式展开了进一步的细化研究，开展了从注意力视角下设计的视觉型与视听型移动学习课件对提升注意力作用的实验，旨在探讨添加不同效果移动课件资源对注意力的影响作用。视觉型移动学习课件中分别添加了突出显示、引导和问题导入效果，视听型移动课件分别添加了内容字幕、交互和画面的延迟呈现效果。

视觉型和视听型课件的验证分为两个实验进行，被试选取江苏师范大学的 180 名本科生。实验工具仍为 Mindwave Mobile 脑波仪。通过采取对比实验的形式，视觉型课件实验中将被试分为两组，实验组为有突出显示、引导和问题导入效果的课件，控制组为没有三种效果的课件。而视听型课件的实验中，字幕效果分为全字幕、全字幕+关键词、关键词与无字幕四个组；交互效果分为有交互和无交互两个组；画面的延迟呈现效果分为先文字解说后图像、先图像后文字解说和图像与文字解说同时呈现三个组。

运用数据分析软件 SPSS22.0 对相关的数据进行了处理，计算了相关因素的方差和标准差。研究发现：①突出显示、引导效果对提升学习者的注意力具有显著的效果，而问题导入效果对提升注意力并没有显著效果；②字幕、交互和画面的延迟呈现效果对提升学习者的注意力具有显著的效果。

1. 突出显示效果对注意力的提升作用

突出显示效果和学习专注度对学习成效存在交互作用。当学习者学习有突出显示效果的移动课件时，其学习专注度显著高于那些学习普通课件的学生，同时，有突出组学生的学

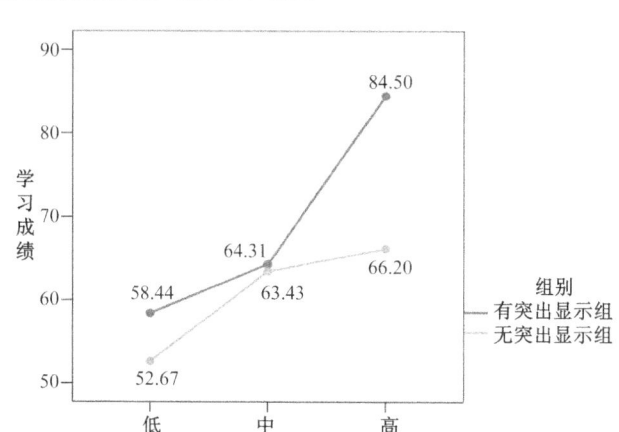

习成绩整体高于无突出组的成绩（见图 7-12）。

图 7-12　突出显示效果和专注度对学习成绩的交互作用

此发现符合田学红[66]等人提出的观点，在文章中标记关键内容能够引起学习者的注意。在移动学习课件中，将图片的关键部位进行放大突出、关键文字信息标红或放大等都能够增加信息被选择的机会，提升学习者对关键信息的注意力。课件中加入突出显示效果能够有效强调学习重点，能够促进学习者对知识的记忆。刘宇和陈晓慧认为，利用色彩、放大文字等形式对教学重难点加以强调，能够引起学习者对重点内容的警觉，可以加深印象，从而强化记忆[67]。

而在无突出显示的移动学习课件中，学习者不能迅速将注意力聚焦在关键内容，需要在图像与文字之间不断地进行转换，才能建立二者之间的联系，容易造成注意力分散效应。

2．引导效果对注意力的提升作用

课件的引导效果和学习专注度之间对学习成绩存在着交互作用。在移动学习课件中添加引导效果，不仅有助于提高学习专注度，而且有助于提高学习成绩（见图 7-13）。引导图示能够将学习者的注意力集中于引导所指向的区域，这与简郁芩[68]、潘钰筠[69]等人的研究结果一致。学习者在学习有指示棒引导的课件时，其注意力相对集中于指示棒所指的区域。但是，此结果与 Kriz 等人的研究结果有所不同，他指出指示棒或箭头虽然可以引导注意力

---

[66] 田学红，张亚飞. 国内外文章标记效应研究综述[J]. 浙江师范大学学报，2003（1）：80-84.
[67] 刘宇，陈晓慧. 选择性注意理论对多媒体教学的启示[J]. 中国电化教育，2000（6）：5-8.
[68] 简郁芩，吴昭容. 以眼动型态和阅读测验表现探讨箭头在科学图文阅读中的图示效果[J]. 中国心理教育，2012，54（3）：385-402.
[69] 潘钰筠，林纪慧. 数字课程图像引导光标对学习注意力与学习成效影响之研究[J]. 课程研究，2011，6（1）：51-80.

到正确的位置，但这并未构成正确知识理解的充分条件。

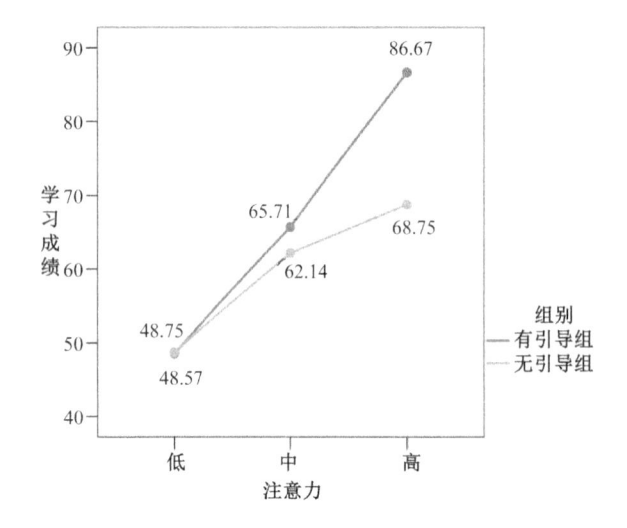

图 7-13　引导效果和专注度对学习成绩的交互作用

而观看无引导课件的学习者专注度很难集中。访谈过程中，学习者表示指示棒对于其观看课件的行为会产生明显的指引作用，而观看无指示棒课件的学习者的平均扫视幅度较大，不能专注于关键信息。

3．问题导入效果对注意力的提升作用

课件的问题导入效果与学习专注度之间不存在显著相关性，但是问题导入效果对学习成绩具有显著的影响（见图 7-14）。

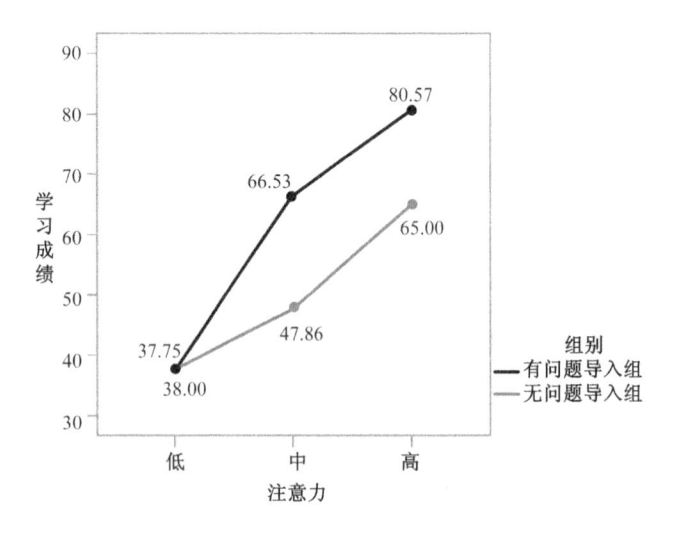

图 7-14　问题导入效果和专注度对学习成绩的交互作用

此结果与心理学的研究结果不一致。心理学研究结果表明[70]，问题在吸引和保持学习者的注意方面是一种有效的注意策略。产生此差异可能是由于问题设计，本研究设计的问题导入，只是提前告知学习者接下来需要学习的内容，而并没有在问题导入环节运用技巧，没能对学习者的注意力起到吸引作用。问题能够提供一种"推敲"的功能，学习者通过对问题进行推敲，能够加深对所学内容的认知深度，从而使记忆提取变得更容易，这与迈耶提出的预先练习原则相符。学习者提前知道问题，就会更加关注与问题相关的内容，从而获得较高的成绩。刘杰[71]提出，完成同样的学习任务，目标明确的学习可以比没有目标的学习节省60%的时间，这样问题导入效果组学习者有足够的时间思考移动学习课件中提出的问题，对知识进行回忆。

4. 字幕效果对注意力的提升作用

"全字幕+关键词"与关键词均比无字幕更能获得较高注意力，"全字幕+关键词"组的注意力优于关键词组，但二者之间不存在显著差异（见图7-15）。

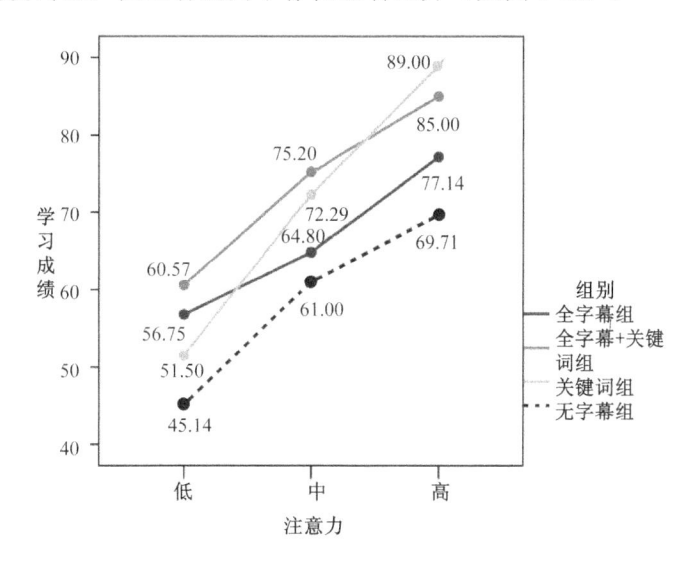

图7-15 字幕效果和专注度对学习成绩的交互作用

此结果与连宝静等人[72]的研究结果一致，即通过标红关键词进行重点提示，能够引导

---

[70] 禹琴. 实用英语网络课堂教学信息呈现的优化设计——基于选择性注意理论的视野[J]. 湖南科技学院学报，2009（8）：116-119.

[71] 刘杰，廖卫华. 移动教育模式下课件设计策略探讨[J]. 长春师范学院学报，2005（7）：74-75.

[72] 连宝静，林朝清，周建宏. 多媒体之字幕呈现方式在英语学习效益之研究[J]. 育达科大学报，2011（26）：1-29.

学习者将注意力集中于学习内容上。王电建[73]也曾指出，关键词字幕是通过突显关键信息的形式引起学习者的注意，促进对学习内容产生认知。字幕有助于帮助学习者理解学习内容，当字幕、声音、图像三种信息同时出现时，学习者注意力主要集中在字幕信息上[74]。同时，使用关键词字幕有利于记忆提取并降低认知负荷，这符合 Hsu[75]、Guillory 等人的研究结果，关键词字幕能促进学习者对教材内容的理解。此外，访谈过程中，被试者也表示，虽然"全字幕+关键词"的方式能够让他们把握学习重点，促进对学习内容的理解，但是这种方式却加重了认知负荷。这是因为当双通道信息已经重叠时，再添加更多的信息只会分散注意力，导致信息的流失，会降低学习成效[76]。

5. 交互效果对注意力的提升作用

交互效果可以提升学习者的专注度，当学习者学习有交互的移动学习课件时，其注意力显著高于那些学习无交互移动学习课件的学习者。同时，学习者的学习成绩因有无交互的呈现形式而存在显著差异，有交互组的学习成绩高于无交互组（见图 7-16）。

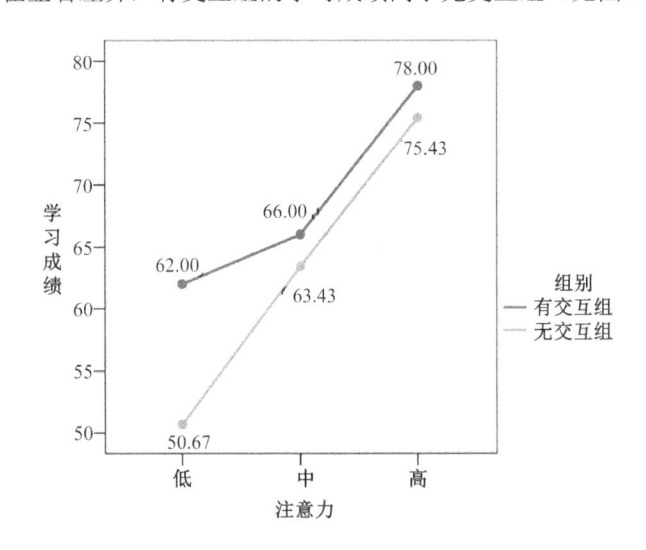

图 7-16 交互效果和专注度对学习成绩的交互作用

---

[73] 王电建. 字幕的不同呈现方式对外语学习者视频理解效果的影响[J]. 电化教育研究，2012（5）：85-90.
[74] 杨燕. 字幕对学生学习成效影响的实证研究[J]. 鸡西大学学报，2014（3）：79-82.
[75] Hsu C K，Hwang G J，Chang Y T，et al. Effects of video caption modes on English listening comprehension and vocabulary acquisition using handheld devices[J]. Journal of Educational Technology & Society，2013，16（1）：403-414.
[76] 杨燕. 字幕对学生学习成效影响的实证研究[J]. 鸡西大学学报，2014（3）：79-82.

但是，不同的注意力水平对学习成绩的影响不同。在有交互组，高注意力水平的学习者获得的学习成绩最佳，中等注意力水平与低注意力水平对学习成绩的影响不存在显著差异。但在无交互组中，学习者的注意力越高，学习成绩越好。本研究的交互为暂停交互，移动学习课件中在教师的问题之后加入短暂的暂停时间，能够引起学习者的注意，激发学习者的思考，所以能够取得较好的成绩。

6. 延迟呈现效果对注意力的提升作用

延迟呈现效果和注意力对学习成效具有交互作用。不同的呈现顺序对注意力的影响不同。研究发现，在三组延迟呈现方式中，先图像后文字解说的呈现形式能够获得学习者更多的注意（见图 7-17）。

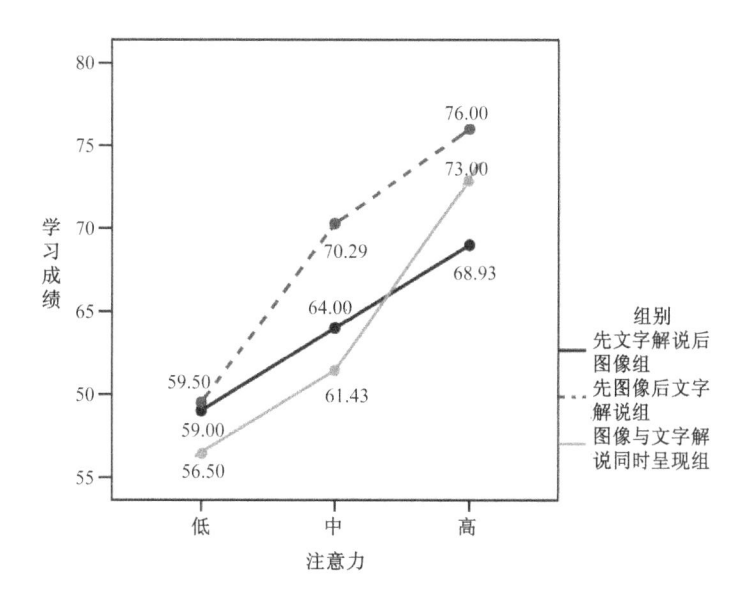

图 7-17　延迟呈现效果和专注度对学习成绩的交互作用

Mousavi[77]指出，同时呈现视觉与听觉信息会导致注意力分散效应。由于学习者的注意力容量的有限性，在同一时间呈现相同的视觉与听觉信息反而会增加学习者的认知负担，对学习成绩产生负面影响[78]。良好的内容呈现方式能够协助学习者进行信息选择与处理，

---

[77] Mousavi S Y, Low R, Sweller J. Reducing cognitive load by mixing auditory and visual presentation modes[J]. Journal of educational psychology, 1995, 87（2）: 319.
[78] Kalyuga S. When using sound with a text or picture is not beneficial for learning[J]. Australian Journal of Educational Technology, 2000, 16（2）: 161-172.

这三种延迟呈现方式中，先图像后文字解说组的成绩最高，其次是先文字解说后图像组，图像与文字解说同时呈现组的学习成绩最差。因此，为了使学习者获得较高的注意力，先图像后文字解说的呈现顺序是最佳的选择。移动学习课件设计时应该让视觉信息与听觉信息之间的出现存在微小的时间差异，间隔时间为 3 秒。图像出现 3 秒后出现文字解说有利于学习者进行选择，在知识库中建立图像知识，这与何诗钦的观点一致。

第 8 章
Chapter 8

资源建设的新宠儿：虚拟仿真资源

虚拟仿真是互联网时代的热门技术，在推进互联网+教育发展过程中能够发挥重要作用。目前，该技术主要应用于高校及中小学的教育信息化建设、实验教学示范中心建设及虚拟仿真实验教学。虚拟仿真资源是高校实验教学示范中心建设的重要内容，也是"互联网+"时代资源建设的新趋势。本章首先从虚拟仿真技术的最新发展、国家推进虚拟仿真实验教学中心、虚拟仿真资源的应用领域等视角，探讨了虚拟仿真资源的关注度；其次从建设主体、建设内容、应用效果、存在问题、对策方案等方面剖析了虚拟仿真资源的发展现状。在借鉴情境认知理论和建构主义理论的基础上，重点探讨了虚拟仿真资源的设计思路、设计框架、设计流程及设计注意事项，其中设计框架主要包括"一体两翼多平台"的资源建设体系、"多维度"的虚拟仿真实践教学体系、以及"多向度"的虚拟仿真软件和产品。同时，精选了基于在线教育云平台、过程演示类应用、数字展馆类、基础实验类等优秀虚拟仿真资源案例进行介绍。最后从虚拟仿真资源支持职教改革入手，介绍分析了职教领域虚拟仿真资源的应用状况和发展前景。

虚拟仿真资源备受关注

虚拟仿真技术（Virtual Simulation）由美国 VPL 公司创始人拉尼尔（Jaron Lanier）在 20 世纪 80 年代初提出，是综合利用计算机图形系统和各种现实及控制等接口设备，在可交互的三维环境中提供沉浸感的技术[2]。目前虚拟仿真技术已形成一定的综合技术体系，正在向"数字化、虚拟化、网络化、智能化、集成化、协同化、服务化"方向发展。用虚拟仿真技术开发的软件资源具有沉浸性、交互性、想象性、适用性、创新性等特征，所创造的环境具有物理真实感、环境真实感和行为真实感，能够在虚拟情境中体验解决真实问题的过程，培养观察、动手操作、实验研究和职业技能等能力[4]。

8.1.1 虚拟仿真技术的最新发展

虚拟仿真技术包括虚拟现实技术和仿真模拟技术。虚拟现实（Virtual Reality，VR）是一种计算机界面技术，即利用计算机生成一种逼真的、具有多种感知的人工虚拟环境，使置身于该环境中的人，可以通过各种传感交互设备（如立体头盔、数据手套、数据衣等）与这一虚拟环境进行实时自然的交互作用，产生身临其境之感[5]。VR 带来了人机交互的新概念、新内容、新方式和新方法，使得人机交互的内容更加丰富、形象，方式更加自然、和谐。仿真模拟技术指使用仪器设备、模型、计算机虚拟技术，以及利用场地、环境的布置，模仿出真实工作程序、工作环境、技术指标、动作要求，进行科学研究、工业设计、

---

[2] 王卫国，胡今鸿，刘宏. 国外高校虚拟仿真实验教学现状与发展[J]. 实验室研究与探索，2015，34（5）：214-219.
[4] 孙爱娟. 职教领域虚拟仿真教学资源建设与应用探析[J]. 中国电化教育，2012（11）：109-112.
[5] 薄瑞峰，李戈. 虚拟现实技术在计算机辅助概念设计中的应用[J]. 华北工学院学报，2004，25（2）：106-109.

模拟生产、教学训练和考核鉴定等的一项综合技术。目前虚拟仿真技术已取得显著进展（见图 8-1），广泛应用于数字城市、场馆仿真、地产漫游、旅游教学、文物古迹、应急方案、油田矿井、工业与道路仿真等领域。

1. VR 技术出神入化

虚拟现实是虚拟仿真在高性能计算机系统和信息处理环境下的发展和技术拓展。VR 技术主要由实物虚化、虚物实化和高性能的计算处理技术三方面构成。实物虚化是现实世界空间向多维信息化空间的一种映射，包括基本模型构建、空间跟踪、声音定位、视觉跟踪和视点感应等关键技术，这些技术使得真实感虚拟世界的生成、虚拟环境对用户操作的检测和操作数据获取成为可能。虚物实化指用户从虚拟环境中获取同真实环境一样或相似的视觉、听觉、力觉和触觉等感官认知的关键技术。高性能计算处理技术包括数据转换和数据预处理技术实时、逼真图形图像生成与显示技术多种声音的合成与声音空间化技术多维信息数据的融合、数据压缩以及数据库的生成，同时也包括命令识别、语音识别及手势和面部表情，信息的检测等模式识别分布式与并行计算，以及高速、大规模的远程网络技术等[6]。

图 8-1　虚拟仿真技术的新发展

VR 技术是一项投资大、具有高难度的科技领域，我国的"九五"攻关计划、国家 863 计划、国家自然科学基金会等都把 VR 技术的研究列入了资助范围。目前一些院校和科研单位也陆续开展了 VR 技术的研究，如北京航空航天大学虚拟现实与可视化新技术研究室，集成的分布式虚拟环境、浙江大学心理学国家重点实验室开发的虚拟故宫、清华大学的虚拟现实和临场感的研究。此外，西安交通大学、哈尔滨工业大学、国防科技大学、装甲兵工程学院、中科院软件所、上海交通大学等单位也进行了不同领域、不同方面的 VR 技术研究，并取得了一批研究成果。

VR 技术通过三维建模逼真地模拟现在和未来的城市、可以虚拟出触手可及的真实三维环境、可以让观众在三维立体的虚拟环境中，遍览远在万里之外的风光美景……如 Kinect 是微软在 2010 年 6 月对 Xbox360 体感周边外设正动态捕捉、影像辨识、麦克风输入、语音辨识、社群互动等功能，玩家可以通过这项技术在游戏中开车、与其他玩家互动、通过互联网与其他 Xbox 玩家分享图片和信息的娱乐 Kincet 体感游戏。VR 目前主要应用在医学、娱乐、航天、通信、交通、室内设计、房产开发、工业仿真、文物古迹、道路桥梁、分子

---

[6] 陈鹏. 虚拟仿真技术在服装工艺教学中的应用研究[D]. 湖南：湖南师范大学，2009.

化学、工业仿真、教育和培训等领域。为提高 VR 系统的交互性、逼真性和沉浸感，未来需要在新型传感和感知机理、几何与物理建模新方法、高性能计算，特别是高速图形图像处理，以及人工智能、心理学、社会学等方面做出努力和尝试。

2．3D 技术甚嚣尘上

3D 技术已问世近 30 年，但直到近几年它的价格壁垒被打破才频繁地出现在公众的视野，目前已广泛应用在衣、食、住、用、行等众多行业。3D 技术分为 3D 数字影像技术、3D 虚拟现实技术和 3D 打印技术（见图 8-2），其中 3D 显示技术主要架构硬件设备、平台支撑环境；3D 虚拟现实技术主要是资源建设、情境模拟与仿真，如高仿真度的人体器官、房屋、物件……3D 打印技术则体现了虚实结合，将虚拟物品打印成实体资源、实物进行展示，体现了"做中学"的教学理念[7]。3D 技术为科技创新提供了平台，堪称第三次工业革命。

3D 数字影像技术集视、听、触、嗅觉等综合体验于一体，使学习者身临其境地体验到数字影片的魅力。目前 3D 影像技术的研究已引起国内外学者的普遍关注，如 3D 投影技术在欧洲国家的应用，美国 OCOEE 中学的 3D 教室、兰州四中集光电声构造于一体的 3D 教室、广西临桂的双向互动远程教育智能化 3D 影院、郑州二中创新班的 3D 全息投影、裸眼 3D 技术的英语教学、Kinect 技术及其手势识别、Web3D 技术与教学培训等。

3D 虚拟现实技术主要应用在情境模拟、仿真训练等方面。3D 情境模拟主要体现为虚拟图书馆、虚拟学习平台、虚拟校园、虚拟实验室等。在模拟仿真环境下，通过借助 Unity3D、3DVIA Studio 等软件操作完成协同训练过程，以避免真实环境带来的危险。如美国杜克大学创建数字空间和环境的沉浸式虚拟环境、CAVE 虚拟现实、3D 触觉桌面等设备；地震、海啸等自然灾害的应急处理办法，汽车驾驶、工业制造流程、武器部件功能操作等。目前一些公司借助新技术，不断推出仿真训练计划和项目，如微软的 IllumiRoom 技术，利用虚拟现实把客厅变成一个沉浸式 3D 游戏影院，使用户操作时有身临其境的感觉；又如"成都理工地质钻探虚拟实训系统""南京中医药大学中医药教学仿真实训系统"，通过三维环境图形库，创造一种几近真实的环境，增强受训者的临场感，大大提高了实训效果。

图 8-2　3D 技术分类

3D 打印技术本质上是多媒体技术的延伸，是沟通创意与现实世界的"快捷通道"，使普通用户具有独立设计与制造工业产品的能力。目前 3D 实验室建设正在稳步推进中，如由国家发改委设立的国家级先进制造技术创新平台；"江苏省三维打印装备与制造重点实

---

[7] 王娟，吴永和，段晔. 3D 技术教育应用创新透视[J]. 现代远程教育研究，2015（1）：62-71.

验室"是江苏省内唯一一个 3D 打印领域的重点科研机构；美国特拉华大学实现了集 3D 打印机、材料库、车间为一体的设计合作实验室；MakerBot三维打印机公司则为大学和企业建立了新的MakerBot创新中心。此外，同济大学打印并试飞成功的微型飞机；美国爱荷华州立大学、秦淮区 3D 打印研究团队开发出标本、教学模型、人造骨骼和器官；芬兰阿尔托大学将 3D 打印应用在艺术领域；利物浦大学打印 3D 人造皮肤等。此外，澳大利亚3PLearning 公司推出 3D 在线教育工具 IntoScience，可以进入 3D 互动在线环境，增强教育体验。

3. 训练仿真模拟日益凸显

目前虚拟现实训练技术已发展到相当水平。训练仿真模拟是一种物理模拟技术的应用，主要是通过模拟实车、实兵或实战环境，培养单兵或小范围作战编组的作战技能，如使用较多的驾驶模拟仿真系统、多用途复合激光作战仿真系统等。这些仿真系统的准确性和逼真性极高，图像的仿真程度也与实物、实景相差无几，特别是训练仿真系统具有在危险小、消耗低的条件下训练出较强作战技能的部队；仿真模拟演练可在一定程度上代替大规模实兵演习，节省经费，已受到世界各国军队的极大重视。模拟器联网计划可以把分散在各地的训练器用计算机联成网络，形成分布式交互仿真，实现异地连通与互操作。虚拟现实模拟系统可以在视觉、听觉和触觉等方面，逼真地显现未来战争可能出现的各种情况。

训练仿真模拟主要体现在军事训练，制定作战方案和进行战法研究，武器装备的研制与开发等方面；它可以解决部队高质量的训练问题，可以不动用实际装备而使受训人员具有身临其境之感，可以任意设置战斗环境背景。虚拟作战系统可以帮助指挥员学会利用传感器融合技术处理后送来的各类数据和信息，制定作战方案和进行战法研究；虚拟现实系统可以对未来高技术的战场环境、武器装备的战术技术性能和战术使用等进行作战模拟，可预先对提高武器装备体系效能贡献大、耗资少、技术可行性强的武器系统进行重点开发；可避免武器装备在实际研制、生产和部署各阶段由于决策失误造成的资金浪费，缩短研制周期[8]。

4. 与 AR 技术不断融合

增强现实（Augment Reality，AR），是在虚拟现实技术基础上发展起来的、综合了计算机视觉、图形学、图像处理、多传感器技术、显示技术的新兴计算机应用和人机交互技术[9]。AR 技术是利用计算机生成一种逼真的视、听、力、触和动等感觉的虚拟环境，通过各种传感设备使用户"沉浸"到环境中，将计算机产生的虚拟信息对用户所观察的真实环境进行融合，真实环境和虚拟物体实时叠加到了同一个画面或空间，拓展和增强用户对周

---

[8] 郑长军，刘鼎臣. 虚拟仿真技术及其军事应用[J]. 情报指挥控制系统与仿真技术，2001（7）：64-67.
[9] 王聪. 增强现实与虚拟现实技术的区别和联系[J]. 信息技术与标准化，2013（5）：57-61.

围世界的感知；它以交互性和构想为基本特征，可以模拟真实的现场景观[10]。作为新型的人机接口和仿真工具，AR 发挥了重要作用，显示了巨大的潜力；不仅在尖端武器、飞行器研制与开发、数据模型可视化、虚拟训练、娱乐与艺术等领域具有广泛的应用，而且在医疗研究与解剖训练、精密仪器制造和维修、军用飞机导航、工程设计和远程机器人控制等领域具有比 VR 技术更明显的优势，其中游戏和娱乐是最显而易见的应用领域。

8.1.2 国家推进虚拟仿真实验教学中心建设

国家级虚拟仿真实验教学中心依托虚拟现实、多媒体、人机交互、数据库和网络通信等技术，构建高度仿真的虚拟实验环境和实验对象，在虚拟环境中开展实验，对促进虚拟仿真优质教学资源整合和共享，推动信息化条件下自主学习、探究学习、协作学习等实验教学方法改革，提高教学能力、丰富课堂教学形式、提供高效的教学辅助工具、丰富教学内容、打破时空限制、拓展实践领域、降低实验和设计成本、培养创新意识和创新能力，开展绿色实验教学发挥了重要的作用，目前已成为重要的教学方式。

1．相关政策文件出台

虚拟仿真实验教学是高等教育信息化建设和实验教学示范中心建设的重要内容，是学科专业与信息技术深度融合的产物。为贯彻落实《教育部关于全面提高高等教育质量的若干意见》（教高〔2012〕4 号）精神，根据《教育信息化十年发展规划（2011—2020 年）》，国家先后出台了关于虚拟仿真实验教学的文件，决定自 2013 年起，建设 1500 个国家级虚拟仿真实验教学中心。国家级虚拟仿真实验教学中心（教高〔2013〕94 号）建设的主要任务是实现真实实验不具备或难完成的教学功能，在涉及高危或极端的环境、不可及或不可逆的操作，高成本、高消耗、大型或综合训练等情况下提供可靠、安全和经济的实验项目[11]。2015 年 6 月，教育部出台了《关于开展 2015 年国家级虚拟仿真实验教学中心建设工作的通知》，决定继续开展国家级虚拟仿真实验教学中心建设工作，重点开展资源、平台、队伍和制度方面的建设，形成持续服务实验教学，保证优质实验教学资源开放共享的有机整体（教高〔2015〕24 号）[12]。截至目前，我国已建成 300 个国家级虚拟仿真

---

[10] 增强现实技术[EB/OL]. http：//www.baike.com/wiki/%E5%A2%9E%E5%BC%BA%E7%8E%B0%E5%AE%9E%E6%8A%80%E6%9C%AF，2016-02-12.

[11] 教高司函〔2013〕94 号. 关于开展国家级虚拟仿真实验教学中心建设工作的通知[Z]. http://zlgc.sicnu.edu.cn/articleinfo/detail_7_23_1888.html，2016-02-12.

[12] 教高厅函〔2015〕24 号. 教育部办公厅关于开展 2015 年国家级虚拟仿真实验教学中心建设工作的通知[Z]. http：//www.moe.edu.cn/srcsite/A08/s7945/s7946/201506/ t20150618_190671.html，2016-02-12.

实验教学中心，分布在全国155所普通本科院校[13]。

2. 硬件平台不断完善

随着技术的日趋完善，越来越多的教育机构把建设"虚拟仿真实验教学中心"等硬件平台作为工作重点。如美国加州大学圣迭戈分校开发的StarCAVE虚拟现实系统，能够展示公元前10世纪约旦堡垒的三维虚拟现实模型；纽约大学利用自研的36米高清晰度交互式多媒体显示墙，应用可视化技术开展教学；凯斯西储大学新发明中心创建的Think[box]，可以使用3D打印机、激光切割机等工具进行原型设计和产品制作；科罗拉多大学开设的PhET交互式虚拟仿真实验，通过构建结构化的虚拟实验室，为开展探究性学习提供实验条件；亚利桑那州立大学自2013年起，推行应用智能手机、平板电脑、教育类游戏软件等技术的移动和在线学习，开展基于问题求解的实践教学活动；德克萨斯大学进行数据处理和图像分析的交互和计算机显示系统。

此外，阿卜杜拉国王大学展示了跨校园研究的3D立体显示和无线平板电脑；印第安纳大学促进视觉技术创新应用的可视化实验室；新加坡国际大学开启智慧校园新领域的3D校园全监控、加拿大维多利亚大学建设了3D实验室和人类学创客实验室；新西兰惠灵顿维多利亚大学建设了包括金属制品和木工机械区域、三维数字化制造和建模设备的3D模型车间；澳大利亚雷德兰兹大学利用平板电脑易携带、高分辨率显示和触摸屏特点，以替代笨重的实验仪器、视频设备和其他昂贵工具开展野外实践教学。我国推出了3D视影仿真数字学习平台、曼恒数字的"3D互动教学系统"等。

3. 项目活动进展有序

目前推进虚拟实验教学中心的建设已引起国内外学者的普遍关注。英国开放大学从2006年起，应用基于互联网的三维虚拟世界"第二人生"（Second Life，SL）开展教学，通过构建一个与课堂平行且身临其境的三维虚拟环境，使师生既能够实时进行交互、完成学习任务和参与集体活动，也可以使教师通过虚拟世界与学生进行"面对面"的交流和辅导。在这个模拟真实学习场所的虚拟空间里，学生如同身处传统的课堂环境，展开实时交互、完成学习任务、参与集体活动。英国开放大学SL虚拟校园不仅有教室、会议室或报告厅等教学场所，还建有许多非正式性的社交场所，这促进了学生之间建立伙伴关系和人际网络。现在英国开放大学每年有超过200个活动在其虚拟校园中举行。

作为"印度—美国高等教育领域校际创新"合作项目中的一项重要内容，美国20所顶尖大学利用印度甘露大学的远程教育网络，为印度几百所高校的学生开设了计算机科学、信息与通信、生物技术、材料科学等网络课程，同时相继启动了虚拟学习环境、网上联合

---

[13] 祖强，魏永军. 国家级虚拟仿真实验教学中心建设现状探析[J]. 实验室技术与管理，2015（11）：156-158.

研究中心和在线实验室等一批建设项目。美国耶鲁大学移动实验采用平板电脑完成分子生物学、细胞生物学等课程实验，通过 iPad 上的移动应用程序，师生分享从中心实验室数字显微镜中获取的数据和图像等资源。美国明尼苏达护理学院通过与行业协会和企业合作，联合开发基于网络的互动游戏，让学生参与情景演练，以提高实践技能。IE 商学院运用名为"唐宁街 10 号"的教育类游戏软件开展教学，意在使学生学习和了解全球经济政策的复杂性，站在更高层次进行思考，培养解决相关领域紧迫问题的实际能力。

4. 学术会议陆续涌现

为推动虚拟仿真教学资源的建设和应用，提高其使用效益，创新应用模式，围绕教育虚拟仿真教学资源的高峰论坛不断举办。如 2015 年 12 月，受教育部高教司委托，高等学校国家级实验教学示范中心联席会召开"2016 年高等学校国家级实验教学示范中心建设研讨会暨虚拟仿真技术与教学资源建设论坛"，参加人员为 300 个国家级虚拟仿真实验教学中心代表、国家级虚拟仿真实验教学中心所在高校相关职能部门及各省市教育和信息化主管部门负责人，会议内容是虚拟仿真技术应用交流报告会、虚拟仿真技术前沿技术展望等[14]。

截至目前，国家数字化学习资源中心、中国教育技术协会教育仿真技术专业委员会已联合举办了三届"中国职业教育虚拟仿真教学资源高峰论坛"，会议内容是研讨和交流行业发展现状及趋势，分享虚拟仿真教学资源建设及教学应用的研究成果和实践经验，交流展示行业前沿和产品方案，进一步促进信息技术与职业教育实验实训教学的深度融合。目前这些会议受到教育部领导、国内外教育学者、各类院校和企事业单位的广泛关注，有效地促进了虚拟仿真教学资源的整合与共享，有助于建立"全国虚拟仿真教学资源共建共享联盟"。"全国虚拟仿真教学资源共建共享联盟"将由职业院校、开放大学系统、普通高校、社会培训机构、学习资源供应商、教育软件开发商、数字出版机构等单位自愿参与，是一个致力于推动"虚拟仿真教学资源研发、教学应用、技术服务、人才培养"的开放式的合作平台，以共同推动优质虚拟仿真教学资源的共建与共享，实现院校以及相关企业间的相互合作。

8.1.3 虚拟仿真资源大有用武之地

虚拟仿真资源包括仿真模型、仿真数据、仿真平台及仿真软件。虚拟仿真教学资源的作用及应用方式主要包括漫游、演示、互动、考核等功能，其中漫游功能通常包括认识现场环境、认识现场设施设备以及安全生产的基本要求；演示功能包括操作程序（顺序、步骤）演示、操作方式方法演示、偶发事件演示、错误操作结果演示；实现互动功能是仿真

---

[14] 关于召开"2016 年高等学校国家级实验教学示范中心建设研讨会暨虚拟仿真技术与教学资源建设论坛"的通知（第一轮）[EB/OL].http://eelab.nju.edu.cn/290/ 9/41/news.html，2016-02-12.

实训中最重要与应用最多的一种，其目的是让受训者按照某种操作规范学习、掌握规定的操作技能；仿真实训考核可验证学生的学习能力，突出核心技能点，具有激励性、公平性、诱导性、趣味性和方向性。实际上大型的虚拟仿真实训，实现更多的是这些功能的组合[15]。

用虚拟仿真技术开发的教学软件资源具有沉浸性、交互性、想象性等特征，所创造的学习环境具有物理真实感、环境真实感和行为真实感，使学习者能够在类似真实的情境中体验解决真实问题的过程[16]；同时具有将知识要点附加到三维模型上、实现三维可视化；三维结构可以任意旋转、缩放，互动拆装；计算仿真结果三维可视化；虚拟场景，可自由行走、体验、观察等特点。虚拟仿真资源主要涉及以下领域：军事与航天，城市规划与经营，建筑设计，房地产开发，科技馆、博物馆、专业展示馆，产品的设计与展示，古文化遗产还原及保护，模拟训练设备，游戏，娱乐，通信，医疗，教育，艺术，体育，分子化学，科学计算可视化等，下面以教育领域应用为例展开分析（见图8-3）。

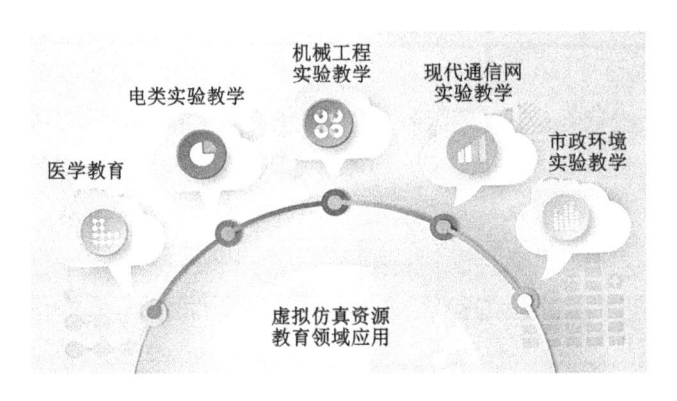

图8-3 虚拟仿真资源的教育应用

1. 应用于医学教育

虚拟仿真资源在医学教育的应用，主要体现在口腔解剖生理学，口腔种植学、口腔修复学等学科教学，及口腔疾病基本操作训练方面。在口腔解剖生理学教学中，应用虚拟仿真三维成像技术建立虚拟解剖实验室，应用虚拟现实技术实现在计算机上重建逼真的实物图像、器官组织内部的结构等各种虚拟解剖模型，建立虚拟口腔解剖标本的数据库。在口腔种植学、口腔修复学等学科教学中，利用虚拟仿真技术实现口腔种植设计方案和修复设计方案的虚拟三维图像模拟，并通过计算机软件对设计方案进行力学系统和生物学合理性的分析和评估，实现在口腔医学教学过程中对治疗方案和手术过程进行虚拟图像模拟和治疗效果评估的教学功能。在口腔疾病基本操作训练方面，利用虚拟仿真三维成像技术和

---

[15] 孙爱娟. 职教领域虚拟仿真教学资源建设与应用探析[J]. 中国电化教育，2012（11）：156-158.
[16] 艾伦·贾纳斯泽乌斯基. 教育技术：定义与评析[M]. 北京：北京大学出版社，2010.

高仿真机器人实现临床诊疗过程的高仿真模拟和学生实际动手操作能力的训练。这些虚拟仿真资源操作过程无风险、可重复、灵活度高，高度仿真性、操作性强，实验成本低[17]。

2. 应用于电类实验教学

虚拟仿真资源的电类实验教学典型应用为：Multisim10 在电路与电子技术课程中的应用、Proteus 在单片机原理课程中的应用、LabVIEW 在信号与系统课程中的应用。Multisim10 是 NI（美国国家仪器公司）开发的专业电子仿真软件，该款软件操作简易，元器件丰富、虚拟仪器齐全、不仅提供了万用表、示波器等常用仪器仪表，还提供了虚拟网络分析仪、频谱分析仪等复杂仪器。Proteus 是英国 Labcenter 公司开发的电路分析与实物仿真软件，是目前最好的模拟单片机及其外围器件的工具，可以仿真 51 系列、AVR，PIC 等常用的 MCU 及其外围电路。LabVIEW 是由 NI 公司推出的功能强大的图形化编程语言 G 的虚拟仪器开发环境，使用这种语言编程，主要是使用程序流程图，利用它可以方便地建立自己的虚拟仪器，其图形化的界面使得编程及使用过程都生动有趣[18]（见图 8-4）。

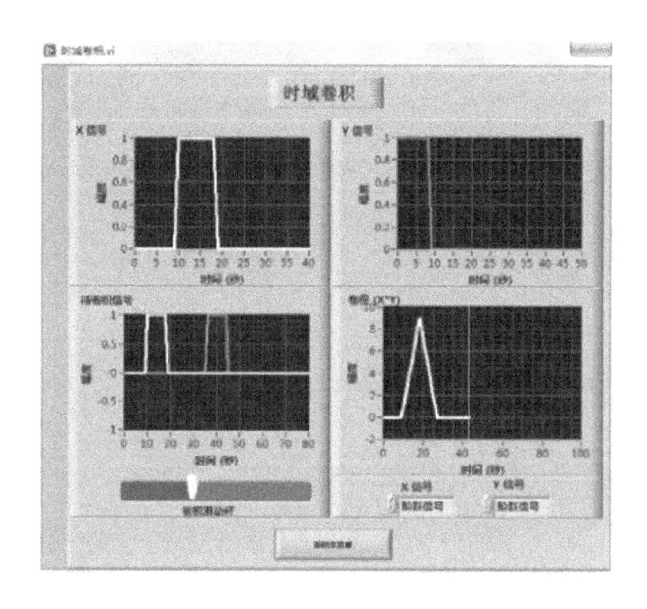

图 8-4 LabVIEW 卷积的前面板

图 8-4 是 LabVIEW 设计的信号与系统课程中时域卷积的虚拟演示实验，通过前面板可以动态演示相关信号的卷积情况，显示区进行卷积的信号，可以在右下角的函数选板子选

---

[17] 周学东,张凌琳,叶玲,等. 虚拟仿真技术在口腔医学教育领域的应用[J]. 实验技术与管理,2014,31（5）：4-6.
[18] 程思宁,耿强,姜文波,等. 虚拟仿真技术在电类实验教学中的应用与实践[J]. 实验技术与管理,2013（7）：94-97.

项板上更改输入信号的类型。通过虚拟仿真资源，其实验效果与真实实验基本一样，用户可以独自完成实验，逐一解决实验过程中遇到的问题，有助于知识的掌握和技能的提高。

3. 应用于机械工程实验教学

机械工程实验教学典型应用主要体现为数控加工仿真实验和减速器装配实验。数控加工仿真实验，实验室利用 CAXA 软件在"鼠标的数控加工"实验中进行虚拟仿真教学，模拟数控机床的实际操作步骤，让每个学生都能体验到机床的加工环境和真实的加工过程，即首先建立鼠标的实体模型，然后设定加工刀具、定义毛坯、确定加工路线，最后进行仿真加工并生成代码和工艺清单[19]（见图 8-5）。

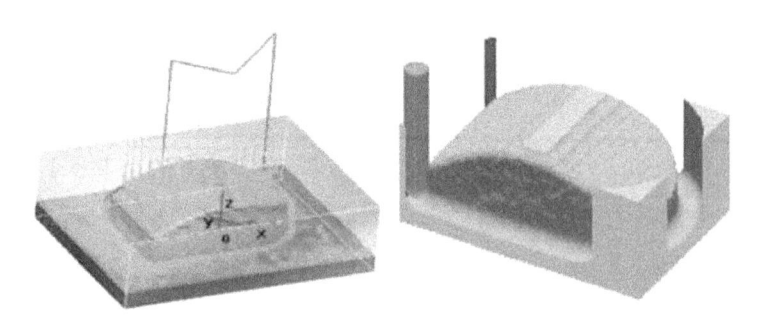

图 8-5　鼠标精加工的轨迹形成及加工仿真过程

减速器装配实验，实验室采用了基于 Inventor、ADAMS 与 ANSYS 形成的软件分析平台，设计了摆线针轮减速器的虚拟仿真实验。首先应用 Inventor 软件对减速器进行实体建模，根据减速器的传动原理进行虚拟装配；然后应用 ADAMS 软件进行动力学仿真，依据实际工况对其施加准确的约束、载荷及激励，进行仿真和优化修形；最后应用 ANSYS 软件对减速器的固有频率进行有限元分析。图 8-6 为利用 Inventor 软件建立的减速器模型的爆炸图，及利用 ANSYS 软件建立的减速器第四阶振型。

图 8-6　减速器模型的爆炸图及第四阶振型

---

[19] 蔡卫国. 虚拟仿真技术在机械工程实验教学中的应用[J]. 实验技术与管理，2011，28（8）：76-78.

4．应用于现代通信网实验教学

程控交换虚拟仿真实验，使用了中兴公司提供 ZXJ10 的虚拟仿真教学软件。这套软件包括"虚拟机房"和"虚拟后台"两个教学软件，虚拟机房、单板连线的仿真实验界面（见图 8-7）。该软件模拟了程控交换设备的硬件和后台服务器界面，改变了传统实验教学以验证性实验为主的教学模式，加深了对程控交换理论知识的理解；使用"虚拟后台"软件，能进行配置业务和信令跟踪等实验。通过进行虚拟仿真实验，能够完全复现通信设备网管的配置过程，掌握通信网数据配置、程控交换系统的设计等知识和技能。使用该仿真软件，能够更好地检查实验过程中存在的问题；通过对故障点的定位和排除，增加了工程处理经验[20]。

TD-SCDMA 虚拟仿真实验，TD-SCDMA RNS 实验仿真教学软件通过与工程现场高度一致的虚拟三维场景和流程，构成了完整的操作平台，掌握 TD-SCDMA 无线侧开局调测的流程，完成数据配置—调试—移动电话测试的完整过程。模拟室外 RRU 和虚拟机房仿真结果（见图 8-7）。"虚拟后台"软件能够完成数据配置、虚拟电话、信令跟踪。学生在使用该软件的过程中，可以深入了解现网设备中机房的布置及硬件构成，遵循工程项目开发流程进行实验，培养工程实践能力。虚实互补的实验模式促进了学生的学习积极性，提高了学习效果和效率，使学生能快速掌握主流通信设备的安装及开通，并积累一定的工程实践经验。

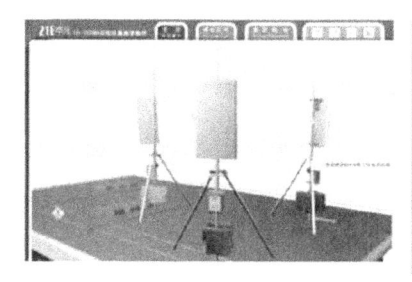

（a）模拟室外 RRU　　（b）TD-SCDMA 虚拟机房

图 8-7　TD-SCDMA 虚拟仿真实验

5．应用于市政环境实验教学

虚拟仿真实验教学的定位是传统实验教学的补充，同时注意和课堂教学、传统实验教学内容之间的衔接。市政环境实验教学主要体现在环境监测、水环境规划与污染应急、微尺度水系数字化与管网优化等方面。其中环境监测虚拟仿真实验教学平台，重点面向环

---

[20] 陈丽霞，范士勇，刘鑫. 虚拟仿真技术在现代通信网实验教学中的应用[J]. 实验技术与管理，2015，32（4）：133-135.

境监测、仪器分析、环境分析化学、环境影响评价、固体废弃物处理与资源化、环境生态学等专业课程；该平台针对水、气、土、渣、生物、噪声等环境要素以及放射性监测中的实验项目，建立数值仿真实验教学模型库、开发仿真平台软件、演示实验过程、监测设备构造、介绍监测方法的原理和优缺点。最终结合真实环境监测数据，利用分析软件和环境评价程序对监测的最终结果进行对比分析，使学生直观、完整的了解环境监测的完整流程[21]。

水环境规划与污染应急虚拟仿真实验教学平台，统一集成数据库、知识库、模型库与方法库，结合模拟仿真教学软件，实现地表水水体的水质常规管理和应急管理。基于在科研过程中积累的真实河流水量和水质监测数据，建立实际的水质模型，使学生了解建模的精髓、优缺点等。学生可通过配置、连接、调节和使用虚拟水质监测站点、网络、应急指挥装置、污染处置装置设备进行污染物预警和应急处置实验。该平台将水环境规划管理的基础理论（水利水质模型偏微分方程、解析解、数值解、水质过程动力学过程）和实际水质监测数据和案例相结合，增强了课程的工程应用背景，即让学生对水环境中典型污染物的归趋、参数估计方法、环境规划和管理过程有深入的了解,同时又为使用 WASP QUAL2K 等大型流行水利水质建模软件去解决实际问题提供基础。

此外，虚拟仿真资源还广泛应用于城市资源化工艺、建筑环境与能源系统测试、暖通计算机应用实践、城市尺度用能输配系统水力工况与热力工况变化、船舶桥梁改造、军事训练、制定作战方案、战法研究，武器装备的研制与开发等方面，在此不一一列举。

---

[21] 郭亮，梁宏，刘京，陈明，南军，周志刚. 基于虚拟仿真技术的市政环境类实验教学[J]. 实验室研究与探索，2015，34（7）：107-110.

02 虚拟仿真资源发展现状

8.2.1 谁在建设

国家级虚拟仿真实验教学中心是信息化技术与实验教学改革、实验教学示范中心建设发展深度融合的产物，承载着中国教育实现信息化、现代化的重任。为此，教育部多次出台文件，对虚拟仿真资源建设提供资金及政策支持；同时在全国性的多媒体课件大赛、信息化教学大赛等活动中，虚拟仿真软件不断获奖。

1. 政府宏观政策引领、形式多样

2013 年 8 月，为贯彻落实《教育部关于全面提高高等教育质量的若干意见》（教高〔2012〕4 号）精神，教育部决定开展国家级虚拟仿真实验教学中心的建设工作（教高司函〔2013〕94 号），自 2013 年起建设 1500 个国家级虚拟仿真实验教学中心。2014 年 8 月，教育部办公厅推出《关于开展 2014 年国家级虚拟仿真实验教学中心建设工作的通知》（教高厅函〔2014〕30 号）。2015 年 6 月，教育部办公厅发布《关于开展 2015 年国家级虚拟仿真实验教学中心建设工作的通知》（教高厅函〔2015〕24 号）。虚拟仿真实验教学中心建设内容包括：虚拟仿真实验教学资源、虚拟仿真实验教学管理和共享平台、虚拟仿真实验教学和管理队伍和虚拟仿真实验教学中心的管理体系；中心重点展开资源、平台、队伍和制度的建设，以形成持续服务实验教学，保证优质实验教学资源开放共享的有机整体。已建的国家级虚拟仿真实验教学中心主要涵盖地理信息、医药医学、电力能源、工业制造、军事战场等领域[22]。

2. 企业竞相开发、销售相关软件

面对国家大力开展虚拟仿真实验教学的契机，从事教育软件开发的 IT 企业紧抓这个时

---

[22] 我国批准 100 个国家级虚拟仿真实验教学中心[EB/OL].

代赐予的机遇，纷纷开发虚拟仿真教学软件。目前主要通过参加职教会议、到学校推介、参与国家资源库或学校仿真实训基地等项目建设、研究等多种途径，直接参与到虚拟仿真教学资源建设中。当然，企业的高调参与，为职教提供了大量技术含量较高的虚拟仿真教学资源，解决了一些急需的问题，发挥了重要作用[23]。

3．学校热情投入建设和应用

在宏观导向、企业宣传和解决教学困境实际需求的三重影响下，诸多职教领域的学校领导和教师，开始着手相关的工作，表现在：一是投入大量资金购买现成的专业仿真教学软件；二是花钱与企业合作，由本校教师参与开发校本仿真教学软件；三是建立本校的开发队伍，自主开发虚拟仿真资源；四是鼓励教师积极参与到建设和应用虚拟仿真资源的教改中。

2013 年以来，建设虚拟仿真实验教学中心的单位是普通本科高校和军队高校，这些院校虚拟仿真资源建设主要是整合学校信息化实验教学资源，培养学生综合设计和创新能力，创造性地建设与应用高水平软件共享虚拟实验、仪器共享虚拟实验和远程控制虚拟实验等教学资源，提高教学能力，拓展实践领域，丰富教学内容，降低成本和风险，开展绿色实验教学。2014—2015 年这两年，建设虚拟仿真资源的主体是普通本科高校和独立学院，其资源建设继承了以往的经验，并致力于推动信息化条件下自主学习、探究学习、协作学习等实验教学方法改革，鼓励自主创新和拥有自有知识产权。因此，虚拟仿真资源建设的主体是国家宏观决策下的普通本科高等学校、军队高等学校、独立学院及相应企业。

8.2.2 建了什么

1．专题导向、专业群导航的虚拟仿真课程资源

为解决多学科专业融合培养人才的问题，采用"专题导向、专业群导航"的思路，按照经济、管理、机械、工程、电子、创新创业等大类，把涉及的专业虚拟仿真实验课程分成多个专题，每个专题统辖相关的专业形成相应专业群，借助于数据库、案例库以及多套教学软件等实验教学辅助资源，建设线上线下同步使用的 O2O 虚拟仿真实验课程群。

2．独立研发的开放自选实验项目库

为满足网络开放实验和实验室预约开放的需要，引进"项目超市"理念，依据学科专业和创新创业知识形成的内在规律，按照知识链的逻辑结构，梳理形成虚拟仿真实验项目

---

[23] http://www.d3dweb.com/Documents/201404/06-22341367412.html，2016-02-12.

链，独立研发开放实验项目资源库，实现时间、空间和项目的全面开放，供学生自选项目线上自修，教师线上线下灵活辅导。学生选修开放实验项目达到既定学时计学分。

3. 自主研发与共建共享的实验教学软件

专业实验教学软件作为开展实验教学的工具条件和基础，是虚拟仿真教学资源的重要组成部分和教学内容。利用软件虚拟流程、角色扮演、场景模拟、人机对话等功能，处理经济管理运行的数据信息，完成对应的数据分析、统计分析、业务应用、业务综合等专业性任务，使一些无法开展的高危险实验项目得以实现，使大型、综合的虚拟实训资源或模拟真实实验教学中成本高、资源（包括能源和试验原材料）消耗大、污染严重的实验教学资源得以提供，达到预期的计算、分析、结果分析、目标管理等教学目的[24]。

实验教学软件的不断丰富，一方面为实验教师的教学提供了更多先进优质的教学手段和工具，越来越多的教师将相关软件的学习、使用纳入到其教学内容中，转化为实验教学内容和实验项目，并推动了围绕某一软件，形成灵活的跨学科的虚拟实验教学团队，促进了实验教学范式、实验教学手段和实验方法的不断改革，提升了整体的实验课程建设水平。另一方面也吸引学生参与实验软件学习，依托软件开展学科竞赛，成立了多个以实验软件为特点的校内学生自主学习和竞赛社团，如围绕企业经营竞争模拟、企业营运模拟、管理决策模拟软件等软件成立的 ERP 俱乐部，围绕创业之星、创新思维能力训练系统、大学生创业实战模拟平台（创业之旅）等竞赛类教学软件成立的大学生创新创业联盟，围绕物流系统虚拟仿真软件、博星电子商务软件等成立的物流与电商俱乐部等，不仅为更多的实验软件竞赛提供了软件工具基础，而且还为创新教、赛、学一体化实验教学新模式奠定了良好的基础和平台，教学改革效果良好，深受师生好评。

4. 科研成果转化与自建的数据库与案例库

把实验数据库和案例库建设作为实验资源建设的重要内容。依托教师承担的科研课题转化或自建专业数据库，以及通过购买专业权威数据库并进行二次开发的案例库和数据库，极大地丰富了实验所需的经济运行数据信息和案例资源，为实验项目的设计和教学的开展提供了丰富的素材，促进了实验项目的开发，也保证和提升了整体实验项目的质量水平。通过自建、采购、二次开发等方式，虚拟仿真实验教学中心的实验数据库和案例库不断丰富和完善。

5. 自主研发的实验教材及教参资源

虚拟仿真实验中心特别注重作为实验教学内容的主要载体和实验教学成果应用的重要

---

[24] 虚拟仿真资源[EB/OL]. http://eol.ctbu.edu.cn/infoSingleArticle.do?articleId=999 &columnId=977, 2016-02-12.

体现的实验教材和实验指导书的建设。多次与多家出版社合作，争取专项经费资助出版相应专业教材和自编实验指导书建设，并对采用先进实验软件、先进实验方法和手段，基于虚拟仿真类型的实验教材和实验指导书，给予优先支持，学校还对正式出版的教材给予奖励。部分系列实训教材通过当当网、京东网、卓越网、零售书店以及馆配书店销售，成为众多高校馆配图书，部分教材甚至荣获地方高校出版社图书奖教材奖项。

综上所述，虚拟仿真教学资源建设主要包括虚拟仿真实验课程、实验项目、实验教学数据库、案例库和软件资源、实验教材、教参等资源。未来教学资源的发展趋势将是基于生产过程一体化的，以虚拟仿真为技术，以微课为形式，多方协同商业化开发的知识体系一体化。

8.2.3 应用如何

目前虚拟仿真资源的主要来源有市场购买、自行开发、校企合作开发以及共享其他高校或社会资源，其中以共享其他高校或社会资源为主要来源的高校所占比重较低，大部分高校现有虚拟仿真资源的开放共享不够，虚拟仿真资源的质量有待提高[25]。

1. 校内共享

虚拟仿真教学资源可通过校园网对全校学生开放共享，学生可在课内、课外进行实践学习，强化基本能力训练，满足专业的、实践教学需求，提高综合运用专业知识解决问题的能力，培养学生的科技创新能力。教师可利用实验教学中心资源进行项目试验和科学研究，部分成果可转化为产品或实验项目，进一步丰富实验教学中心资源库。对于软件共享类型的虚拟实验资源，可通过构建开放式虚拟仿真实验教学管理平台，加强资源的有序整合和有效对接，实现资源的交叉访问、检索、在线学习、在线操作、在线测试、自主创新、组合创新等，实现资源最大化的利用与辐射[26]。目前，已建的虚拟仿真资源校内共享效果较好。

2. 校外共享

对于仪器共享类型的虚拟仿真实验教学资源，可以参考开放性实验室或大型仪器资源的校际开放共享，通过虚拟仿真实验教学管理平台公布资源的适用范围、使用说明、技术参数、开放时段、收费标准等信息，并提供在线预约、审批和统计功能。目前，已建的部分虚拟仿真资源面向兄弟院校开放，可承担其实验和实训任务；校外学生通过校园网预约注册登录后，可远程共享部分实验教学资源。如西南石油大学的天然气净化虚拟仿真系统、

---

[25] 胡今鸿，李鸿飞，黄涛. 高校虚拟仿真实验教学资源开放共享机制探究[J]. 实验室研究与探索，2015，34（2）：140-144.

[26] 文福安. 虚拟实验教学系统的研究与应用[J]. 中国教育信息化，2008（21）：37-39.

油气集输虚实结合以及控制仿真系统、原油常减压蒸馏虚实结合仿真系统等，实验教学资源已在重庆科技学院等兄弟院校的油气化工相关专业的本科理论教学和实验教学中应用[27]。

3. 企业共享

自国家虚拟仿真实验中心建设以来，本着"产、学、研"合作办学理念，各相关单位相继与企业建立了合作关系，并开展相应的项目合作和产品研发，为企业的职工技能训练和应急演练等提供了培训服务，同时也和多家软件技术公司协作，开发实训软件系统。如江苏师范大学的轨道交通信息与控制虚拟仿真实验资源建设与多家企业积极合作，主要包括上海铁路局、天津市维科车辆技术有限公司、北京湖南高铁时代数字化科技有限公司、北京腾实信科技股份有限公司、中云智盟系统集成江苏有限公司等，为上海铁路局徐州电务段、供电段、徐州高铁客运站提供高铁列车模拟驾驶、综合调度系统、列车检修、牵引供电系统等虚拟仿真职工培训，为企业的产品研发等提供全方位、多功能的服务平台，为周边地区轨道交通的发展发挥积极作用。

总体而言，已建的虚拟仿真资源较好地在教育教学中发挥了效益。如远程控制类型的虚拟仿真实验教学资源，可通过网络使用专用客户端软件远程控制大型精密仪器设备，进行数据运算、分析测试等实验活动，达到与直接现场操作大型精密仪器设备同样的效果[28]。目前广州大学的电子电工虚拟仿真教学资源[29]，威海职业学院的汽车专业虚拟仿真资源运用[30]、东南大学的土木工程虚拟仿真实验教学资源等[31]，都较好地化解了危险操作，解决了无法看到操作过程、实训室建设用地紧张、教师缺少现场经验与标准操作示范、学生缺少个性化导训、优质资源共享难等等问题。

8.2.4 有何问题

目前虚拟仿真资源在建设、应用中存在着不合理的"三多三少"现象，其中三多，即信息孤岛多，重复建设严重，购置费用偏高；三少，即高质量资源少，资源使用学校少，资源利用程度低。此外，还存在着资源建设重比赛轻应用；对资源核心地位认识不足，重

---

[27] 西南石油大学[EB/OL]. http://vslab.swpu.edu.cn/resource/show.php?lang=cn&id=80，2016-02-12.
[28] 陈萍，周会超，周虚. 构建虚拟仿真实验平台 探索创新人才培养模式[J]. 实验技术与管理，2011（11）：277-280.
[29] 陈新兵，龙晓莉，谢陈跃，等. 电子电工虚拟仿真教学资源建设探析[J]. 中国教育信息化，2014（11）：45-47.
[30] 孙杰，孙爱娟. 虚拟仿真资源在汽车专业教学中的运用[J]. 中国教育信息化，2014（11）：39-40.
[31] 徐明，刘艳，陆金钰，等. 土木工程虚拟仿真实验教学资源的建设[J]. 实验技术与管理，2015（12）：116-119.

硬件轻软件、重管理轻应用；对资源建设规划不足，重复建设盲目引进，重采购轻应用；对资源优劣分辨不清等。总的来说，主要是以下两方面问题。

1. 开发问题

1）资源开发商

虚拟仿真教学资源开发涉及的技术较复杂，涉及的教学设计等环节较专业，其产品研发需要在规模、技术、组织等都较专业的 IT 公司。然而目前国内具备上述条件的公司不多，多数 IT 公司规模小，缺乏较强的与教学相关的项目研发组织能力，所制作的虚拟仿真软件多处于动画演示、简单教学游戏的水平，与提升职业技能所需相去甚远；同时企业开发的虚拟仿真软件，价格高且实际应用效果不理想。目前缺乏统一透明的评审依据和定价标准，资源建设存在重复开发现象，如汽车类仿真软件有多家 IT 公司在开发。

2）学校

虚拟仿真教学产品价格较高，部分软件资源在教学设计职业性、交互性、情境性等方面不完善，产品经常无法适应教学。对教师而言，教师参与设计、开发项目，需要花费更多的时间和精力，且不能保证开发出在教学设计、软件设计以及与真实岗位技术技能一致的产品；同时应用虚拟仿真资源需要大量的时间和专业知识，教师的主动意愿不强，致使高质量的资源较少[3]。对学生而言，如果软件设计有缺陷，则不能持续吸引学生，进而影响教学成效。

2. 共享问题

目前许多高校已充分认识到资源的开放共享对加强虚拟仿真实验教学中心建设、深化实验教学改革、提高人才培养质量的重要意义，部分高校也在资源自主研发及宣传推广、管理信息系统建设、开放共享机制创新等方面做出了一些有益探索，但虚拟仿真教学资源的充分开放共享与有效利用仍存在许多问题[32]。

1）资源的规模和覆盖面有待提高

开放共享的前提是建设虚拟仿真资源覆盖学科门类齐全、形成高质量的资源库，但目前多数虚拟仿真资源主要在工科和经管类学科，其他学科类别的虚拟仿真资源略显缺乏。

2）资源的自主研究与创新尚显不足

目前各高校自行研发，具有自主知识产权的虚拟仿真资源相对较少，大量资源属于市场购置的商业软件，且其中多数都有使用授权数量的限制。

---

[32] 王卫国. 虚拟仿真实验教学中心建设思考与建议[J]. 实验室研究与探索，2013，32（12）：5-8.

3）缺乏协调与协作

资源重复建设、质量不高、缺乏资源评价体系和协作机制。部分高校为满足自身实验教学的需求，申报虚拟仿真实验教学中心，并力求虚拟仿真实验教学体系的完整，导致了部分资源的重复建设，应用低效。

4）缺乏统一的技术标准和规范要求

目前在虚拟仿真资源和管理平台建设上，各高校各自为战，没有统一的技术标准和规范，资源的兼容性弱，二次开发难度大，管理平台的系统架构、数据库支持以及功能模块、运转流程之间相互对接存在障碍。

5）经费保障有待加强

对外开放共享需要在资源建设和管理平台搭建上投入更多的前期经费。目前虚拟仿真实验教学资源建设经费所占比例较低，多数高校都在30%以下[33]。

8.2.5 如何改进

上述问题的存在，会造成人力与资金的浪费与损失，延缓中国高校信息化的实现。建议有关部门牵头，共同编制中国高校虚拟仿真资源发展规划，凝聚全国各方力量，在数字校园的框架下，开展高校虚拟仿真实训资源建设与普及应用工作。

1. 理性设计

1）选准有价值的项目

选择虚拟仿真资源，要定位于传统教学效益太低或者无法完成的领域；要做好前期综合论证工作，以确保购买软件或拟开发软件的必要性和适宜性。专业教师要做前期的调研工作，从多家软件开发公司中选出拟用的软件或公司，然后组织集体论证。参加论证的人员包括专业教师、行业领域专家、软件开发者、学校领导等，他们将从不同的角度分析软件的教学需求性、与岗位技能培养的契合度、软件的优特点、资金的承受力等因素，最后做出决断。

2）制定标准规范

建议有关方面牵头，会同行业骨干企业，共同编制职业教育虚拟仿真实训资源建设技术规范，打破技术堡垒，促进资源的共建共享。建议相关信指委与行指委联合，每年优选

---

[33] 胡今鸿，李鸿飞，黄涛. 高校虚拟仿真实验教学资源开放共享机制探究[J]. 实验室研究与探索，2015，34（2）：140-144.

10个重点专业编写虚拟仿真资源建设规范，并一直持续。在此基础上，开展校企合作、共建共享。此外，重视行业准入，有关方面应联合对仿真实训软件产品实施质量认证，制止粗制滥造与有错误的软件流入教育市场，误导学生。

3）营造激励教师建设与应用虚拟仿真资源的环境

首先，学校领导要有革新的意识和重视的态度，要舍得投资。若教师有研发需求，要给予与企业合作开发的支持，或给予学校内部的技术支持。其次，以建设"仿真实训示范基地"为抓手，全方位搭建建设和应用虚拟仿真资源的平台。在"仿真实训示范基地"的建设中，学校需重新优化实训基地的布局，形成虚实结合的现代化技能实训模式，着力改善"实训成本高、效率低、资源消耗大、污染环境"等弊端，提高专业教师的教学设计能力和企业现场实践能力，推进高技能人才培养手段的信息化、现代化，同时形成校企合作新模式。最后，对于在建设和应用虚拟仿真资源方面取得良好效果的教师，在绩效考核等方面要给予适当的加分，以提高教师持续教改的热情和动力[1]。

2. 高效开发

1）开辟立体建设渠道

从学校层面看，可以采用"外购、合作开发和自主开发"三结合的立体建设模式。外购的依据是，所需求的软件已经被同类院校的专业教师广泛认可和应用，效果良好，尤其是那些教学急需的高端产品，应该采取"花钱拿来主义"的模式；合作开发的依据是，所需求的软件没有成熟的产品，专业教师能够提出明确的需求，能够提供科学准确的教学设计，借助专业IT公司的技术力量和项目组织能力、开发出专业级的应用软件，将优秀企业力量引进来。自主开发的依据是，所需求软件的开发技术难度和复杂性相对较低，专业教师能提出明确需求，能够提供科学准确的教学设计，学校具有软件开发技术支持队伍。

2）组织高效的研发团队

虚拟仿真教学软件的研制应该是教学专家、行业专家和软件制作专家三方的合作。要以教学专家为主导，进行系统的教学设计，编写制作脚本，要有行业专家实施技术指导，还要有软件专家实施创新制作，才能研发出科学的、适宜的、理实结合的虚拟仿真教学软件。在软件开发过程的早期，行业领域专家为有关软件中适于设计什么内容的决策提供建议。在随后的开发过程中，教学设计人员将教学目标、媒体材料以及评估方法等提供给行业领域专家，由他们根据专业经验和实践经验提出反馈意见。

3）明确各方主责

形成"上级业务部门统一规划组织，专业公司精工制作、学校出资引进、教师教学应用、学生自主选学提高"的良性资源建设与应用的生态环境。由于虚拟仿真教学资源对技能教学的重要性以及研发的困难、花费巨额资金，可采用统编教材模式，由上级业务部门（如教育部、教育厅、教指委、专业教学协会等机构或组织）牵头，组织优秀的专业教学专家、行业领域专家、教育技术专家对虚拟仿真资源进行选题、教学设计和制作设计，然后通过招标等形式选择技术实力强的专业制造商，投入大量资金打造高质量的虚拟仿真教学软件，向学校推广。学校在选用资源时，由于有专业权威组织的推介加上性价比高，则可以放心引进这样资源供教师和学生使用。若能开发网络版的虚拟仿真教学系统，则可以通过互联网广泛地发布，降低使用成本。

3. 全面共享

1）建立科学的管理体系

在推进虚拟仿真实验教学资源开放共享上，国家、地方、高校、行业企业各自发挥其职能与力量，如何将之组合成为一个高效的系统以实现管理目标和任务，需要认真梳理现实需求与困难，通过多级平台的有机整合和相互支撑，发挥协同作用，建立起一套科学的资源组织架构和开放共享管理体系[34]。

2）顶层管理平台的引领

依托全国高校实验室工作研究会、实验教学指导委员会、实验室建设指导委员会，组织相关高校、科研院所、企业专家持续开展虚拟仿真实验教学资源建设和开放共享机制的研究，制定资源技术标准、管理信息系统对接方案以及开放共享管理规范。并通过国家级实验教学示范中心网站、中央电化教育馆资源平台进行信息发布和资源同步推送，消除资源孤岛，形成多层次的共享服务体系。

3）区域政策平台的保障

地方教育行政部门一方面加强本区域国家级和省级虚拟仿真实验教学中心的建设指导和经费支持，不断丰富虚拟仿真实验教学资源，另一方面逐步构建推进资源开放共享的长效机制和政策环境。实验教学示范中心学科组通过交流、研讨与协作，逐步完善适用于本学科的虚拟仿真实验教学资源建设标准和虚实结合的实验教学体系，进一步提升资源的标准性、兼容性与易用性，同时合作建立具有学科专业特色的虚拟仿真实验教学资源库，在开放共享过程中形成资源相互竞争、优胜劣汰的良性发展轨道。

4）基础应用平台的支撑

以虚拟仿真实验教学中心建设为抓手，优势学科和教学科研成果为依托，以高水平企业的开发实力和支持服务能力为支撑，系统制定并有效实施虚拟仿真实验教学教师的工作绩效考核、教学效果评价与反馈、经费使用管理、实验教学中心维护与可持续发展等政策措施，不断建设开发高质量虚拟仿真实验教学资源，建立有利于开放共享的校级虚拟仿真

---

[34] 王帆，刘雁红，原凤英. 关于构建高校实验室开放共享平台体系的研究[J]. 中国轻工教育，2010（3）：52-54.

实验教学资源管理平台[35]。

4. 机制先行

1）完善保障机制

要建设高质量的虚拟仿真实验教学资源，资金投入是物质基础，教师和开发人员是智力基础；同时还需要国家制定相应的政策，对具体工作指导思想、建设任务和内容进行详细说明，要建立虚拟仿真实验教学资源开放共享的制度保障体系，提升资源建设和使用效益。此外，还应净化市场环境、加强知识产权保护，加大盗版打击力度，即在资源开放共享工作中，应切实保护资源开发者的合法权益，明确资源开发者、资源提供者、资源使用者的权责划分[36]；在技术层面可采用数字版权管理，通过数字水印、数据加密、内容封装、移动代理、权限描述、数字签名等技术手段，对虚拟仿真实验教学资源数字版权的描述、认证、交易、保护、监控、跟踪以及版权持有者相互关系进行全方位管理[37]。

2）构建评价机制

建立资源准入机制，建立资源评审标准和专家委员会，明确资源的质量要求和遴选流程，提高资源整体水平；建立国家层面的虚拟仿真实验教学资源及管理信息系统建设标准，引导高校在资源和平台建设上的规范性、兼容性、可扩展性和开放性，在虚拟实验教学过程中遵循统一规范，为教学评价、资源对比和学分互认等工作奠定基础[38]。建立用户评价机制，建立虚拟仿真实验教学资源使用定期统计和发布制度。对于开放共享资源的使用率和好评率定期进行统计，对使用率和好评度高的资源给予奖励。

3）建立激励机制

可以采用用户贡献模式（免费资源）、利益分配模式（收费资源）、利益补偿机制、奖惩机制措施，提高虚拟仿真教学资源的开放共享。其中免费的虚拟仿真实验教学资源，能够鼓励高校乐于开放共享免费资源，并有效保证共享资源的质量；应当建立对资源投入的实物资本、资金资本、知识资本等评价与利益分享机制，实施部分资源的付费，确保资源持续更新与不断丰富；建立有效的利益补偿机制，提高参与虚拟仿真实验教学与管理的积极性，对开放效果差的中心，提出整改要求[39]。

---

[35] 刘怡晨. 虚拟实验平台运营模式的设计与实现[D]. 武汉：华中科技大学，2012.
[36] 饶爱民. 论知识产权保护与信息资源共享[J]. 现代情报，2006（11）：222-223.
[37] 范科峰. 数字版权管理技术及应用研究进展[J]. 电子学报，2007，35（6）：1039-1147.
[38] 张耀程. 仿真资源管理、层次化与共享机制研究[D]. 长沙：国防科学技术大学，2002.
[39] 杨树国，武晓峰，闻星火. 多赢的高校设备资源开放共享体系构建[J]. 实验技术与管理，2011（11）：209-212，220.

4）建设交流协作机制

发挥高校、科研院所的学术优势和企业的资金与技术优势，根据资源和信息管理系统建设标准，共同开发资源，不断提升虚拟仿真实验教学资源的数量与质量；探索生产与运营相对独立的运行机制，各方各司其职，高校、科研院所负责内容生产，提供智力支持，企业以市场化方式负责课程资源的管理、运营与服务；开展虚拟仿真实验室建设、资源开发、实验教学和管理相关培训。此外，以实验教学示范中心学科组或高校联盟为试点，推进优质虚拟仿真实验教学资源的学分互认，规范学分互认机制，实现资源优势互补；同时校企共建共享可以鼓励社会资金投入，促进资源开发进度与质量。

03 虚拟仿真资源的设计

8.3.1 虚拟仿真资源的类型和特征

虚拟仿真资源的分类一般有两种。第一种方法可分为四类：一是教材知识类，依据教材及教学大纲，系统化构建仿真资源，将抽象的知识形象化、立体化；二是现有实验类，将现有实验虚拟仿真，以拓展真实实验，可以随时随地学习；三是企业一线类，将企业一线的生产环节、制作过程虚拟仿真，方便学生在校内体验学习；四是设想类，属于设想或规划，没有实物参考，可依靠老师的讲解、网络收集图片、参考书籍资料，进行仿真教学资源开发，方便学习交流。第二种方法是按照不同的应用技术、依托平台、使用方式及学科属性进行划分[40]。其中，按应用技术可分为基于多媒体计算机的虚拟实验、基于网络的分布式协同实验、基于虚拟现实技术的沉浸式实验、基于教育游戏软件的个性化自主实验、基于遥控技术的远程交互实验等；按平台特征可分为移动实验室、网络实验室、虚拟仿真实验室、虚拟仿真实验环境等；按使用方式可分为基于软件共享的虚拟仿真资源、基于仪器共享的虚拟仿真资源和基于远程控制的虚拟仿真资源。一般来说，虚拟仿真资源具有以下特征。

1. 沉浸性

沉浸性是指用户沉浸到计算机系统所创建的环境中，由观察者变为参与者，成为虚拟现实系统的一部分。沉浸性要求虚拟现实系统能使用户真切的感受到虚拟环境的存在，真正实现人与虚拟环境的"融合"，感受到自身在虚拟世界中的主动性，参与虚拟世界的各种活动。虚拟现实的沉浸性取决于用户的感知系统，当虚拟世界给予用户多方位的感知刺激时，包括力觉、触觉、味觉、嗅觉甚至运动感知和身体感知等，便会引起用户的思维共鸣，

---

[40] 沈显庆. 培养"双师型"人才实践教学体系的构建[J]. 实验室研究与探索，2009，28（7）：122-124+127.

造成心理沉浸，从而如同进入一个真实存在的世界[41]。以电力安全培训为例，在虚拟操作过程中，将安全事故的沉浸式体验进行突出强化，让使用人深刻感受到事故的可怕后果；在对大量安全事故案例分析后，可以总结出电力事故的成因多种多样，同时给生产人员带来视觉、听觉、触觉、嗅觉上的感观刺激[42]。

2. 交互性

交互性是指虚拟现实系统能够提供方便的、丰富的、自然的人机交互手段，使用户能对虚拟场景中的对象进行自然和谐的交互操作，并能从虚拟环境中得到反馈的信息，它是人机和谐的关键因素。人和计算机之间输入和输出的形式是多种多样的，因此交互的形式也是多样化的[43]。如用户可以用手直接抓取模拟环境中虚拟的物体，这时手有握东西的感觉，并可以感觉物体重量，视野中被抓的物体也能立刻随着手的移动而移动[44]。如 Kinect 体感游戏，Kinect 是一种 3D 体感摄影机，以不需要使用控制器的崭新方式让游戏娱乐更有趣，只要手势或声音就能进行游戏操作；Kinect 彻底颠覆了游戏的单一操作，使人机互动的理念更彻底[45]（见图 8-8）。

图 8-8　Kincet 体感游戏

---

[41] 安俊伟, 亓冬, 刘帅. 浅析虚拟现实技术的沉浸性——网络教学中情感缺失问题的"良方"[J]. 教育教学论坛, 2012（32）: 257-258.
[42] 仲崇军. 基于沉浸式虚拟现实的电力安全培训应用研究[D]. 北京: 北京工业大学, 2013.
[43] 交互性[EB/OL].http://baike.haosou.com/doc/6879696-7097149.html，2016-02-12.
[44] 虚拟现实技术有哪些重要的特征[EB/OL].http://wenda.haosou.com/q/1364923621062175，2016-02-12.
[45] 游戏体感新世代!全方位让你了解什么事 KINECT[EB/OL]. http://tv.duowan.com/1011/154029433655_2.html，2016-02-12.

3. 构想性

构想性是指针对某一特定的领域，不仅要解决用户应用的需要，而且需要有丰富的想象力，使人沉浸在虚拟环境中并且能获取新的知识，提高感性和理性的认识，从而达到深化概念、萌发新意的目的。构想性可拓宽人类的认知范围，再现真实存在的环境、随意构想客观不存在的，甚至是不可能发生的环境[46]。用户通过沉浸在"真实的"虚拟环境中，与虚拟环境进行交互，从定性和定量综合集成的环境中得到感性和理性的认识，进而深化概念、产生新意和构想，产生认识上的飞跃。

4. 多感知性

仿真资源应用在虚拟仿真教学中，主要是通过各种技术手段创设出虚拟的教学工具，利用仿真的教学手段来实现。多感知性是指除了一般计算机技术多具有的感知之外，还有听觉感知、力觉感知、触觉感知和运动感知，其至包括味觉感知、嗅觉感知等。

虚拟仿真资源兼容并包、灵活高效、因材施教，易于改进升级、容错功能强，能够节省教育成本，具有广泛的适应性。虚拟仿真资源来源于现实的、真实的实验，具有实践的本质特征，但其本身并非真实的实验操作训练，虚拟仿真实验只能对学生的实践操作进行"实质训练"，学生无法真正体会实际操作中微小失误可能出现的各种误差，及现实中会产生的严重后果。因此，为达到最佳实验训练效果，在建设及应用中，要注重传统实验与虚拟资源的共同建设，注重传统实验与虚拟实验的无缝对接。此外，要注重资源建设的"基础性、应用性、开放性、创新性"，处理好"虚与实"的关系。

8.3.2 虚拟仿真资源设计的指导理论

1. 情境认知理论

情境观认为，实践不是独立学习的，意义也不是与实践和情境脉络相分离的，意义是在实践和情境脉络中加以协商的。知识不是一件事情或一组表征，也不是事实和规则的集合，知识是一种动态的建构与组织，是个体与环境交互作用过程中建构的一种交互状态，是一种人类协调系列行为，去适应动态变化发展环境的能力。情境认知是学习者在逼真的任务情境中，由实践共同体的边缘者逐渐到积极主动接触实践共同体文化的核心，扮演专家或熟手的角色，并在实践共同体协助下完成知识的意义组建。实践共同体是情景学习理论的重要概念。情境认知理论认为，知与行是交互的，即知识是情境化的，通过活动不断

---

[46] 谢绍锋，肖化顺，郭丽. 森林资源信息三维虚拟仿真系统研究[J]. 福建林业科技，2009，36（1）：146-150.

向前发展，参与实践促进学习和理解。情境认知理论强调，学习的设计要以学习者为主体，内容与活动的安排要与人类社会的具体实践相连通，最好在真实的情景中，通过类似人类真实实践的方式来组织教学，同时把知识和获得与学习者的发展、身份建构等统合在一起[47]。

总之，情境认知理论的观点影响着教学系统设计与学习环境开发，为信息技术与课程整合、计算机支持协作学习和虚拟学习共同体的建设等领域提供了理论依据。运用虚拟现实技术构建虚拟教学情境，应从学习者的认知心理出发，掌握学习者已具备的知识和对情境的理解，使得学习者的新旧知识顺利衔接，形成自己的认知结构，提高认知能力；同时将学习资源通过超级链接的形式加入到场景中，充分发挥学习者自学的本领[48]。

2. 建构主义理论

建构主义认为，知识不是通过教师传授得到，而是学习者在一定的情境即社会文化背景下，借助他人（包括教师和学习伙伴）的帮助，即通过人际间的协作活动而实现的意义建构过程，利用必要的学习资料，通过意义建构方式而获得。因此，理想的学习环境应当包括情境、协作、交流和意义建构四个部分。其中，学习环境中的情境必须有利于学习者对所学内容的意义建构。在教学设计中，创设有利于学习者建构意义的情境是最重要的环节或方面[49]。

虚拟现实技术的沉浸性、交互性和构想性，使学习者能沉浸其中，形成具有交互效能多维化的信息环境，这尤其有利于学习环境中四大要素：情境、协作、会话和意义建构来实现建构主义学习情境，把新旧知识联系起来，达到知识建构的目的。虚拟现实技术构建逼真的虚拟环境，能够解决学习中的情景化及交互性的问题，激发学生的求知欲，加深对知识的理解，因此情境的创设在虚拟仿真资源建设中显得尤其重要。情境的创设方式是多式多样的，可以借助语言描述情境、利用图画展示情境、运用视频、多媒体设备创设情境等。如在物理、化学、生物实验中，使用虚拟现实技术为学生提供一种亲身做实验的环境；在历史、地理、自然等学科教学中使用虚拟现实技术来模拟历史人物及自然现象（见图 8-9）；美国密歇根大学采用 VRML 开发了"艺术博物馆"，学习者可以遨游其中。

---

[47] 情境认知理论[EB/OL]. http://baike.baidu.com/link?url=WHoe5gE77caS4khuaPGigt6jk0CLMt0qR_XvNu3TrZnDik-gErvV7bSbrmUzcPWSehChW3pvCtgCvYfKxIqa6q，2016-02-12.

[48] 赵玉英. 基于虚拟情境的教学资源的开发与实践[D]. 石家庄：河北师范大学，2011.

[49] 建构主义[EB/OL]. http://baike.baidu.com/view/2087843.htm，2016-02-13.

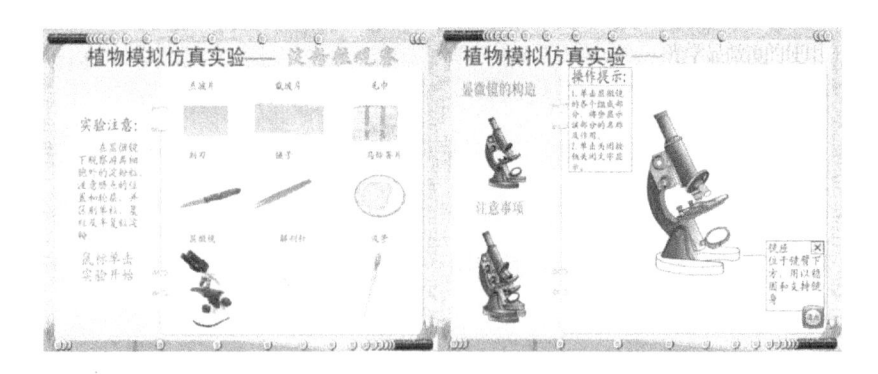

图 8-9　情境化设计下的虚拟仿真资源

8.3.3　虚拟仿真资源的设计思路

1．牵手行业顶尖公司，共研虚拟仿真资源

虚拟仿真资源在建设过程中，应坚持开放共享，突出实验资源的"高精尖""现代化"和"职业化"，与国内顶尖公司共同研发虚拟影像制作仿真实验软件，结合实体实验教学资源，与国内外多家大型文化产业基地合作，形成"一体两翼多平台"的实验教学体系，借助虚拟场景制作仿真实训软件、借助软件模拟湿疹制作过程，达到掌握时机操作技术的目的。

2．虚拟资源远程控制，虚实结合开放融合

虚拟仿真资源可以把实验成本高、大型综合训练，以及环境、硬件、安全无法保障的实验项目，一律通过虚拟仿真实验教学来完成；大型昂贵的实体实验一般在共建的文化产业实践基地完成；基础性的实验、一般性技能训练，则通过中心的实体实验进行实训。部分虚拟仿真实验资源，可以通过相应网站的开放共享实验课程窗口实施远程操作，达到与实验室上级操作同样的实训效果。同样，学生可以借助于课程资源共享平台或手机微信公共号与实践指导老师进行交流，实时地得到指导。

3．重视实验教学，拓展资源共享

虚拟仿真实验资源的建设以单元集成、自主研究和开发、校企合作开发、虚拟仿真技术研究成果转化、典型工程项目转化为主；强调实践教学的重要作用，结合实验教学实际，关注虚拟视频模拟的仿真再现工作，并将其设计为虚拟实验资源。通过校企合作共同开发实验软件用于虚拟实验，形成了"产学研"一体化的实践教学体系；采用科研成果和校企合作开发，可使资源具备良好的科学性、前沿性、实用性，保证资源建设的先进性、创新性。

总之，虚拟仿真资源的建设主要体现在三个"1+1"模式和特色上，即"课程+项目、创作+竞赛、虚实+基地"。其中"课程+项目"是精心设计实验课程，结合横向课题和教师、学生的实践创新立项进行实践教学，全面提高实验的针对性和技能掌握的实用性。"创作+竞赛"是实验课程在技能实训的同时，强调资源的整体创作训练，鼓励学生利用各类专业竞赛带动科研创作与实践技能的提升。"虚实+基地"是实验实训资源建设强调理论与实践融合，校内与校外兼容、校企兼容、专业互补等，同时通过校外创新实践基地进行全方位的实体体验，达到"虚实相应、协调互补、全面提高"的实训效果。

8.3.4 虚拟仿真资源的设计框架和内容

虚拟仿真资源建设将仿真平台和各种教学资源融为一体，实现教学内容立体化，教学过程和管理现代化，教师可以通过该平台实现在线教学管理、学习指导、成绩考核等。如数字电路虚拟实验室教学资源建设以 Multisim10 仿真软件为核心，将教学资源的建设框架分为课前学习资源、实验课教学资源和课后学习资源三部分，包含了课程信息、实验项目、仿真平台、学习资源、师生交流等 6 个模块，各资源模块相互联系，构成了一个完整的教学资源体系[50]。虚拟仿真资源应充分考虑信息特点，采用面向对象设计方法，开发过程遵循模块化设计理念，各资源模块划分清晰、相互独立；各模块具备高内聚、低耦合特点，模块间接口采用组件技术。目前模块化设计思想在软件编程、产品设计等方面得到了广泛应用。为此，研究基于模块化设计思想，构建了虚拟仿真资源设计的框架模型（见图 8-10）。

目前，虚拟仿真资源设计在建构主义和情境认知理论指导下，由实现虚拟仿真教学训练系统所需的各类资源组成，包括模型信息、故障信息、仿真包资源信息、训练科目及成绩，其内容结构主要是包括教学素材资源和相应的网络平台。其中，教学素材资源是资源库建设的核心任务，网络平台是资源库运行的关键要素。教学素材资源主要建设虚拟实验素材、课件素材、图片素材、视频素材和动画素材等内容，为学生提供设备参考、操作练习及实验案例等资源，如虚拟实验开发、教学课件、教学动画及教学录像等。此外，还需要设计满足实验教学、互联网教学、课堂教学的仿真软件和产品，并开发出不同形态的资源；同时加强虚拟仿真资源的管理，如 O2O 操作、仿真创新活动等。

---

[50] 郑鑫，张晓洁. 虚拟实验室立体化教学资源平台建设[J]. 实验室研究与探索，2014（8）：109-111.

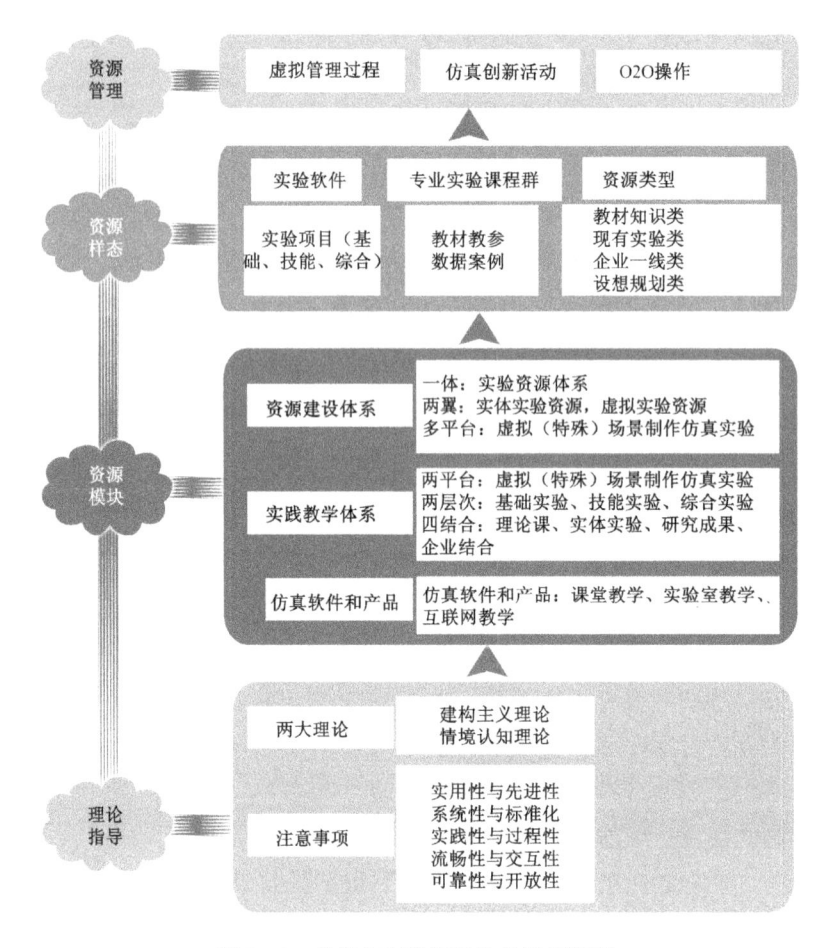

图 8-10　虚拟仿真资源设计的通用框架

1. "一体两翼多平台"的资源建设体系

虚拟仿真资源应以"虚拟结合、资源共享、开放融合"的理念构建一体两翼多平台的资源建设体系。"一体"指实验资源体系，"两翼"指实体实验资源和虚拟实验资源（见图 8-11）。其中，实体实验资源即传统的实验平台，虚拟实验资源包括"虚拟场景制作仿真实验""特殊虚拟仿真实验"等平台。实体实验资源和虚拟实验资源的关系可以概括为：实体实验为虚拟实验提供内容资源和实训目标，虚拟实验是高效、便捷、低成本达到实体实验目的所采用的科学方法和重要支撑。

2. "多维度"的虚拟仿真实践教学体系

虚拟仿真资源建设着眼于社会需求和未来发展，紧密联系实体实验和理论教学，构成虚拟、实体、理论三位一体的课程，将虚拟实验课程分为基础实验、技能训练、综合实验三个层面，强调与理论、项目、企业、实体实验的融合，打造"产学研"一体化的人才培养模式（见图 8-12），如常规实验、实验教学仿真、实践培训仿真、科研服务实验项目介绍，部分虚拟仿真实验项目的演示视频，课程和实验项目的多媒体课件。通过观看实验视频或课件，可以了解实验过程，完成部分虚拟实验的操作，提高学习的主动性，从而获得更好的实验效果。

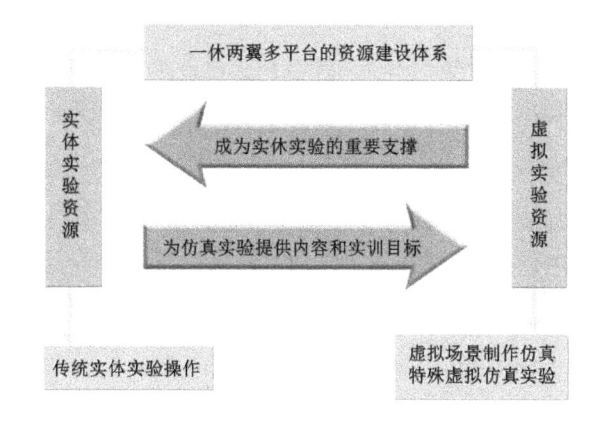

图 8-11 "一体两翼多平台"的虚拟仿真资源建设体系

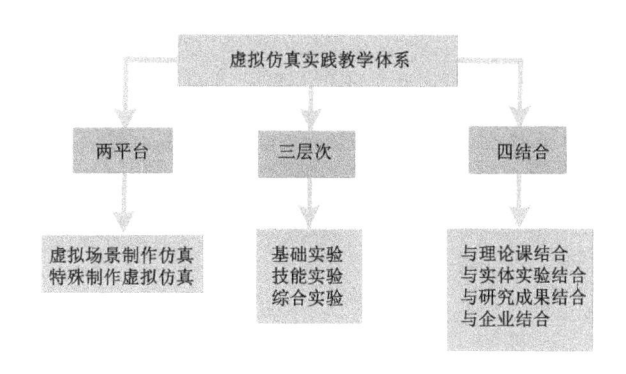

图 8-12 多维度的虚拟仿真实践教学体系

3. "多向度"的虚拟仿真软件和产品

目前虚拟仿真资源在教育教学中的应用主要体现为：课堂教学（多媒体教室+互联网）、实验室教学（局域网络版）和互联网教学（在线教学平台，如笔记本、平板电脑、手机等）。虚拟仿真资源建设需要遵循"虚实结合、相互补充、能实不虚"的原则，需要开发面对不同学习者的虚拟仿真软件，需要和企业合作开发虚拟仿真产品，以弥补传统实验室实验的局限性，解决一些在传统实验中无法解决的问题、提高实验教学工作的效率和规范，为开放共享虚拟仿真实验资源奠定良好基础。目前比较有代表性的仿真教学软件有 NOBOOK 虚拟实验室系列仿真软件、Vcm 仿真实验、仿真软件 Multisim 等。

8.3.5 虚拟仿真资源设计的流程

1. 通用设计流程

虚拟仿真资源是根据用户的业务需求开发的仿真资源，包括系统和设备的三维模型、相关视频和动画、操作流程、典型案例等。其一般设计流程为以下4方面内容。

1）确定资源类型

首先要明确建设何种类型的虚拟仿真资源，确定项目并提供指导书、设备图片或示意图或录像（展现或说明设备的结构、原理、使用过程）等任何必要的说明材料。

2）细化设计脚本

脚本应包括虚拟仿真资源涉及的实验项目、实验软件、仿真环节等设计、展示形式及实验的方法和步骤、实验数据分析方法及评分标准等。其中，"教"的环节，主要提供实验原理、实验目的、实验操作步骤、实验注意事项等方面的文字或视频或语音的介绍；"学"的环节需要展示相关内容，如观看实验步骤、了解实验仪器结构及操作方式等；"练"的环节主要是进行实验练习、模拟演示、实训操作等；"考"的环节主要描述实验数据的分析、处理方法，得出实验结果后的评分标准，对使用者的演示、操练过程进行评价等。

3）编写设计说明书

依据需求，编写虚拟仿真资源"设计说明书"，列出所需要的设备、仪器、仪表、工具等，制作软件、注意事项以及操作使用方法（如相应设备、仪器、仪表、工具等图片或录像等）。

4）实施设计与开发

虚拟仿真资源是各种教学资源的整合，需要构建出技术先进、功能多样、贴近实际的虚拟环境，为学习、创新创造有力条件；同时也要使学科、专业资源建设适应信息技术的运用，依靠信息技术支持促进教与学模式的变迁[51]。因此，在脚本设计的基础上，需要对拟建立的资源进行虚拟场景、三维模型的搭建、制作相关视频、动画、操作流程，演示操作等，具体设计流程（见图8-13）。

此外，虚拟仿真资源的设计，还要考虑三维模型、原理动画、拆卸动画、操作场景模型等。因此，应按照虚拟教学训练平台的接口要求，设计仿真资源包；视频和动画制作要依据相应制作脚本整理素材，如制作动画帧，绘制箭头标注等；然后通过视频、动画合成软件制作、预览和修改，直至符合制作脚本准确、生动的表达出装备的工作原理，输出相应资源。

---

[51] 高晓星. 浅析虚拟仿真教学资源建设与应用[J]. 信息系统工程，2015（12）：160，160.

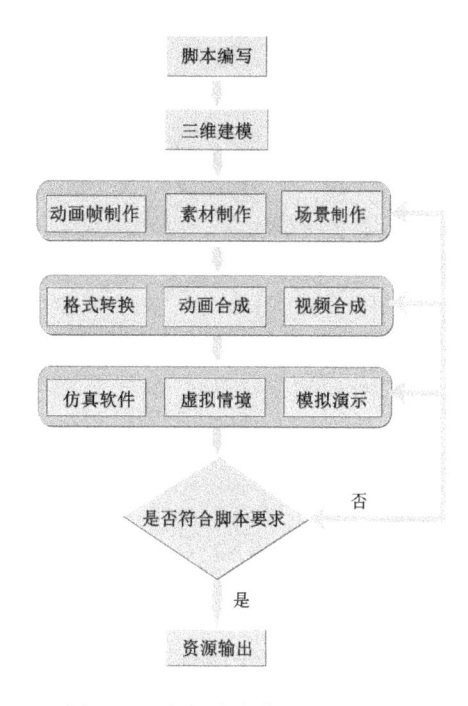

```
        脚本编写
           ↓
        三维建模
           ↓
  ┌─────────┬─────────┬─────────┐
  │ 动画帧制作 │ 素材制作 │ 场景制作 │
  └─────────┴─────────┴─────────┘
           ↓
  ┌─────────┬─────────┬─────────┐
  │ 格式转换 │ 动画合成 │ 视频合成 │
  └─────────┴─────────┴─────────┘
           ↓
  ┌─────────┬─────────┬─────────┐
  │ 仿真软件 │ 虚拟情境 │ 模拟演示 │
  └─────────┴─────────┴─────────┘
           ↓
      是否符合脚本要求 ──否──→
           ↓ 是
        资源输出
```

图 8-13　虚拟仿真资源设计流程

2. 主题设计流程

1）内容的设计

"互联网+"时代，为实现优质资源的充分共享，满足专业建设的需求和课程发展的需要，虚拟仿真资源平台应具有丰富的网络实验教学资源，包括基础实验、实践培训、科研服务实验项目介绍，部分虚拟仿真实验项目的演示视频、部分课程和实验项目的多媒体课件等。学生通过观看实验视频或课件了解实验课程，完成部分虚拟实验的操作，从而提高学习的主动性，获得更好的实验效果，平台可以随时更新和添加网络教学资源，方便用户使用，提高网络共享程度。

2）功能的设计

受诸多因素限制，传统的专业实验设备和技术条件有限，集成度低，完成的实验功能单一，不能满足教学需要。为此，虚拟仿真资源的设计，需要依托数字虚拟现实技术、计算机技术、360 度全景展示技术、网络通信技术和人机交互技术等现代教育信息化手段，以实现多种功能为主；同时通过情景再现、模拟驾驶、事故预警技术，为科学研究提供实验支撑和数据支持。如江苏师范大学的轨道交通信息与控制虚拟仿真实验建设，就从功能设计角度出发，有效解决了传统实验和实训质量考核难的问题。

3）过程的设计

一般而言，基于特殊主题的虚拟仿真资源主要包括，实验教学类、实践培训类和科研服务类等资源。这几类资源在设计上要遵守"能实不虚、虚实结合、相互补充"的原则，满足多学校、多企业、多地区的虚拟仿真实践教学的需求，实现校内外、本地区及更广范围内的资源共享，形成中心可持续发展模式。因此，资源设计应注重过程设计，重视资源呈现的样态（视频、动画还是虚拟场景呈现），对相关资料进行把关，利用制作软件预演，并不断反馈修正，从而制作出最佳的资源。如在虚拟飞机驾驶训练系统中，通过反复监控、修改实训过程，使学员可以不断操作控制设备，并最终达到熟练掌握驾驶技术的目的。

8.3.6 虚拟仿真资源设计注意事项

1．实用性与先进性

实用性包括可用性和真实性。可用性表现为能够满足设计的需要，真实性表现为模拟设计情况和设计结果要与实际相一致，这种一致主要取决于仿真模型的建立。先进性包括设计思想、应用技术和集成平台的先进性。其顶层设计可采取基于 HLA（High Level Aichitecture）体系结构的分布式交互仿真设计思想、一体化虚拟仿真平台的设计思想和面向对象的设计思想，并使用基于构架的软件组装生产模式，以提高软件重要性。

2．系统性与标准化

在系统开发过程中要充分体现系统性。系统性是要求在产品开发初期总体考虑产品全生命周期的属性表现，以及开发全过程各环节的功能活动，从全局优化的角度出发，对整个开发过程进行管理和控制。标准化为使系统研制更加合理、质量可控，使系统的设计更加规范，在系统设计和研制过程中，应严格按照国家通用标准的规定，贯彻全面质量管理措施和过程控制，确保系统的研制质量。

3．可靠性与开放性

可靠性指在规定运行条件下，在规定时间内不发生故障。采用先进合理的软件构架和科学的管理保证软件的可靠性，采用基于构架的设计思想进行设计和生产。设计的单个构件要尽量降低耦合度，提高内聚性，以方便代码重用、调试和发现错误，保证可靠性。开放性指为系统添加新的功能或修改现有功能的能力。基于构架的体系结构和基于外部脚本的组件调用模式，提供外挂组件的添加能力，保证系统良好的开放性。

4．流畅性与交互性

虚拟仿真资源的开发应以虚拟实验的易于开发、更新、维护及网络传输为原则，避免由于虚拟实验产品的运行超过软硬件负荷影响网络的正常传输，进而影响虚拟实验的教学效果。交互性是让受训者按照某种操作规范学习、掌握规定的操作技能。互动功能所包含的教学内容包括利用多媒体手段再现课堂教学内容；利用鼠标键盘或其他物理设备，对屏幕画面仿真实物实施理想的自主操作，实现实操实训前的计算机仿真导训教学，其教学内容与实操实训一致。如利用三相异步电动机仿真实训软件，可以通过鼠标拖动零件一步步地完成对三相异步电动机拆装的各项操作[52]。

5．实践性与过程性

遵循以能力为本位、以技能为核心的教育理念，严格按照开发顺序，将开发具体过程细化分解，以信息化教学资源的形式直观表述，引导并启发学生系统了解任务特点和整个过程，提高学生对所学知识的综合运用能力。同时将复杂的知识简单化、信息形象化，实现传统的单边教学向新型的多边互动教学模式的转变。

8.3.7　优秀虚拟仿真资源案例

案例一：在线教育云平台——"科明365"虚拟仿真教学资源

济南科明数码技术股份有限公司自 2012 年开始，主要业务逐渐向虚拟仿真教学资源开发建设方向转移，成功研发了一系列虚拟仿真教学资源，并与各高校携手建设虚拟仿真实验教学中心，于 2015 年 5 月开通了面向高校的虚拟仿真教学"在线教育"云平台"科明 365"[53]。"科明 365"虚拟仿真教学资源在线教育云平台属全国首创，主要面向高校理工科专业，教学需要推出具有高度仿真、交互操作的三维可视化教学资源，力图打造一个让学生不限时间、不限地点、自主学习的没有围墙的大学，满足现代大学生学习需求，借助互联网构建一个"人人皆学、处处可学、时时能学"的学习型社会。

"科明 365"虚拟仿真教学资源云平台采用虚拟仿真技术、Web3D 技术、动漫游戏技术、人体交互技术、网络通信技术、三维建模技术等前沿技术，以"互联网+"虚拟仿真教学的形式，构建基于互联网、手机平台等多种应用方式的数字化教学资源云平台。"科明 365"虚拟仿真教学资源云平台将先进的虚拟仿真技术运用到高校教育中，以资源为核心，实现了优质虚拟仿真技术与学术资源建设结合，促进了教学资源的有效整合与综合使用。中心以建筑工程、建筑装备、机械化施工、绿色建筑等相互支撑的四大平台为基础，建立了条块分明、点面结合的"四横—七级—20 个模块—若干个教学与实验项目"虚拟仿真

---

[52] 虚拟仿真资源开发与设计[EB/OL]. http://lcell.bnu.edu.cn/do/lcpage?action=view&koId=145493，2016-02-13.

[53] 没有围墙的大学—"科明 365"虚拟仿真教学资源云平台[EB/OL]. http://www.jnkm.com/news/231.html，2016-02-13.

教学资源体系，建成 16 套虚拟仿真教学系统[54]。

"科明 365"虚拟仿真教学资源在线教育云平台针对机械、土木、建筑、管理、交通、能源、信电等多个学科及专业的教育教学需要，在充分研究各专业教学大纲及特点的基础上，利用虚拟仿真、虚拟现实、动漫游戏等技术，有针对性、有选择地进行各学科和专业的虚拟仿真教学资源建设，提高了获取教学资源的便携度，便于对教学资源的科学管理，同时系统构建成本更低、维护更方便、运行更可靠。平台支持 PC 机、笔记本、移动设备等多终端，教学资源应用方式有单机版，局域网版，互联网版，iPad 版，可以实现随时随地在线资源访问与系统应用，并与出版社合作，出版基于虚拟仿真教学资源的 3D 版系列教材，借助手机识别教材插图、手机实时显示三维可视化教学资源，使学生和教育工作者用手机学习，将手机引入课堂教学、实验教学、预习等学习环节（见图 8-14）。

图 8-14 "科明 365"虚拟仿真教学资源在线教育云平台

案例二：过程演练类应用——深基坑安全事故应急演练系统

深基坑安全事故应急演练系统针对安全事故的基本特点，以虚拟现实（VR）技术和 3D 仿真技术为核心，综合三维动画技术，集语音、视频、文字为一体，实现对深基坑作业现场、深基坑坍塌事故发生以及相关人员处理过程的真实模拟。通过直观、虚拟的方式替代现场演习，包括完成现实演练无法进行的高难度、高风险的任务，实现了降低成本，消除演练风险，达到安全演练和业务训练的目的。根据系统的功能结构和系统架构，系统运行模式开发设计成三种：演习模式、学习模式和漫游模式，这些模式在运行中会出现相应的重点提示、评价和问答，实现应急演练学习和考核的双重效果[55]。

---

[54] 虚拟仿真教学实验中心[EB/OL]. http://www.jnkm.com/about_xuni/xnfzjxsyzxde5.html，2016-02-13.
[55] 徐健. 三维虚拟仿真关键技术和示范应用[D]. 南昌：江西师范大学，2013.

1. 演习模式

演习模式中系统将自动播放整个演练过程，用户可以通过选择播放和暂停按钮实现对演练过程的控制。当前演练角色信息在演习模式中显示为"演习人员"，即表示任何用户都可以通过演习模式了解整个演练过程中的具体情况，学习相关的演练内容和经验（见图 8-15）。

图 8-15　系统演习模式截图

在演习过程中，演练按照以下各个阶段的顺序进行：护坡渗水、渗水处置、塌方预警、护坡塌方、人员撤离、集合、关闭电闸、工程抢险、开始自救、请求专业救援、临时救护、运送伤员、开始专业救援、临时救护、运送伤员、解救完成。

2. 学习模式

学习模式中有五种人物角色可供用户选择：项目经理、施工人员、安全人员、现场班组长、工人。用户根据需要选择人物角色，进入对应的人物角色演练过程。在学习模式过程中，系统提供了 15 个深基坑安全施工方面的题目，作为每种角色的考核内容，当用户开始学习模式时，这些题目将根据演练的情节在适当时机显示出来，并按用户所选角色的实际情况自动设置每道题为必答题目或浏览题目，从而实现虚拟角色演练与现实参与演练的结合，达到角色训练和安全知识考核学习的效果（见图 8-16）。

图 8-16　系统学习模式角色选择与系统学习模式

不同角色完成演练内容后，会在系统日志中显示考核评价表，在列表中使用颜色来区分必答题目和浏览题目，用户还可以回顾题目内容和正确选项，以此加强对知识点的熟悉。

3. 漫游模式

在漫游模式中，系统显示深基坑施工现场的三维立体场景，用户可以通过鼠标和键盘的操作来实现漫游浏览，熟悉深基坑现场，了解现场的指挥部建筑、塔吊、车道和马道等各种设施的布置和相关信息。通过三维虚拟再现真实场景，结合文字的表达，施工人员可以直接深刻地进行学习，从而熟知作业中需要注意的安全事项（见图 8-17）。

图 8-17 系统深基坑施工现场漫游模式立体图

案例三：数字展馆类应用——洪州窑三维网络博物馆

网络虚拟博物馆是博物馆展现的一种新颖的形式，通过虚拟博物馆的建立，可以足不出户就体验到身临其境的感觉，能够 360 度多方位的欣赏文物，配以文字、图片、视频等解说，能更深刻的了解文物。洪州窑三维网络博物馆系统利用三维虚拟场景仿真集成技术、数据库技术和网络技术，以古迹复原的形式建立三维复原场景，集合洪州窑窑厂、窑道、码头、村镇街道等场景，展现出洪州窑鼎盛时期的原貌，同时将洪州窑博物馆馆藏的 400 件珍藏文物进行三维数字化，实现永久保存。

1. 数字博物馆的功能设计

（1）自动浏览。选择自动浏览时系统载入自动浏览数据，按照事先设计规定好的展示路线，像放电影一样进行不可逆观看的演播；对博物馆进行概观性和重点性介绍，也为进入自主漫游作铺垫。

（2）自主漫游。在进入自主漫游时，系统载入一级场景的自动浏览数据，观众就好像进入到一个真实的场景中，可进行"可逆观看"的流连忘返；当观众行进到某一看点物体（文物、模型）时，观众可点击该看点物体进行详细浏览。

（3）信息互动。观众点看点物体后，系统载入信息点数据（文本、图片、声音、全景图、视频、动画、360～720度旋转文物浏览动画等）载入，将该看点以多媒体的方式展现给观众；如果该看点信息量很大时，系统也可能载入二级场景的自动浏览数据，观众可以在这个二级场景中进行更加详尽的浏览与赏析。

2. 三维虚拟场景构建及建模

洪州窑古迹复原场景按结构可分为洪州窑窑厂和窑道场景，码头场景，村镇街道场景，其中村镇街道场景中包含庭院、客厅、书房和厨房的室内场景。主体场景建模主要采用3DSMax建模软件来建立三维模型。三维地形参照设计布局的轮廓利用细化的网格平面，通过多边形建模方法拉起山体、挤出河流、分割出道路，建立大致的地形场景轮廓。窑厂、窑道、房屋建筑等主要实体模型利用多边形建模方法建立模型，再结合纹理贴图进行模型的材质完善。文物模型建模因为小巧精细，且大部分洪州窑出土的青瓷文物都以壶、杯、碗、盘为主，所以对于这些圆形壶、杯、碗、盘模型，通过勾画文物器皿半截面轮廓使用3DSMax"车削"工具建立三维几何模型，其挂耳、把手、支脚等附带物件单独通过多边形建模再附加在一起；对于一些不规则的器皿文物，则需通过多边形建模方法建立模型（见图8-18和图8-19）。

环境小品模型如小桥、水车等模型通过多边形建模方法建立相应模型，再附上纹理贴图。模型建立时为保证模型的规范性和优化性，需要删除不可见的冗余的面和多余的顶点，并规范化材质的命名和选择，使用虚拟现实软件支持的材质类型。

图 8-18 初步建立的地形模型　　　　图 8-19 制作的文物模型

3. 虚拟场景仿真集成和驱动

系统采用VRP三维互动仿真平台作为驱动引擎，场景模型在3DSMax中通过VRP导出插件，将模型导出成VRP格式，再在VRP平台编辑器中进行导入、编辑和设置，如添加天空盒、添加窑厂窑火和烟的粒子效果、设置水面效果、设置碰撞和相机等，实现虚拟场景的仿真集成和驱动（见图8-20和图8-21）。

图 8-20　窑厂场景和码头场景

图 8-21　村镇场景和室内客厅场景

4. 系统功能实现

系统功能实现利用 VRP 三维互动仿真平台的界面设计模块、数据库模块和脚本交互模块进行系统功能开发，主要实现以下功能。

1）三维漫游

三维漫游使用户体验到身临其境之感，比起二维平面模式更具视觉冲击力，分自动浏览和自主漫游。

（1）自动浏览。在系统中导入设定的动画相机，从而按照参观路线和展示画面进行漫游，类似跟随导游漫游，用户可以从讲解员的解说词中进一步了解洪州窑青瓷从东汉到五代十国时期的发展始末情况及其历史作用。

（2）自由漫游。自主漫游时用户可以使用鼠标或键盘对洪州窑场景进行自主参观，实现自由的漫游浏览，用户同时可以利用鼠标点击导航图快速定位到关注的地点。

2）文物展示互动

用户在浏览场景的时候，不但能浏览场景和文物，欣赏到如效果图般的场景实时渲染画质，还能和文物产生互动效果。

（1）灯光效果互动。用户在靠近文物时，随着目标文物的距离拉近，目标文物的外观色彩会由暗变亮，即由正常亮度的 50% 逐渐过渡到 100%，实现文物赏心悦目的效果。

（2）文物鼠标触发提示信息点浏览。当用户在浏览场景靠近文物时，文物会出现不断闪烁的火焰效果或者钻石效果，或出现"详览"按钮，以及文本提示效果来提醒用户进行点击文物查看相关信息，系统将有关该文物或者图片的文本、图片、语音、视频、动画等多媒体集成数据以多媒体的方式展示出来，甚至提供重要文物的 720 度旋转观看效果，以便用户进一步的了解文物的历史文化知识，达到学习和查询的目的。

案例四：基础实验类应用——南京工业大学生物与制药工程

为全面推进实验教学体系改革，着力提高学生的创新和创业能力，依托生物化工国家重点学科和国家生化工程技术研究中心强大的科研实力，将先进科研成果转化为实验教学资源，将国家"973""863"课题内容融入教学活动，结合生物与制药工程实验教学的特点和现有的工作基础，南京工业大学生物与制药工程虚拟仿真实验教学中心，推出了一系列具有自主知识产权的虚拟仿真实验教学资源[56]。

1. 生物化学虚拟仿真实验

生物化学实验是学校生物工程类多个专业重要的基础实验课，为提高实验室和实验设备的利用效率，实验室的建设和运行遵循了集成化建设、集约化开放运行的理念，实验开设取得了各界的好评（见图 8-22）。但由于实验参与学生较多，课程所有实验项目同时开放，如何提升学生实验项目的预习效果和提高实验操作水平成为必须解决的问题。为此，实验中心教师采用先进的视频制作技术，完整拍摄生物化学实验所有实验项目的数字化教材，提供给学生进行实验的预习和实验的操作指导，确保了实验的高效开设，同时该数字化教材由华东理工出版社出版发行后，已经被国内多所高校选用。

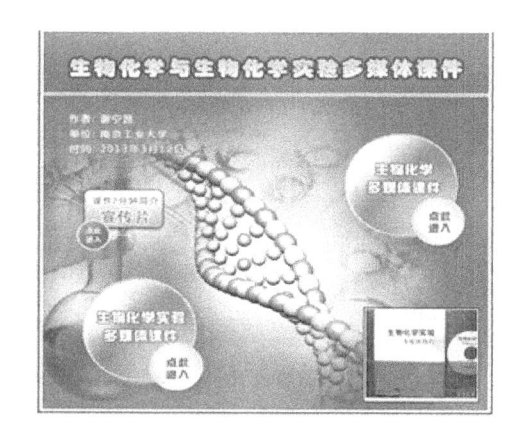

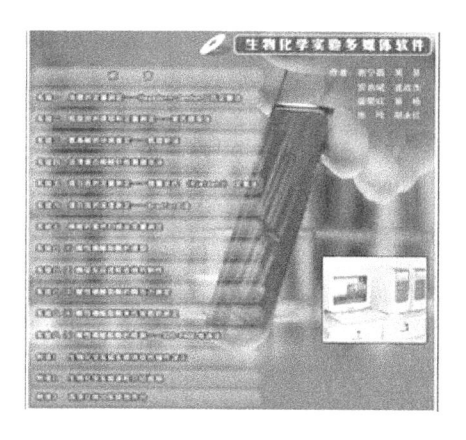

图 8-22　生物化学虚拟仿真实验

---

[56] 虚拟仿真实验教学资源[EB/OL]. http://bce.njtech.edu.cn/fangzhen/view.asp?id=925&class=18，2016-02-13.

2. 分子生物学虚拟仿真实验

分子生物学实验是现代生物技术的核心课程，已经成为生物工程类专业普遍开设的实验课程。但该实验存在两大问题，一是实验周期长，如基因的克隆、载体的构建、目的基因转化、目的基因检测与表达、功能蛋白检测等，整个实验过程需要 1~2 个月、甚至更长时间，这种实验在实体实验室难以大规模开设；二是实验的开设成本高，且经常使用一些毒性较大的实验试剂。如何让学生在分子生物学实验中，摆脱以往的抽象枯燥且具有一定危险性的实验环境，为此中心引进了基于计算机仿真技术的网络化虚拟实验教学系统，包括以计算机仿真技术为核心的生物仿真引擎、处理因素数据库、虚拟环境界面和网络化硬件平台等部分。在计算机系统中建立的虚拟实验环境，使实验者可以像在真实的环境中一样运用各种虚拟实验器械和设备，对"微生物个体"进行虚拟操作，完成预定实验。机能学虚拟实验从功能上包括仪器介绍、手术操作、仿真实验、模拟测试、未知药物确定和后台数据管理、用户管理等模块教学仿真虚拟实验室（见图 8-23）。

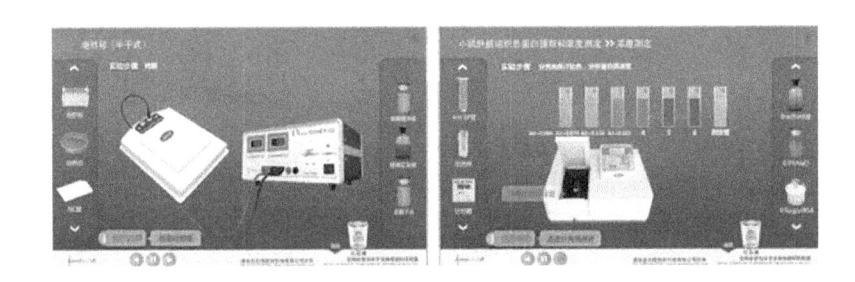

图 8-23 部分分子生物学虚拟仿真实验

3. 生物代谢仪器分析虚拟仿真实验

分析测试是当前生物与制药工程产品研发和生产过程质量控制的眼睛，而且目前的分析测试主要通过仪器分析实现，如液相色谱、气相色谱、原子吸收仪、红外光谱仪、气质联用仪等，故仪器分析实验是生物和制药工程类专业的重要基础实验课程。但以上仪器一般购买价格昂贵、配件消耗成本也高，而且操作要求比较精细，对于大规模的实验课程开设确实存在一定的限制。故中心针对生物催化转化过程体系引进了分析仪器仿真实验软件，利用该仿真软件教师可以将本课件用于课堂上的仪器介绍与实验演示，使理论与实践密切结合，实现"实验室"走进课堂，"仪器"搬上讲台，现场解剖仪器，动态显示微观原理，变"快"为"慢"；变"慢"为"快"；变"静"为"动"。既活跃了课堂气氛，强化了教学效果，又可使每个学生在课后立刻进入"虚拟实验室"，了解、熟悉仪器和操作，加深对讲课内容的理解，大大激发学生对课程学习的兴趣和热情。

总之，随着计算机技术和网络技术的发展，利用信息技术和虚拟仿真实验开发软件，不断建设和整合信息化实验教学资源，构建开放式、互动式和智能式的虚拟仿真实验平台，通过计算机网络向校内外和社会共享虚拟仿真实验教学资源，有效地提升了实验教学质量。

04 职教领域的应用与发展

职教信息化的核心在于资源建设,特色是虚拟仿真实训资源的建设与应用,目标是实现信息技术与职教课程的深度融合,目的是提高教育教学质量,培养高素质技术技能人才[57]。虚拟仿真资源应用于职业教育的内在优势包括动态化(仿真:动手、动态、做的过程),可视化(虚拟:用影视资料呈现真实生产、工作场景、先进技术、先进设备),碎片化(小单元、单主题、微课堂),个性化(体现教师教学个性、便于学生个性化学习),开放性(不受时间、地点限制,可面向更多的人开放),创造性(创设教学情境,创造性地开发教学资源,培养学生创造性),低成本(投入少、耗材少、可重复利用、大面积共享),安全性(操作安全、无害身体)等。

8.4.1 虚拟仿真资源支撑职教改革

1. 为学科教学带来新曙光

虚拟仿真资源把文字教材、多媒体教学资源与数字化教学平台整合起来,具有内容丰富、更新便捷、开放共享、互动交流、传播快速等优势,丰富了课堂教学内容,扩展了学生的知识面,并有利于跟踪新技术的发展水平,成为对传统教材的有力补充。其中的虚拟仿真技术主要包括模拟演示和仿真实训。模拟演示是在计算机上将实际场景和工作流程模拟实现并进行展示的过程;仿真实训是指借助于多媒体、仿真和虚拟现实等技术在计算机、网络或一定设备上营造可辅助、部分替代甚至全部替代传统实训各操作环节的相关软硬件操作环境,可以像在真实的环境中一样完成各种实训项目,并可直接获得操作提示、反馈及评价。

目前虚拟仿真资源在职业教育各类课程中都有应用,但应用程度和侧重点有所不同。如文化课理论知识较多,概念抽象不易理解,以虚拟仿真资源配合课堂讲述,可以让学生

---

[57] 2014 中国职业教育虚拟仿真教学资源高峰论坛在京召开[EB/OL]. http://www.nerc.edu.cn/FrontEnd/News/news_info.aspx?newsid=a4c483a0-624c-4a94-945c-99e7e2335e62,2016-02-13.

理解理论知识和生活现象中蕴含的科学知识；同时数学、物理、化学课程都可以加入模拟演示内容，以提高教学效率；体育教学可采用模拟方法讲述运动要领和规则等，使学生更易了解和记忆；语文教学可以把难懂的文言文等编绘为生动的小故事。此外，旅游课程可利用虚拟三维影像技术对景区进行数字化，通过计算机对旅游景点的建筑、景观进行三维仿真模拟；医学模拟教学由最简单的解剖示教模型发展为功能复杂的技能培训模型，加深了使用者对操作感觉的体会；在汽车、数控、电子等制造工业中，可以利用虚拟仿真资源，实现仪器、设备、加工产品的立体展示；在农林检测方面可以检测环境与植被分布等。

2. 提升实践教学有效性

虚拟仿真资源符合中职学生的心理特点，可以烘托课堂气氛，使学生乐于参与，将枯燥的课堂说教变得生动有趣。虚拟仿真软件的应用不仅能够提高教学和学习效率，也可以扩展和及时更新教学内容；虚拟仿真资源能创造一个与实际操作近乎相同的实训环境，并具有良好的交互性，可进行错误诊断和错误处理，学生可通过软件操作体验技能训练的操作性、过程性、情景性，使学生了解工作场景、熟悉操作步骤、规范操作方法、培养职业意识；虚拟仿真资源可模拟真实工作中的实际技能训练，缩短实际动手训练的时间，提高训练效率与效果，帮助学生尽快熟悉操作流程、操作方法以及各类故障处理，比真实的实习活动更加灵活；虚拟仿真资源重复再现各种操作练习，不受时间和空间的限制方便地进行，有助于节能减耗，提高教学的有效性，从而带动整体教学质量的提升。总之，职教以就业为导向，以技能训练为核心，实践教学是重心、是标志。虚拟仿真资源可以将三维职场带进课堂、将工作过程智能化，同时桌面级仿真技术日臻完善使得沉浸式仿真环境越来越普及，实物介入、软硬结合的虚拟仿真资源开始在多个领域大显神通。

3. 创新教育教学新模式

以虚拟仿真为主的信息化教学广泛应用，在观念、过程、方法及模式等层面赋予教学以新的含义。设计虚拟的真实施工现场有助于学生在"现场"中分析问题、解决问题，引起学生持续探索的兴趣，完成知识、技能的"同化"和"顺应"，创建"虚拟仿真项目教学"模式，让学习成为一种虚拟仿真情境的体验，让学生在"体验"工作过程中进行探索，强调学生创造力、信息能力、交流与合作能力，关注学习结果与学习过程。虚拟仿真创教学模式的实施，关键在教学项目选择、教学内容设计，要求教师创造有效的信息化教学模式，选择学生最能接受，也最愿意接受的"游戏"方法与游戏手段，可以升级和过关等，类似于"电子游戏"中的激励手段，以提高学生的学习兴趣。如食品加工专业，教师通过设计一个虚拟的生产项目，再现实际生产情景、工作过程和生产工艺，学生自主进入虚拟车间，按照实际生产过程，自主操作虚拟设备，边生产边学习，实现"做中学"的职业教育理念，建立"虚拟仿真工学结合"新模式,实现了专业教学过程与生产过程在信息化环境下的完全对接[58]。

4. 创新人才培养模式

"工学结合"人才培养模式是我国职业教育实现人才培养目标的有效教育模式。它充分利用学校与企业不同的教育环境和资源,将课堂理论学习与企业实际工作紧密结合。但在实施"工学结合"人才培养模式过程中,还存在着许多实际困难。如生产现场难以完成实习任务;生产设备价格昂贵、实训资金投入不足,学校实训设备落后,与现代企业真实生产要求相差甚远;实训中不可能再现操作关键技能训练项目;由于安全、卫生等原因,不能进入企业实训;现代化的生产程序复杂,学生不能进行实际操作;学生实训影响企业正常生产等。这些问题直接影响了"工学结合"人才培养模式的开展,影响了职业教育的教学质量。虚拟仿真资源可以有效解决上述问题,虚拟仿真技术可将教师无法用语言表达的企业生产活动和学生无法进入的生产场景展现在学生面前,学生使用鼠标就可以实现全方位的三维互动,实现与真实工作环境一致的操作场景[59]。

总之,职业教育教学资源信息化建设,为职业教育教学资源数字化、网络化、多媒体化及多种教材形态改革,提供了技术支撑。信息化环境下的多种教材形态,容量大、更新速度快、形式丰富,适应了职业教育职业、岗位、专业和设施设备及工艺方案、操作标准变化快的特殊需求,推动了职业教育课程改革。

8.4.2 实验实训教学应用风生水起

实验实训系统针对特定学科的真实课件内容进行数字内容的模拟开发,并借助虚拟环境模拟训练环境、条件和流程,使师生能够获得和真实世界一样或者相近的实训体验,达到替代或者部分替代实训效果的作用[60]。2008 年起教育部颁发了系列文件,明确指出职业教育要"大力推动仿真、多媒体课件等数字化教学资源开发,重点解决常规的教学手段、技术、设施设备难以实现的实习实训问题,重点满足教学需求急迫且覆盖面较大的模拟仿真实训教学的需要"。2011 年《关于推进高等职业教育改革创新引领职业教育科学发展的若干意见》(教职成〔2011〕12 号)指出,要推进现代化教学手段和方法改革,开发虚拟

---

[58] 吴勇. 以信息化与虚拟仿真推动职业教育教学改革[J]. 广州城市职业学院学报,2011(12):22-25.
[59] 罗丽萍. 运用信息化教学资源推进职业教育教学改革[J]. 职业技术教育,2011(17):37-39.
[60] 什么是虚拟仿真实训系统[EB/OL]. http://wenku.baidu.com/link?url= Ua36YHreGG_HilNG8-XFVoSlu__Jz072YmrEG85h2Do3a2Gc_6kqMUIpgDE28p-VIolKZSLIMzwe-cD5f_x4oL3Xt5FPQe0uZs4wF7UGSDO,2016-02-13.

流程、虚拟工艺、虚拟生产线等，提升实践教学和技能训练的效率和效果。2015年《高等职业教育创新发展行动计划（2015—2018年）》指出，职业能力培养虚拟仿真实训中心，支持虚拟仿真系统开发应用，开发替代性虚拟仿真实训系统；针对教学中难以理解的复杂结构、复杂运动等，开发相应的仿真教学软件，提高实际教学效果。

1. 实践应用、提升教学

职业教育是在职场环境下学习技术的教育，职场环境、工作过程是其最基本的两个特征。虚拟仿真实训教学软件从根本上讲是通过三维可视化技术营造一个虚拟的工作职场，通过三维场景或某固定场景下的教学设计程序展现工作过程，让学生轻松地学习本领。如云南建设学校建立计算机仿真与双通道环幕仿真教室，实现了教师利用建筑施工技术仿真教学软件演示教学与学生交互性训练为一体的教学模式，如图8-24所示，实现了做中教，做中学。

图 8-24 在环幕教师听课及动手仿真训练

又如安徽冶金科技职业学院使用维修电工仿真实训考核系统，在仿真训练的基础上开展职业技能考核鉴定，现已有1000人次应用于维修电工中级、高级、技师的培训、鉴定中；福州建筑工程职业中专采用建筑工程技术仿真软件，实训前教师先设置项目，发放问题，让学生带着问题从实训中找答案的办法提高实训的针对性，教学效果很好；大连海洋大学土木工程、工程管理等多个专业在大连通科应用技术有限公司建立实习训练营，全面开展对24项建筑施工工艺的仿真训练，极大地提高了学生的学习兴趣，增强了本领。

2. 技能竞赛、应用普及

虚拟仿真实训对实现信息技术与职教课程的深度融合具有重大影响，是职教信息化大赛最具标志性的赛项之一，应在实践的基础上，尽快优选有关专业项目进入全国比赛，以进一步提高大赛的水平与时效，促进虚拟仿真实训的开展。虚拟仿真大赛旨在通过竞赛形式，弘扬虚拟仿真实验教学的指导思想，建设一批具有示范、引领作用的虚拟仿真实验教学中心，持续推进实验教学信息化建设，推动高等学校实验教学改革与创新。从2015年起，在全国部分省市，已陆续尝试赞助与技术支持公益性的基于职场环境与工作过程的建筑工程技术、电气自动化等专业的仿真实训教师、学生技能比赛。

目前，通科仿真和中国建设教育协会高职与成人教育专业委员会合作，策划开展公益性的基于虚拟系统的仿真实训教学比赛，对技能点、知识点在操作过程中自动记录、统计、评分、排序、打印的网络考试系统已研发成功。2014年，安康市高新中学举行了"高新杯"3D虚拟仿真机器人竞赛；2015年，全国机械行业工业机器人与智能装备职业教育集团和全国机械职业教育教学指导委员会、电气自动化类专业教学指导委员会联合举办了"工业机器人虚拟仿真大赛"。截至目前，全国管理决策模拟大赛已举办了六届；安徽主办的"安财杯"大学生金融虚拟仿真投资大赛已举办两届。这些比赛进一步深化了学生对课本知识的理解和掌握，提高了其观察能力、思维能力、创造能力和实践能力，有助于培养科学素养。

3. 标准建设、提升水平

为力求虚拟实验实训教学达到"顶层设计、标准先行、统一规划、分步实施、校企合作、共建共享、重在应用、科学发展"的建设目标。相关部门不断进行标准的研制，如通科仿真在前期先后参加《职业教育数字校园建设规范》《职业教育优质数字资源建设基本技术要求（2013）》等国家层面的有关虚拟仿真资源建设标准的编写工作的基础上，2014年与高职高专教育土建类专业教学指导委员会土建施工类分指导委员会合作，编写了《建筑工程技术专业虚拟仿真实训基地建设规范》；与其他职业院校合作，编写了《电子技术应用专业虚拟仿真实训基地建设规范》《护理技术虚拟仿真实训基地建设规范》等多个专业的建设规范。

此外，建议信指委与行指委联合，建设仿真实训资源建设规范，组建共建共享协作组，统一规划，分步实施，校企合作，共建共享，并拓展到其他专业；同时发布版权保护标准，加大盗版打击力度，促进中国职业教育软件产业的健康发展。最终实现，用成熟的仿真建模标准和规范，使不同单位开发的虚拟仿真系统可以协同工作，提高其共享性和复用性。

4. 配套服务、解决问题

近几年来，随着职业教育的大力发展，国家加大了对实验实训设备的投入，职业学校的硬件（设备）和软件（师资）都有了较大的改善，但依然面临很多实际困难：实验实训设备昂贵，耗材投入较大；技术进步导致设备更新换代加速，成本高；存在安全性隐患；小班教学难以实现，缺乏"双师型"教师等。这些都成为提高职业教育实践性教学质量的约束和瓶颈，因此需要从技术和理论上寻求一种新型的、实用的方法手段，来辅助解决这些问题。

目前，相关部门正在积极建设配套服务措施，研究信息技术贯穿于职业教育的各教学环节（预习、教学、练习、实训、实习、考核等）的特点和软件开发案例与标准，实现教师主导下的学生互动和主体作用。在完成教学资源开发的基础上，合作编写以信息化为支撑的理实一体化教材、电子教案、教学大纲，促成教学模式由教学—实训—实习向多媒体教学—虚拟仿真实训—实训—虚拟仿真实习—实习转变，尝试在理实一体化课程中应用虚拟仿真考核系统，实现在职业活动中的无纸化应知与应会的知识点、技能点考核。此外，还可以完成高职有关核心专业基础课程虚拟仿真特色资源库的建设，实现以信息技术为支撑的若干门课程的理实一体化教学试点，初步实现信息技术与电子技术应用等专业骨干课的深度融合。

5. 服务公益、提高总体

《国务院关于加快发展现代职业教育的决定》（国发〔2014〕19号）指出，要"支持与专业课程配套的虚拟仿真实训系统开发与应用，推广教学过程与生产过程实时互动的远程教学"。虚拟仿真教学是深化教育教学思想、内容、方法、手段、模式改革，推动职业院校内涵建设的一个重要突破口。职业教育教学的特色是突出真实的工作环境、实践和实训教学环节，培养和锻炼学生与岗位需求相适应的职业技能；通过参加资源征集、资源汇聚、仿真实训资源汇编等工作，积极支持教育部职业院校信息化教学指导委员会与中国教育技术协会仿真专业委员会交办的工作[61]；通过建设实训室，将三维虚拟现实技术、数据库技术和网络技术有机结合，创建一个"让实训无处不在，为学校带来更多改变"的新型教育模式，实现"数字体验式教学"，推动教育创新性变革；通过学校和公司的合作，为学校提供完善的配套服务，如课程设计，这些举措从一定程度上提高了虚拟仿真教学普及共享的范围和效率。

信息技术是促进教学现代化改革的动力，虚拟仿真实训是职教后示范校建设的推进器、突破口；虚拟仿真实训资源建设要顶层设计、有所为有所不为；标准现行、校企合作、分步实施、重在应用；虚拟仿真实训资源建设要有先进的设计理念，不做"书配盘"而做"盘配书"；比起其他资源，虚拟仿真实训资源建设要求更高更专业，仿真专委会愿与国家数字化资源中心合作，大力开展虚拟仿真资源的研究、设计、建设工作。

8.4.3 多学科仿真环境平台大行其道

协同仿真是一种处于不同地点、基于不同计算机平台的仿真人员，采用不同建模方法建立产品的混合异构层次化仿真模型，基于分布交互式环境下进行仿真运行和分析的仿真方法。协同仿真技术主要用于解决复杂系统的仿真问题，在开发复杂产品的大型工程项目中，分布于异地并且采用异构仿真工具软件的不同领域的人员，通过协同仿真平台连接在一起，以协调完成复杂的或具有分布特性的仿真任务。多学科协同/虚拟仿真包含着两层含意：一是异地的、分布的仿真分析人员，可在一个虚拟的、可视化的仿真环境中方便、快捷、友好地利用各自领域的专业分析工具，对于综合信息虚拟样机的各自领域，仿真模型

---

[61] 于双和. 虚拟仿真技术与职业教育教学融合应用研究[J]. 工业和信息化教育，2015（8）：66-71.

进行产品全生命周期的单点仿真分析。二是在一个协同的、交互的环境中，在同一个时间点，基于不同人员、工具、领域对于综合仿真虚拟样机进行系统层面上的联合仿真。多学科协同、虚拟仿真平台，支持复杂电力设备各子系统相关数据信息的映射、提炼、交换与自我丰富，基于综合信息虚拟样机平台利用 PROE、PATRAN、MATLAB 等软件对设备进行协同仿真实验和运行，实现设备在总体、控制、机械、电气等多学科的综合优化。

1. 多学科虚拟实验支撑平台监控任务

多学科虚拟实验支撑平台（VeePalms）是一个采用 Modelica 语言实现的统一仿真建模平台，其前后台交互仿真机制是基于 Modelica 仿真求解器 OMC（Open Modelica Compiler）实现的。为保证任务交互仿真的高效性、可靠性和高可用性，设计并实现了 VeePalms 的仿真任务流监控系统。该监控系统主要通过对仿真任务的监测和仿真任务的在线迁移，以及对基于 OMC 的模型编译流程的优化，加强了监控系统对事件的处理能力。仿真任务的监测主要分为监控数据的采集、分析以及监控数据的聚合这三个方面。实验表明，基于 Modelica 改进的仿真任务在线迁移模块，使得失效或者异常任务的平均恢复时间降低了 50%左右。因此，目前面向多学科虚拟实验平台的仿真任务流监控应用较为广泛[62]。

2. 多学科虚拟仿真实验教学平台使命众多

多学科虚拟仿真实验教学平台，是一个将先进的虚拟现实软、硬件技术高度集成的，具有多学科交叉特点的实验操作平台，同时也是一个可以进行虚拟现实人才实训培养与相关专业课题研究的综合性实践基地。在这个实验平台上可以培养人才，通过人才实现创新。在高校中建设的多学科虚拟仿真实验教学平台更是肩负着集培育专业人才、推动科技创新、积累科研成果、提高学术水平等重要使命，对于职业教育教学改革有着重要意义。如南京莱医特电子科技有限公司，是一个集合虚拟实验中心、医学虚拟仿真、动物虚拟仿真、植物虚拟仿真、三维数字展馆及工业虚拟仿真等功能于一身的平台；北京华如科技有限公司的通用仿真平台则提供了 XSim 可扩展仿真平台、XSim 作战实验版、XSim 装备论证版、XSim 模拟训练版、联合试验训练支撑平台、数据应用支撑平台、数据分析评估平台等功能[63]。

3. 虚拟仿真及交互展示集成平台应用广泛

该平台将目前主流的 CAD 软件、三维动画软件、桌面虚拟系统、多媒体工具和 Kinect 体感交互设备等有机集成起来，支持产品三维造型、动画展示、体感交互操作，并通过多媒体工具将声音、图像、视频、文字等与三维图形信息有机融合，提供了一个功能齐全、使用方便的产品虚拟展示环境。平台适用于产品装配过程、生产线流程、产品工作原理和

---

[62] 黄永. 面向多学科虚拟实验平台的仿真任务流监控[D]. 武汉：华中科技大学，2013.
[63] 华如科技[EB/OL]. http://www.huaru.cc/，2016-02-13.

大型设备使用方法等的动态三维展示；是制作产品电子说明书的现代化工具；也适用于虚拟博物馆、大型展示会、大型广场、房产开发等的动画制作和虚拟交互漫游等[64]。目前本集成平台主要应用在企业单位产品开发过程中虚拟装配展示中，已在戚机厂、常工电子等多家企业使用。

4. 虚拟仿真实验室软件平台受到欢迎

　　虚拟实验室在培养学生的实践能力、研究能力、创新能力和综合素质等方面有着其他教学环节所不能替代的独特作用。如中视典虚拟仿真实验室平台依托虚拟现实与多媒体技术，融合多种互动硬件设置，对实验教学的各个环节进行真实的模拟仿真，该平台具有以下功能：一是为企业培训教师，合作企业为实验平台的老师提供社会方面的实际技能培训，促进教师将理论与实践相结合的具体操作能力，提升运用理论的方式和方法；二是教师到企业挂职——实验平台的辅导老师可以挂职在合作企业，参与到合作企业的具体项目中，了解企业的人才需求状况和项目的运作模式，能够有利于教师对教学的改革促进；三是高校为学生提供多维的学习平台——高校为学生搭建一个模拟真实的实验平台，让教学环节从课本延伸到实际，促进学生的学习兴趣，提高学生的技能水平；四是企业为学生提供实训的机会——在学生毕业前通过到合作企业的定岗实训，能够有效地检验学生的知识运用和技能水平，同时也可以为企业筛选合适的人才提供直接的机会；五是企业分包部分项目到实验平台——合作企业可将部分非核心的研究任务分给实验平台来完成，由课程老师带队组织学生参与完成，学生通过实际项目来学习知识和技能并还能获得一定的报酬，企业则降低了成本费用[65]。

　　总的来说，通过校企的全方位合作，通过多种虚拟仿真平台的使用，可以变革原有教学课程、实习模式，为学生提供一种掌握理论知识、锻炼实践技能的人才培养模式，从而有助于解决就业难题，发挥教学实验平台的使用功能，创造现实的经济价值。

8.4.4　职教虚拟仿真资源发展前景广阔

　　目前仿真技术在教学中的应用已趋于真正不可或缺的部分，它可以为教学提供可交互的、多功能的整体教学方案，将传统课堂教学转型为多样化交互的学习方式。虚拟仿真资源包括仿真模型、仿真数据、仿真平台、仿真软件，现有的资源涉及方方面面，主要涉及以下领域：军事与航天，城市规划与经营，建筑设计，房地产开发，科技馆、博物馆、专业展示馆，产品的设计与展示，古文化遗产还原及保护，模拟训练设备，游戏，娱乐，通

---

[64] 数字化虚拟装配仿真及交互展示集成平台[EB/OL]. http://www.360cxy.cn/content/details_33_2053.html，2016-02-13.

[65] 虚拟实验室[EB/OL]. http://www.vrp3d.com/article/jiejuefangan/534.html, 2016-02-13.

信，医疗，教育，艺术，体育，分子化学，科学计算可视化等。虚拟仿真教学资源的建设和应用是职业教育信息化现代化的必然要求，当下职教领域的虚拟仿真资源建设正迈入一个新时代。

1. 资源形式由多媒体转变为富媒体

富媒体包括多媒体（二维和三维动画、影像及声音），可应用于各种网络服务中，如网站设计、电子邮件、BANNER、BUTTON、弹出式广告、插播式广告等[66]。目前虚拟仿真资源的素材类资源有积件、微课、仿真资源、3D 模拟场景等，资源形式逐渐从多媒体向富媒体转变；课程类资源逐渐由最初的网课向实验、实训、实习课转变，进而推动技能训练模式的改革，实现"虚拟仿真实训+实操实训"教学新模式。《国务院关于加快发展现代职业教育的决定》（国发〔2014〕19 号）提出，要"支持与专业课程配套的虚拟仿真实训资源开发与应用，推广教学过程与生产过程实时互动的远程教学"。目前职教虚拟仿真资源由最初的桌面逐渐向沉浸型（环幕、头盔、洞穴、球幕）、增强型、分布式延伸。

2. 动画技术由二维转变为多维

目前，面向抽象知识或者过程的虚拟仿真技术主要涉及动态可视化设计技术、多领域建模与装配平台技术等。其中动态可视化设计可以将抽象知识或过程直观展现，也可以提高仿真建模效率的重要手段，旨在描述抽象知识或过程的虚拟仿真基本元素上，设计几何虚拟仿真元件快速建模方法；开发基于图像的虚拟仿真元件逼真建模方法；多领域建模与装配平台则包括虚拟仿真模型的分析映射技术和求解技术，以及求解过程的高度实时性和交互性。因此，职教领域的虚拟仿真资源动画开发技术，逐渐由二维转变为三维、多维及虚拟现实技术。如医学课程中不断深入应用计算机虚拟仿真技术，从之前简单的解剖示教模型慢慢升级成为具有复杂技能的训练模型；通过计算机将视觉、听觉以及触觉完美的结合在一起，其中插入了各种反馈系统，通过这种高度逼真的模拟治疗环境，让学生加深了对操作的体会。

3. 整体功能作用越来越明显

既往职教领域的虚拟仿真资源由于受资金、技术、时空、企业等客观因素限制，学校不能为学生提供涉及所有专业真实岗位的学习环境，致使虚拟仿真教学资源的作用及应用方式较单一[3]。最初虚拟仿真资源主要功能是漫游和演示，其中漫游功能是对现场环境产生较深刻的印象，解决专业认识性实习课题，对现场设施、设备初步认识，解决岗位认识性实习课

---

[66] 富媒体 [EB/OL]. http://baike.baidu.com/link?url=Qd9GVbuaOt9Q1Ay-WD5Oig-zw9GAXZQm8qPdJE3k4izIMJaad_rxqUzMpiwxrQcCWzYflMAAguNscDjRQrc17_, 2016-02-13.

题；演示功能主要包括操作程序、操作方式方法、偶发事件、错误操作结果等环节的演示。目前虚拟仿真资源功能已趋向于互动、评价和综合，其中互动功能是通过完整生动再现课堂教学内容，使学生对课堂教学内容加深理解，并充分记忆；通过教学设计中各个"实训点"的再现，提高教学效果；评价功能的主要指标包括选题是否随机，题库是否"海量"，考核内容是否与核心技能一一对应，考核手段是否科学、合理、灵活，是否实现了"考核功能的重要作用"等。实际上虚拟仿真资源实现的功能往往是多种功能的组合。

4. 仿真度由软件虚拟转向实物介入

虚拟现实技术的应用前景十分广阔，它始于军事和航空航天领域的需求，但近年来虚拟现实技术的应用已大步走进工业、建筑设计、教育培训、文化娱乐等方面，目前围绕这些领域的虚拟仿真资源的研究和开发也越来越凸显。随着3D打印技术的日益成熟，虚拟仿真资源已由最初的情境模拟、场景构建等软件虚拟转向实物介入。3D打印是一种以三维数字形式立体构造物理对象的一种快速成型技术，理论上任何3D数字模型都可以实现3D打印成型，最常用于概念模型评估、迭代设计、工程评价、定制、模型展示及工具和成品制造。3D打印可塑造可重用的多态教育对象、蕴含"设计思维"的个性化创造工具、打造虚实结合的教育创新应用平台，将创造和设计融入教与学的实践活动中，为未来从事受工业4.0影响即将发生变革的职业做好准备，或成为创业先锋，因而在职教领域备受欢迎[67]。

5. 仿真规模领域不断扩大

虚拟仿真技术是数字化教学资源中与职业教育实训实践环节结合最紧密的部分，目前已得到教育领域各级各行业越来越多的关注和重视。教育部曾提出"以多媒体网络教学资源、模拟仿真实训软件等数字化教学资源开发和应用为核心，围绕国家产业振兴计划，重点开发100种面向制造业（特别是装备制造业）、现代服务业、新兴产业等相关专业的模拟仿真实训软件及教材"的目标。目前虚拟仿真资源规模已由最初的课件扩大到虚拟实训室、车间、虚拟工厂、医院、基地，领域不断扩大。因此，随着计算机技术的发展，虚拟仿真的硬件与软件成本逐渐降低；同时随着学习方式由固定转向泛在、移动学习，虚拟仿真资源这种新的教学媒体必将广泛应用于教育教学中，最终在职业教育乃至整个教育领域中越来越重要[68]。

---

[67] 孙江山，吴永和，任友群. 3D打印教育创新：创客空间、创新实验室和STEAM[J]. 现代远程教育研究，2015（4）：96-104.

[68] 王海，李波. 虚拟仿真技术在职业教育实践性教学环节中的应用[J]. 中国职业技术教育，2011（14）：48-51.

虚拟仿真教学是深化教育教学思想、内容、方法、手段、模式改革，推动职业院校内涵建设的一个重要突破口。当前教育现代化已经被引起前所未有的高度重视，虚拟仿真教学资源的建设和应用是职业教育信息化现代化的必然要求，只有坚持理性地开展工作，才能使之健康地可持续地为高技能人才的培养做出积极贡献。

第 9 章
学习资源的"互联网+"发展之路

"互联网+"时代，学习资源的全互联网化，或者说学习资源@互联网，正在成为教育信息资源建设领域的重要战略，数字资源建设与应用将迎来新的发展机遇、开创新的格局：人人平等享有高品质的学习资源服务，人人自愿、自由参与资源的创作与传播，优质学习资源实现全球化的无缝流通与共享，每份资源的知识版权都得到全面保护。MOOC、创客课程、STEM 课程、数字教材以及虚拟仿真资源，是国际社会推进数字教育资源建设的重点方向。"十三五"期间，我国应从资源入手，全面推进"互联网+"时代我国教育的供给侧改革，规划互联网+资源战略的实施路径：打造"互联网+"时代智能资源建设新体系，采取多元多态、智能协同的资源建设策略，深入推进开放课程资源建设与普及应用，多方力量协同建设 STEM 课程与创客课程资源，应用大数据推动优质数字教育资源生态建设，建设适应数字原住民认知方式的学习资源。

01 描绘互联网+资源的美好愿景

马丁·路德·金在其著名演讲"我有一个梦想"中提到"人因梦想而伟大,因筑梦而踏实"。可以说,互联网+教育就是现阶段我们的中国教育梦,是新时期我国进行教育变革和创新的新探索和新选择,是"十三五"期间教育事业发展的重点方向。互联网+资源是互联网+教育体系的重要组成部分,数字资源建设与应用也将迎来新的发展机遇、开创新的格局。在国家"互联网+"战略的大背景下,数字学习资源的建设和发展又将何去何从?互联网+资源究竟会给我们的教育带来哪些改变?接下来,让我们共同畅想、一起描绘互联网+资源的美好愿景。

9.1.1 人人平等享有高品质的学习资源服务

"开放、平等、协作、分享"是互联网精神的本质,"互联网+"是互联网理念、技术、管理以及应用的全方位提升和加速。"互联网+"正在将人类带入一个更加开放的全球平等的共治时代。教育公平、教育质量不仅是我国教育发展面临的重要现实问题,也是包括发达国家、发展中国家以及欠发达国家在内的世界各国教育努力的方向。

互联网+资源将超越一切束缚,实现资源面前人人平等。互联网是推动世界教育公平的重要力量,能够将海量的、优质的、个性化的学习资源传递给每位学习者。学习资源将逐步超越国界、种族、性别以及年龄界限,在互联网信息公路上无障碍地高速通行。教育系统内部资源共享的壁垒将一一粉碎,同时将与社会教育资源充分对接整合,形成超大规模、超强服务的互联网+资源服务体系。所有教育管理者、教师、学生、家长和社会公众都能平等获得最需要、最适合、最准确和最便捷的教育资源服务。

互联网+资源将积极打造高品质的智能学习空间。学习者可以不受时空的限制,通过智能手机、平板电脑甚至是谷歌眼镜等任何智能终端获得符合个性需求的学习资源,走出封闭、僵化的教室,自由徜徉在情境化和社会化的真实环境中,实现个性化学习、共同体学习、探究式学习、基于问题的学习和工作场所中的学习。

互联网+资源将带给学习者更完美的使用体验。随着可穿戴设备的逐步智能化和微型化，人与资源之间不再是通过简单的听觉、视觉和触觉通道进行交互，而是通过语音、动作、神态与媒体、系统和资源进行更加自然、轻松、健康地交互。这种交互不再局限于工具本身的有限功能，而是由人完全能动地主导工具，使交互自然而然地发生，实现人机合一。网络学习也将自然发生，学习过程变得 SO EASY！

9.1.2 人人自愿、自由参与资源的创作与传播

"互联网+"时代，用户不仅可以随时、随地获取任何所需资源，还将积极参与到资源的生成与创作中来，人们将从单纯的知识消费者转变为知识的创造者。UGC 运动有可能从一小部分参与者扩展到所有网络学习者。随着知识版权保护机制与技术体系的逐步完善以及"参与、共享、协同"理念的渗透传播，每个人都将自愿、自由参与其中，发挥创意生产个性化的学习资源，并通过互联网平台进行自由传递和分享。

为了支持大众参与资源创作，未来市场上将出现更多更好用的敏捷资源开发工具和平台，资源创作的门槛大大降低，资源创作的效率大大提升，用户参与的积极性大大提高。在市场机制的推动下，有可能出现一批专业的自由资源创作者，类似自由撰稿人一样，他们向资源出版单位提供作品，根据市场销售情况获得一定比例的报酬。从某种意义上来讲，这也是创客精神在资源建设领域的"落地"，自由资源创作者便是"资源创客"。

在人工智能技术的支持下，还有可能出现提供资源检索、组装、分类、改编、转换、打包等服务的专业机器人（Resource Service Robot，RSR），帮助人们完成一些较低层次的资源建设工作，资源建设者可以将更多的精力放在高质量资源的创作上，从而形成一种人机协同的资源建设模式。

随着社交媒体以及高速移动通信网络的快速发展，"互联网+"时代学习资源的营销渠道将更加多元、传播速度更加畅快，用户可以获得更高品质的资源服务体验。随着人们物质生活水平的快速提升，精神生活和服务将成为新的追求目标。和美食、服装等生活商品一样，优质的学习资源也将作为商品流通，优质资源营销者有可能成为一种新的职业，专门负责向客户推送、定制符合他们需求的各种学习资源产品和服务。

9.1.3 优质学习资源实现全球化的无缝流通与共享

随着 OER 理念深入人心，公民的全球化意识也在逐渐提升，越来越多的人倡导"知识无国界"，优质资源全球化成为"互联网+"时代知识共享的重要趋势。未来，世界各地的优质资源将以互联网为载体逐渐汇聚形成一个超大规模、持续进化的知识库，不断促进人类智慧的发展。

资源的无缝流通与共享主要体现在"资源存储空间的高度连通""资源共享通道的无限

畅通""资源接收终端的同步贯通"三个方面。基于云服务模式的学习平台正在呈现"一体化""数据化""智能化""全球化"的特点，为资源空间及其数据的连通提供了强有力支持。移动网络在未来将会以"速度更快、信号更稳"的姿态覆盖全球各个地区，打通资源流通共享的传递通道。学习终端的同步多元化将保证每一位学习者在任何时间、任何地点，无障碍地获取同等的优质资源（见图9-1）。

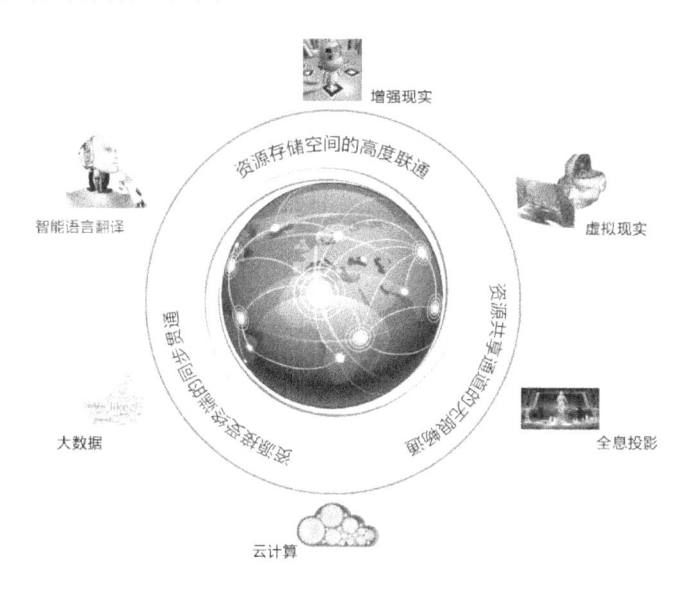

图 9-1　优质资源无缝流通与共享

科技是推动和优化全球资源流通与共享的"加速器"。未来，智能语言翻译、云计算、大数据、虚拟/增强现实等新型技术的持续发展，将为优质资源的无缝流通与共享提供无限可能。智能语言翻译技术将实现各国语言文字的无障碍转换，消除资源流通共享的语言障碍，使优质资源能够穿越国界，实现知识共享的全球化。云计算将打通"资源孤岛"，实现各级各类资源平台的互联互通。大数据将提供更加及时、精准的资源推送服务，开展更加高效、科学的资源管理与评价，辅助教育资源建设决策，最终打造有活力而又和谐的数字教育资源生态。虚拟现实、增强现实、全息投影等"超现实"技术，将更好地贯通虚拟世界和现实世界，为学习者提供虚实融合的资源服务。

9.1.4　每份资源的知识版权得到全面保护

互联网技术的进步促进了数字化资源的传播与共享，但同时也给资源版权的保护带来了巨大挑战。实际上，资源共享和版权保护并不冲突，而是相互促进的关系，二者最终都指向优质资源的合理利用与共享。随着知识版权保护制度与相关技术的逐步完善，以及广大社会民众版权保护意识的提高，"互联网+"时代每份资源的知识版权将得到更全面的保护。

"互联网+"时代国家的版权法律制度将更加完善，国家将加快制定开放教育资源版权保护法律法规，并与世界各国在知识产权领域展开深入交往与合作。与此同时，资源版权管理机制也将逐步完善，有关部门将加大对资源市场的监管力度，严厉打击非法盗用和传播数字资源的行为，为优质资源的创作与共享传播创造良好的政策环境。

　　"互联网+"时代数字水印、数据加密、数据防拷贝等版权保护技术的先进性和可靠性将得到进一步提升，应用普及度越来越高。企业、学校、教师等任何资源提供者都可以便捷地使用数字版权保护技术，防止自己的智力成果被盗用或违规使用。未来互联网上有可能出现用于版权跟踪与预警的智能引擎，可以实时监测每份资源的版权信息及安全状态，自动采集侵权行为的数据，向资源利益相关者发送提醒信息。

　　广大民众的知识版权意识也将显著提高，将有更多的资源创作者、使用者和管理者，自觉遵守 Creative Commons、General Public License 等开放内容许可协议。在涉及署名、引用或改造的时候加以规范标引，在涉及商业用途时与版权所有者进行协商沟通、签署合作协议，在双方达成一致意见情况下才加以使用，充分尊重作品的知识产权。

02 国际社会推进学习资源建设的新方向、新举措

为了准确把握数字学习资源的国际发展方向,接下来将重点对美国、欧盟、日本以及韩国的教育资源建设进展与重要举措进行调研分析。

9.2.1 美国

美国是世界上数字化教育资源建设最为丰富的国家之一,其数字化教育资源的发展经历了从离散化建设到系统化建设的过程。美国教育资源门户网站(GEM)是由教育部门出资建设的项目,它以开放性的联盟形式吸引各级各类教育资源机构加入,并通过"元数据记录库+搜索技术"的方式来管理和利用联盟内的所有教育资源[1]。GEM 采取由学校教师做好教学设计,并由企业进行制作的校企联合方式来开发学习资源,通过用户评分和专业人士审核的评价方式来管理学习资源,这不仅大大提高了资源的开发速度,也保障了资源的质量。

进入 21 世纪以来,美国教育部非常重视开放教育资源的建设和应用,是当前全球 OER 运动的主要推动者。国家教育技术计划(National Education Technology Plan,NETP)是美国运用技术发展教育的纲领性文件,基本上框定了美国教育信息化发展之路[2]。NETP 不仅为美国的教育信息化指明了道路,也给其他国家的教育信息化提供了参考。1996 年,美国教育部制定了第一期 NETP,提出让孩子为迎接技术做好准备。此后,美国教育部每五年发布一期 NETP,到目前为止,已经连续发布了五期,其中最值得关注的是 NETP2010,它不仅引起了美国政府、高校和企业的广泛关注,在世界范围也产生了很大影响。文件指出,

---

[1] 孔洋波. 中美网络教育资源建设现状分析及思考[J]. 中小学电教,2010(3):15-17.
[2] 王慧,聂竹明,张新明. 探析教育信息化核心价值取向——基于美国"国家教育技术计划"历史演变的研究[J]. 中国电化教育,2013(7):31-38.

开放教育资源是教育基础设施中的一个重要元素，开放许可证对 OER 运动起到了很大的推动作用，如今开放教育资源已经走向全球化。OER Commons 是一个众所周知的全球网络成员，为用户提供免费的学习内容，并允许学习者改变或分享。此外，NETP2010 还提出要从纸质教科书向动态的数字教材过渡，通过财团支持，构建免费的"开放教科书"，用于学校教育或新教育产品的开发。

2015 年 12 月 10 日，美国教育部发布了最新一期的国家教育技术计划 NETP2016，提出要从学习、教学、领导力、评价和基础设施五个领域指导教育技术应用，确保所有年龄段的学生都能拥有个性化成长和成功的机会，保持美国在全球经济中的竞争力。在教育资源建设方面，NETP2016 重申了开放教育资源在数字化学习中的重要作用，指出开放许可的资源具有更好的持续更新性和开放性，更易于满足学习者的需要。同时，美国大部分州政府如加利福尼亚州、伊利诺伊州、犹他州和华盛顿等也出台了相关政策，用于帮助教师获取、提炼、改善和共享开放的学习资源。2015 年为了进一步推动 OER 的应用，在同年 3 月举办完开放教育周活动后，联邦政府开设了"网络技术学院"，利用开放教育资源进行网络培训，并给培训合格的学习者颁发证书、凭证或给予学位[3]。

在美国，政府主要从政策层面给予了 OER 大力支持，广大企业和知名高校才是 OER 资源建设的主导力量。2012 年以来，MOOC 开始在美国快速发展，并迅速蔓延到全球，大大推动了优质资源的全球化进程。以 Coursera、Udacity 和 edX 等为代表的教育平台与全球顶尖大学合作，免费提供来自各高校的在线课程，便于来自世界各国的学习者进行学习。Coursera 作为全球最大的 MOOC 站点，已有近 500 万的注册用户，与全球 80 多所大学合作，提供 350 多门在线课程[4]。Udacity 平台成功转型职业教育，与多家美国领先的科技公司进行合作，如今已和 Google、AT&T、Autodesk、Cloudera、Salesforce、Amazon 和 Facebook 等科技巨头建立了合作关系[5]，根据企业需求配置课程，打通了全球名校的教育资源和全球顶尖企业之间的共赢通道。edX 平台自 2012 年 5 月上线以来，联合了很多世界顶尖高校，包括清华、北大在内的 15 所亚洲世界名校，创建了许多免费的共享资源，其注册用户在很短的时间内就突破了 100 万[6]。此外，三大平台目前都已经相继推出了基于 iOS 和安卓系统的手机 App，以支持随时随地移动学习。

值得注意的是，在全球 MOOC 热潮还未退去的同时，已有学者对 MOOC 的成效和可持续性提出了质疑。奥德丽·沃特斯提出了"Anti-MOOC"（"反慕课"）这一术语，主张

---

[3] Emergingedtech.OER in 2015 - The Future has Never Looked Brighter[EB/OL]. http://www.emergingedtech.com/2015/04/oer-open-educational-resources-bright-future/，2016-03-21.

[4] 周文华，郗芊蕊. 国际化视野下的 MOOC 发展现状与策略[J]. 当代教育科学，2014（13）：23-24.

[5] 搜狐网.在线教育平台 Udacity 如何一步步成为独角兽？[EB/OL]. http://mt.sohu.com/20151116/n426649402.shtml，2016-03-14.

[6] 腾讯科技.清华北大加盟全球网络公开课平台 edX[EB/OL]. http://tech.qq.com/a/20130604/003557.htm?pgv_ref=aio2012&ptlang=2052，2016-03-14.

通过在线课程激发参与者之间的互动交流。美国新媒体联盟执行总裁 Larry Johnson 博士[7]也指出，许多教育界学者认为 MOOC 在教学法、经费以及其他方面都存在一些问题。"反慕课"的影响逐渐增大，致使美国的大学管理委员会相继出台了"暂停慕课"的规定。伴随着 MOOC 的质疑声，SPOC（Small Private Online Course）小众私密在线课程开始出现。SPOC 旨在设计和利用优秀的 MOOC 资源，改变或重组学校教学流程，促进混合式教学和参与式学习，扎实提高教学质量[8]。哈佛大学的罗伯特·卢教授[9]在几所顶尖名校进行了 SPOC 的实验后指出，SPOC 适应了精英大学的排他性和追求高成就的价值观，已经跳出了复制课堂的阶段，正在创造一些灵活和有效的方式。可以说，SPOC 是对 MOOC 的继承、完善与超越，有望成为未来开放学习的主要资源形态。

除了开放教育资源外，美国也在积极探索更好地适应 21 世纪教育的多元化资源形态，努力为学习者提供普及化和个性化的学习资源服务。美国的教材出版商正在积极转型，除了提供数字化教材外，还不断努力创新提供不同形态的教学软件和内容[10]。此外，STEM 教育逐渐受到社会各界的重视，它强调构建连通科学、技术、工程、艺术和数学五大学科领域的教育资源，注重知识与现实的联系和学习知识的过程。与此同时，随着虚拟现实和 3D 打印等技术的快速发展，符合 STEM 教育思想的虚拟资源和创客资源开始流行。

在虚拟资源建设方面，哈佛大学教育研究院的 Chris Dede 教授团队可以说是先行者，在美国教育部的资助下，他们开发了一门利用虚拟环境教授生态系统知识的课程 EcoMUVE。该课程采用 3D 技术和计算机模拟技术再现真实的生态系统，提供类似电子游戏的画面感及趣味体验。如今，在 EcoMUVE 课程的基础上，又新增了 EcoMOBILE 项目，通过使用移动技术来帮助学习者获得更为真实的学习体验。除哈佛大学外，美国斯坦福大学和新泽西州州立大学也分别构建了虚拟现实实验室和 MIX 3D 打印实验室，进行新形态教育资源的研发。除高校外，美国的企业力量也开始加入虚拟仿真资源的研发队伍。谷歌启动了 Expeditions Pioneer 项目，试图将 Cardboard 头戴显示器引进美国的学校，让学校中的孩子有了进入全息虚拟世界的机会。

在创客资源建设方面，高校作为主导力量，建设了大量知名的创客空间。图书馆作为全校和当地社区居民的公共空间受到了广大创客的欢迎，将成为高校创客空间建设的主要场所。如内华达大学基于图书馆的创客空间备受欢迎，被美国创客杂志（Maker Magazine）评为最有趣的创客空间[11]。此外，社会上还有许多以营利为目的的创客空间，如经营性连锁创客空间 TechShop、美国东部地区最大的创客空间 Artisan's Asylum 和硅谷地区最著名

---

[7] 360 个人图书管. 美国在抛弃 MOOC，中国却趋之若鹜[EB/OL]. http://www.360doc.com/content/14/0120/15/364812_346655156.shtml，2016-03-09.
[8] 贺斌，曹阳. SPOC：基于 MOOC 的教学流程创新[J]. 中国电化教育，2015（3）：22-29.
[9] 百度百科.SPOC[EB/OL].http://baike.baidu.com/view/3539411.htm，2016-03-11.
[10] 林章波. 美国在线教育资源与我国教学资源库建设启示[J]. 大学教育，2014（9）：41-42.
[11] Educause.The case for a Campus Makerspace[EB/OL]. http://www.educause.edu/eli/events/eli-annual-meeting/2013/2013/case-campus-makerspace，2016-03-21.

的创客空间 Hacker Dojo 等。与此同时，很多高校和部分社区创客空间还创建了专门的创客教育课程。如卡内基梅隆大学推出了 8 个创客课程项目，共 30 门创客教育课程；麻省理工学院为研究生开设了"如何制作"（How To Make Anything）创客课程，共包括 14 个专业的课程[12]。伊利诺伊州立大学、卡斯顿州立大学以及芝加哥艺术学院等高校在设计学、工程学和艺术学等学科构建了大量创客课程资源，既优化了常规课堂效果，又培养了学生的创新创造与实践能力。FUSE 社区创客空间开设了创造工具的使用训练和专业训练两门具有针对性的创客课程[13]。

9.2.2 欧盟

《欧洲 2020 战略》描绘了欧盟 21 世纪的第二个发展蓝图，提出以知识、创新、教育和数字化社会作为基础的高科技动力，以提高竞争力和节约资源为基础的可持续发展动力，和以扩大就业、培训与消除贫困为基础的社会动力，整体推动欧盟经济增长和社会进步[14]。该战略计划促使所有欧盟成员国形成一个更优越的现代教育体系，以促进基础设施和数字化学科内容资源的建设以及数字化服务与技术的优化。在教育资源建设方面，《欧洲 2020 战略》提出要进行课程资源的改革，教育界与产业界通过创建"知识联盟"（Knowledge Alliance）开展校企合作，开发新课程资源，以解决创新技能差距的问题。另外，在推进欧盟科技发展的过程中，斯洛伐克教育部启动了一项名为《数字百科全书（DIGIPEDA）》的区域教育数字化项目，旨在确定未来几年的科技需求并提高学校和科研机构的实力，其主要内容中也包含了学科教学内容资源的数字化建设[15]。

此外，欧盟极为重视信息资源的开放共享、保护和再利用，在第七研发框架计划（FP7，2007—2013）启动之际，出台了"数字化时代科学信息的开放、传播和保存"建议，积极推动了科学信息的开放、扩散和保存[16]。与此同时，英国教育传播与技术署设立了"信息与通信技术应用奖""信息与通信技术优秀奖""英国教育培训与技术展奖""数字媒体创新奖"等奖项，以鼓励教师对信息化教育资源的应用[17]。

在政府政策的大力支持下，高校和企业也纷纷加入开放教育资源建设，以英国开放大

---

[12] Educause review.Making Way for Maker Culture[EB/OL]. http://er.educause.edu/articles/2014/3/making-way-for-maker-culture，2016-03-21.

[13] 李卢一，郑燕林. 美国社区创客教育的载体——社区创客空间的发展动力、功用与应用[J]. 开放教育研究，2015(5)：41-48.

[14] 张章. 欧洲 2020：创新教育应对挑战[J]. 科学新闻，2011（11）：61-63.

[15] 欧洲推出 STEM 开放课程计划[J]. 成才与就业，2014（23）：64.

[16] 科技部火炬高技术产业开发中心 俞阳. 欧盟促进科学资源开放共享的路径分析[N]. 中国高新技术产业导报，2015-02-09（11）.

[17] 杜玉霞，贺卫国. 英国中小学信息化教学资源建设与应用的经验与启示[J]. 中国远程教育，2009（4）：60-63.

学 OpenLearn 为代表的一系列开放资源项目受到各界关注。比如，OpenEd2.0 项目是高校和企业的合作项目，旨在为开放大学的课程生产以及全球开放课程的传送找到新的模式；Bridge to Success 项目旨在为广大成人学习者提供自由、开放的教育资源，改善他们的基本技能；HEAT 项目为非洲前线医护人员构建了 13 门共 450 学时的理论课程[18]。另外，来自 31 个欧盟国家的 55 所大学联合发起了"开放教育"运动，并制定科学、技术、工程与数学（CSTEM）开放课程计划，创建了灵活、易于访问的在线教育系统，并为学习者颁发在线学习资格证书[19]。

除开放课程外，欧盟虚拟资源的建设也受到政府、高校和企业的重视，并逐步应用于教育之中。为了促进虚拟教室在欧洲的推广和应用，欧盟委员会的 Socrates Minerva 开展了"教育机构中的虚拟教室"项目，调研了欧洲 28 个国家的虚拟教室的应用情况[20]。调研发现，已有部分高校开始了虚拟教室的应用，如西班牙加泰罗尼亚开放大学自主研发的虚拟教室系统——虚拟校园（Virtual Campus）已经投入使用；匈牙利布达佩斯大学经济和行政学院也已在高层次的教育中应用了虚拟教室。此外，欧盟政府为促进学生的语言学习，还开设了 VILL@GE 项目，该项目利用三维虚拟环境平台 Second Life 为欧盟语言学习者创设虚拟语言学习环境，已在多所学校进行了实验，并取得了一定的成果[21]。除了政府，高校也积极探索虚拟教育资源的开发，都柏林大学准备研发一款用于防恐训练的虚拟现实游戏，旨在利用虚拟现实技术维护世界和平，计划在 2018 年完成。

9.2.3 日本

日本在教育信息化建设方面处于世界领先地位，目前正积极探索具有本土特色的新型教育资源。日本的《i-Japan 战略 2015》（以下简称 i-Japan 战略）是继 e-Japan 和 u-Japan 之后的第三个信息化发展战略 i-Japan，战略强调信息技术的应用与创新，旨在实现数字技术的易用性，让数字信息技术融入社会的每一个角落，并由信息技术带动经济社会，实现全民自主创新，打造全新的日本[22]。该战略内容涉及三大领域，其中之一就是"教育和人才"，旨在培养能够有效利用信息技术并能创造高附加值的高端信息化人才。在教育资源建设方面，i-Japan 战略强调开发更多的教学内容资源，并继续提高公共机构的教学资源利用率，

---

[18] 360 个人图书馆. 开放教育资源（OER）在英国的应用研究及对中国的启示[EB/OL]. http://www.360doc.com/content/15/0116/12/2650383_441268124.shtml, 2016-3-11.

[19] 邓莉. 欧洲推出 STEM 开放课程计划[J]. 世界教育信息, 2013（9）：78.

[20] 胡丽萍, 李亮. 欧洲"教育机构中的虚拟教室"项目及其启示[J]. 中国信息技术教育, 2010（15）：107-108.

[21] 马冲宇, 陈坚林. 虚拟语言学习环境 VILL@GE 的项目分析及其启示[J]. 中国电化教育, 2013（2）：121-125.

[22] 冉花, 陈振. 亚洲教育信息化规划分析（日本篇）国际教育信息化研究系列III[J]. 中国教育网络, 2012（9）：35-38.

改革教学模式，推进信息化教学方法的使用[23]。

公共教育资源的利用率受到了日本政府的高度重视。近年来，在全球 MOOC 运动大背景下，日本的 MOOC 也得到了迅速发展，经历了由大学主导向多元主体推进的转变，在内容形式、数量和语言等方面均有了新的进展，为提高公共教育资源的利用率起到了重要贡献。目前，东京大学和京都大学等知名高校已经建设了很多的开放课程，并在多家企业的参与下共同成立了日本网络公开教育推进协会（Japan Massive Open Online Course，JMOOC），建设了日文版的 MOOC 平台，促进了日本 MOOC 的发展。与此同时，日本电信公司 NTT DOCOMO 等企业开始与高校合作，研发出了基于 MOOC 课程的新型教育模式——翻转教育。然而，随着 MOOC 的发展，越来越多的课程偏离了基于联通主义的教学生态系统的原始设想[24]，日本学者受到欧洲反 MOOC 思潮的影响，提出要重新审视 MOOC，主张要开发出符合日本和亚洲使用环境的 MOOC 形态，根据日本国内的情况实现 MOOC 的自我进化[25]。

除了 MOOC 资源外，日本也在结合国情积极探索新形态教育资源的建设与应用。电子教科书作为教学内容资源的新形态，对促进教育公平、减轻学习者负担具有重要作用。很多国家都纷纷进行了电子教科书的开发与应用。但是，日本并没有立刻盲目跟进，而是在考察与研究了欧洲、美国、韩国等电子教科书的试行结果之后，提出将电子教科书全面应用于课程教学。2010 年，日本教育部审定出台了"新信息技术成长战略"计划，明确提出了利用电子教科书充实教学内容。此外，日本政府还提出开展对电子教科书内容、功能、指导方法和效果等的实证研究，计划在 2020 年之前实现全国中小学电子教科书的普及[26]。

近年来教育机器人开始在日本兴起，并逐步受到关注。东京大学高桥智隆教授提出，未来的机器人应该是可以与人相互沟通，可以了解到人的生活学习方式，去完成生活中的一些常见功能[27]。这与"日本 2014 机器人发展白皮书"所提到观点一致，机器人技术要像传统技术一样在不同领域促进相互合作，不断应用于教育传播和人才培养[28]。当前，日本的科技人员已经研发了一些可以应用在教育领域的机器人，以促进日本教育信息化的发展与变革。例如，日本的一个小学研发了 GENTORO 系统，该系统使用一个机器人和一个手持式投影仪，让学生能够自己创造故事，并在一个物理空间中从视觉和听觉上表达故事，

---

[23] 于凤霞. i-Japan 战略 2015[J]. 中国信息化，2014（13）：13-23.

[24] 劳瑞·约翰逊. 对于"慕课"的质疑——在线学习变革引发的社会反响[J]. 中国教育信息化，2014（1）：21-24.

[25] 修刚，朱鹏霄. 日本 MOOC 的发展及对中国 MOOC 建设的启示[J]. 日语学习与研究，2015（6）：49-55.

[26] 孙立会，李芒. 日本电子教科书研究的现状及启示[J]. 课程·教材·教法，2013（8）：111-117.

[27] 腾讯科技.东京大学高桥智隆：未来的机器人是什么样？[EB/OL].http://tech.qq.com/a/20140505/017138.htm，2016-03-11.

[28] 中国机器人网.日本 2014 机器人发展白皮书介绍[EB/OL].http://www.robot-china.com/news/201411/03/15330.html，2016-03-12.

就像创作一部电影一样[29]。此外，2015 年日本政府还通过了"机器人新战略"，决定未来五年重点发展机器人产业，并将教育作为该战略内容的一项，会给予大力支持[30]。机器人技术将越来越多的用于教育领域，教育机器人资源的研发将是日本未来信息资源发展的重点，RGC 的资源建设模式也极有可能率先在教育领域基本实现。

9.2.4 韩国

韩国教育科学技术部（MEST）于 2011 年 6 月向韩国总统府提交了《通往人才大国之路：推进智慧教育战略》提案，并于 2011 年 10 月发布了《推进智慧教育战略》。该战略旨在推进智慧教育变革，改造课堂，提高技术支持的学习效果，培养适应未来信息社会的创新国际人才[31]。"推进智慧教育战略"是韩国正在实施的第五阶段教育信息化发展战略，其中七项任务中有两项提到教育资源建设，包括推进数字教科书的开发与应用和扩大教学资源的公共利用范围。

纵观世界各国电子教科书的发展，韩国可以说是一直走在前列，早在 2007 年，教育人力资源部就曾宣布要全面开发利用多媒体技术的电子教材。自 2011 年 SMART 教育规划被提出以来，韩国政府和企业便开始了电子教科书的全面建设。韩国政府宣布出资 20 亿美元用于开发电子教科书，随后又宣布投入 240 亿美元用于购买平板电脑和数字化产品，旨在于 2015 年实现电子教科书的全面普及。与此同时，韩国企业也纷纷响应，隆重举行了电子教科书技术标准研究会，开始以 HTML 5 为基础开发新一代电子教科书——"数字教科书 2.0"，以提高其兼容性，以便于在任何终端使用[32]。2015 年 11 月，韩国教育部成立了教科书编撰审议会，并制定国定教科书编撰基本计划，预计从 2017 年 3 月开始使用"国定教科书"。

除了推进电子教科书的开发利用外，韩国政府在扩大教育资源的公共利用范围方面也做了很多工作，不仅构建了国家教育信息著作权管理中心，而且计划构筑以云计算技术为基础的教育信息服务系统，以保证数字资源在教育领域的免费流通与服务。与此同时，教育部组织开展教育资源捐赠运动，鼓励研究人员及科研单位捐赠相关教育资源，计划与韩国主流媒体签订"用于公共目的的著作自由使用备忘录"，以不断增加教育资源的储备量。此外，政府法律部门还修订了资源的版权制度，赋予了在校学习和接受远程教育的学生同

---

[29] 吴砥. 推进信息技术与教学融合 建设智能化教学环境——日本 R-learning 案例分析及经验借鉴[J]. 新课程教学（电子版），2015（1）：76-81.
[30] 工业和信息化部国际经济技术合作中心. 王喜文. 日本政府发布《机器人新战略》[N]. 中国电子报，2015-03-31（3）.
[31] 陈耀华，杨现民. 国际智慧教育发展战略及其对我国的启示[J]. 现代教育技术，2014（10）：5-11.
[32] 必胜网.2014 年韩国中小学教科书将全面数字化[EB/OL]. http://www.bisenet.com/article/201201/108671.htm，2016-03-19.

等使用数字资源的权利[33]。

韩国 MOOC 在初期并没有得到较快地发展。直到 2015 年，韩国教育部才开始推进韩国 MOOC 资源建设，2 月出台了"韩国型 MOOC 推进方案"，选定了十所示范运营高校和 20 门高品质大学课程，并在 7 月开始实施网络课程实验，计划到 2018 年创建 500 门 MOOC 课程[34]。韩国非常重视 MOOC 资源的国际化，方案中提出韩国 MOOC 课程语言将不局限于韩语，随后会陆续提供英语、中文等课程服务。

---

[33] 七波辉.韩国学校的 SMART 教育[EB/OL].http://www.yph-cn.com/info-5306.html，2016-03-16.

[34] 韩国留学中文官方网站.启动 MOOC 任何人都能听取首尔大学、KASIT 课程[EB/OL]. http://www.hanguoliuxue.com/news.php?id=411&class=1，2016-03-19.

03 我国推进学习资源"互联网+"战略的实施路径

"互联网+"时代，学习资源的全互联网化，或者说学习资源@互联网，正在成为教育信息资源建设领域的重要战略。网络学习资源的生产、消费、传递、共享与管理的所有业务都将依托互联网开展，呈现"高质生产、高速传递、高效管理、高端应用"的"四高"发展趋势，进而助推教育的全互联网化。互联网+教育是我国"十三五"期间教育信息化融合创新发展的必然要求。为了从资源层面推进"互联网+"时代我国教育的供给侧改革，提出互联网+资源战略实施的六大路径：打造"互联网+"时代智能资源建设新体系，采取多元多态、智能协同的资源建设策略，深入推进开放课程资源建设与普及应用，多方力量协同建设 STEM 课程与创客课程资源，应用大数据推动优质数字教育资源生态建设，建设适应数字原住民认知方式的学习资源。

9.3.1 打造"互联网+"时代智能资源建设新体系

当前我国已经和世界上许多发达国家一起，同步进入了一个以数字化、网络化和智能化为主要特征的信息时代。为适应互联网+教育的发展与变革需求，我国需要建立基于教育云平台的智能资源建设新体系，为全民终身学习和宽生学习提供高质量资源服务。

互联网+学习资源的建设体系是一个结构复杂、动态变化的系统，主要由"三库+六系统"构成（见图 9-2）。"三库"是指处于教育云端的学习资源库、开放课程库和信息管理库，是构成智能资源体系的基石。学习资源库和开放课程库中的内容，如文本、图像、动画、视频教程等都将通过智能化的处理（如语义描述信息的自动添加、资源的智能分类和转换、资源的智能汇聚和进化），实现智慧性的转变；管理信息库不仅存储完备的教育基础信息，而且能以智能化和可视化的方式实现信息的智慧管控。"六系统"用于实现资源内容从简单的数字化向智慧化转变，是智能资源体系的核心部件。

图 9-2 智能资源建设体系框架

此外，智能资源的建设和运行还需要以多元的资源建设与共享机制（自主建设、共建共享、公建众享、购买商业资源）和创新的资源保障与推进机制（管理机制、知识产权机制、质量监控机制和需求动力机制）为保障，协同资源建设中的各个部门和环节，保障智能资源的高效、可持续建设。

智能资源体系的资源系统是实现数字资源向智能资源转化的必备条件，包括以下六部分内容。

1. 智能资源门户系统

智能资源门户系统可以高效汇聚、存储海量的优质数字资源和用户信息，为用户提供多元化、人性化的服务：①建立安全可靠的用户数据中心，提供终身教育身份权限认证和资源需求服务。②门户下所汇集的资源如同现实世界中柜台上的商品一样，排放有序、门类齐全、便于检索[35]。③智能资源门户系统支持多终端的自适应与同步登陆。④动态记忆和更新用户的生成数据，支持教育资源的在线制作、编辑和共享。⑤面向各年龄段、学科、学历的学生、教师、科研人员、家长以及社会公众提供统一的服务入口和资源子门户，并支持残障人士通过手势、语音等动作神态获取服务。

---

[35] 陈琳. 促进深层学习的网络学习资源建设研究[J]. 电化教育研究，2011（12）：69-75.

2. 智慧检索导航系统

资源需求者面对海量的数字资源时，资源检索和导航服务系统功能是否精确、便捷和智能决定了能否为需求者检索到最合适的资源，满足其个性化的需求。智慧检索导航系统的智慧功能主要体现在以下三方面：①提供多种检索导航模式：如快捷检索导航、语义检索导航、语音与手势检索导航、个性化定制导航等。②人性化设计：支持多种语言的检索与导航，语义相关的英文和中文资源能被同时识别和检索，为不同文化背景的资源需求者提供便利；为残障人士提供语音和手势检索功能；通过图形图像检索信息；智能记忆个性化检索，通过语义关联推荐资源等提升检索导航的体验性。③高精度检索：智能保存通过身份认证用户的所有历史检索信息，通过历次检索记录，进行数据挖掘、动态语义聚合形成个性化的资源网络，提升检索精度。

3. 情境感知与个性化智能推送系统

智能资源情境感知与个性化推送系统，主要依据资源需求者的认知风格、学习偏好、认知特征等个性特征，通过物联网中的各种传感器、智能芯片对学习者的位置信息、活动信息、环境信息进行收集。经过数据挖掘，分析匹配出符合用户需求的多种形态、语义关联的资源，然后通过智能推送平台向用户推送正在需要或潜在需求的个性化资源。此外，该系统还能够根据用户最近一段时间所处的环境、活动信息和推送的资源，构建出短期内用户的个性化需求资源库。通过资源推荐、订阅、分享、关注和快速检索的方式，精准、迅速地实现资源获取和有相似个性需求的群体间共享。

4. 资源动态语义汇聚与进化系统

互联网+资源在数量上必须体现海量化，在质量上必须能持续地语义关联和进化，在共享上必须进行更大规模的开放，以保证为广大用户提供和共享高质量的资源。资源动态语义汇聚与进化系统是实现数字资源向智能资源转变的基础和关键。通过该系统能够实现以下功能：①自动采集和汇聚数字资源：包括将用户对资源的操作进行分析和采集，动态汇聚有用的资源和信息。②智能添加语义描述：引入资源的语义建模技术，构建开放的学习资源本体，对资源进行快捷的语义描述和标注。③动态语义聚合：在对资源进行语义描述和语义建模的基础上，运用动态语义聚合技术，对语义相关或相似资源进行自动聚合，构建连通的主题资源网络。④可持续内聚进化：为了避免资源的"散乱性""无向性"增长和进化，引入资源有序进化控制技术[36]，实现资源的可持续内聚进化。

5. 资源智能转换与分类系统

目前，数字资源建设遵循多元化的规范和标准，（如 IEEE LOM、SCORM、MS-LD、

---

[36] 杨现民，余胜泉. 开放环境下学习资源内容进化的智能控制研究[J]. 电化教育研究，2013（9）：83-88.

IMS-C、CELTS），不仅造成了海量资源大范围共享困难的局面，而且导致用户在不同地域或使用不同终端获取、使用资源时存在障碍。资源智能转换与分类系统从以下三方面可以解决现有问题：①对教育资源进行异构存储和数据转换，根据用户智能终端的硬件配置、操作系统、浏览器、文图声像播放软件等配置信息，对资源格式、大小进行智能转换，实现资源多终端的自适应，减少资源的重复建设，扩大开放共享。②根据先进、完整、统一的数据标准库，采用 KNN 算法[37]等技术，对各种形态的资源进行智能分类和存储。③智能地对转换和分类好的资源内容进行编目，不仅能够减轻资源管理者的负担，而且用户可以通过智慧检索导航系统精准、快速、高效地获得和管理所需的不同形态的资源内容。

6. 资源信息可视化管理系统

"互联网+"时代的资源处理、显示和管理是完全可视化的过程，直接体现了资源的智慧性。通过智能资源信息可视化管理系统，可以对资源进行以下的管理：①通过各种传感器、智能芯片、物联网等感知和传送的数据，能够以可视化、实时、动态的方式监测各种情境中的学习活动、人员信息、环境信息等。②通过可视化检索技术，以图形界面的方式，清晰、直观、全面地向用户呈现各类所需的资源和服务。③通过 Flex 等资源进化的可视化系统技术，直观地呈现资源进化过程、路径，以及成长过程中不同用户对资源的贡献。④通过资讯可视化技术，将学习分析、数据挖掘的结果以图表、仪表盘和可视化面板等直观的形式呈现[38]。⑤用户终身使用信息的网络可视化呈现等。

9.3.2 采取多元多态、智能协同的资源建设策略

互联网+学习资源的建设要求改变以往以"技术为中心"的资源建设取向，转向"以人为本""以用户为中心"的建设理念，更加关注人的体验性，发挥人的主观能动性，实现人的教育平等，满足人的自由发展。这体现的不仅是资源建设形式上的智慧转变，更是人类价值的理性回归。基于人本主义核心理念，互联网+学习资源的建设需要采取多元化的建设模式、多态化的建设思路、智能化的建设技术、协同化的推荐机制以及创新化的管理机制。

1. 多元化的建设模式

目前，我国广泛采用的数字资源共建共享的建设模式，在一定程度上避免了资源的重复建设，扩大了优质数字资源的共享。然而，从根本上而言，资源的共建共享建设理念所尊重的仍然是协同建设者的根本利益，优质的资源难以突破利益的围墙实现更大范围的共

---

[37] 柴春梅，李翔，林祥. 基于改进 KNN 算法实现网络媒体信息智能分类[J]. 计算机技术与发展，2009（1）：1-4.

[38] 祝智庭，沈德梅. 学习分析学：智慧教育的科学力量[J]. 电化教育研究，2013（5）：5-12.

享。由此，有学者[39,40]提出了政府为投资主体、全民享用资源的"公建众享"建设模式，从根本上实现人人享有优质资源，获得平等教育的权利。但该模式需要投入巨大的财力和物力，从我国目前的国力以及教育财政支出来看，存在较大难度。此外，企业不仅拥有大量的资源建设人才、先进的建设理念和较为成熟的资源管理运营模式，而且商业资本能够促进资源的结构重组和优化。

互联网+学习资源的建设应该采取多元化的建设模式，即以"共建共享为主，商业建设和公建众享为辅"的资源建设模式。保证需求大、基础性强的优质资源实现公建众享，满足绝大多数人的要求；推进具有地方文化特色和特殊需求资源的共建共享，满足区域差异的需要；鼓励商业化建设和运作，丰富资源形态，激活资源建设活力、提高社会资源建设质量。

2. 多态化的建设思路

互联网将人类带进一个更加多元化、更加个性化的时代。互联网+教育要惠及人人，为每位学习者提供最适合的、个性化的学习资源。为此，互联网+学习资源需要采用多态化的建设思路。

从资源内容上来说，互联网+学习资源应该是多种多样的，涵盖各级教育（从幼儿教育到老年人教育）、服务各类人群（中小学生、残障人士、社会公众等），既提供专业性的学科知识又提供生活性的学习内容。因此，需要专业的数字资源提供商、出版社、学校等机构结合市场需求，有组织、有重点地协同开发更多高品质的数字化学习资源。

从资源形态上来看，互联网+学习资源呈现多样化态势，移动资源、虚拟仿真资源开放课程等都是互联网+教育热衷的资源类型，具有巨大的市场需求。此外，以线上线下相结合、虚拟现实相结合、平面三维相结合为主要特征的立体化资源，也是未来的重要发展方向。"十三五"期间我国应重点建设一大批互联网+教育热衷的资源，并积极探索立体化资源的建设与应用模式。

从资源运行环境来看，互联网+学习资源要能够在平板电脑、智能手机、电子阅读器其至各种穿戴式设备上顺畅运行、适应性展现。未来跨终端运行的学习资源将更具市场竞争力。"十三五"期间我国在跨终端的资源开发工具以及资源迁移转换技术方面，需要加大产品的研发和推广力度。

3. 智能化的建设技术

先进的智能化技术是实现数字资源向互联网+学习资源转变和发展的直接动力。互联网+学习资源的建设应遵循统一的建设标准和规范，以实现互联网+学习资源的规范化建设和更大规模的开放和共享。互联网+学习资源的进化需要数据挖掘、语义描述、本体技

---

[39] 陈琳，陈耀华. 以信息化带动教育现代化路径探析[J]. 教育研究，2013（11）：114-118.
[40] 何克抗. 我国数字化学习资源建设的现状及其对策[J]. 电化教育研究，2009（10）：5-9.

术、资源的动态语义聚合技术、有序进化控制技术、基于规则的推理技术、资源语义基因提取技术等[41]。互联网+学习资源的个性化推送和智能检索，可为不同的用户智能提供个性化的需求服务，需要的技术有情境感知技术、学习分析技术、协同过滤技术、人工智能、机器学习、知识推理搜索、知识发现等技术，实现将"智能信息推送"和"智能信息拉取"相结合。互联网+学习资源具有数量海量化，形态多元化的特点，因此互联网+学习资源的分类管理需要智能分类和智能转换技术，呈现具有多终端的自适应技术等。值得注意的是，互联网+资源的建设应更多地考虑实际需求，用技术解决资源建设过程中的现实问题，而非为了技术而使用技术。

4. 协同化的推进机制

"政府引导、企业参与、学校应用、服务驱动"是新时期推进我国教育信息化工作的基本方针。互联网+学习资源服务体系的建设与持续发展，需要各级教育主管部门、学校、科研机构等相关部门的共同协作，需要企业、民众以及社会机构的广泛参与。单一力量主导的资源建设与应用推进机制，已经无法满足互联网+教育的发展需求，"多方协同、合力推进"的资源建设与应用思路已是时代发展的必然要求。

其中，企业力量的积极参与以及市场机制的有效运作尤为关键。《教育信息化十年发展规划（2011—2020年）》明确提出要"协调制定扶持教育信息化产业发展政策，鼓励企业参与教育信息化建设"，企业力量的深度参与，将大大加速各种高质量智能资源产品与服务的研发与市场推广。借鉴高校2011年计划的协同创新思路和方法，鼓励企业牵头成立互联网+资源研发联盟，通过企业、高校、科研院所的"强强联合"，突破智能资源建设与发展过程中面临的技术、机制、运营等壁垒，以持续推动"互联网+"时代智能资源服务的持续升级。

5. 创新化的管理机制

互联网+学习资源的建设是庞大而复杂的系统工程，既需要先进的建设理念、智能化的技术，还需要不断创新和完善资源管理机制，包括质量控制机制、资源汇聚机制以及知识产权保护机制，以促进学习资源的可持续发展与应用。

质量监控上，应从两方面加强资源建设的评价和监控。一方面，针对不同的建设模式制定相应的评价体系和评价指标，将专家评审、用户评审和建设者自评三者结合，实现对资源的人为评价。另一方面，为了避免人的主观因素影响评价的客观性，要采用数据挖掘技术、学习分析、机器学习等技术，对资源共享程度、被检索量、生命特征等各个方面进行智能量化，并以可视化的形式呈现评价结果。

资源汇聚上，应通过建立区域内语义资源网络管理系统和区域间语义资源网络管理系统，对资源索引目录进行分布式存储管理，对资源数据进行语义关联汇集和云存储，实现

---

[41] 杨现民. 泛在学习环境下的学习资源有序进化研究[J]. 电化教育研究，2015（1）：87-94.

资源及其应用的动态化管理[42]。

知识产权上，我国需要吸取国际上普遍认可的知识共享协议的成功之处，将其本土化，建立互联网+学习资源的知识产权体系；建立健全互联网+学习资源知识产权的法律和制度，保障各方权益；开发和使用先进的监测和控制技术，维护知识产权等[43]。

9.3.3 深入推进开放课程资源建设与普及应用

"十二五"以来，国家高度重视开放课程资源建设。2011 年启动国家精品开放课程建设计划，目前已建设 2800 余门精品资源共享课、8500 余集视频公开课。2015 年发布《教育部关于加强高等学校在线开放课程建设应用与管理的意见》（以下简称《意见》），提出要采取"高校主体、政府支持、社会参与"的方式，集聚优势力量和优质资源，构建具有中国特色的在线开放课程体系和公共服务平台。

上述计划和文件虽然是针对高等教育制定的，但对其他各级各类教育同样具有重要指导意义。互联网+教育需要的是全系统、全层次的开放资源服务体系，绝不局限于高等教育。"互联网+"时代我国应坚持开放共享的理念，灵活采用共建共享、商业开发和公建众享的多元课程资源建设与分享模式，深入推进各级各类教育在线开放课程资源建设与普及应用。

建设方面。国家与地方、企业与学校协同有序地推进在线开放课程公共服务平台建设，探索平台之间课程资源和应用数据按需共享机制，制定相关技术规范。依托在线开放课程公共服务平台，建设一批通过网络向社会大众提供可公开访问的，并支持超大规模学生交互式参与的在线课程。构建一个"学教并重""建用并举"的交互式、开放的在线学习环境，建立促进区域开放课程动态生成、有序进化的共建共享体系。积极调动社会力量参与，吸引 e-Learning 服务商、出版社、培训机构、学校等广泛参与各类开放课程建设，但应明确各自建设主题及重点，避免重复建设。持续建设一批优秀的视频公开课、微课程、校本课程、MOOC 等，并将现有的网易公开课、新浪公开课、凤凰微课等开放课程资源，通过合理途径集成到在线开放课程公共服务平台中，建设教育教学视频资源群，促进优秀教育教学资源广泛共享与应用。尝试引入市场机制，鼓励学校、企业创新运作机制，激发优秀的一线教师开设、创作开放课程的动力和潜能，让更多的优质开放课程涌现出来，让更多的民众从中获益。适当规范地引进境外优质课程资源，同时通过多种渠道向外推广我国的优质开放课程。

应用方面。当前我国开放课程资源建设的发展势头很好，但应用的短板逐渐凸显。很多学校、老师和学生面对种类繁多的开放课程资源，大都不知所措。开放课程资源如何支

---

[42] 何克抗. 我国数字化学习资源建设的现状及其对策[J]. 电化教育研究，2009（10）：5-9.
[43] 杨晓宏，贾巍. 现代学习理念导向下的数字化学习资源构建研究[J]. 中国电化教育，2013（3）：84-88.

持学校的信息化教学变革、如何与常规课程教学深度融合、如何支持学习者开展有质量的自主学习，这些都是制约开放课程资源应用推进的关键问题。《意见》指出要促进在线开放课程的广泛应用，不断创新校内、校际课程共享与应用模式。"十三五"期间我国应尽快制定适合各阶段教育发展需要的《开放课程资源应用推广指南》，加大对在线开放课程应用推广的支持力度。通过多种活动形式激发一线教师创新应用开放课程的动力和智慧，探索更多开放课程资源与日常教学实践深度融合的有效模式与策略。持续收集全国各地涌现的开放课程应用案例，形成动态更新的应用案例库。提炼总结若干典型、有推广价值的开放课程资源应用模式，并通过多种渠道推广。通过集中面授、在线培训、校本研修等多种方式开展开放课程资源应用培训，将其纳入全国各类教师培训项目与工程，切实提高每位教师利用开放课程资源开展教学方式变革的能力和信心。

9.3.4 多方力量协同建设 STEM 课程与创客课程资源

当前，我国的"双基"教育基本完成，创新教育正在成为"互联网+"时代教育事业改革与发展的重要方向。创客教育和 STEM 教育是国际社会推进创新教育战略的新选择，创新人才的培养需要同时扇动创客教育和 STEM 教育两只"翅膀"[44]，二者的融合还将为当前基础教育领域综合实践课程和信息技术课程带来时代性的变革[45]。2015 年 9 月，教育部办公厅印发了《关于"十三五"期间全面深入推进教育信息化工作的指导意见（征求意见稿）》，文件指出要"有效利用信息技术推进'众创空间'建设，探索 STEM 教育、创客教育等新教育模式，使学生具有较强的信息意识与创新意识"。可见，STEM 教育和创客教育已引起国家高度重视，将成为"十三五"期间我国开展创新教育、推动新课程改革的重要抓手。

整体来看，STEM 教育和创客教育在我国仍处于初级发展阶段，面临着诸多现实挑战，其中之一便是高质量 STEM 课程和创客课程资源的建设。为了推进高质量创课资源与 STEM 课程资源的建设与创新应用，"十三五"期间，我国应加强对 STEM 课程与创课开发模式与实践效果的研究，鼓励各级各类教育科学规划课题管理机构，增设相关专项研究课题；组织专家力量加快 STEM 课程与创课的课程标准研制工作；出台相关政策引导、鼓励广大企业、学校、一线教师等参与 STEM 课程和创课资源的设计开发；成立相关社会服务组织（如创课建设与共享联盟），协同推进高质量、标准化 STEM 课程和创课资源建设与互换共享；依托高校 STEM 教育与创客教育研究力量，成立专业性的 STEM 课程和创课研发中心，开发一批优秀的、有代表性的案例课程；开展 STEM 课程和创课资源制作专题培

---

[44] 工业和信息化部国际经济技术合作中心 王喜文. 日本政府发布《机器人新战略》[N]. 中国电子报，2015-03-31（3）.

[45] 傅骞，王辞晓. 当创客遇上 STEAM 教育[J]. 现代教育技术，2014，24（10）：37-42.

训，提高一线教师的课程资源开发能力；定期举办 STEM 课程和创课设计与创新应用大赛，动态收集生成优秀课程资源案例库，并通过适当的共享机制向全社会开放。

9.3.5 应用大数据推动优质数字教育资源生态建设

当前，大数据已上升为国家战略，引起社会各界的广泛关注和高度重视。大数据是推动教育领域全面深化改革的科学力量[45]，除了在科学教育决策、智能教育管理、综合素质评价、个性化学习等方面具有重要价值外，还可以促进优质数字资源的精准化建设、创新化应用以及无缝流通共享。在资源建设方面，大数据有助于全面、深度挖掘用户需求，辅助相关部门开展资源的精准化建设，满足教育的个性化诉求。在资源应用方面，通过对用户学习偏好、学习风格、学习结果以及学习过程数据的持续有效采集，实现学习资源、学习路径、学习活动与服务的适应性推荐，支持每位学习者进行个性化的网络学习。在资源流通方面，通过各种资源元数据的动态标记以及资源使用过程数据的采集，实现海量学习资源的智能分类与动态聚合以及劣质学习资源的自动淘汰，加速优数字资源在不同平台之间的无缝流通共享。

如何利用大数据促进优质数字教育资源建设与共享，是"互联网+"时代我国教育信息化发展的重点任务之一，也是互联网+教育发展的必然要求。为此，"十三五"期间我国应加大对教育大数据研究项目的支持力度，鼓励广大学者和科研机构针对教育资源建设与应用存在的突出问题提出基于大数据的解决方案；制定资源公共服务平台及相关资源管理与应用系统的数据采集规范，逐步构建资源大数据；促进政府、企业、学校、协会等社会机构的跨界协作，全力推进资源平台间的数据互换与共享，并制定相关法案来保证资源的知识版权及用户隐私数据的安全；加快研究资源大数据的创新应用模式，深度挖掘资源大数据的潜在价值，比如优质资源的智能精准推送、劣质资源的智能识别与淘汰、同主题资源的智能汇聚与选拔等，逐步提升资源服务的智慧化和个性化；支持有条件的地区建立优质数字教育资源生态建设示范区，探索"互联网+"时代基于大数据的数字资源建设、管理与应用的新思路、新模式，并将取得的成功经验向全国辐射推广。

9.3.6 建设适应数字原住民认知方式的学习资源

在技术成为必须生存环境的时代，人类的基本认知方式正在发生意义深远的改变，我们人类的生存方式，驾驭这个世界的基本思维方式正在发生改变[46]。"互联网+"就是这样

---

[46] 余胜泉. 技术何以革新教育——在第三届佛山教育博览会"智能教育与学习的革命"论坛上的演讲[J]. 中国电化教育，2011（7）：1-6.

一个技术深刻嵌入人类生存环境的新时代。未来社会将是一个数字原住民主导的社会，大量的数字移民也将加速进化为数字原住民。教育的对象变化了，包括教育环境、教育内容、教育方式、教育资源等在内的整个"教育大厦"也需要为之改变。

数字原住民是指在网络时代成长起来的一代人，他们生活在一个被电脑、视频游戏、数字音乐播放器、摄影机、手机等数字科技包围的时代，并无时无刻不在使用信息技术进行信息交流和人际互动[47]。有学者指出，数字原住民在认知方式、学习动机上都和过去有差异，呈现如下特征[48]：第一，图像及操作性技能优先；第二，较注意信息表面上所具备的知觉突显性；第三，分散注意力同时处理信息；第四，高速激发相近的概念。

互联网+教育要满足数字原住民的多元化需求，必须提供足够多的适合他们认知方式的学习资源，比如更多的图像化表征、更便捷的交互技术、更吸引注意力的界面设计、更虚拟逼真的场景设计等。基于此，"十三五"期间我国一方面应加大对数字原住民学习认知规律和特征研究的支持力度，另一方面应通过政策引导鼓励更多的企业、学校、出版社等探索研发更多满足数字原住民需求的学习资源。此外，建议开展"互联网+"时代数字原住民学习资源使用情况及需求调查，为广大资源提供商提供决策支持；建议成立数字原住民资源建设基地、研发中心等专业性机构，应用脑电、眼动仪等关键技术，探索移动资源、开放课程、虚拟仿真资源、碎片化资源、整合性资源以及生成性资源的优化设计，在丰富数字资源供给的时候大大增强数字一代学习者的网络学习体验。

---

[47] 曹培杰，余胜泉. 数字原住民的提出、研究现状及未来发展[J]. 电化教育研究，2012（4）：21-27.
[48] Ke Z，Huang Y T. Images Better Than Text? N Generations of Students to Explore the Cognitive Development [J]. Journal of Education Research，2009，193：15-23.